Das Blut des Lammes

Thomas F. Monteleone

Das Blut des Lammes

Roman

Aus dem Amerikanischen
von Karin König

area

Deutsche Erstausgabe
Thomas F. Monteleone: Das Blut des Lammes
Titel der Originalausgabe: The Blood of the Lamb
Übersetzung aus dem Amerikanischen: Karin König

Einbandgestaltung: agilmedien, Köln
Einbandabbildung: akg, Berlin
Lektorat: Bettina Häfner, Köln
Satz und Layout: Andreas Paqué, Gleichen
Druck und Bindung: Oldenbourg Taschenbuch GmbH,
Hürderstraße 4, 85551 Kirchheim

Printed in Czech Republic 2005
ISBN 3-89996-326-1

Inhalt

Dieses Buch ist der Erinnerung an
Mario Martin Monteleone gewidmet,
meinem Vater,
der mir die Kraft
zum Träumen gab.
Danke, Dad. Ich werde dich immer lieben.

*»Und ich sage dir auch: Du bist Petrus,
und auf diesen Felsen will ich bauen
meine Gemeinde, und die Pforten der Hölle
sollen sie nicht überwältigen.«*

Matthäus, Kapitel 16, Vers 18

Thomas F. Monteleone

Das Blut des Lammes

Buch Eins

»Und das Wort ward Fleisch und wohnte unter uns, und wir sahen seine Herrlichkeit, eine Herrlichkeit als des eingebornen Sohnes vom Vater, voller Gnade und Wahrheit.«

Johannes, Kapitel 1, Vers 14

Prolog

Rom, Italien – Ponti
8. August 1967

In den fünf Jahren seiner Tätigkeit für Pater Francesco waren Amerigo Ponti viele mysteriöse und geheime Aufgaben übertragen worden.

Aber nichts hatte diesem Auftrag entsprochen.

Zunächst hatte Amerigo besondere Pässe erhalten, um an der Pontifikalen Akademie der Wissenschaften arbeiten zu können – ein kleines Wunder, wenn man die Auswüchse der vatikanischen Bürokratie bedachte. Aber dann hatte Pater Francesco seine Macht und seinen Einfluss auf noch erstaunlichere Art bewiesen, indem er ihm eine ganz besondere ID-Card übergeben hatte, die Amerigo Ponti als Mitglied der Commissione Straordinaria des Papstes auswies.

Der Sonderkommission.

Jeder in Rom hatte sich schon Fragen über die Kommission gestellt. Was machte sie so ›besonders‹? Wer waren die Männer, die ihr angehörten und welche Aufgaben hatten sie? Die in der Heiligen Stadt normalerweise laut und ausgiebig brodelnde Gerüchteküche blieb in dieser Angelegenheit merkwürdig stumm. Die wahre Natur der Sonderkommission wurde in vollkommener Verschwiegenheit unter Verschluss gehalten.

An diesem Morgen bereitete sich die Kommission in den unteren Ebenen eines Gebäudes der Akademie der Wissenschaften soeben auf den Beginn ihrer Arbeit vor – was auch immer diese sein mochte.

Und er, der eifrige junge Jesuit Amerigo Ponti, hatte eine Zutrittsermächtigung ausgehändigt bekommen! Er würde alles über die mysteriöse Kommission erfahren. Amerigo wunderte sich einmal mehr über die Macht und den Einfluss Pater Francescos, der noch nicht einmal die Vierzig erreicht hatte. Ob er womöglich eine direkte Verbindung zum Papst hatte?

Unvorstellbar!

Es war acht Uhr und ein strahlender Sommermorgen. Amerigo durchquerte die Gärten des Vatikans, eilte mit festen Schritten ostwärts und betrat die Akademie durch den Belegschaftseingang. Ein Wächter, der neben einem Drehkreuz saß, betrachtete flüchtig Amerigos Arbeitsausweiskarte und winkte ihn weiter. Der große, ansehnliche junge Mann war nur einer unter vielen, die den Kontrollpunkt passierten.

Die von Pater Francesco erteilten Anweisungen waren einfach: Er sollte das Gebäude mit seiner Akademie-Ausweiskarte betreten und den Fahrstuhl zu den Räumen im Kellergeschoss nehmen. Dort gab es eine weitere Ansammlung von Drehkreuzen, die nur von Mitgliedern der *Commissione* passiert werden durften. Dort sollte er der *Guardia* seine ID-Card zeigen und zur nächstgelegenen Toilette weitergehen. Sobald er allein war, sollte er den Umschlag mit den endgültigen Anweisungen öffnen.

Kein Problem, dachte Amerigo. Er betastete seine Brusttasche, in die er Francescos Umschlag gesteckt hatte. Während er auf den Fahrstuhl wartete, versammelten sich weitere Regierungsmitarbeiter um ihn. Keiner würde vermuten, dass er sich auf einer Geheimmission für die Gemeinschaft Jesu befand! Der Gedanke erfüllte Amerigo mit Stolz: Obwohl er das Priesterseminar erst vor fünf Jahren abgeschlossen hatte, war er bereits eines der vertrauenswürdigsten Mitglieder der Gemeinschaft.

Die Fahrstuhltüren öffneten sich, und er betrat mit einer Gruppe von Männern die enge Kabine.

Alle trugen die in Plastik eingeschweißten ID-Cards, die sie als Mitglieder der Kommission auswiesen. Amerigo bemühte sich, ruhig und desinteressiert zu erscheinen, aber sein Herz raste. »Dies ist der wichtigste Auftrag deines Lebens«, hatte Pater Francesco ihm erklärt. »Du darfst nicht versagen.«

Er würde nicht versagen, dachte Amerigo. Er *durfte* es nicht.

Die Türen glitten beiseite, und die Männer reihten sich geduldig zur weiteren Überprüfung durch zwei uniformierte Wächter auf. Die Schlange kam nur langsam voran, während das Foto jedes einzelnen Mitglieds der Kommission genau betrachtet und sein Name dann auf einer Liste abgeglichen wurde. Amerigo hatte noch nie erlebt, dass Sicherheitsleute des Vatikans ihren Job so ernst nahmen. Als er an der Reihe war, schlug sein Herz so laut, dass er befürchtete, die Wächter könnten es hören.

Der Sicherheitsbeamte streckte die Hand nach Amerigos Marke aus, betrachtete das Foto und fixierte anschließend Amerigos Gesicht.

»Ponti«, sagte der Beamte schließlich, während er einen Namen auf der Liste abhakte. »*Bene. Avenzate, presto.*«

Amerigo ging durch das Drehkreuz, wobei er dem Wachbeamten so gelassen wie möglich zunickte, und eilte dann den Hauptgang hinab. Um ihn herum drängten sich Kommissionsmitglieder. Sie alle schienen mit dem gewaltigen Labyrinth von Gängen vertraut zu sein, das diese untere Ebene der Akademie barg – ein Teil des Gebäudes, den die Touristen niemals zu Gesicht bekamen. Amerigo ging mit festem und zuversichtlichem Schritt voran, als kenne auch er sich aus. Innerlich wurde er jedoch immer nervöser, während er nach einer Toilette suchte. Alle Türen auf dem Gang wiesen eine Nummer mit einem einzelnen Buchstaben dahinter auf. Gab es womöglich einen Code, den man ihm nicht mitgeteilt hatte?

Gott sei Dank nicht. Endlich erblickte er zu seiner Rechten eine Tür mit der schlichten Aufschrift LAVATOIO. Amerigo wählte die am weitesten von der Tür entfernte Kabine und zog rasch den schweren, braunen Papierumschlag aus seiner Tasche. Er war klein, aber fest – die Art Umschlag, die einen Wochenlohn hätte enthalten können. Amerigo erbrach das Wachssiegel mit dem Abdruck von Pater Francescos persönlichem Siegelring, schaute hinein und fand eine einzelne Schreibmaschinenseite mit einem auf den unteren Rand geklebten Schlüssel.

Mein Gott! dachte er wiederholt, während er seine Anweisungen las. Unglaublich!

Und doch *musste* er es glauben ... annehmen und gehorchen.

Seine Ausbildung als Jesuit half ihm, so ruhig wie möglich zu bleiben und die Anweisungen als Arbeit im Dienste Gottes zu akzeptieren. Nachdem Amerigo sich jedes Wort eingeprägt und den Schlüssel abgenommen hatte, ließ er das Blatt Papier in die Toilette fallen, wo es sich sofort auflöste, nachdem es mit dem Wasser in Berührung gekommen war.

Er verließ die Toilette, schlüpfte in den Hauptgang zurück und ging zu dem angewiesenen Bereich. Niemand nahm Notiz von ihm, während er den Raum 009-C suchte. Als er ihn fand, nahm er freimütig den Schlüssel aus seiner Tasche und steckte ihn ins Schloss. Erst wenn es nicht funktionierte, würde er auffallen. Er hielt den Atem an und drehte den Schlüssel um.

Die Tür gab nach. Amerigo seufzte ungewollt, während er sie öffnete, in den Raum eintrat und die Tür dann rasch wieder hinter sich schloss. Der Raum war als Miniatur-Labor eingerichtet, voller chemischer Glasgefäße und elektronischer Geräte, die er nicht kannte. In der Mitte des Raumes lag auf einem großen Tisch ein großes Laminarströmungs-Gehäuse. Die dreifach verstärkten Glasscheiben und die auf einen tausendstel Millimeter genau gearbeiteten Kanten machten es auf perfekte Weise luftdicht. Durch das Glas konnte er das Objekt seiner Mission erkennen.

Santa Sindone! dachte Amerigo. Er schlug das Kreuzzeichen und näherte sich dem Tisch.

Er arbeitete schnell und effizient und hatte den Raum innerhalb von fünfzehn Minuten wieder verlassen.

Später am Abend saß Amerigo an der Bar einer Diskothek inmitten des Touristenbezirks. Er trank eine Cola und versuchte so auszusehen, als gehörte er hierher. Die Musik war laut, bunte Lichter blitzten in alle Richtungen, und die Frauen in ihren Miniröcken und mit langen, glatten Haaren wirkten aufreizender denn je. Es bereitete ihm Unbehagen, an einem Ort wie diesem zu sitzen: Der Rauch, der Lärm und der Alkohol ließen ihn sich elend fühlen. Dies war kein Platz für einen Streiter Christi.

Er konnte nicht glauben, dass Pater Francesco ausgerechnet eine Diskothek als Treffpunkt gewählt hatte.

»Ah, Amerigo«, sagte eine vertraute Stimme hinter ihm. »Es tut gut, dich zu sehen.«

Amerigo Ponti wandte sich auf seinem Stuhl um und war überrascht über den Anblick Pater

Francescos, der über ihm aufragte. Der Priester trug einen zu weiten, zweireihigen Anzug, ein weißes Hemd und eine dunkle Krawatte. Amerigo hatte Francesco nie in etwas anderem als seinem Ornat gesehen. Der Anblick der Straßenkleidung verblüffte ihn. Francesco war ein großer, dünner Mann in den Dreißigern – ungewöhnlich jung für so viel Macht. Seine Wangen waren fahl und hager, und die kalten, blauen Augen verliehen seinem Gesicht ein entschieden fuchsartiges Aussehen. Der militärische Haarschnitt des Jesuiten ließ ihn trotz des Anzugs und der Krawatte sehr unelegant wirken.

»Guten Abend, Pater. Sie sehen … verändert aus.«

Der Priester lächelte grimmig. »Du hast es?«

Amerigo nickte. »Ja, Pater.«

»Es gab keine Probleme? Du bist nicht aufgefallen?«

»Es war ganz leicht! Genau wie Sie es versprochen hatten. Es bestand nicht der leiseste Verdacht, das versichere ich Ihnen.« Amerigo war stolz, über seinen erfolgreichen Auftrag berichten zu können.

Pater Francesco nickte. »Gut. Gut.« Der Barmixer kam heran, aber Francesco schickte ihn mit einer geübten Handbewegung wieder fort.

Amerigo nippte an der Cola und sah seinen Vorgesetzten erwartungsvoll an.

»Nun?«, fragte Pater Francesco.

»Nun was, Pater?«

»Willst du es mir nicht geben?« Die Stimme des Priesters war hart, kalt. Sein Blick unbarmherzig.

Amerigo steckte verlegen die Hand in die Jackentasche und reichte dem Priester eine Glasphiole.

Der Jesuit ließ das Gefäß in die Brusttasche seines Anzugs gleiten, ohne es auch nur anzusehen. »Du hast die Vorgehensweise genau befolgt?«

»Natürlich, Pater.«

»Und du bist sicher, dass du dir das von mir Verlangte beschafft hast?«

»Ich würde mein Leben darauf verwetten«, sagte Amerigo.

Der Priester lächelte erneut, kaum wahrnehmbar. »Ja, natürlich.« Er hielt inne und sah sich in dem Club um. »Sehr gut, Amerigo. Du hast es, wie immer, gut gemacht. Komm, lass uns diesen widerwärtigen Ort verlassen.«

Amerigo glitt erleichtert von seinem Stuhl und folgte dem hageren Priester auf die Straße. Eine schwarze Mercedes-Limousine wartete am Bordstein. Während Pater Francesco die hintere Tür öffnete, machte er Amerigo ein Zeichen. »Komm, Sohn, heute Abend kannst du mit mir fahren.«

Gefühle des Stolzes und der Ehre durchströmten Amerigo, als er auf den Rücksitz kletterte. Sein Vorgesetzter war mit seiner Arbeit wirklich zufrieden! Pater Francesco stieg auf den Beifahrersitz, neben den Fahrer. Amerigo machte es sich gerade auf dem weichen Leder des Rücksitzes bequem, als er eine weitere Person in dem Wagen bemerkte. Ein Mann mit einem Schnurrbart, der einen schwarzen Anzug und einen Kragen der Geistlichkeit trug.

»Amerigo Ponti, dies ist mein Freund, Pater Masseria.«

»Guten Abend, Pater«, sagte Amerigo lächelnd zu dem Priester.

»Auf Wiedersehen, mein Sohn«, sagte Masseria.

Amerigo war verwirrt. Der Wagen fuhr vom Bordstein an, und er wurde tiefer in den Sitz gedrückt. Pater Masseria griff in seine äußere Jackentasche und hielt plötzlich eine 9mm-Baretta in der Hand, die er auf eine Stelle zwischen den Augen des jungen Mannes richtete.

»Pater, ich verstehe nicht …«

Ein leises *Pffft!* erklang, als sich die Pistole durch den Schalldämpfer entlud und eine einzige Kugel mitten in Amerigo Pontis Schädel schickte.

Er war tot, noch bevor sein Hinterkopf gegen das Wagenfenster schlug.

»*Presto*«, sagte Pater Francesco zu seinem Fahrer. »Zu den Docks. Dort werden wir uns seiner entledigen.«

Der Fahrer nickte und beschleunigte nach der nächsten Biegung.

Eins

Brooklyn, New York – Carenza
15. August 1998

Pater Peter Carenza war früh aufgestanden, um einen Spaziergang in der Gegend von Bay Ridge zu unternehmen, solange die Temperatur noch gemäßigt war. Er mochte die Hitze nicht, am wenigsten an Tagen mit hoher Luftfeuchtigkeit, die für den August in New York typisch waren.

Er machte, wie üblich, an Curtis' Lebensmittelgeschäft an der Ecke Halt, um die *Daily News* zu kaufen. Fremde, die den jungen, mit einem T-Shirt und einer kurzen Jogginghose bekleideten Mann sahen, hätten niemals vermutet, dass er Priester war. Peters schlanker, athletischer Körper war wie dafür gemacht, beim Football im linken Feld zu spielen oder im entscheidenden Moment mit einem Schuss drei Punkte zu machen. Nur seine Gemeindemitglieder erkannten ihn als *Padre*.

»Guten Morgen, Pater!«, sagte Henry Curtis, ein kleiner, gedrungener Mann mit sorgfältig gestutztem Bart, der den späteren Portraits Henrys VIII. sehr ähnelte. »Ich wollte Ihnen danken, dass Sie meiner Frau gestern geholfen haben.«

Peter lächelte. »Henry, das war nichts, wirklich.«

»Für Sie vielleicht nicht«, sagte der Lebensmittelhändler. »Aber wenn ich einmal nach Jersey fahren muss … fällt doch ausgerechnet an diesem Tag meine kleine Jeanine hin und schlägt sich das Knie auf! Mit sechzehn Stichen haben sie sie genäht!«

»Wie geht es ihr heute Morgen?«, fragte Peter, während er sich an der Kasse hinabbeugte, um eine Zeitung vom Stapel zu nehmen.

»Sie kommt wieder in Ordnung. Weil Sie sie so schnell ins Krankenhaus gefahren haben, Pater. Ich sage es Ihnen gerne – Sie sind das Beste, was dieser Gegend jemals beschert wurde.«

Peter spürte, wie er errötete. »Nun, danke, Henry. Aber ich habe nur meine Arbeit gemacht …«

Curtis nickte lächelnd. »Vielleicht, aber wir dürfen Ihnen doch trotzdem sagen, wie sehr wir Sie schätzen, richtig?«

Peter lächelte verlegen, freute sich aber, dass er von der Nachbarschaft wie auch von der Gemeinde so rasch akzeptiert worden war. Er liebte es wirklich, Menschen zu helfen und mit ihnen zu arbeiten, und hielt dies für den wichtigsten Teil der Arbeit eines Gemeindepfarrers. Pfarrer Sobieski warnte ihn stets, sich nicht zu verausgaben, aber Peter blühte durch die Zusatzprojekte, die er in St. Sebastian übernommen hatte, erst richtig auf.

Seine Gemeinde, unmittelbar nördlich der Verrazano Bridge, bestand aus einer bunten Mischung von Nationalitäten, Altersklassen, Hautfarben und Einkommen, und so gefiel es ihm. Die Gemeindemitglieder hatten ihn rasch akzeptiert und schienen ihm zu vertrauen. Es fielen häufig Bemerkungen über seine hageren, ansehnlichen Züge und seine von Natur aus volltönende Stimme. Sein Mentor sagte ihm des Öfteren, er sei ein geborener Kirchenführer und habe in der Erzdiözese von New York eine überaus göttliche Berufung gefunden.

Peter klemmte sich die Zeitung unter den Arm, verließ den Lebensmittelladen und überquerte die Fourth Avenue, um seine Arbeit aufzunehmen. Er hatte ungefähr fünfzehn Minuten Zeit, um zu den Spielfeldern am Dyker Beach Park zu gelangen, wo er das Basketball-Team der CYO's Pony League trainierte.

Die Sonne brannte auf den staubigen Platz, als er eintraf, aber er ließ die Jungs dennoch ein hartes Training durchlaufen. Sein Team nahm in der Liga im östlichen Bezirk den ersten Platz ein, und er wollte nicht, dass ihnen anlässlich der Entscheidungsspiele nächste Woche die Luft ausging.

Zwei Stunden später joggte Peter zum Pfarrhaus zurück, duschte rasch, frühstückte etwas und machte es sich anschließend bequem, um ein Spiel der Yankees anzusehen, bevor er sich auf die Samstagabendmesse vorbereitete.

Seitdem die Regeln geändert worden waren und es erlaubt war, die vorgeschriebene wöchentliche Teilnahme an der Messe statt zu den regulären Sonntagsmessen auch samstagabends zu erfüllen, hatten sich die Gemeindemitglieder von Bay Ridge allmählich an diese neue Freiheit gewöhnt. Am Anfang nahmen die traditionelleren und gewöhnlich älteren Katholiken weiterhin die Sonntagsrituale wahr, da sie die Samstagsmesse anscheinend für nicht recht annehmbar hielten.

Um dem entgegenzuwirken, setzte Pfarrer Sobieski schließlich alle Samstagabendmessen mit Pater Carenza an, dessen anziehende Persönlichkeit und beliebte Predigten mit der Zeit immer mehr Besucher in den Samstagabendgottesdienst zogen. Auch wenn Peter nicht stolz sein oder sich rühmen wollte, erkannte er doch, dass diese Taktik ein großer Erfolg geworden war. Er registrierte ungewollt, dass die alte Steinkirche an Samstagen bis zu den Stehplätzen besetzt war. Und viele der Besucher waren auch am Sonntagmorgen zu sehen, da sie nicht mit der Gewohnheit brechen und Pater Carenza so unbedingt predigen hören wollten, dass sie nun eben zweimal an jedem Wochenende zur Messe gingen. Peter erkannte dies als stillen Beweis für seine Beliebtheit in der Gemeinde. Er sprach nie darüber, versuchte, sich nicht darauf auszuruhen, aber genau so war es.

Seinem Freund Dan Ellington gegenüber, einem Jesuiten, der in Fordham Englisch und Vergleichende Naturwissenschaften lehrte, hatte er die Veränderungen natürlich erwähnt. Jesuiten waren, wie Peter mit verzerrtem Lächeln zugeben musste, mit Überheblichkeit vertraut.

Und so stand er an diesem Abend vor seiner Gemeinde und las das Evangelium des Tages, eine Passage aus Lukas, in Vorbereitung auf das Gesprächsthema Freundschaft. Obwohl er vor dem Umkleiden geduscht hatte, begann er unter dem schweren Ornat aus Leinen und Wollstoff stark zu schwitzen. Draußen verdampfte die Luft, als die Hitze vom Beton und Stein der Stadt abstrahlte. Brooklyn erinnerte im Spätsommer an einen tropischen Regenwald – ohne den Regen und ohne den Wald. Die bedrückende Hitze und Feuchtigkeit schufen die erstickende Atmosphäre eines Backofens. Um die Lage noch zu verschlimmern, hatte Pfarrer Sobieski beim Frühstück an diesem Morgen verkündet, die Klimaanlage in der Kirche sei ausgefallen. Auch wenn die Handwerker ihr Bestes gäben, wäre der Schaden aufgrund der beliebtesten aller Entschuldigungen, dass ein bestimmtes Ersatzteil benötigt würde, wahrscheinlich nicht vor Montag behoben. Peter bemerkte, dass sich seine Zuhörer unwohl fühlten, und doch saßen sie alle da und sahen ihn erwartungsvoll an.

Er bereitete seine Predigten, anders als seine Kollegen in St. Sebastian, nie im Voraus vor. Sogar Pfarrer Sobieski, der seiner Herde seit fast vierzig Jahren predigte, setzte sich noch immer am Ende der Woche hin, um von der Kanzel zu verkündende Anmerkungen und Phrasen zu notieren. Peter hatte es stets als falsch empfunden, eine Predigt abzulesen. Er zog eine spontanere Annäherung vor, was seine Predigten ungezwungener erscheinen ließ, wie eine spontane Unterhaltung. In seiner ersten Zeit in der Vorbereitung zum Seminar, als er Vortragskunst, Debattieren und Unabhängiges Denken studierte, hatte er sein natürliches Talent für improvisiertes Reden entdeckt. Er liebte es, und seine Zuhörer liebten wiederum ihn dafür.

Manchmal, wenn er zu seiner Gemeinde sprach, fühlte er sich wie ein Entertainer, ein Stand-up-Comedian, der sich durch die Vorstellung seines Lebens improvisierte. Es war eine berauschende, anregende Erfahrung, als würde man ohne Netz auf einem Drahtseil balancieren. Es bedeutete, bis an die Grenzen seiner Fähigkeiten zu gehen, am Abgrund seines nächsten Gedankens entlang. Meist hatte er keine Ahnung, was er als Nächstes sagen würde, und doch waren die Worte bereits angelegt.

Heute war es nicht anders. Er sprach zu dem Meer von Gesichtern über die Tugenden von Freundschaft und Liebe im reinsten Sinne. Er bezog den Mythos von Damon und Pythias, das heldenhafte Abenteuer von Roland und Oliver und den legendären Bund Arthurs und Lancelots in seine Predigt mit ein, sodass sie weniger wie eine moralisierende Lektion wirkte, sondern eher als wundervolle Geschichte verstanden wurde. Indem er verschiedene mythische und literarische Elemente in seine Botschaft einarbeitete, wob er für seine Zuhörerschaft einen prächtigen Teppich – eine Geschichte voll Leidenschaft und Liebe und menschlichen Verständnisses. Als er mit den Worten des Herrn darüber schloss, dass es »keine größere Liebe als diejenige des Menschen gäbe, der sein Leben für seinen Freund opferte«, spürte er in der Menge eine Ergriffenheit, einen nur mühsam unterdrückten Drang, sich gemeinsam zu erheben und zu applaudieren.

Peter hatte sie mit seinen Worten berührt, mit seiner volltönenden, modulierten Stimme. Er hatte sie mit seiner besonderen Gabe gefesselt, jeden Einzelnen von ihnen. Während er dort stand und sich in diesem überaus kurzen Moment sonnte, in dem er die Macht, die er über sie besaß, tatsächlich spüren konnte, erkannte er, dass es ihm gefiel. Auch wenn dies Stolz war, auch wenn es eine Sünde war, so zu empfinden – er konnte nicht anders. Später würde er Gott um Vergebung bitten.

Nachdem er die Heilige Kommunion erteilt hatte, beendete er die Messe und nahm für die altehrwürdige Tradition des Händeschüttelns mit seinen Gemeindemitgliedern den Platz an der Tür ein. Viele Menschen stellten sich an, um kurz mit ihm zu sprechen, anstatt einfach nach Hause zu eilen. Es war ein weiterer kleiner, aber offensichtlicher Beweis für seine Beliebtheit in St. Sebastian. Als die meisten Besucher bereits gegangen waren, näherte sich ihm eine attraktive Frau, schüttelte ihm ruhig die Hand und hielt sie dann fest.

»Verzeihen Sie, Pater Carenza«, sagte Margaret Murphy. Er kannte sie von ihrer Teilnahme an den PTA-Treffen der Grundschule her. Etwas an der Art, wie sie ihr gelb-weißes Baumwollkleid trug und wie sie geschminkt war, ließ sie sehr traurig, sehr hilflos erscheinen. Vielleicht verrieten sie auch ihre Augen – sie wirkte entmutigt, sogar furchtsam, wie ein kleiner, aus dem Nest gefallener Vogel.

»Ich habe mich gefragt«, fuhr sie fort, »ob ich kurz mit Ihnen reden könnte …«

Er schaute automatisch auf seine Uhr und hoffte, dass es nicht unhöflich wirkte. »Jetzt sofort?«

»Ich möchte mich nicht aufdrängen, Pater, aber wenn Sie ein paar Minuten Zeit hätten …? Ich schaffe es einfach während der Woche nicht, und es ist so wichtig …«

Er konnte die unterschwellige Qual in ihrer Stimme nicht ignorieren. Obwohl er weitaus lieber zum Pfarrhaus zurückgekehrt wäre, die Füße hochgelegt, ein kaltes Bier getrunken und mit einem Film auf Cinemax seine Gedanken einfach ein paar Stunden lang abgeschaltet hätte, wusste er doch, dass seine erste Pflicht dieser Frau galt, die seine Hilfe suchte.

»Das ist kein Problem, Mrs. Murphy«, sagte Peter. »Warum treffen Sie mich nicht drüben im Pfarrhaus? Lassen Sie mir nur ein paar Minuten Zeit, mich umzukleiden.«

Ein kleines Lächeln, schwach und flüchtig, erhellte ihr Gesicht. »Oh, danke, Pater Carenza. Ich werde dort auf Sie warten. Danke.«

Die Zeit verging rasch, während er mit Mrs. Murphy in seinem Arbeitszimmer im ersten Stock saß. Es war ein kleiner, von Bücherregalen gesäumter Raum. Mehrere Lampen, die ein weiches Licht warfen, und zwei dick gepolsterte Sessel vor dem Schreibtisch in der Ecke verliehen ihm eine gemütliche Atmosphäre. Es war ein guter Ort, um mit Gemeindemitgliedern Beratungsgespräche unter vier Augen zu führen, und Peter glaubte, dass es Mrs. Murphy nicht einschüchtern würde, wenn er es sich hinter dem Schreibtisch bequem machte und ihrer Geschichte wortlos lauschte.

Es war ein nicht ungewöhnliches, häusliches Szenario: der hart arbeitende Fabrikarbeiter und die überlastete Ehefrau, die das Haus sauber zu halten, vier Kinder zu betreuen und im Bett dennoch die leidenschaftliche Hure zu sein versuchte. Die Anforderungen des modernen Lebens waren häufig größer, als viele Ehepaare es ertragen konnte, und Peter wusste, dass die Menschen meist auf die übliche Art Entlastung von diesem Druck suchten.

Rod Murphy hatte eine Bar in der Gegend als Verbündeten gegen alle Drangsal seiner Welt erwählt und verbrachte seine Freizeit immer häufiger damit, am Tresen Budweiser in sich hineinzuschütten. Er war ein großer Mann, der als Elektrikergeselle in einem Unternehmen arbeitete. Bei der Arbeit war seine Trinkerei noch nicht aufgefallen, verursachte aber Risse im Fundament seiner Ehe, und Margarets Angst wuchs. Sie erzählte eine tränenreiche Geschichte über nächtliche Streitereien, die durch ungehinderten Alkoholkonsum genährt wurden.

Peter hatte schon häufiger halbhysterischen Gemeindemitgliedern zugehört, die unter dem unglaublichen Gewicht ihres Lebens aufschrien. Er empfand es fast immer als das Beste, so still wie möglich zu bleiben, während sie ihre Emotionen und ihre Qual herausließen. Erst wenn die Dämonen offenbart waren, konnte er erfolgreich dagegen angehen.

Mrs. Murphys Erzähldrang hatte sich nach beinahe einer Stunde erschöpft. Peter betrachtete ihr nun um die Augen aufgedunsenes, gerötetes, hageres Gesicht und streckte über den Tisch hinweg die Hand nach ihr aus. Wie ein Kind auf der Suche nach Trost ließ sie es zu, dass er ihre Hände ergriff.

»Oh, Pater, es tut mir Leid. Es ist mir so peinlich. Ich hatte keine Ahnung, dass es so kommen würde.«

Er lächelte sanft und schüttelte leicht den Kopf. »Dass es wie kommen würde? Margaret, akzeptieren Sie doch, dass Sie sich einfach menschlich verhalten. Wir alle empfinden Qual, genauso wie wir Freude empfinden – das unterscheidet uns von den übrigen Geschöpfen Gottes.«

Peter bemühte sich, ihr mit seiner weichen Stimme fast hypnotisch zu suggerieren, dass alles gut werden würde. Die Linien der Anspannung auf Margaret Murphys Gesicht glätteten sich fast augenblicklich und schwanden. Obwohl Peter, ein von der Kirche aufgezogenes Waisenkind, zugegebenermaßen kein Experte in Familiendynamik war, besaß er doch ein feines Gespür für die menschliche Psyche. Und es war auch nicht so, als hätte er noch nie mit Herzensangelegenheiten zu tun gehabt. Sein Interesse an und seine Verstrickungen mit jüngeren Frauen waren, bevor er seiner Berufung durch Gott folgte, ebenso lehrreich wie angenehm gewesen. Peter war nicht in einem Kirchenkokon aufgewachsen.

Seine Gabe, Mitgefühl zeigen zu können, gepaart mit seinem Talent, einer gequälten Seele genau das Richtige sagen zu können, machten ihn zu einem besonders erfolgreichen Berater.

Peter sprach ruhig und ohne zu belehren. Er konnte Mrs. Murphy durch subtile Fragen und die sanften, sondierenden Fähigkeiten eines erfahrenen Therapeuten langsam zu ihren eigenen, speziellen Lösungen hinführen. Er wusste, dass sie eher bereit sein würde, Lösungen zu versuchen, wenn sie die Einblicke in ihre speziellen Problemzusammenhänge selbst entdeckt hatte. Es war stets leichter, dem eigenen Glauben gemäß zu handeln, als dem zu folgen, was andere einem aufzuzwingen versuchten.

»Pater Carenza, ich weiß nicht, wie ich Ihnen danken soll«, sagte Mrs. Murphy, als sie sich schließlich zum Gehen wandte.

»Das haben Sie bereits«, sagte er.

»So viel Weisheit bei einem so jungen Menschen. Es ist kaum zu glauben.« Sie sah ihn mit glänzenden Rehaugen an. Dieser Blick vereinte die Elemente eines respektvollen Kindes, eines vernarrten Mädchens und einer wollüstigen Frau. Peter spürte diesen Zusammenfluss von Empfindungen, der von der Frau ausströmte, und war verwirrt über die sich in ihm regenden Gefühle.

Er blinzelte, wandte den Blick einen Moment ab und brach damit den geringfügigen Zauber, der zwischen ihnen entstanden war. Margaret Murphy musste es auch gespürt haben, denn sie errötete leicht und hob verlegen eine Hand an ihre Schläfe.

»Bitte melden Sie sich wieder bei mir, Margaret«, sagte Peter. »Denken Sie daran, dass Sie hier jederzeit willkommen sind.«

»Das werde ich, Pater. Sie ahnen nicht, um wie vieles besser ich mich durch Sie fühle. Ich glaube, ich begreife jetzt, was falsch läuft, und ich denke, ich sehe Möglichkeiten, es besser zu machen.«

»Gut. Gut«, sagte Peter, während er hinter dem Schreibtisch hervorkam und sie zur Tür geleitete.

Nachdem er beobachtet hatte, wie sie langsam den von Sträuchern gesäumten Weg zum Bürgersteig hinabgegangen war, schloss Peter langsam die Haustür. Er fühlte sich gut in seiner Haut, in dem Wissen, einem anderen Menschen in seiner Verzweiflung geholfen zu haben. Er wandte sich dem Hauptflur zu und ging in die Küche. Obwohl die Sonne bereits unterging, war es noch immer schwül und heiß, und ein kaltes Bier schien in diesem Moment sehr verlockend.

Als er den Kühlschrank öffnete und nur einige Dosen Diät-Pepsi fand, schüttelte er den Kopf und lächelte. War es nicht immer so? Wie oft hatte er wegen etwas anderem in den Kühlschrank geschaut und dann um sechs oder sieben Flaschen Becks Dunkel oder Michelob herumgegriffen und sie ignoriert?

Aber jetzt, heute Abend, würde ihm nur ein kaltes, dunkles Bier helfen. Er sah auf seine Uhr und erkannte, dass er noch genug Zeit hatte, zum Delikatessenladen an der 90th Street hinaufzulaufen und ein Sixpack zu holen, bevor um neun Uhr der Film begann. Peter zog rasch eine Shorts, ein T-Shirt und Turnschuhe an und lief zu dem Laden.

Die Schatten entlang den Seitenstraßen wurden länger und tiefer, während er auf die Hauptkreuzung an der Fourth Avenue zulief. Da er keine großen Taschen in seinen Shorts hatte, trug Peter seine Schlüssel und einige Zehn-Dollar-Scheine in einer kleinen Gürteltasche mit Reißverschluss bei sich. Das typische Sommergeräusch aus Rockmusik, Babygeschrei und Fernsehergeplärr drang aus den geöffneten Fenstern. Die schweren, rechteckigen Kästen der Klimaanlagen brummten und tropften auf die Straßen. Alles verschmolz zu einer freundlichen Mischung, verwies auf eine lebhafte, lebendige Gegend. Peter fuhr sich mit einer Hand durch das dunkelbraune Haar und strich sich die feuchten Strähnen aus den Augen. Alles war so verdammt feucht. Das Bier würde ihm gut schmecken – ohne Frage.

Er war gerade an einer kleinen Gasse angelangt, als er die Stimme hinter sich hörte. »Okay, bleib genau da stehen, du Yuppie-Motherfucker …« Näselnd, gepresst, jung. Peter lief weiter und gab vor, nichts gehört zu haben.

Plötzlich gruben sich lange, knochige Finger in seine linke Schulter. Ein heftiger Ruck riss ihn so rasch herum, dass er fast das Gleichgewicht verlor.

»Hey, bist du taub oder schwer von Begriff?! Ich rede mit *dir*, du Arschloch!«

Peter stand einem schwarzen Jungen von vielleicht sechzehn Jahren im trüben Licht der herannahenden Dämmerung nun von Angesicht zu Angesicht gegenüber. Er trug wie ein Samurai-Krieger ein buntes Bandanna um den Kopf. Ein vergoldeter Zahn betonte sein unangebrachtes Lächeln. Ein zerrissenes, grünes Shirt offenbarte die Muskeln seines durchtrainierten Oberkörpers. Die Knie seiner Jeans waren durchgescheuert. Der glasige Ausdruck in seinen Augen vermittelte den

Eindruck, dass sein Gehirn unter dem Einfluss irgendeiner Droge außer Kontrolle geraten war.

Der Junge hob langsam die rechte Hand an und richtete eine kleinkalibrige Pistole auf Peters Gesicht. »Zurück, Mann«, sagte er. »Hier entlang …«

Er dirigierte Peter in die Gasse, in die engen Schatten und den Gestank des Mülls, der in Plastiksäcken dünstete.

»Was willst du?«, fragte Peter, während er der Aufforderung nachkam, vorsichtig den Bürgersteig der Hauptstraße verließ, bis er die Mauer der Gasse an seinem Rücken spürte.

»Gib's auf, Holzkopf…«, sagte der Junge noch immer lächelnd. Er war nervös, zittrig. Alle seine Bewegungen waren ruckartig und angespannt. Er wirkte verflucht labil.

Peter spürte, wie sein Herz schneller zu schlagen begann, als er für möglich gehalten hätte. Er konnte den Revolver selbst in der zunehmenden Dunkelheit deutlich erkennen, und obwohl dieser nur einen kleinkalibrigen Lauf aufwies, wirkte dessen Mündung so weit wie ein Brunnen und doppelt so dunkel. Es war so, als würde man in eine bodenlose Grube starren, einen Ort, an dem nur der Tod überlebte, wenn man hineinfiel.

Peter griff in seine Gürteltasche und nahm die Schlüssel und die beiden Dollarscheine hervor.

»Mehr habe ich nicht, Mann«, sagte er sanft. »Hier, nimm es. Du kannst es gerne haben ...«

Der Junge bewegte sich mit katzenartiger Schnelligkeit, als er Peter im Handumdrehen das Geld aus der Hand riss. Die Pistole tanzte und schwankte in der Hand des Jungen, war aber immer noch auf Peter gerichtet. Er wollte etwas tun – davonspringen, sich herumrollen, davonlaufen –, irgendetwas, aber er war wie auf dem Bürgersteig festgewachsen. Er fühlte sich wie gelähmt und hilflos. Es war ein erschreckendes Gefühl, mit dem sein normalerweise analytischer Verstand nicht umgehen konnte.

»Hey, Mann, was, zum Teufel, ist das denn!« Das Lächeln des Jungen wich einem verärgerten Stirnrunzeln. »Zwanzig Piepen? Das ist Scheiße, Mann! Wo ist der Rest von deinem Geld?«

»Tut mir Leid, aber mehr habe ich nicht. Ehrlich.«

»Bullshit! Du hast Geld in den Schuhen, Mann. Zieh die Schuhe aus.«

»Bitte, wirklich«, sagte Peter. »Ich habe wirklich keines. Warum nimmst du nicht einfach ...«

»Zieh sie aus, du Arschloch!« Der Junge schrie die Worte heraus.

Peter begann langsam, seine halbhohen Schuhe aufzuschnüren. Konnte denn niemand diesen Typen hören? Konnte denn niemand sehen, was hier vor sich ging?

»Okay, wirf sie rüber!«, sagte sein Angreifer, nachdem Peter die Schuhe ausgezogen hatte.

»Da ist nichts drin«, sagte Peter. »Sieh mal …«

»Gottverdammt! Zieh die verdammten Socken aus! *Da* hast du es!«

Peter zog auch die weißen Baumwollsocken aus und bemühte sich dabei, den offensichtlich sehr frustrierten Jungen im Auge zu behalten. Sein Plan ging nicht recht auf, und er war verwirrt und zornig. Als er sah, dass kein zusätzliches Geld in den Socken versteckt war, wurde sein ganzer Körper starr vor Wut.

»Verdammt, du verarschst mich doch, Mann. Ich werde dir deinen verfluchten Holzkopf-Arsch abschießen!«

Peter presste sich an die Mauer, spürte durch das T-Shirt die davon abstrahlende Hitze. »Bitte«, sagte er. »Schau, nimm das Geld, bitte …«

Der Junge runzelte die Stirn und hob die Pistole an, den Arm starr ausgestreckt. »Mann, *leck* mich am Arsch! Du bist *tot*!«

Peter hörte eine Stimme aufschreien und eine einzige durchdringende Silbe äußern – »*Nein*!« Er erkannte in einem zeitentrückten Augenblick, dass es seine Stimme war, die gellend in die Dunkelheit schrie, einem atavistischen Impuls nachgab. Für ihn klang es wie in einem gewaltigen Tunnel, das rollende Echo seines Schreis ebenso erschreckend wie das leere Auge der Pistole.

Er sah, wie die seilartigen Muskeln an den dicken Unterarmen und die kräftigen Finger des Jungen sich anspannten. Innerhalb eines weiteren Augenblicks würde der Abzug der Waffe klickend durchgezogen und der Hammer ausgelöst.

Peter hob instinktiv die Hände vors Gesicht.

Ein greller Lichtblitz, wie die heftige, blaue Explosion eines Starkstromstoßes, erfüllte die Gasse. Das Bild des Gesichts des Jungen – blauschwarze, vor Schweiß schimmernde Haut, die Augen vor Urangst geschwollen – zischte und knallte in Peters Geist wie ein Foto.

Die Pistole entfiel der verkohlten Hand des Jungen und landete klappernd auf dem Asphalt. Die Luft war vom üblen Gestank von Ozon und versengtem Fleisch erfüllt. Was nur Momente zuvor noch ein menschlicher Körper gewesen war, präsentierte sich nun als eine rauchende Säule schmieriger Kohle.

Peter beobachtete benommen, wie das Ding langsam von einer Seite zur anderen wankte, bevor es vornüber zu seinen Füßen fiel.

Seine Lungen füllten sich mit dem schweren Gestank verbrannten Fettes. Er würgte. Er wich von dem brennenden Haufen zurück und versuchte zu begreifen, was er gesehen hatte.

Ein Blitz.

Der Straßenräuber war von einem Blitz getroffen worden.

Aber der Blitz war Pater Carenzas Händen entsprungen …

Zwei

Rom, Italien – Schwester Etienne
15. August 1998

Es war ein typischer, warmer Sommermorgen im klösterlichen Konvent der Sisters of Poor Clares. Nach einem kargen Frühstück durften die Nonnen in den Konventgärten eine halbe Stunde allein meditieren. Schwester Etienne, eine schlanke, gesunde Frau von fast fünfzig Jahren, verließ den Speisesaal und ging unter dem romanischen Steinbogen hindurch, der den Eingang zum Hauptatrium kennzeichnete.

Das gewaltige Viereck wurde von den Mauern von vier einzelnen Gebäuden begrenzt. Es war üppig mit Schatten spendenden Eichen und Hartriegeln in spätem Blütenkleid bestanden. Viele gepflasterte Wege verliefen kreuz und quer durch den Garten, die alle von mit Mulch bedeckten

Blumen- und Sträucherbeeten gesäumt waren. Der staubige Geruch des Trompetenbaums und der Pachysandra vermischte sich mit dem süßen Duft der Begonien, Löwenmäulchen und des Geißblatts. Schwester Etienne liebte diesen Garten und fühlte sich während ihrer morgendlichen Spaziergänge in seinem sommerlichen Grün besonders im Einklang mit der Welt.

Gelobt sei Gott, dachte sie, während sie unter einer stark gebeugten Eiche hindurchging. Dieses Gedicht, von einem Amerikaner namens Kilmer, war vollkommen wahr. Sie lebte schon fast ihr ganzes Leben lang in diesem Konvent und hatte ihn erst zweimal verlassen, seit sie im Alter von zwölf Jahren zu den Sisters of Poor Clares gekommen war, aber Schwester Etienne wusste, dass kein anderer Teil der Welt so wunderschön sein konnte wie der Konventgarten. Sie war als Angelina Pettinaro zur Welt gekommen, Tochter eines armen, kalabrischen Fischers, der nicht mehr für alle seine sieben Kinder sorgen konnte, nachdem seine Frau an Krebs gestorben war. Also war ihr älterer Bruder der italienischen Nationalgarde beigetreten und Angelina der Schwesternschaft.

Da sie schon immer zutiefst gläubig gewesen war, gefiel ihr das Leben als Nonne sehr. Sie zog die Ordnung und Disziplin des Konvents dem unbekannten Chaos der modernen Welt vor, und über alles liebte sie es, ihrem Herrgott auf jede Art zu dienen, die Er für angemessen erachtete. Schwester Etienne glaubte, ihre absolute Treue gegenüber der Kirche und ihr Vertrauen in die Wünsche Gottes viele Male in ihrem Leben bewiesen zu haben – besonders als Äbtissin Victorianna sie dazu auserwählt hatte, mit Pater Francesco und Kardinal Lareggia zusammenzuarbeiten.

Die Äbtissin war stets so stolz auf sie gewesen! Etienne hatte einmal gelauscht, als ihre Vorgesetzte mit einer Gruppe Besuchern sprach. Die Äbtissin hatte Etienne als eines der frömmsten Mitglieder des gesamten Ordens hervorgehoben.

Nun, nun, dachte sie. Du träumst schon wieder! Dies ist die Zeit für Meditation und stilles Gebet. Es war sündhaft, sie für hochmütige Gedanken zu verschwenden. Etienne hielt vor einem Rosenbeet inne und umfasste eine weiche, von Dornenzweigen und Blättern umgebene gelbe Knospe. Die Blume löste sich unerwartet, als hätte sie darauf gewartet, in ihre Hand zu fallen. Als sie sie ins sanfte Morgenlicht hielt, konnte sie durch ihre durchscheinenden Blütenblätter die kunstvolle Struktur der Blüte erkennen. Die Schönheit einer Rose beinhaltete jeglichen Beweis, den sie zur Bestätigung der wunderbaren Macht und Erhabenheit ihres Herrn brauchte. Etienne nutzte häufig solche Beispiele aus der Natur, um ihre stille Hingabe und ihre Gebete zu beseelen.

Während sie in die Tiefen der Rose blickte und den Windungen jedes Blütenblattes zu folgen versuchte, nahm sie eine neue Komplexität ihrer Gestaltung wahr. Es war so, als würde man die Mitte eines abgrundtiefen Reliefs betrachten, ein wohlerwogen erdachtes Muster optischer Illusion. Das Bild verschwamm vor ihren Augen, als wollte es sich in etwas anderes verwandeln. Im nächsten Augenblick spürte sie eine Woge der Übelkeit über sich hinwegschwemmen, ein schrecklich elendes Gefühl, schlimmer als sie es jemals für möglich gehalten hätte. Etwas brannte und krallte sich innen in ihrem Leib fest. Ihr Schädel fühlte sich an, als würde er sich ausdehnen wie ein bis zum Bersten gefüllter Ballon. Sie spürte, dass sie hinfiel, aber der Schmerz des Aufpralls war weit entfernt, losgelöst, als gehöre er zu jemand anderem.

Was geschah mit ihr?

Sie wollte sich aufrichten, aber ein Schwindelgefühl hielt sie am Boden fest, ließ sie auf Knien schwanken. Ein leiser, wehklagender Laut erklang tief in ihrem Schädel, wurde lauter, verwandelte sich in ein dumpfes Summen – ein hypnotischer Klang, der alle anderen Empfindungen ausschloss. Etienne starrte wie in Trance in die Tiefen der Rose. Das Summen wurde schriller – nichts anderes existierte mehr auf der Welt als die Rose und das Summen in ihrem Kopf. Ihre Schädelknochen würden gewiss bald bersten, wie eine Granate explodieren und den grau-weißen Schleim ihres Gehirns überallhin verstreuen. Etienne wartete drauf, dass die Vorstellung real würde.

Plötzlich brannte in ihrer Nase der süßliche, beißende, stechende Geruch des Grabes. Ein düsterer, tosender Gestank, war es der Geruch des Endes aller Dinge, des Verfalls und der Verdorbenheit, der vollkommenen Schändlichkeit. Es war der Stoff der Furcht und des Abscheus sowie von allem, was jemals *böse* war oder sein könnte. Sie spürte, wie sich unter ihrer Seele ein Abgrund auftat, während der Gestank in der Dunkelheit unter ihr zu einem Sturmwind wurde. Die Rose und der Garten und der Rest der Welt stürzten mit Schwindel erregender Geschwindigkeit davon. Etienne schwebte im starren Nichts am Ende der Zeit.

Sie wollte schreien, aber es war unmöglich. Wie gelähmt und völlig hilflos drehte und wand sie sich langsam im übelriechenden Atem reiner Böswilligkeit. Sie war davon überzeugt, dass sie verrückt geworden oder, noch schlimmer, durch einen plötzlichen Schlaganfall oder eine Herzattacke umgekommen war und, trotz ihres Glaubens, in die tiefste Höllengrube gestoßen worden sei, sodass sie ihre Seele schließlich auslieferte und sich Gott öffnete.

Und die Vision kam zu ihr.

Die Teile des Bildes fügten sich zusammen, nahmen Substanz an wie bei einer rückwärts in Zeitlupe abgespulten Filmaufnahme einer zerbrechenden bunten Glasscheibe. Etienne beobachtete, wie das Entsetzen sich entfaltete wie die Blüte der schwärzesten Rose …

Drei

Brooklyn, New York – Sobieski
15. August 1998

Pfarrer Sobieski hatte Pater Carenza noch nie so fassungslos erlebt.

Stan Sobieski hatte den leeren, erschreckten Blick schon in den Augen mehr als eines Priesters gesehen – der Blick eines Geistlichen, der plötzlich seinen Glauben verloren hatte –, aber sein Instinkt sagte ihm, dass dies nicht das vorliegende Problem war. Nach mehr als vierzig Jahren Priesterschaft spürte man solche Dinge ... und man hatte ihm gesagt, er solle diesen Priester sorgfältig beobachten.

Carenza war mit dem Wunsch zu reden in Sobieskis Zimmer gekommen, hatte aber noch nicht einen Ton gesagt. Stan beobachtete ihn, wie er da unruhig vor seinem Schreibtisch saß. Der junge Priester wandte den Blick nervös ab. Es war nicht zu leugnen, wie gut er aussah. Seine robuste, ansehnliche Erscheinung tat seiner Beliebtheit bei den Gemeindemitgliedern gewiss keinen Abbruch. Sie alle liebten sein bereitwilliges, einnehmendes Lächeln – ein Lächeln, das nun deutlich abwesend wirkte.

»Ich möchte mit einer Frage beginnen«, sagte der junge Priester schließlich. »Haben Sie jemals … ich meine, haben Sie jemals von … von einem Priester gehört, der, nun, tatsächlich jemanden *getötet* hat?«

»Was?!« Sobieski war geübt darin, alles zu erwarten, aber nun konnte er seine Überraschung doch nicht verbergen. »Gütiger Gott, Peter, wovon reden Sie?«

Peter Carenza sah auf seine Hände hinab. Er hatte die Handflächen aufwärts gerichtet, als sähe er sie zum ersten Mal, so wie sich ein Kind langsam seiner selbst bewusst wird. »Ich denke, es war Notwehr.«

Sobieski sah den jungen Mann an, bis dieser schließlich den Kopf hob und wieder Blickkontakt aufnahm. »Peter, wollen Sie mir erzählen, dass Sie … dass Sie einen Menschen getötet haben?«

»Ich … ich glaube schon.« Pater Carenza blickte erneut auf seine Hände und barg dann zögerlich sein Gesicht darin.

Mein Gott! Das war verrückt, dachte Sobieski.

»Möchten Sie beichten, Pater?« Sobieski bemühte sich um Ruhe und Sachlichkeit, aber das Zittern in seiner Stimme verriet ihn.

Peter schüttelte langsam den Kopf. »Nein. Keine Beichte.«

»Nun, was dann? Ich höre Ihnen zu …«

Carenza hielt inne, schaute aus dem Fenster und dann wieder zu ihm. »Vielleicht irre ich mich diesbezüglich. Lassen Sie mich von Anfang an berichten.«

Sobieski sah, wie er schwer schluckte. Ein Schweißfilm trat auf seine Stirn. Welch ein ehrenvoller Mann. Es war schwer, ihn sich so winden und leiden zu sehen.

»Möchten Sie, bevor Sie beginnen, eine Kleinigkeit zu sich nehmen?«, fragte Sobieski. »Ich habe etwas Brandy in meinem Schrank …«

Pater Carenza sah ihn an und nickte. »Ja, ich glaube, ich könnte einen Drink gebrauchen. Danke, Pfarrer.«

Sobieski trat hinter dem Schreibtisch hervor und ging zu einem kleinen Eichenschrank neben dem Fernseher. Er nahm eine Karaffe und zwei Kognakschwenker hervor, goss den Brandy geschickt ein und reichte dem Priester einen der Kristallkelche.

Pater Carenza nippte vorsichtig an seinem Glas und ließ die dunkle, bernsteinfarbene Flüssigkeit seine Kehle hinabbrennen. Er wiederholte es und sah Sobieski dann in die Augen.

Stan lächelte gütig. »Peter, hören wir auf, um die Sache herumzureden, okay?«

»Pfarrer, es tut mir Leid«, antwortete Carenza schnell. »Aber Sie müssen mir glauben, wenn ich Ihnen sage ... dies ist verrückter als *alles*, was Sie jemals gehört haben.«

Stan beugte sich vor und betrachtete Carenza. Er war sehr aufgeregt, ängstlich, verlor die Kontrolle. Sobieski sprach so ruhig wie möglich. »Es kann nicht *so* schlimm sein.«

»Kann nicht so schlimm sein...?« Peter schüttelte den Kopf. »Ich weiß nicht... Es tut mir Leid, Pfarrer, aber Sie werden glauben, dass ich den Verstand verloren habe.«

Sobieski versuchte ein Lächeln, das aber nur halbwegs gelang. »Nein, das werde ich nicht. Vertrauen Sie mir, Peter. Aber würden Sie mir nun bitte um Gottes willen sagen, was geschehen ist?« Sobieski trank seinen restlichen Brandy. Die sich ausbreitende Wärme verlieh ihm Kraft. Der Alkohol wurde für ihn notwendiger, als er sich eingestehen mochte.

Pater Carenza atmete tief ein und langsam wieder aus. »In Ordnung, dann hören Sie zu...«

Pater Carenza erzählte zögernd von seinem Spaziergang zum Delikatessenladen, von dem Straßenräuber und … der Katastrophe.

Als er geendet hatte, wirkte er ausgelaugt, erschöpft, überwältigt. Er atmete unregelmäßig.

Sobieski war sich nicht sicher, ob es am Alkohol oder an seiner Ausbildung oder an etwas anderem lag, dass er sich seltsam betäubt fühlte.

»Sie sagen, es war wie ein … ein blaues Feuer?«

Peter nickte.

»Ein Blitz? Könnte er von einem Blitz getroffen worden sein? Es heißt, Blitze könnten die merkwürdigsten Dinge bewirken …«

Peter runzelte die Stirn, schüttelte aber dann den Kopf. »Heißt es auch, sie könnten jemandes Händen entspringen?«

Sobieski fühlte sich töricht, wandte den Blick von seinem Schützling ab. Zweifellos glaubte der jüngere Priester, was er sagte. Seinem offensichtlichen Gefühlszustand nach zu urteilen, stand ein Scherz außer Frage.

»Sagen Sie mir, Peter … befindet sich der … *Leichnam* noch dort?«

Pater Carenza massierte mit langsamen Bewegungen seine Schläfen, wobei er die Augen fest geschlossen hielt. »Ich weiß es nicht. Ich vermute schon. Ich geriet gewissermaßen in Panik. Ich bin einfach so schnell wie möglich hierher zurückgelaufen. Ich musste sofort mit jemandem sprechen.«

»Vielleicht sollten wir dorthin zurückkehren ...«, sagte Sobieski.

Peter sah ruckartig zu ihm hoch. »Sie meinen, in die Gasse zurück?«

»Ja.«

»Gott, ich weiß nicht, ob ich das kann.«

»Es wäre vielleicht das Beste«, sagte Sobieski. Tatsächlich war es wahrscheinlich die einzige Möglichkeit, die Geschehnisse bestätigt zu finden. Es verlangte ihn nicht allzu sehr danach, sich den armen Hund anzusehen, aber es musste sein. Seine Vorgesetzten würden Beweise verlangen.

»Was war es, Pfarrer Sobieski? Wenn das ein Wunder war, ist es das seltsamste Wunder, von dem ich je gehört habe.«

Stan Sobieski war sich nicht sicher, ob es eine Antwort auf diese Frage gab. Er fühlte sich unzulänglich, unfähig, Carenzas Verzweiflung zu lindern, und hasste sich, weil er sich in Moralpredigten flüchtete, obwohl der Mann psychologisches Verständnis und ehrliche Unterstützung brauchte.

Er fühlte sich gezwungen, etwas zu sagen, irgendetwas. »Pater, wir können die Wege Gottes keinesfalls verstehen, aber wenn Er erwogen hat,

Sie Zeuge eines Wunders werden oder Sie eines ausführen zu lassen, selbst wenn es etwas ist, was wir vielleicht als Ekel erregend oder sogar entsetzlich empfinden, dann müssen Sie es einfach mutig ertragen und annehmen, was Gott Ihnen abverlangt. Es ist eine Verantwortung gegenüber dem Herrn, und Sie müssen sie, wenn nötig, den Rest Ihres Lebens tragen wie ein schweres Kreuz.«

Der junge Priester sah zu ihm hoch, hielt einen Moment inne. »Aber warum?«

»Peter, wenn dies wirklich geschehen ist ...«

»Was meinen Sie mit ›wenn‹?! Sie glauben mir noch immer nicht?«

Carenza schob seinen Stuhl zurück, erhob sich und wandte sich zum Gehen.

»Pater, wohin gehen Sie?«

»Sie wollten einen Beweis sehen, nicht wahr? In Ordnung, dann gehen wir. Jetzt sofort!«

Peter zog Sobieski nicht allzu sanft von seinem Stuhl. Nun, er hatte Carenza gesagt, er solle sich dem stellen oder schweigen.

Gott helfe mir, dachte Sobieski. Gott helfe uns allen.

Vier

Brooklyn, New York – Windsor
15. August 1998

Wie ging dieser alte Song noch?

Another Saturday Night and I ain't got nobody, I got some money cuz I just got paid …

Nun, zumindest der erste Teil stimmte. Arbeitswochenenden gehörten einfach so sehr zu ihrem Job, dass Marion Windsor *nie* lange genug frei bekam, um ein richtiges, althergebrachtes Freitag- oder Samstagabend-Date zu vereinbaren. Was das Geld betraf, so musste sie zum Ende des Monats stets mit dem Essen knausern. Obwohl sie als Fernsehjournalistin, verdammt noch mal, recht gut bezahlt wurde, hatte sie viele Ausgaben, vor allem deshalb, weil sie allein war und in Manhattan lebte.

Marion lächelte vor sich hin, während sie zum Bezirksamt von Bay Ridge an der Fourth Avenue fuhr. Sie wusste mit ihren dreißig Jahren, dass sie allmählich ein Alter erreichte, in dem die Planung gewisser Karrierezüge bedenklich war. Jeder ortsansässige Fernsehreporter wollte bei einem der Sendernetze oder Kabelkanäle »auf nationaler Ebene expandieren«. Seit Beginn des Jahrzehnts hatte sich das Nachrichtenprofil der Kabelsender verbessert. Es war noch immer nicht so glamourös wie das der Networks, aber nationale Enthüllung war nationale Enthüllung.

Und Marion musste als Frau, auch wenn sie es nicht zugeben wollte, vor der Kamera gut aussehen. Alte Vorstellungen wichen nur schwer, und trotz der Vorherrschaft der weiblichen Reporter und Moderatoren wiesen nur verdammt wenige Falten oder Makel auf. Die Männer durften natürlich nach wie vor grauhaarig, kahlköpfig, voller Leberflecke oder dick sein.

Es war nicht fair, aber so lauteten die Spielregeln.

Alle Bescheidenheit beiseite gelassen, wusste Marion, dass sie eine gut aussehende Frau war, und wenn die freien Stellen der Networks rein nach dem Aussehen besetzt wurden, glaubte sie, ebenso gute Chancen zu haben wie jeder andere. Ihr Geschmack in puncto Kleidung war weder trendy noch auffällig, aber sie war auch keine Vogelscheuche. Sie fühlte sich in Jeans ebenso wohl wie in einem Kostüm von Saks. Ihr kastanienbraunes Haar und die meergrünen Augen erwärmten jeden Fernsehbildschirm, und ihre Altstimme vermittelte gerade die richtige Mischung aus Verwunderung und Sachkenntnis. Seit sie vor fünf Jahren den Job bei WPIX bekommen hatte, liebten die Zuschauer sie, und unter ihren Kollegen hatte sie sich einen Ruf als sorgfältige Rechercheurin erworben. Ihre Bosse erkannten bald, dass sie Intelligenz und Findigkeit verschwendeten, wenn sie sie nur über die Bootsschau im Madison Square Garden oder die Parade zum St. Patrick's Day berichten ließen.

Marion entdeckte mit der Zeit ein Talent dafür, hinter die glatte Oberfläche einer Geschichte sehen zu können. Sie konnte die Hintergründe einer Nachricht enthüllen, wie man eine alte Uhr öffnete, um nachzusehen, wie sie funktioniert. Ihr großer Durchbruch kam mit der Chance, einen Betrug aufzudecken, in den Einkäufer der Stadt und falsche Verkäufer verwickelt waren. Die Grundstory führte zu einem Wochen andauernden Sonderauftrag, in dessen Verlauf sie Korruption auch in anderen undurchsichtigen Ecken der Stadtverwaltung aufdeckte. Die Story wurde für mehrere Auszeichnungen nominiert, und obwohl

Marion sie dann doch nicht erhielt, erkannte sie, dass sie sich in der Branche durchgesetzt hatte. Sie war ein Mitglied des Klubs, und die Leute nahmen sie ernst.

Ihr Schwerpunkt war Brooklyn. Sie hatte sich mit der Zeit auf die Kriminalfälle konzentriert, die in diesem Stadtbezirk ans Tageslicht kamen, und war zu einem ständigen Gast in allen Bezirksämtern Brooklyns geworden. Mit ihrer Intelligenz und ihrem natürlichen Charme konnte sie in den meisten der Ämter wichtige Kontakte aufbauen. Ihr Ruf als faire und ehrliche Reporterin bewirkte, dass selbst viele Cops ihr ohne Angst Dinge erzählten, die sie brauchte, um ihren Storys die Tiefe und Realität zu verleihen, die sie so charakteristisch machten.

Verdammt, ich bin gut, dachte sie, während sie ihren Mazda RX-7 auf dem rückwärtigen Parkplatz des 72. Bezirksamts abstellte. Still vor sich hinlächelnd, nahm sie ihren Mini-Camcorder hoch und stellte die Lautstärke an ihrem Körpermikrofon ein, bevor sie durch die Hintertür des Gebäudes trat und Corporal Binderman suchte.

»Marion!«, erklang eine vertraute Stimme.

Sie bahnte sich mit den Ellenbogen ihren Weg durch die Lobby, die, wie an einem Samstagabend üblich, von allen möglichen Leuten bevölkert war, bis sie zum Tresen kam. Freddie Binderman saß mit seinen gesamten zweihundertfünfzig Pfund vor seinen Funkkonsolen und lächelte erwartungsvoll.

»Hi, Freddie, was hast du für mich?«

Freddie rückte, in dem halbherzigen Versuch, ihn zu verbergen, einen großen McDonald's Vanilleshake zum Ende seines Tresens. »Mann, Marion, du siehst heute Abend wirklich gut aus…«

»Nun, danke«, sagte sie, bemüht, ihre Ungeduld zu verbergen. Er hatte sie vor zwanzig Minuten mit einem Tipp für eine vielleicht interessante Story angerufen. Er wollte ihr keine Einzelheiten nennen – nur dass es »ziemlich verrückt« sei –, und sie war inzwischen überaus neugierig.

Freddies unermüdliche Vernarrtheit in sie verkomplizierte die Lage jedoch. Tatsächlich hatte er mehrere Male den Mut aufgebracht, sie einzuladen, und im Frühjahr hatte sie einmalig eine Einladung zum Essen angenommen. Es war ein Fehler gewesen. Freddie hatte es als ein Zeichen genommen, dass sie sich auf eine Beziehung mit ihm einlassen wollte, und sie hatte verdammt lange dafür gebraucht, aus dieser Situation wieder herauszukommen, ohne die berufliche Seite der Beziehung zu zerstören.

Freddie sah sie weiterhin nur an, während der Trubel des Amtsgebäudes um sie herum wogte. So ging es nicht. Sie hatte einen Job zu erledigen.

»Eh, Freddie … was ist dort draußen los?«

Er grinste befangen. »Tut mir Leid, Marion. Hier …« Er reichte ihr ein Stück Papier mit einer Adresse. »Das kam rein, unmittelbar bevor ich dich angerufen habe. Ein Junge behauptet, er hätte gesehen, wie ein Jogger überfallen wurde und der Bursche von einem Blitz getroffen wurde.«

»Was? *Wer* wurde von einem Blitz getroffen?« Sie schaute auf die Adresse, die leicht zu finden sein würde.

»Der Straßenräuber. Unser Blue-n-white ist gerade auf dem Weg. Ich habe sie über Funk gehört, als sie einen Leichenwagen riefen.« Freddie nahm durch die Doppelstrohhalme einen Schluck seines Vanilleshakes. »Der Bursche muss nach dem, was der Junge sagte, völlig erstarrt sein …«

Marion verzog das Gesicht und nickte. »Freddie, deine Beschreibung ist phänomenal.«

»Wirklich? Meinst du das ernst, Marion?«

»Corporal, du bist unglaublich, weißt du das?« Sie lächelte und winkte zum Abschied. »Ich werde dich wissen lassen, was gewesen ist.«

»Machst du Scherze? He? Ich werde dich heute Abend in den Nachrichten anschauen. Dann sehe ich es selbst.«

Sie stieg rasch in ihren Mazda und fuhr auf Nebenstraßen zum Schauplatz des Geschehens. Sie hatte bereits viel Zeit verloren und hoffte, dass sie nicht schon alle Aktionen verpasst hatte. Als sie um die letzte Biegung kam, fuhr sie ihren RX-7 an den nächstgelegenen Bordstein und sprang heraus. Die Ambulanz war offensichtlich noch nicht eingetroffen – ein gutes Zeichen, soweit es sie betraf. Ein Kreis von Zuschauern bezeichnete den Eingang der Gasse, und sobald die Leute sie und ihre Ausrüstung erblickten, wurde ein Weg für sie freigemacht.

Als sie den innersten Kreis erreichte, sah sie einen Streifenbeamten neben einem merkwürdig aussehenden, schwarzen Haufen knien, der mit einer Decke bedeckt war. Der andere Cop kniete ebenfalls dort und sprach mit einem Latino-Jungen von ungefähr zehn oder elf Jahren. Marion regulierte die Lautstärke am Richtmikrofon, programmierte den Mini-Camcorder und lauschte der Befragung über die Kopfhörer. Der Empfang war nicht der Beste, dennoch konnte sie jedes Wort verstehen.

»… und ich wollte nur durch die Gasse abkürzen, ehrlich, Officer.«

»In Ordnung, Junge. Gut. Erzähl mir einfach, was du gesehen hast.«

»Es wurde dunkel. Ich hörte einen Typen schreien und brüllen, also blieb ich stehen und lief dann zurück.«

»Warum?«

»Der Typ klang wirklich wütend, Mann. Wissen Sie – gemein und so.«

Der Cop nickte. »Oh, ja, gut. Gemein und so. Okay, also was ist passiert? Was hast du gesehen? Du sagtest, du hättest gesehen, wie es passiert ist.«

»Das habe ich! Ich habe es gesehen! Ich hatte mich hinter den Mülltonnen versteckt – gleich dort hinten. Er richtete eine Pistole auf diesen Typen, der Typ da in der Sporthose. Der Kerl mit der Pistole – alle in der Gegend nannten ihn Venus, Mann. Ich kenne seinen richtigen Namen nicht. Egal, er war jedenfalls ganz aufgeputscht, Mann, das konnte ich sehen.«

Der Officer nickte und schrieb einige Worte in sein Notizbuch.

»Was ist dann passiert?«

»Venus sagte, er würde ihn erschießen, wenn er ihm nicht sein Geld gäbe, und der Typ hatte keines, sehen Sie, und ich wusste, dass er erschossen würde.« Der Junge hielt inne und rieb sich nervös die Nase. »Ich habe noch nie gesehen, wie jemand erschossen wurde...«

»Komm schon, Junge, raus damit. Hast du etwas gesehen oder nicht?«

»Ich habe es gesehen, Mann. Venus hält dem anderen Typ die Kanone ins Gesicht! Ganz plötzlich sehe ich Blitze! Sie kommen aus seinen Händen, und *zack*! ist der Kerl weg, Mann ...«

Der Junge starrte scheinbar durch die Ziegelsteinmauer der Gasse, als würde er immer wieder Zeuge dieser Szene. Etwas an seiner Art zu sprechen zwang Marion, ihm zu glauben. Sie sprach in ihrem Beruf ständig mit Leuten. Man wusste mit der Zeit, wann sie logen und wann nicht.

Dieser Junge sagte die Wahrheit – zumindest so, wie er sie erlebt hatte.

»Blitze, hm?« Der Cop schloss sein Notizbuch, schüttelte den Kopf und lächelte. »Ja, gut, Junge ...«

»He, Mann, es ist die Wahrheit!«

Der Cop erhob sich und schaute zu seinem Partner. »Mehr werden wir nicht kriegen. Mir werden hier Märchen erzählt ...«

Der andere Cop nickte mit grimmiger, wissender Miene. »Wo, zum Teufel, bleibt die Ambulanz? Gut, dass dieser Bursche sie nicht mehr wirklich braucht.«

Der Junge zog den Officer am Ärmel. »Es ist kein Märchen, Mann. Dieser Kerl stand eine oder zwei Sekunden sozusagen qualmend da und fiel dann vornüber. Teile brachen von ihm ab und so. Genauso wie Sie ihn gefunden haben. Ich schwöre es.«

»Sicher, Junge. Ich schreibe es in meinen Bericht …«

Marions Puls beschleunigte sich, als sie das Signalhorn der Ambulanz hörte, die gerade um die Ecke bog. Türen öffneten sich und schlugen wieder zu, während Sanitäter in die Gasse eilten.

»Himmel, was ist das?«, fragte der Erste, der unter die Decke spähte.

»Das ist das Opfer«, sagte der erste Cop. »Vermutlich von einem Blitz getroffen.«

Der Sanitäter, ein junger, rothaariger Mann von vielleicht zweiundzwanzig, schüttelte den Kopf. »Ich weiß nicht, Jack. Ich habe schon Blitzopfer gesehen, aber keines davon sah jemals so aus.«

Der Officer zuckte die Achseln und hob seine Mütze an, um sich abwesend am Kopf zu kratzen. Es war wie ein Signal, das Gelände zu räumen. Die Sanitäter wickelten die Überreste des Opfers behutsam ein, und die Officer zerstreuten die Menge, die, wie Marion bemerkte, sehr still gewesen war.

»Okay, die Show ist vorüber, Leute«, sagte der Cop, der den Jungen befragt hatte.

»Wollen Sie ihn nicht fragen, was mit dem Opfer des Straßenräubers geschehen ist?«, fragte Marion.

Der Cop, dessen silberfarbene Marke ihn als Jaskulski auswies, sah sie an und erkannte sie plötzlich. »Miss Windsor, wie geht es Ihnen?«

»Nun, wollen Sie nicht?«, fragte sie unbeirrt.

Jaskulski grinste schief und warf dann einen raschen Blick auf ihren Mini-Camcorder. »He, hören Sie, ich sage Ihnen auch nicht, wie Sie Ihren Job zu machen haben.«

Marion schaltete ihre Geräte ab. »In Ordnung, Officer. Ohne Aufnahme: Was glauben Sie, was hier geschehen ist?«

Er zuckte die Achseln. »Keine Ahnung. Das ist die Wahrheit.«

»Glauben Sie, es gab *tatsächlich* ein Straßenraub-Opfer?«

»Hören Sie, ich weiß es nicht. Aber eines kann ich Ihnen sagen, Miss Windsor – wenn es eines gab, kamen so sicher wie die Hölle keine Blitze aus seinen Händen.«

Die Sanitäter liefen mit dem verkohlten Körper auf der Falttrage vorsichtig an ihnen vorbei. Marion konnte den noch immer schwelenden Geruch nach versengtem Fleisch nicht ignorieren.

»Nun, ich muss zurück an die Arbeit«, sagte Jaskulski. »Es war nett, Sie kennen zu lernen, Miss Windsor. Ich sehe mir Ihre Sendung so oft wie möglich an.«

»Danke«, sagte sie abwesend und schaltete ihre Geräte gerade rechtzeitig wieder ein, um aufzeichnen zu können, wie die Trage in das Heck des Ambulanzwagens geschoben wurde. Jenseits des Fahrzeugs kamen gerade zwei Priester in langen, schwarzen Soutanen und weißen Kragen der Geistlichkeit ins Bild. Der eine Priester wirkte wie Ende Sechzig, und der andere war breitschultrig, jung und gutaussehend.

»Sie kommen ein wenig zu spät, um die Sterbesakramente zu geben, Pater«, sagte der Fahrer der Ambulanz, während er ins Führerhaus kletterte.

»Warten Sie!«, rief der junge Priester, derjenige mit dem dichten, dunklen Haar und den durchdringenden, dunklen Augen. Er wirkte irgendwie beunruhigt. Marion fühlte sich, trotz seines Berufes, stark von ihm angezogen. Die Hormone …

Der Sanitäter auf dem Beifahrersitz schaute hinter sich. »Ja, Pater, was können wir für Sie tun?«

»Jemand hat uns angerufen«, sagte der junge Priester. »Wegen der letzten Ölung. Können Sie uns einen Moment mit dem Opfer allein lassen?«

Die Sanitäter wechselten fragende Blicke, aber dann sprang der Fahrer aus dem Wagen, um die Hecktüren wieder zu öffnen. »Okay, Pater, aber er wird Ihnen nicht gefallen ...«

Der junge Priester hob das Tuch an und zeigte seinem älteren Kollegen anscheinend die Überreste. Sie wechselten einige Worte, aber Marion war zu weit entfernt, um sie hören zu können. Sie fragte sich, ob ihr Richtmikrofon etwas Verständliches einfinge. Kurz darauf sprach der junge Priester rasch ein Gebet und vollführte das Kreuzzeichen über dem, was einst ein Mensch gewesen war. Die ganze Szene hatte nicht mehr als eine oder zwei Minuten gedauert, aber Marion konnte nicht umhin zu bemerken, wie zutiefst erschüttert der ältere Priester zu sein schien.

Etwas sehr Ungewöhnliches ging hier vor, dachte Marion.

Die Sanitäter schlossen ihr Fahrzeug wieder und fuhren davon. Die beiden Priester standen nur da, sahen ihm nach und gingen dann im staubigen Schatten davon. Seltsam. Sehr seltsam.

Marion wandte sich um und war überrascht, den Zeugen, den Latino-Jungen, noch immer in der Gasse stehen zu sehen. Sein dunkler Pony hing ihm fast bis in die Augen, die groß und rund waren, beinahe zu groß für sein schmales, kleines

Gesicht. Er sah Marion mit einer Mischung aus Misstrauen und Bewunderung an.

»Hi«, sagte sie, während sie ihren Mini-Camcorder laufen ließ.

»Ich habe Sie im Fernsehen gesehen«, sagte der Junge.

»Wie heißt du?« Marion lächelte und trat ein paar Schritte näher an ihn heran. Die Automatik an ihrer Kamera surrte leise, während sie ein hübsches Bild vom Gesicht des verwahrlosten Jungen einfing.

»Esteban.«

»Das ist ein schöner Name«, sagte sie und hielt einen Moment inne. Dann: »Hast du wirklich gesehen, was du diesem Polizisten erzählt hast?«

Esteban nickte.

»Was ist mit dem Mann geschehen, der es getan hat? Der Mann, der den Blitz gemacht hat?«

»Er bekam Angst. Er lief davon.«

»Oh, ich verstehe.« Marion streckte die Hand aus, um die Aufnahme zu stoppen.

»Aber er kam zurück«, fuhr Esteban fort.

»Was? Was meinst du? Er war *hier*? Wann?« Ihr Puls beschleunigte sich erneut. Marion hatte ihren Instinkten, ihren somatischen Sinnen, zu vertrauen gelernt. Ihr Körper sagte ihr, dass sie vielleicht einer Sache auf der Spur war.

»Direkt bevor die Ambulanz davonfuhr. Ich habe ihn genau dort gesehen.« Esteban deutete auf die Kurve hinter ihr.

»Da war niemand außer diesen beiden Priestern«, sagte sie, während sie versuchte, die Teile im Geiste zusammenzufügen.

»Das war er«, sagte der Junge. »Der Priester. Der junge.«

»Bist du sicher?«

»O ja«, sagte Esteban. »Er trug andere Kleidung, aber er war es. Der Kerl hat ihm diese Pistole ins Gesicht gehalten und *zack*!«

»Zack?«, fragte sie vorsichtig.

Esteban lächelte. »Ja, der *Padre* hebt die Hände, und Venus ist erstarrt …«

Fünf

Brooklyn, New York – Carenza
16. August 1998

Peter bemühte sich am nächsten Tag, seine Routinepflichten zu erledigen, ohne über die Tötung nachzudenken.

Es war unmöglich.

Die Morgenmesse halten, im benachbarten Lebensmittelgeschäft einkaufen, den Vorsitz beim monatlichen Club-Scout-Treffen führen, einem Ballspiel zusehen ... Gleichgültig, was er zu tun versuchte, drangen die Gedanken an die Tötung auf ihn ein.

Er wünschte, er könnte Daniel erreichen ...

Pfarrer Sobieski hatte darauf verwiesen, dass der Job eines Priesters manchmal ein schwer zu tragendes Kreuz sei. Peter schüttelte zögernd den Kopf. Wie Recht er gehabt hatte ... Peter wurde allmählich verrückt. Und Sobieski verhielt sich auch seltsam. Seitdem Peter ihn zu dem Ambulanzwagen geführt hatte, wich er ihm aus und wollte ihm in keiner Weise durch dieses ganze verrückte Chaos helfen. Heute Morgen hatte Sobieski alle im Pfarrhaus informiert, dass er sich den Tag frei nehmen würde, um eine Schwester in New Haven zu besuchen, die plötzlich ins Krankenhaus musste.

Der einzige Mensch, mit dem Peter alles geteilt hatte, ließ ihn anscheinend im Stich.

Peter konnte weder schlafen noch essen noch den Gesprächen anderer zuhören. Er hatte keine Geduld, mit nichts und niemandem. Er konnte nicht einmal beten, ohne durch die Bilder abgelenkt zu werden, die immer wieder vor seinem geistigen Auge abliefen. Seine Kollegen und die Gemeindemitglieder bemerkten die Veränderungen an ihm sofort, und es schmerzte ihn sehr, die Überraschung und das Befremden in ihren Gesichtern zu sehen. Was war plötzlich mit ihrem sanftmütigen, freundlichen Gemeindepriester los?

Wenn er es ihnen nur sagen könnte …

So konnte es eindeutig nicht weitergehen. Er musste so bald wie möglich mit Daniel Ellington sprechen. Er hatte wiederholt versucht, seinen besten Freund, der in Fordham englische Literatur unterrichtete, telefonisch zu erreichen, aber Dan war nicht zu Hause, und die Sekretärin des Ressorts sagte ihm, Dan habe einen vollen Stundenplan.

Peter konnte mit Dan über alles reden. Und Dan würde ihm helfen. Peter fiel es zunehmend schwerer zu beten – was bisher stets ein fester und tröstlicher Bestandteil seines Lebens gewesen war. Seine Angst wurde immer größer, dass dieser entsetzliche Vorfall ihn unwiderruflich von seinem Gott und seinen Schützlingen – den Menschen der Gemeinde von St. Sebastian – entfernen würde.

Das würde mich in den Wahnsinn treiben, dachte er. Das Schlimmste, was er zu diesem Zeitpunkt tun könnte, wäre, an seinem Glauben oder der Macht und Weisheit Gottes zu zweifeln.

Peter griff nach dem Telefon, um erneut zu versuchen, Dan zu erreichen. Er unterrichtete wahrscheinlich in einer Sommer-Schulklasse, aber Peter würde dennoch sein Büro anrufen. Er blätterte sein Adressverzeichnis durch, bis er die Nummer fand, die er sich anscheinend nie merken konnte.

Hier ist das Ressort für Englisch … sagte die Bandaufnahme einer leicht nasalen, weiblichen Stimme. *Die Büro-Öffnungszeiten sind während des Sommersemesters von montags bis freitags von acht*

Uhr morgens bis vier Uhr nachmittags. Die Öffnungszeit wird während der Immatrikulation zum Herbstsemester verlängert, in der Woche vom …

Peter legte den Hörer auf. Er hatte vergessen, dass Sonntag war und Daniel überall sonst sein konnte, nur nicht in seinem höhlenartigen, winzigen Büro.

Peter wählte die Nummer der Wohnung seines Freundes und ließ es mehrmals klingeln.

Dann: »Hallo, hier ist Pater Ellington …«

»Hallo, Dan, hier ist Peter.«

Ellingtons Stimme wurde augenblicklich heiterer. »Peter, wie geht es dir? Es ist eine Weile her.«

»Du weißt, wie es ist«, sagte Peter und bemühte sich, hörbar zu lachen. »Man kann immer behaupten, man sei beschäftigt, was einer Vielzahl von Versündigungen Vorschub leistet.«

Daniel Ellington stimmte ihm zu, und sie plauderten einen Moment weiter. Die Männer hatten sich während des Studiums im Seminar kennen gelernt, waren enge Freunde geworden und, nachdem beide ordiniert waren, durch sporadische Korrespondenz in Kontakt geblieben. Peter hatte seinen Posten in St. Sebastian angenommen, während Daniel die nächsten Jahre mit der Erlangung seines Ph.D. bei den Jesuiten verbracht und schließlich eine Professur an der Universität Fordham übernommen hatte. Peter war überrascht und erfreut gewesen, als er erfuhr, dass sein Freund letztendlich in New York ansässig wurde, aber in dem Jahr seit Daniels Ankunft hatten er und Peter nur einige Nachmittage miteinander verbracht. Beide hatten viele Termine und Verpflichtungen, und freie Zeit war rar.

Peter hatte Daniel von Anfang an gemocht, weil er sehr direkt war. Man bekam stets eine offene Antwort, denn er war unerträglich ehrlich. Man wusste bei ihm, wo man stand, und seine Meinung war ehrlich gemeint. Er war ein intelligenter, tiefsinniger, feinfühliger Mensch mit einer dauerhaften Liebe zu Büchern. Peter hatte stets das Gefühl gehabt, er würde einen großartigen Schriftsteller abgeben, wenn er nicht die Priesterschaft erwählt hätte.

»Also, was ist los?«, fragte Daniel, der die üblichen Scherze offensichtlich Leid war. »Erzähl mir nicht, dass du mich zu einem weiteren dieser Baseball-Spiele überreden willst …«

»Nein, dieses Mal kein Ballspiel, sondern ich brauche deine Hilfe, Dan.«

»Geht es um etwas Ernstes?« Daniel klang augenblicklich betroffen und besorgt.

»Ich glaube schon, ja …« Peter hielt einen Moment inne. »Es ist etwas mit mir geschehen, Dan.

Etwas Seltsames und Entsetzliches, und ich muss darüber reden.«

»Du weißt, du kannst mir alles erzählen, Peter – du brauchst es nicht so geheimnisvoll zu machen.«

Peter räusperte sich und fuhr fort. »Ich wünschte, ich könnte dir mehr erzählen, aber das kann ich nicht. Nicht am Telefon.«

»Nicht am Telefon? Hast du für den CIA zu spionieren begonnen oder so?«

Peter wollte lachen, was ihm kläglich misslang. »Nein, nichts dergleichen. Ich würde mich einfach besser fühlen, wenn ich persönlich mit dir sprechen könnte.«

»Du bist doch nicht in Schwierigkeiten, oder?«, fragte Daniel beharrlich weiter.

»Meinst du geistig oder körperlich?«, fragte Peter in dem Versuch, der Frage ihre Bedeutungsschwere zu nehmen.

»Beides, verdammt! Komm schon, Peter, du klingst ziemlich eigenartig, also sei nicht so überrascht, dass ich mir Sorgen mache. Hören wir auf mit dem Mist, okay?«

Peter lächelte trotz seiner inneren Anspannung. »Da hast du wie ein wahrer Jesuit gesprochen, Daniel.«

»Wir geben für die Kirche nicht unser Gehirn auf.« Peter konnte fast sehen, wie sein Freund die

Achseln zuckte. Daniel hatte ihm oft gesagt, er glaube, in der Kirche begänne eine neue Ordnung und früher oder später würden einige der eher mittelalterlichen Glaubensvorstellungen und Traditionen fort geweht. Bisher hatten die Winde der Veränderung im Vatikan in der Tat eher schwach geweht.

»Wann willst du mich also treffen?«, fragte Daniel. »Vermutlich so bald wie möglich, richtig?«

»Ich hatte gehofft, dass du das sagen würdest. Wie sieht es mit deinem Terminkalender aus?«

Daniel atmete hörbar aus. »Ich wollte einige Examensarbeiten in mein Büro bringen. Warum kommst du nicht einfach jetzt dorthin, und ich treffe dich da.«

»Klingt gut. Dann bis gleich.«

»He«, sagte Daniel, »was auch immer es ist, es wird alles gut werden.«

»Das hoffe ich … Das hoffe ich wirklich.« Er hielt inne, atmete tief durch. »Danke, Dan. Ich meine es ehrlich. Bye.«

Peter fühlte sich schon besser, als er den Hörer auflegte. Es war gut zu wissen, dass er sich auf die Freundschaft und den Rat Daniels verlassen konnte – selbst wenn Letzterer von drastischer Art sein sollte.

»… und nein, es ist nicht schwer zu glauben«, sagte Dan. »Wenn du sagst, dass es passiert ist, dann akzeptiere ich das. Nur, was geschieht jetzt? Ist das nicht die nächstliegende Frage?«

Peter betrachtete seinen Freund, der hinter seinem mit Papieren übersäten Schreibtisch saß, die Füße auf der Schreibtischkante. Er war stämmig, aber nicht übermäßig. Er hatte recht langes, goldblondes Haar und wirkte stets wie ein kalifornischer Surfer. Auf seinem Drehstuhl weit zurückgelehnt, schien Dan, trotz der Mitteilung, dass sein Freund gerade jemanden getötet hatte, vollkommen entspannt. Das Büro war klein, mit schiefen Bücherregalen ausgestattet und von schweren, braunen Vorhängen verdunkelt. Es gab nur begrenzt Platz, aber es war warm und bequem. Peter mochte die gewaltige Unordnung des Raumes sehr. Es war wie …

Dan räusperte sich. »He, Carenza … hörst du zu?«

»Oh, tut mir Leid«, sagte Peter. »Ich dachte nur gerade … vermutlich Tagträume. Das hält mich davon ab, verrückt zu werden.«

»Ich hatte gehofft, dass es dich ein wenig erleichtern würde, alles rauszulassen«, sagte Dan stirnrunzelnd. Er richtete sich auf und stellte die Füße wieder auf den Boden.

»Nun, das ist so, aber es geht nicht nur darum, dass ich … dass ich einen Menschen getötet habe, Dan… Es geht auch darum, *wie* ich ihn getötet habe!«

»Ich weiß, ich weiß.«

»Nein, du weißt nicht. Du kannst einfach nicht wissen, wie es ist, diese Macht aus sich herausbrechen zu spüren und … und zu sehen, was sie getan hat. In den Nachrichten heißt es, es sei ein grotesker Blitzunfall gewesen, aber ich weiß es besser.« Er schaute zu seinem Freund hoch. »Dan, was geschieht hier? Ist dies eine Prüfung für meinen Glauben? Ich dachte, Gott hätte schon vor langer Zeit aufgehört, solche Dinge zu tun.«

»Das habe ich auch geglaubt.« Dan lächelte und schüttelte den Kopf. »Tatsächlich fragen wir Abkömmlinge des Heiligen Ignatius uns, ob er so etwas überhaupt jemals getan hat.«

»Dann sage mir: Was geschieht gerade *wirklich*?«

Dan zündete sich eine Zigarette an und sog langsam daran. »Nun, ich denke, der erste Schritt besteht darin zu tun, was jeder Jesuit tun würde.«

»Was – sich betrinken?«

»Dein Sinn für Humor kehrt zurück. Das ist ein gutes Zeichen«, sagte Dan. »Nein, tatsächlich habe ich daran gedacht, ein paar Nachforschungen anzustellen. Du weißt schon – in Büchern nachsehen, ob so etwas schon früher passiert ist.«

Peter wurde ein wenig zuversichtlicher. »Hältst du das für eine gute Idee?«

»Sicher. Es ist ein Anfang. Ich wäre sehr überrascht, wenn dein Fall der erste dieser Art wäre, über den berichtet wurde.«

Peter nickte. Vielleicht hatte sein Freund Recht. Er sah unbewusst auf seine Uhr und erkannte, dass es schon spät wurde. Er hatte nach dem Mittagessen eine Übungsstunde mit seinem Pony-League-Team angesetzt. Er erhob sich und reichte Daniel die Hand.

»Ich danke dir. Fürs Zuhören.«

»Haben sie uns das im Seminar nicht immer gesagt: ›Sei ein guter Zuhörer und du wirst ein guter Priester sein‹«?

»Ich glaube schon.«

»Also gib mir ein paar Tage Zeit, einiges nachzuprüfen. Wenn ich die Sommerschulklasse beendet habe, gehe ich in die Theoretische Bibliothek und forsche ein wenig nach. Kannst du Montag in einer Woche morgens wieder hierher kommen?«

»Klingt gut. Ich werde da sein. Ungefähr um zehn?«

Dan nickte, die Freunde schüttelten sich erneut die Hand, und Peter verließ das Büro. Er trat aus dem Gebäudekomplex der Fordham Universität und befand sich in den Straßen der Bronx. Obwohl es keineswegs kühl war, hatte die glühende Hitze der letzten Woche doch etwas nachgelassen. Peter hatte sich nie an die überwältigende Feuchtigkeit gewöhnen können, die in New York während des Sommers herrschte. Wie lange war es noch bis Oktober?

Während Peter an der Kreuzung der Webster Avenue und der Fordham Road stand und versuchte, ein Taxi anzuhalten, überlegte er, was er als Nächstes tun sollte. Sein Mentor würde ihm anscheinend keine Hilfe sein. Gott sei Dank hatte Peter einen Freund wie Daniel Ellington, sonst hätte er womöglich einen Psychiater aufsuchen müssen. Dan konnte er alles anvertrauen.

Er war ein wahrer Freund.

Ein Taxi scherte aus dem Hauptverkehrsfluss aus und kam in seine Richtung. Schreie von Stockball spielenden Kindern unterstrichen den Lärm der Hupen und der quietschenden Reifen. Alles schien so normal, dass es schwer war, die Realität dessen, was ihm widerfahren war, festzuhalten. Vielleicht irrte er sich. Vielleicht hatte er sich nur eingebildet, dass die Energie seinen Händen entsprungen war.

Das Taxi hielt vor ihm an.

Peter stieg ein und gab die Adresse des Pfarrhauses in Bay Ridge an. Der Taxifahrer nickte und trat aufs Gaspedal. Peter wurde in den Rücksitz gedrückt, als sich der große Checker in den südwärts fließenden Verkehrsstrom auf der Webster Avenue drängte.

Sein nächster Gedanke war düster. Nein, kein grotesker Blitz – einfach nur grotesk.

Sechs

Vatikanstadt – Lareggia
17. August 1998

Tief im bürokratischen Labyrinth des *Governatorato,* des größten staatlichen Verwaltungsgebäudes des Vatikans, lag das wenig beeindruckende Büro von Paolo Kardinal Lareggia, der der Kurie als Leiter des Büros für Öffentlichkeitsarbeit des Heiligen Stuhls diente. Der Name der Kurie ließ auf etwas Beeindruckendes und Mächtiges schließen, aber Lareggia wusste, dass sie in Wahrheit nicht mehr war als eine gewaltige Staatsverwaltung, die den Vatikan mit Papieren und Bürokratie eindeckte. Die weit reichenden Arme der Kurie umfassten alle Belange der Stadt – von wirtschaftlichen Angelegenheiten über die Herausgabe von Zeitungen bis zu den Belangen der Guardia Svizzera Pontifica, der Schweizer Garde.

Kardinal Lareggias Aufgabe war es, die weltlichen Angestellten zu beaufsichtigen, die für das Bistum Rom arbeiteten, und dafür zu sorgen, dass sie zufrieden blieben. Das war keine leichte Aufgabe, wenn man die galoppierende Inflation Italiens und die relativ mageren Gehälter bedachte, die die Zahlmeister anboten.

Das bedeutete jedoch nicht, dass Lareggia ein spartanisches Leben führte.

Der Kardinal war ein großer Mann – ein Mann, den einige beleibt nennen würden, was er auf fast maßlose Art auch war. Die Festmahle an Lareggias Tisch waren innerhalb des Heiligen Kardinalskollegs fast legendär geworden. Er lebte gut, und warum auch nicht? Er war mit seinen zweiundsiebzig Jahren einer der älteren Staatsmänner dieser auserwählten Gruppe von Kirchenführern. Und mit dem Alter gingen einige Privilegien sowie einiges an Macht einher.

Paolo Lareggia scheute sich nicht, dasjenige von beidem, das seinen Weg kreuzte, auch zu nutzen.

Seine Sprechanlage summte in unregelmäßigen Abständen, während er hinter seinem Schreibtisch saß und einige Bestellungen für den Weiterversand von Büromaterial unterzeichnete.

»Ja, was gibt es?«

»Sie haben eine Sicherheitsmitteilung auf dem Scrambler«, sagte die klanglose Stimme seines Sekretärs. »Codename: Bronzini.«

Der Kardinal horchte auf. *Bronzini!* Welche Überraschung, diesen Codenamen zu hören, den er schon seit so vielen Jahren zu hören erwartete, der Name einer Person mit einer sowohl wunderbaren als auch geheimnisvollen Nachricht. Der Atem stockte ihm. Er schluckte schwer und bemühte sich um einen regelmäßigen Herzschlag. Bronzini … endlich.

Der Kardinal sprach in die Sprechanlage. »Ich kümmere mich selbst darum. Danke.«

Lareggia stieß seinen wuchtigen Körper vom Schreibtisch hoch. Die Rollen seines Sessels ächzten. Er walzte mühsam durch sein Büro zu einer hoch technisierten Elektronikkonsole. Er hatte diese Anlage so lange wie möglich gemieden, aber da er innerhalb der Infrastruktur der Kirche aufgestiegen war und seine Vorgesetzten die Notwendigkeit sahen, dass der Vatikan im einundzwanzigsten Jahrhundert damit vertraut sein müsse, hatte er sich mit Tastaturen, Mäusen und Terminals arrangiert.

Nach einigen geübten Eingaben wurden schließlich sein Eingangscode und die Passwörter erwartet. Danach blinkte der Bildschirm auf und zeigte mit geringerer Auflösung das Bild eines alten Mannes mit dünnem, weißen Haar und einem langen, dünnen Gesicht. Der Mann trug den traditionellen Kragen der Geistlichkeit und den schwarzen Habit eines Gemeindepriesters. Er konnte seine Überraschung nicht verbergen, als er den roten Ornat von Lareggias übergeordnetem Stand erkannte.

»Eh, verzeihen Sie, Kardinal«, sagte er zögernd und offensichtlich verlegen. »Ich sollte über den Scrambler der Erzdiözese Kontakt mit ›Paolo‹ aufnehmen, wenn etwas … ich meine, wenn ich jemals herausfände …«

Lareggia winkte ab. »Ich weiß, warum Sie anrufen. Sie sind Pater Stanislaus Sobieski. Sie wurden angewiesen, ein wachsames Auge auf Peter Carenza zu haben.«

»Ja, das ist richtig«, sagte der Priester, während sich auf seinem alten Gesicht Erleichterung breit machte.

Lareggia bemühte sich, seine Stimme unter Kontrolle zu halten. War dies der Moment? Das Zeichen, auf das sie gewartet hatten? Sein Herz schlug unter den Falten der Kleidung und dem Fett auf seiner Brust erneut schneller. »Sie haben Informationen für mich …?«

»Ja, Kardinal.«

»Es darf absolut niemand erfahren, dass Sie Kontakt zu mir aufgenommen haben.«

Sobieski schien augenblicklich besorgt. »Was ist mit dem Stab hier in der Erzdiözese?«

Lareggia lächelte. »Unsere Scrambler werden häufig benutzt. Ihr Besuch ist nichts Außergewöhnliches – nur erwartungsgemäß Ihre Nachricht.«

»O ja, das glaube ich schon.«

Paolo atmete tief ein, beruhigte sich und atmete wieder aus. »Also erzählen Sie, Pfarrer, haben wir ein Zeichen?«

Sobieski nickte. Der amerikanische Priester erzählte in mehreren knappen und offensichtlich einstudierten Sätzen die Geschichte des Straßenräubers und seines Feuertods.

»Aus seinen *Händen*?«, fragte Lareggia mit angehaltenem Atem. »Mein Gott, so etwas hatte ich nicht erwartet …«

Der Kardinal hielt inne, um über die Einzelheiten der Geschichte nachzudenken. So anschaulich, so voller überzeugender Macht! Er atmete jetzt mühsamer, wodurch ihm sein enormes Gewicht bewusst wurde. Er wollte nicht, dass der Amerikaner seine zunehmende Besorgnis bemerkte, aber es war kaum zu verbergen. Ein reinigendes Feuer. Aus seinen Händen …!

»Sagen Sie mir«, forderte Lareggia den anderen auf, »wie hat Carenza reagiert, als er Ihnen erzählte, was ihm widerfahren ist?«

Sobieski schluckte einmal, bevor er antwortete. »Er war verständlicherweise bestürzt. Die Erfahrung hat ihn erschüttert. Er weiß nicht, wie oder warum es geschehen konnte. Ich auch nicht, aber Sie offensichtlich schon.«

Paolo seufzte, während er Sobieskis schüchternen Versuch ignorierte, ihm Informationen zu entlocken. »Wer wäre über eine solche Erfahrung wohl nicht bestürzt? Wie geht es ihm gesundheitlich?«

»Er scheint unbeschadet zu sein, physisch. Aber mental hat er wohl Probleme mit der Tatsache, dass er jemanden getötet hat, besonders auf solch spektakuläre Weise.«

Paolo nickte und legte die Fingerspitzen vor seinem Gesicht zusammen. Es gab nun viel zu tun. Er musste sich zusammenreißen und ruhig bleiben. Alles musste auf die richtige Art geschehen, entsprechend dem großen Plan.

»Was ist mit den örtlichen Behörden?«, fragte Paolo. »Haben sie herausgefunden, was geschehen ist?«

»Die Polizei hat den Vorfall wie jeden anderen Todesfall untersucht, ja. Aber ...« Der Priester musste fast lächeln, während er den Kopf schüttelte. »Kardinal Lareggia, dies ist New York City. Hier sterben ständig Menschen auf alle möglichen verrückten und entsetzlichen Arten. Die Polizei misst diesem Tod keine besondere Bedeutung bei, glauben Sie mir.«

Paolo nickte, ohne darüber nachzudenken, was es über eine Stadt aussagte, die etwas so Wunderbares ignorieren konnte. »Das ist gut«, sagte er nach einer weiteren Pause.

»Was nun, Kardinal? Haben Sie weitere Anweisungen für mich?«, fragte Sobieski.

»Schicken Sie ihn zu mir. Sofort.«

»Zu Ihnen? In den Vatikan?« Sobieski konnte seine Überraschung nicht verbergen.

»Genau. Sein Platz ist bei uns.«

»Nun, was sage ich ihm? Wie bringe ich ihn dazu, einer solchen Reise zuzustimmen?«

Paolo winkte ab. »Sagen Sie ihm, es gäbe im Vatikan ein Sonderkomitee, das übernatürliche Phänomene untersucht. Erzählen Sie ihm, was Sie wollen, Pfarrer. Nur sorgen Sie dafür, dass er so bald wie möglich hierher kommt!«

»Natürlich, Euer Gnaden.«

»Ich werde mich darum kümmern, dass Geld für die Reise auf das Konto von St. Sebastian überwiesen wird – und vielleicht eine zusätzliche

Summe für Ihre Gemeindeprojekte. Sie haben gute Arbeit geleistet, Pater.«

»Danke, Kardinal. Danke.«

»Gut. Teilen Sie uns die Einzelheiten seiner Ankunft auf diesem Wege mit. Merken Sie sich Ihren Zugangscode und die Passwörter. Sie behalten Gültigkeit, bis ich wieder von Ihnen höre.«

Pater Sobieski blickte einen Moment versonnen in seinen Monitor. »Das ist dann alles?«

»Ja. *Arrivederci*, Pater.«

Paolo gab ein Kennwort ein, und das Bild wankte einen Moment, bevor es erlosch. Sobieski war ein großartiger Priester, der seine Sache gut gemacht hatte. Derartige Treue war heutzutage unbezahlbar.

Ja, dachte Paolo Lareggia, der als verwaistes Straßenkind in den Docks von Neapel aufgewachsen war und die grausamen Seiten der Welt kennen gelernt hatte, bevor er in die Priesterschaft eingetreten war. Ja, Treue und Vertrauen waren seltene Güter.

Paolo erhob sich sehr mühsam von seinem Stuhl bei der Konsole, stützte sich ab und verfluchte seine ständig zunehmende Körperfülle. Er ging schwerfällig durch das Büro zum Fenster, das auf die Via della Fondamenta und die Rückansicht der Sankt-Peter-Basilika hinausging.

Es war ein warmer Tag und der feuchte Atem des Spätsommers drang durch die mit einem Fliegennetz versehene Öffnung. Der tägliche Lebensfluss zog seine Kreise durch den Vatikan, während der Kardinal auf das zutiefst vertraute Stadtbild hinabblickte. Touristen bummelten in kleinen Gruppen umher oder nahmen an größeren organisierten Führungen teil. Verkehr strömte durch die engen Straßen und breiten Boulevards und schob sich über die Brücken. Tauben flatterten und zankten sich um den besten Platz auf Gesimsen, Wasserspeiern und Fensterbänken.

Es war eine wunderschöne Stadt. Paolo Kardinal Lareggia fiel es schwer, an Rom nicht als *seine* Stadt zu denken. Seine Geburtsstadt hatte er schon vor langer Zeit aufgegeben, sie niemandem gegenüber jemals erwähnt und es sich sogar verwehrt, an seine bescheidenen, unangenehmen Anfänge zu denken.

Und doch fühlte er sich an diesem Tag, als er sich plötzlich fragte, ob er und die anderen es richtig machten, in die lange vergangene Zeit seiner Jugend zurückversetzt …

Damals war er nicht fettleibig gewesen. Mit vierzehn war er ein aufgeschossener, grobknochiger Junge gewesen, fast einen Kopf größer als die übrigen Jungen seines Alters. Nachdem er drei

Jahre zuvor aus dem Waisenhaus geflohen war, hatte er sich in den Docks der Stadt eine Existenz aufgebaut.

Es war ein scheußlicher Ort. Krankheiten kursierten auf den Kais und in den Absteigen wie ein unerschrockener Wolf. In den Schatten waren häufig sich windende und durcheinander laufende Ratten zu sehen. Ihre verhärteten Hinterlassenschaften bildeten einen dicken Teppich auf den Planken und Gangways. Paolo und ein weiterer Junge lebten in einem verlassenen Lagerschuppen. Seine Zeit war mit der Jagd nach dem Lebensnotwendigsten ausgefüllt – Obst und Trockenfleisch, das sie am Stand eines unvorsichtigen Händlers stahlen, weggeworfenes, halb verfaultes Gemüse aus Schiffskisten und die gelegentlich einem Spaziergänger gestohlene Geldbörse, wenn dieser töricht genug war, dem Rande des Dschungels zu nahe zu kommen.

Es waren endlose Nächte des Streits und der Zechereien gewesen, mit Frauen, deren Atem nach Whiskey roch und die zwischen den Beinen stanken.

Das schwere, harte Leben hatte bewirkt, dass er mit sechzehn bereits so groß und gerissen wie ein erwachsener Mann war. Er hielt sich für den Tapfersten, Zähesten und am meisten Gefürchteten, bis ihn ein Matrose von einem türkischen Schiff, dem sein Gang nicht gefiel, zu einem Kampf auf Leben und Tod herausforderte. Der Kampf verlagerte sich bald aus der schmierigen Kneipe auf die Straßen, die vom Müll und Schmutz menschlicher Hinterlassenschaften überspült waren. Der Kampf dauerte die ganze Nacht hindurch bis in die fahle Dämmerung, während Paolo und der Türke sich gegenseitig packten und boxten und schlugen. Eine große Menschenmenge versammelte sich und verfolgte den Verlauf über das Dock. Ihre Rufe und ihr Ansporn wurden zu einem von Rum und Opium gespeisten, monotonen Summen. Erst als Paolo erkannte, dass er tatsächlich töten müsste, um nicht getötet zu werden, machte sich wahre Angst in seinem Herzen breit.

Er hatte schon unzählige Menschen verletzt, sogar einige Menschen zu Krüppeln gemacht, die ihm in die Quere kamen, aber er hatte noch nie jemanden getötet. Und als es soweit war, als er dem Türken das versteckte Messer entwunden und dessen gebogene Klinge seitlich an den Hals seines Gegners angelegt hatte, wusste er, dass er nicht einfach so töten konnte.

Als er seine Hand diesen einen Zentimeter weiterführen wollte, um den Streifen bloßer Haut zu durchstechen und die Halsvenen und -arterien zu öffnen, war es, als wäre er zu Stein erstarrt. In diesem Moment erkannte er, dass es für seinen Körper und Geist eine Hemmschwelle gab. Eine Schwelle, die er nicht überschreiten konnte.

Der Türke lag bewusstlos unter ihm, und als die Menge, wie die alten Römer, dessen Blut forderte, warf Paolo das Messer ins Wasser, erhob sich und ging davon.

Der Vorfall war von einem Priester beobachtet worden, der ihm folgte, sich seiner annahm und ihm ein Zimmer im Franziskanerkloster verschaffte, wo er für warme Mahlzeiten und ein Dach über seinem Bett aus Stroh arbeitete. Das Klosterleben sagte ihm zu. Er nahm seinen Unterricht wieder auf und erwies sich als ausgezeichneter Schüler. Es überraschte ihn nicht, als er sich in den darauf folgenden Jahren zu seinem Herrn berufen fühlte. Seine Kraft, Geschicklichkeit und Ausdauer halfen ihm bei der Priesterschaft sehr, und er stieg unauffällig, aber unverwandt vom Lehrling zum Pfarrer, Monsignore, Bischof und schließlich zu einem der jüngsten Kardinäle auf. Da er stets unsentimental, aber fair war, erwarb er sich den Ruf, unabhängig zu denken, was beim Aufstieg in der Hierarchie des Römischen Glaubens sowohl ein Vorteil als auch ein Nachteil war.

Paolo Lareggia schüttelte den Kopf, während die Erinnerung verblasste. Seine Hände waren schweißfeucht und zitterten leicht aufgrund der kristallklaren Erinnerung an den Kampf mit dem Türken. Es war ihm so verdammt real vorgekommen …

Warum sollte ich jetzt noch solche Gedanken hegen? fragte er sich und bemühte sich um analytisches Denken.

Weil es fast soweit war.

Weil er so lange gewartet hatte und die Zeit der Abrechnung jetzt so nahe war. Der Gedanke setzte sich in ihm fest und wirkte wie ein Fels, der ins ruhige Wasser eines stillen Sees fällt. Die Erinnerungen waren demütigend. Sie gehörten zu einem Teil seines Lebens, den Paolo zu vergessen, aus seiner gegenwärtigen Rolle der Macht und Weisheit zu verbannen versucht hatte. Aber er musste demütig sein.

Er wusste, dass Gott ihm diese Erinnerungen geschickt hatte, die so stark und von dem Gestank und Schweiß seiner Jugend durchsetzt waren, damit er nicht vergessen sollte, dass er nur ein Mensch war. Obwohl sich Paolo manchmal einbildete, der bedeutendste theologische Schöpfer seit Sankt Peter selbst zu sein, war er doch nur ein einfacher Mann einfacher Herkunft.

Es war der Plan, der bedeutend war. Es war der Plan, der alle Dinge dieser Welt aufheben würde. Dass Paolo Lareggia der Urheber dessen gewesen war, was kommen würde, war kaum von Bedeutung.

Er musste daran erinnert werden, dass er nur ein Instrument in der Hand Gottes war. Willig. Fähig. Vielleicht stolz. Aber letztendlich nur ein Instrument.

Als Kardinal Lareggia zu den blauen Tiefen des nachmittäglichen Himmels hinaufschaute, wie Konstantin siebzehnhundert Jahre zuvor, suchte er nach einem Zeichen seines Herrn. Die Tatsache, dass er nichts Außergewöhnliches sah, nahm ihm keineswegs das Gefühl der Rechtschaffenheit und der Wahrheit, das er im Herzen trug.

Sieben

Manhattan, New York – Windsor
17. August 1998

Marion Windsor wusste nicht, ob sie an einer karrierefördernden Story dran war oder nicht, aber sie würde es überprüfen, nur um sicher zu gehen.

Sie saß gerade in dem Studio, in dem die Videos bearbeitet wurden, und überprüfte das Rohmaterial der ›Blitz‹-Story. Auch wenn sie keine Spezialistin in Sachen Elektronik war, hatte sie doch gelernt, einen Teil der digitalen Ausrüstung zu benutzen, die das Videoband zu einem solch einfachen Medium machte. Sie konnte das Material in Zeitlupe ablaufen lassen, ein Gesicht speziell heranholen, eine Stimme analysieren, und sie konnte alles, so oft sie wollte, abspielen.

Marion strich sich eine ihrer rötlich-braunen Strähnen aus dem Gesicht, während sie sich über die Sony-Konsole beugte. Ihr Camcorder hatte ein wahrhaft grausiges Bild eingefangen. Marion stoppte das Band und holte das Bild heran, so dass sie eine überraschend klare Nahaufnahme dessen bekam, was einst ein Mensch gewesen war. Tatsächlich war es nur ein geschwärzter Torso mit einem kleineren, verkohlten Klumpen obenauf. Die Arme waren weggebrannt, und der Kopf war nur noch als solcher erkennbar, weil die Lippen und Wangen ebenfalls verbrannt und entsetzlich lächelnde, gelblich-weiße Zähne sichtbar waren.

Sie schob den Lautstärkeregler der Audiospur hoch.

Ich habe schon Blitzopfer gesehen, und keines davon sah jemals so aus.

Sie drückte eine Taste und hörte die Stimme des rothaarigen Sanitäters mehrere Male ab.

War es möglich, dass es hier doch nicht um einen Blitzeinschlag ging? Kam das, was der Junge gesagt hatte, der Wahrheit vielleicht näher?

Sie spulte das Band bis zu ihrem Gespräch mit Esteban vor, ließ es in Zeitlupe ablaufen, betrachtete das Gesicht des Kindes und suchte nach diesem Schimmer in seinen Augen, diesem kaum wahrnehmbaren Zucken der Muskeln, das den bewussten Lügner verriet, denjenigen, der nur redete, um in den Abendnachrichten zu erscheinen. Estebans Gesicht war ein offenes Buch: Es erzählte eine einfache Geschichte von Ehrfurcht, Respekt und Angst. Marion konnte bei dem Jungen keine Lüge finden.

Sie spielte das Band noch mehrmals ab und kennzeichnete den Zeitcode wegen möglicher Zusammenschnitte, falls sie ihren Bericht durch ein Video ergänzen wollte. Das vorhandene Material war noch keine Story, aber ihre Erfahrung und Übung arbeiteten von allein. Als sie das zum ersten Mal registriert hatte, erkannte sie ihre wahre Professionalität.

Sie hielt bei der letzten Aufnahme der beiden Priester inne – des alten Burschen mit dem dünnen Haar und des für einen Priester einfach zu gut aussehenden Mannes. Sie beugten sich über die Trage, und der Jüngere hob das Tuch an. Marion betrachtete ihre Gesichter. Der alte Mann zeigte das erwartete Entsetzen und den Abscheu, aber der Jüngere verhielt sich vollkommen anders. Sein Gesicht war hart und kalt, als wüsste er bereits, was er zu sehen bekäme. Er sah den älteren Priester an, sagte etwas und schaute dann wieder einen Moment auf das Opfer, bevor er über den Überresten das Kreuzzeichen schlug und zu beten begann.

Marion biss sich gedankenlos auf die Unterlippe, während sie das Band in Zeitlupe erneut zurückspulte und unmittelbar vor der Stelle anhielt, bevor der junge Priester sprach. An der Qualität des Rohtons beim Abspielen war ersichtlich, dass das Richtmikrofon zu schwach gewesen war. Es waren Geräusche auf dem Band zu hören, aber sie war sich nicht sicher, ob tatsächlich Worte aufgenommen worden waren oder nicht. Marion hatte aber schon gesehen, wie die Editiertechniker mit Hilfe eines Computers sowohl die Akustik als auch die Bildqualität verbessert hatten. Mit der richtigen Software und einem einfachen Mischpult konnte man ein in einer Fabrik aufgenommenes Interview mit etwas Geschick so verbessern, als sei es in einem Studio aufgezeichnet worden.

So gut war Marion zwar nicht, aber sie hatte durch Zusehen und Fragen einiges gelernt. Die Techniker liebten es, über ihre Spielzeuge zu reden. Es war schon komisch, dass Männer ihren Spieltrieb nie ablegten. Sie tauschten die Spielzeuge mit zunehmendem Alter nur gegen kompliziertere ein.

Sie lächelte, während sie das Veredelungsprogramm aufrief und den Teil des Bandes mit den

Worten des Priesters über den Analysekopf laufen ließ. Zurückspulen. Erneut abspielen. Die Worte klangen lauter, deutlicher, aber immer noch nicht klar. Sie spielte den verbesserten Ton immer wieder ab, bis sie schließlich verstehen konnte: »*Sehen Sie, Pater … ich sagte es Ihnen. Sehen Sie ihn sich an.*«

Marion lehnte sich auf ihrem Stuhl zurück und starrte das eingefrorene Bild des jungen, seinem älteren Kollegen zugewandten Mannes an. Etwas Unheimliches ging hier vor. Der Priester war in den Vorfall verwickelt. Marions Puls beschleunigte sich, als ihr bewusst wurde, dass sie möglicherweise eine Art Geheimnis aufdecken könnte. Hier lag tatsächlich eine Story vor, gottverdammt, und sie würde auf die eine oder andere Art zum Kern vorstoßen. Es sollte nicht so schwer sein, die Priester zu identifizieren. Sie stammten höchstwahrscheinlich aus der Gegend, und ein wenig Nachforschung würde Genaueres ergeben. Aber zunächst musste sie noch etwas anderes tun.

Nachdem sie von allem Kopien gezogen hatte, nahm sie die Bänder heraus, fuhr die Geräte herunter und verließ das Studio. Während sie zur U-Bahn ging, kreiste nur ein Gedanke durch ihren Kopf: *Zeit für einen Besuch in der Stadt der Toten.*

Sie nahm ein Taxi zum County Hospital und ging dort zum Leichenschauhaus. Sie war Dr. Fritz Huber, dem Hauptleichenbeschauer Brooklyns, schon einmal begegnet, als sie vor vier Jahren ihre Story über den Belt-Parkway-Mörder gemacht hatte. Dr. Huber, ein älterer Mann, hatte ihren Wunsch, eine gute Journalistin zu werden, mit freundlichem Interesse zur Kenntnis genommen. Er hatte sich sehr bemüht, ihr die Kniffe polizeilichen Vorgehens und die Methoden eines bei der Stadt angestellten, amtlichen Leichenbeschauers darzubringen. Er instruierte sie, wie sie mit einigen der schwierigeren Captains und Detectives in dem Stadtteil zurechtkommen konnte, und erwartete im Gegenzug nie mehr als ihre Freundschaft.

Obwohl sie Huber nicht oft sah, betrachtete sie ihn als einen Freund und mehr. Er war für sie das, was einem Vater am nächsten kam, da ihr Dad gestorben war, unmittelbar bevor sie die Chapel Hill School of Journalism verlassen hatte.

»Kann ich Ihnen helfen?«, fragte der Rezeptionist in der schäbigen Lobby des alten Stadtgebäudes. Er las gerade die neueste Ausgabe von *Survival Weapons and Tactics*. Er war dünn, knochig und in seinen Bewegungen und seiner Erscheinung auffallend vogelartig. Scine dicke Hornbrille und die langen Pianistenfinger ließen ihn schwächlich wirken, aber er sprach gelassen, fast abweisend.

»Ich möchte zu Dr. Huber«, sagte Marion und setzte ihr bestes Kameralächeln auf.

»Er ist beschäftigt, Lady.« Vogelmann griff nach seiner Zeitschrift und entließ sie damit.

»Ich habe vorhin angerufen.« Solche Kerle regten sie schnell auf, aber dieses Mal blieb sie ruhig. »Er erwartet mich.«

Der Bursche sah von seiner Zeitschrift auf und verzog das Gesicht, während er eine Taste an seiner Telefonkonsole betätigte und einen weiteren Rezeptionisten anwies, er solle Dr. Huber ausrichten, dass er Besuch habe.

»Wen soll ich melden?«, fragte er offensichtlich uninteressiert.

»Marion Windsor, danke.«

In der trägen Masse, die wohl das Gehirn des Mannes darstellen sollte, kam kurzzeitig eine Schaltung zustande. »He, sind Sie nicht die Puppe aus dem Fernsehen? Ich habe Sie in der Nachrichtensendung gesehen, richtig?«

Marion nickte. Dieses Mal lächelte sie nicht.

»Ja, das ist toll. Nett, Sie kennen zu lernen.«

Eine Tür zur Lobby wurde geöffnet, und Dr. Huber erschien. Er war nicht sehr groß und wurde allmählich fast so dick, dass er den Eingang ausfüllte. Er hatte noch immer volles, schwarz-grau meliertes Haar. Seine großen Augen erstrahlten hinter einer Ben-Franklin-Brille, und sein Lächeln betonte den sorgfältig gestutzten Bart. Sein Verhalten und Erscheinungsbild wirkten eindeutig europäisch.

»Marion!«, sagte er freudig und kam ihr mit offenen Armen entgegen. »Schön, dich wiederzusehen!«

»Hallo, Fritz. Du siehst großartig aus, wie immer.«

»Du auch, glaube mir! Komm mit. Du kennst ja den Weg.« Er ließ sie los und drängte sie durch die Tür und einen langen, schäbigen Flur zu seinem Büro entlang.

»Du bist einfach voreingenommen«, entgegnete Marion abwesend. Die forensische Pathologie-Abteilung des Krankenhauses war ein düsterer, grausiger Ort. Die grau-grünen Wände und die mattbraun gefliesten Böden verliehen dem Flur eine kerkerartige Atmosphäre. Die Luft trug einen beständigen Geruch nach Chemikalien heran – einen Schleier von Desinfektionsmitteln und den stechenden Geruch nach Formaldehyd.

»Besuchst du mich aus beruflichen oder aus privaten Gründen?«, fragte Fritz Huber, als sie sein Büro betraten.

»Ein wenig von beidem«, antwortete Marion, »aber ich muss zugeben, dass ich an einer Story arbeite und deine Hilfe brauche.«

»Gewiss ... gewiss!«, sagte Fritz. Er setzte sich hinter seinen Schreibtisch, lehnte sich dann zurück und öffnete, trotz der Klimaanlage, das Fenster. Als er eine dicke, kurze Zigarre aus der mittleren Schublade seines Schreibtischs nahm, verstand sie seine Handlungsweise.

»Also«, sagte Fritz, während er mit einer speziell dafür gefertigten Schere das Ende der billigen Zigarre abzwickte. »Hast du inzwischen einen netten Freund?«

Sie zuckte die Achseln. »Ich habe einen Freund, aber ich weiß nicht, wie nett er ist. Wir haben wohl unsere Höhen und Tiefen.«

»Ja, ja. Die haben wir alle.« Er zündete die Zigarre mit einem alten Feuerzeug an, nahm einen tiefen Zug und sah sie dann durch eine wogende Rauchwolke hinweg an. »Nun erzähle mir, Marion – was führt dich hierher, hm?«

»Ich untersuche diesen Vorfall mit dem Blitzeinschlag – vorletzte Nacht in Bay Ridge.«

Fritz nickte und zog erneut an seiner Zigarre.

»Hast du den Fall bearbeitet?«

Er zuckte die Achseln. »Nein. Jedenfalls zunächst nicht. Diese Aufgabe wurde Dr. Holstein übertragen, aber er hat mich während der Autopsie hinzugezogen.«

»Danach wollte ich dich fragen, wenn es dir nichts ausmacht.«

»Nein, natürlich nicht.«

Marion räusperte sich, dankbar, dass er das Fenster zum Lüften geöffnet hatte. Sie hatte noch nie begriffen, warum jemand etwas so Übelriechendes wie eine Zigarre in den Mund nahm.

»Der Tod wurde nicht durch einen Blitz verursacht, oder?«

Fritz versuchte nicht, seine Überraschung zu verbergen. »Woher weißt du das?«

»Nenn es eine Eingebung. Was habt ihr herausgefunden?«

Fritz lehnte sich auf seinem Stuhl zurück und fuhr sich mit einer Hand durchs Haar. »Nun, Dr. Holstein wurde misstrauisch, als er zu schneiden begann. Weißt du, ein Mensch, der von einem Blitz getroffen wurde oder mit Starkstrom in Berührung kommt, erleidet Verbrennungen. Schwere Verbrennungen. Aber diese Verbrennungen bleiben auf das Integument, die Haut, beschränkt. Als Dr. Holstein das Opfer öffnete, stellte er fest, dass die Organe des Mannes von innen heraus gekocht waren, als wäre er in einem Mikrowellenofen gewesen.«

»Und das ist nicht das übliche Muster bei einem Blitzeinschlag?«

»Nicht dass ich wüsste. Natürlich sind Blitze eine sonderbare Erscheinung. Es gibt viele verrückte Geschichten darüber.«

»Was habt ihr als offizielle Todesursache angegeben?«

Fritz grinste um seine Zigarre herum. »Blitzschlag.«

»Warum? Wenn ihr das nicht für die Ursache haltet?«

»Weil ich nicht die leiseste Idee habe, was es sonst gewesen sein könnte!«

Marion beugte sich vor und sah ihn an. »Fritz, bist du überhaupt nicht neugierig?«

»Natürlich bin ich neugierig, aber mein Gott, Marion, hast du eine Ahnung, bei wie vielen Fällen ich während meiner dreiundfünfzig Jahre in diesem Beruf neugierig war?« Er zog hin und wieder an seiner Zigarre. »Himmel, ich habe die Ergebnisse aller möglichen Tode von Maschinengewehren bis Zahnbürsten und allem dazwischen gesehen. Es waren eine ganze Menge Fälle dabei, bei denen ich mich fragte, was wirklich passiert war.«

»Aber …«

Er zuckte die Achseln. »Du kannst einfach nicht alles verfolgen, besonders nicht bei einem solchen Punk. Er hatte ein unvorstellbares Strafregister. Was auch immer ihn gekocht hat – es hat den Richtigen getroffen!«

»Venus Tyson. Wie ich hörte, wurde er wegen Mordes und bewaffneten Überfalls gesucht«, sagte Marion.

»... und ich verrate dir ein kleines Geheimnis«, fuhr Fritz fort, der sie kaum gehört hatte. »Wenn du erst einmal in mein Alter kommst, denkst du mit der Zeit mehr über den Ruhestand und über deine Rente nach als über die Arbeit. Das hörst du vielleicht nicht gerne, aber so ist es.«

Marion nickte und versuchte ihre Enttäuschung zu verbergen. Sie hätte gedacht, Fritz wäre eine größere Hilfe.

»He, was ist los? Habe ich etwas Falsches gesagt?«

»Nein, nicht wirklich. Ich habe nur das Gefühl, dass an diesem Fall mehr dran ist.«

»Warum? Er war nur ein Punk.«

»Nein, nicht an dem Opfer«, sagte sie rasch. Sie informierte ihn kurz über das, was sie von dem jungen Zeugen und durch die Bandaufnahme von den Priestern erfahren hatte.

Nachdem Fritz Huber ihr zugehört hatte, ohne sie zu unterbrechen, grinste er leise. »Nun, da hast du was entdeckt. Eine solche Geschichte hört man nicht jeden Tag.«

»Du hältst das für dumm, oder?«

»Marion, wenn du als Leichenbeschauer in New York City arbeitest, siehst du einige ziemlich ›dumme‹ Dinge.« Er zeigte sein väterlichstes Lächeln. »Aber wenn du nur etwas Verstand hast, lernst du zumindest eines: Nichts ist wirklich dumm.«

»Dann meinst du, dass ich es verfolgen soll?«

»Warum nicht? Zumindest wirst du dann deinem gut aussehenden Priester begegnen.« Fritz lächelte spöttisch und zog erneut an seiner Zigarre. »Und übrigens, wenn von Bay Ridge die Rede ist, könntest du vielleicht mit St. Sebastian an der Fourth Avenue anfangen. Mein ältester Sohn lebte dort ganz in der Nähe.«

Marion erhob sich, trat um den Schreibtisch herum und umarmte Huber, bevor er sich von seinem Stuhl erheben konnte. »Fritz, du bist schon einer, weißt du das? Ich danke dir für alles.«

»He, was habe ich getan, außer dir ein wenig Rauch ins Gesicht zu blasen?«

»Du hast mir gegeben, was ich brauchte, um diese Geschichte weiterzuverfolgen«, sagte sie.

»Was ist schon eine kleine Information? Ich wünschte nur, ich würde dich häufiger sehen als nur in den Abendnachrichten. Wann kommst du einmal herüber und isst mit mir und Alice zu Abend?«

»Nenn mir einen Termin, und ich werde da sein. Sonst schaffen wir das nie, das weißt du.«

»Nächsten Dienstag. Sieben Uhr. Wie wäre es damit?«

Marion nahm ihren Terminkalender hervor und notierte es. »In Ordnung, jetzt ist es amtlich. Danke dir noch einmal, Fritz.«

»Streng dich an, Marion.«

Sie lächelte und gab ihm einen Abschiedskuss auf die Wange. »Das werde ich.«

Er war es. Er stand an der Tür des Pfarrhauses von St. Sebastian und sah sie an. Marion konnte sein Bild augenblicklich mental speichern. Er hatte die längsten Wimpern, die dunkelsten Augen ... Seine Züge waren mediterran, jedoch fast zart. Sein dichtes, braunes Haar war modisch geschnitten. Seine Schultern waren breit. ›Gut aussehend‹ war die einzige auf ihn zutreffende Bezeichnung, obwohl es zur Not auch ›sportlicher, attraktiver Mann‹ tun würde.

Reiß dich zusammen, Mädchen. Es geht hier um einen Priester.

»Kann ich Ihnen behilflich sein?«, fragte er, während die Zeit schlagartig wieder mit normaler

Geschwindigkeit verging. Er trug eine saloppe Freizeithose und ein NYU-Sweatshirt.

»Ja. Mein Name ist Marion Windsor«, sagte sie. »Ich bin Journalistin beim WPIX. Ich habe Sie gestern Abend am Schauplatz des Blitzunfalls gefilmt und mich gefragt, ob ich vielleicht ein paar Minuten mit Ihnen sprechen könnte.«

Sie war sich nicht sicher, aber seinem Lächeln schien ein Moment der Anspannung vorausgegangen zu sein.

»Nun, gewiss, Miss Windsor. Bitte, kommen Sie herein. Mein Name ist Pater Carenza.«

Italiener, dachte sie. Natürlich. Mit diesem Aussehen könnte er ein neuer junger Pacino oder De Niro sein.

Er führte sie einen kurzen Flur hinab zu einem Raum mit einem Schreibtisch und Bücherregalen. Sie nutzte die Gelegenheit, in einige der anderen Räume im ersten Stock hineinzusehen, und bemerkte die auf geschmackvolle Art zeitgenössische Einrichtung, die unerlässlichen Kruzifixe, Marien-Porträts und vereinzelte Skulpturen.

Pater Carenza setzte sich hinter den kleinen Schreibtisch, faltete die Hände ordentlich über einer Kladde und versuchte, einen entspannten Eindruck zu erwecken. Es misslang ihm gründlich, und Marion fragte sich erneut, ob sie wirklich einer großen Sache auf der Spur war. Sie setzte sich und sah ihn an. Ihr Zug, Pater.

»Was kann ich für Sie tun, Miss Windsor?«

»Pater, ich sah, wie sie dem Opfer die letzte Ölung gaben, und habe mich gefragt, ob sie den Jungen vielleicht kannten, ob Sie mir irgendetwas über ihn erzählen könnten?«

»… Nein, ich kannte ihn nicht. Gar nicht.«

»Was haben Sie dann dort gemacht, wenn ich fragen darf?«

Er regte sich auf seinem Stuhl, während seine dunklen Augen einen Punkt an der Wand hinter ihr fixierten – als wiche er ihr aus.

»Ich, eh … ich hatte gerade einen Spaziergang mit meinem Mentor gemacht, als wir von dem Unfall hörten.« Er sah sie an und dann rasch wieder fort. Pater Carenza war es nicht gewohnt, solch kühne Lügen zu erzählen.

Sie nickte. »Ich verstehe.« Marion hielt inne und nahm ihren Mini-Camcorder aus der Tasche. »Haben Sie etwas dagegen, wenn ich dieses Gespräch aufzeichne?«

»Tatsächlich bin ich nicht sicher, was die Politik der Erzdiözese bei solchen Dingen vorsieht, und Pater Sobieski ist im Moment nicht da …«

Marion lächelte und steckte das Gerät wieder ein. »Kein Problem, Pater. Aber was sagen Sie zu

Folgendem: Ein kleiner Junge behauptet, er hätte gesehen, wie Sie früher am Abend von einem Straßenräuber bedroht wurden. In dieser Gasse. Stimmt das?«

Sie sah, wie er den Mund öffnete, und merkte, dass die Antwort nicht kommen wollte. Er hatte kurz gestockt, weil er offensichtlich nicht wusste, was er sagen oder tun sollte. Er wirkte hilflos, und er tat Marion Leid. Sie löcherte ihn nicht gerne auf diese Art, aber sie hatte gelernt, dass die direkte Konfrontation stets der beste Weg war, in den Kern einer Geschichte vorzudringen.

Pater Carenza hustete nervös und richtete plötzlich einen höchst durchdringenden Blick auf sie. »Ja, es stimmt. Ich war zuvor dort. Ich bin entkommen … und ich lief davon.«

Marion nickte. Sie war überrascht, dass er es so leichthin zugab. Sie war es nicht gewohnt, dass Einwohner dieser Stadt so offen, so ehrlich waren. Vielleicht war es Naivität oder seine religiöse Erziehung, die ihn so anders machten.

»Der Junge sagte, er hätte noch etwas gesehen«, fuhr sie sanft fort. Diese Sache sollte man besser delikat behandeln.

Der gefangene, erschrockene Ausdruck kehrte auf sein Gesicht zurück. »Tatsächlich?«

»Er sagte, da sei ein Lichtblitz gewesen, und Sie hätten ihn verursacht.«

»Das ist ziemlich absurd, oder?« Pater Carenza bemühte sich zu lächeln.

»Ich weiß es nicht, Pater. Ich habe in meinem Beruf schon viele seltsame Dinge gesehen …«

Der junge Priester schaute auf seine Uhr und erhob sich. »Ich fürchte, ich habe keine Zeit mehr, Miss Windsor. Ich muss nach dem Essen zu einer Schulversammlung.«

»Verstehe.«

»Ich hoffe, ich habe Ihnen geholfen«, sagte er lahm, während er sie zur Tür geleitete.

»Nun, ja, das haben Sie, Pater. Hoffentlich haben meine Fragen Sie nicht beunruhigt.«

»Sind Sie jemals von einem Straßenräuber bedroht worden, Miss Windsor?« Er hielt an der geöffneten Tür inne. Ihre Blicke verschränkten sich einen Moment. Marion spürte die Wirkung seines Blickes bis in die Zehenspitzen.

»Nein.«

»Es ist nichts, woran Sie sich allzu gerne erinnern würden, glauben Sie mir.«

»Gewiss nicht«, sagte sie, seine Verlegenheit spürend. In Ordnung. Genug war genug. Sie schüttelten einander die Hände. »Ich danke Ihnen, Pater. Vielen Dank.«

»Gute Nacht, Miss Windsor.«

Sie ging die Verandastufen zum Bürgersteig hinab und schaute zu ihm zurück. Er sah ihr nach. Sie hatte das Gefühl, dass sie erneut miteinander reden würden.

Acht

Vatikanstadt – Francesco
17. August 1998

Das Telefon klingelte, und Pater Francesco trat zu seinem Schreibtisch, um abzunehmen.

»Hallo …«, sagte er mit flüsterleiser Stimme. »Hier spricht Francesco.«

»Guten Tag, Pater, hier ist Victorianna …«

Francesco reagierte sofort. »Warum rufen Sie mich hier an!? Ich möchte nicht, dass irgendwelche Kontakte zwischen uns belegt werden.«

Die Frau räusperte sich. »Es tut mir Leid, Vanni, aber es ist gewissermaßen ein Notfall eingetreten.«

»Was? Wovon sprechen Sie?«

»Es geht um Etienne«, sagte seine seit über dreißig Jahren in seinen Diensten stehende Mitarbeiterin.

Giovanni knirschte mit den Zähnen. Verdammt sei diese Frau! Ihr Informationen zu entlocken, war genauso schlimm wie Zähneziehen! »Was ist mit Etienne?«

»Nun«, sagte die Äbtissin, »sie ist ... sie hatte eine *Vision.*«

Die Worte schlugen eine bekannte Saite in seinem Inneren an. Er hatte in der katholischen Kirche von Anfang an die Geschichten über auserwählte Menschen gehört, üblicherweise sehr gottesfürchtige Einzelpersonen, ›die eine Vision hatten‹. Laien verstanden darunter, dass jemand eine besondere Botschaft von Gott erhielt – tatsächlich etwas Großartiges und Seligmachendes sich vor seinen Augen entfalten sah. Der Fatima-Vorfall war vielleicht der berühmteste, aber Giovanni hatte während seiner einundsiebzig Lebensjahre von Hunderten weiteren gehört.

Er wollte eine Zigarette aus der Tasche seiner Soutane nehmen, fand aber nur ein leeres Päckchen vor. Verdammt. »Was für eine Vision? Was hat sie gesehen?«

»Wir wissen es nicht«, sagte Äbtissin Victorianna. »Wir fanden sie im Garten. Wir dachten zunächst, sie hätte eine Art Anfall. Sie liegt jetzt im Krankenzimmer des Konvents, aber wir müssen sie vielleicht ins Krankenhaus bringen.«

»Ist sie bei Bewusstsein?«

»Gerade so. Sie behauptet beständig, sie hätte Gott und das Ende der Welt gesehen.«

Giovanni lächelte einfältig. »Ja, natürlich. Sie und eintausend andere …«

»Vanni, Sie vergessen, über wen wir hier reden.« Die Stimme der Nonne klang hart, durchdringend.

Er seufzte hörbar. »Nun gut, ich werde sie besuchen. Vielleicht wird sie mir sagen, was sie niemandem sonst erzählen will.«

»Sie schmeicheln sich, Pater.«

»Wer könnte das besser als ich?« Er lächelte in den Hörer. »Ich werde auch mit Paolo sprechen.«

»In Ordnung. Dann warte ich auf Nachricht von Ihnen.«

»Innerhalb einer Stunde, Schwester. Auf Wiederhören.«

Er legte den Hörer auf, während ein arthritischer Schmerz die Synapsen seines rechten Arms lahm legte. Das war einer der zu bezahlenden Preise, wenn man nicht jung starb.

Bei dem Wort ›Vision‹ hatte sich Giovanni Francescos Magen verkrampft. Nun schien der Knoten anzuschwellen und sich zu erhitzen. Derzeit sandte sein Magengeschwür Warnsignale aus, wann immer etwas Außergewöhnliches vorfiel. Er zuckte unter dem beginnenden Schmerz zusammen. Verdammt, er baute allmählich ab.

Giovanni griff nach einer türkischen Zigarette in dem mit goldener Filigranarbeit versehenen Kästchen auf seinem Schreibtisch und zündete sie mit einem Feuerzeug an, das er bereits seit dem Zweiten Weltkrieg besaß.

Vielleicht wäre es eine gute Idee, Targeno in diese Sache mit einzubeziehen. Er war vertrauenswürdig. Vielleicht sollte er die Geschichte der Nonne heimlich untersuchen.

Giovanni rief seinen Sekretär und wies ihn an, Targeno so bald wie möglich ins Büro des Jesuiten zu bitten.

Während Francesco genüsslich an seiner Zigarette zog und den Geschmack des Spezialtabaks genoss, schritt er langsam zum Fenster und betrachtete die westwärts ziehende Sonne. Ein warmer Schein tanzte auf dem mit roten Ziegeln gedeckten First des Ethiopian College jenseits der Viale dell Osservatorio. Francescos Büro im *Governatorato* lag auf der Westseite des wuchtigen Gebäudes, wodurch ihm ein Blick auf die Grotto von Lourdes, den Hubschrauberlandeplatz und einen Teil der Mauer Leos IV. gewährt wurde. Es war der Blick, der gewöhnlich als der ›Hinterhof des Vatikan‹ bezeichnet wurde, der Teil der Stadt, der den Touristen und den Fotografen von Postkartenmotiven weniger bekannt war.

Giovanni war es so lieber. Er blies eine dünne, blaue Rauchwolke gegen die Fensterscheibe, während er über die eigentliche Bedeutung der neuesten Nachricht nachdachte.

Die Frau hatte also eine Vision gehabt. Er hatte es der Nonne gegenüber heruntergespielt – es hatte keinen Sinn, sie zu beunruhigen. Aber war es tatsächlich ein Zeichen? Bisher war nichts geschehen, auch wenn sie alle sorgfältig darauf geachtet hatten. Aber nun, zusammen mit der phänomenalen Nachricht von Sobieski … Giovanni lächelte und zog erneut an seiner Zigarette.

Ja, *das* war es.

Er wandte sich vom Fenster ab und trat zu seinem Schreibtisch. Er war ein großer, dünner Mann. Seine Wangen waren blässlich und hager, und sein Gesicht wies wölfische Züge auf. Obwohl er bereits über Siebzig war, wirkte er noch immer kraftvoll und rege. Viele seiner Kollegen hatten bereits gesagt, er sei zu zäh, um zu sterben.

Und vielleicht hatten sie Recht.

Er war kein offizielles Mitglied der Kurie. Sein Titel im Verzeichnis verschiedener vatikanischer Kommissionen lautete Präfekt der Öffentlichen

Wohlfahrt, was bedeutete, dass er die alltäglichen Tätigkeiten der Verwaltungsorgane von der Touristen-Information und dem Sicherheitsbüro bis zur Feuerwehr beaufsichtigte. Für die Mitglieder der Kurie, Staatsbeamte, und sogar viele der übrigen Kardinäle selbst war Giovanni mehrheitlich einfach ein weiteres Rädchen im Getriebe der vatikanischen Bürokratie. Außerdem diente er der Gemeinschaft Jesu als besonderer Päpstlicher Verbindungsmann.

Das bedeutete, dass er mit dem inneren Kreis vatikanischer Machtverwalter in Berührung kam, die vom Papst selbst auserwählt wurden. Giovanni hatte im Laufe der Jahre Verbindungen zu allen Organisationen aufgebaut, die ihm vielleicht eines Tages von Nutzen sein könnten, besonders zum *Servizio Segreto Vaticano,* dem vatikanischen Geheimdienst.

Er lächelte vor sich hin, während er seine Zigarette in einem Aschenbecher aus Gold und Sterlingsilber ausdrückte. Der durchschnittliche Katholik auf der Straße würde wahrscheinlich, wie in jeder anderen Stadt auf der Welt, bei der Vorstellung lachen, dass seine Kirche eine Untergrund-Polizeimacht und sogar eine Spionage-Einheit unterhielt. Aber es entsprach der Wahrheit. Der SSV bildete seine Mitglieder in einem sechshundert Jahre alten korsischen Kloster aus, dessen Mönche Experten in den tödlichsten Künsten waren und dessen Ausbildungsmethoden noch strenger waren als die des CIA, des KGB, der M15 oder selbst des israelischen Mossad.

Unmittelbar nach dem Zweiten Weltkrieg von Pius XII. gegründet, war der SSV zu einer unglaublich einflussreichen Macht in der Weltpolitik herangewachsen. Giovanni war 1946 wegen seiner umfassenden Erfahrung als Verbindungsmann zum amerikanischen OSS nach der Anzio-Invasion hinzugebeten worden. Er lächelte bei der Erinnerung an jene ungestüme, abenteuerliche Zeit. Die Welt würde erblassen, sollten jemals irgendwelche der weltweiten Schachzüge des SSV aufgedeckt werden.

Die Attentate auf Franco und Breschnew waren zwei seiner persönlichen Favoriten. Weder die Spanier noch die Russen hatten jemals etwas vermutet. Das Timing war in Francescos Gewerbe entscheidend, und es war in beiden Fällen vorzüglich gewesen.

Das Telefon klingelte, er nahm den Hörer ab, griff automatisch nach einer Zigarette und zündete sie mit dem amerikanischen Feuerzeug an, das ihn gewiss noch überdauern würde.

»Ja?«

»Ich habe Verbindung zu Targeno hergestellt, Sir.«

Giovanni stieß den Rauch aus. »Und ...«

»Er war zufällig im Gebäude«, sagte der Sekretär mit klangloser und überaus disziplinierter Stimme.

»Sehr gut.« Ein weiterer Zug an der türkischen Zigarette.

»Er sollte jeden Moment hier sein.«

»Danke, Spinelli. Das ist alles. Schicken Sie ihn einfach herein, wenn er eintrifft.«

Der Sekretär legte auf und überließ Giovanni damit wieder seinen Gedanken.

Targeno.

Giovannis Gefühle gegenüber diesem Mann waren sehr zwiespältig, da er ihn sowohl liebte als auch hasste, bewunderte und fürchtete. Targeno hatte sich im Laufe der Zeit den Ruf erworben, jede Aufgabe des SSV mit grimmiger Hingabe zu erfüllen. Zu versagen war für ihn ein Fluch. Er erledigte jede Aufgabe erfolgreich, und das mit unbarmherziger Entschlossenheit, die in den Rängen der Außendienstler inzwischen legendär war. Manche hielten ihn für wahnsinnig, aber alle respektierten ihn. Die meisten fürchteten ihn, arbeiteten aber gerne mit ihm, weil er so gründlich, verlässlich und makellos war. Er hatte einen Spitznamen, der sich aus diesen Eigenschaften ergeben hatte: *Il Chirurgo* – der Chirurg. Dieses Image wurde noch durch die Tatsache verstärkt, dass er ein 15 Zentimeter langes Stilett bei sich trug, mit dem er geschickt und schnell und mit dem Selbstvertrauen eines wahren Chirurgen umgehen konnte.

Gefährlich. Vielleicht verrückt. Aber zugleich der Beste.

Wie auf ein Stichwort hin wurde die Tür zu Giovannis Büro geöffnet, und das strenge Gesicht des Sekretärs erschien. »Verzeihung, Sir, aber er ist hier …«

Bevor Giovanni etwas sagen oder tun konnte, drängte sich ein großer, breitschultriger Mann an dem Sekretär vorbei in den Raum und schlug die Tür hinter sich zu. Es war ein für Targeno typischer Auftritt, der sich stets so verhielt, als wäre keine Zeit, nie genug Zeit, als stünde er ständig unter Zeitdruck.

»Sie wollten mich sehen?«, fragte der Agent mit der einschmeichelnden Baritonstimme eines Radioansagers.

»Das ist richtig«, sagte Giovanni. »Bitte, setzen Sie sich.«

Targeno blieb in Rührt-euch-Haltung vor dem Schreibtisch stehen. Er trug einen modischen schwarzen Anzug, ein weißes Seidenhemd mit umgeschlagenen Manschetten und silbernen

Manschettenknöpfen sowie eine kastanienbraune Krawatte. Sein Haar war nach der neuesten kontinentalen Art geschnitten. Eine Fliegerbrille verbarg die Augen, von denen Giovanni wusste, dass sie so tiefbraun waren, dass sie fast schwarz wirkten. Targenos Gesicht war alterslos – er hätte jedes Alter zwischen fünfunddreißig und fünfzig haben können –, und in seinen Augen stand die reine Essenz der Erfahrung. Wenn er diese Augen verbarg, dann wurde er zu einem aalglatten, undurchschaubaren Wesen. Er blieb stehen.

»Ich sagte, Sie können sich setzen«, wiederholte Giovanni und zog erneut an seiner Zigarette.

»Ich ziehe es vor zu stehen, Pater.«

Giovanni zuckte die Achseln. »Wie Sie wollen.« Er stieß Rauch aus.

»Diese Dinger werden Sie umbringen. Sie wissen das, nicht wahr?« Targenos Baritonstimme klang so sanft, fast verführerisch.

»Sie haben es bis jetzt nicht geschafft, und es sind bereits fünfundfünfzig Jahre«, sagte Giovanni. »Welchen Unterschied macht es außerdem in meinem Alter noch?«

Targeno richtete sich noch gerader auf. »Ich habe unten in der Datenwiederherstellung gerade einige Dinge überprüft, als es hieß, Sie wollten mich sprechen.«

Du Bastard, dachte Giovanni. Er war ungeduldig. Unverschämt. Einzigartig.

»Ich habe ihnen oft gesagt, dass vielleicht der Tag kommen würde, an dem ich Ihre Fähigkeiten, ihre Loyalität brauche.«

Targeno nickte.

»Dieser Tag ist endlich gekommen«, sagte Giovanni und trat von seinem Schreibtisch zum Fenster, wobei er dem Agenten bewusst den Rücken zuwandte. Es war eine Taktik, die sich für ihn im Umgang mit Leuten, deren Respekt er benötigte, als wirksam erwiesen hatte.

»Vanni, ich bin sehr beschäftigt«, begann Targeno.

Francesco fuhr mit zornigem Blick herum. »Meinen Sie, das wäre mir nicht bekannt? Sie wissen, dass ich einigen Einfluss besitze. Außerdem schulden mir Kardinal Masseria und sein kostbarer SSV einige Gefälligkeiten.«

»Verstehe«, sagte Targeno ruhig. »Was wollen Sie also?«

»Im Krankenzimmer des Konvents der Sisters of Poor Clares liegt eine Nonne. Sie hatte eine Vision, und ich möchte sie unter Bewachung stellen. Ich möchte, dass sie befragt wird. Vorsichtig natürlich. Treten Sie bei ihr als Arzt auf. Ich werde sie vielleicht auch selbst aufsuchen, aber Sie könnten mehr erreichen.«

»Eine Nonne?« Targeno grinste vor sich hin. »Und dafür brauchen Sie jemanden wie mich? Pater …«

»Ja! Ich brauche Sie!« Giovanni schritt auf und ab. »Ich kann Ihnen nicht alles erklären, aber Ihre ›Techniken‹ könnten nützlich sein.«

»Ist die Nonne in Gefahr?« Targeno verlagerte kaum merklich seinen Stand.

»Nein, überhaupt nicht.« Francesco fragte sich, wie viel er diesem vertrauenswürdigsten aller Männer erzählen sollte.

»Sie sagten, sie hatte eine Vision?«

»Ja, und es ist Ihre Aufgabe herauszufinden, was sie gesehen hat.«

Targeno zuckte die Achseln. »In Ordnung, Vanni. Ich werde meine Angelegenheiten unten beenden und dann zum Konvent gehen. Sie klären das mit Masseria?«

Giovanni nickte. »Betrachten Sie es als erledigt. Und nun fangen Sie bitte an.«

Targeno nickte und ging ohne ein weiteres Wort. Giovanni wartete, bis er allein war, bevor er das dritte Mitglied des Triumvirats anrief.

»Büro für Öffentlichkeitsarbeit«, sagte eine Stimme.

»Hier ist Pater Francesco. Ich möchte Kardinal Lareggia sprechen.«

»Einen Moment, Pater.«

Mehrmaliges Klicken und Piepen erklang. Die Telefonanlage des Vatikans ließ viel zu wünschen übrig. Schließlich meldete sich ein weiterer Nebenanschluss.

»Kardinal Lareggias Büro«, sagte eine männliche Stimme.

Er wiederholte seine Bitte. Weiteres höllisches Piepen und Klicken.

Schließlich: »Vanni, was kann ich für Sie tun?«

»Paolo«, sagte er, »es gibt Neuigkeiten.«

Er berichtete rasch über das Wenige, was er von Äbtissin Victorianna erfahren hatte.

Paolo Kardinal Lareggia sagte: »Glauben Sie, das hat etwas mit Carenzas Vorfall zu tun?«

»Wer weiß?«, sagte Giovanni. »Ich gehe gleich hinüber, um selbst mit ihr zu sprechen.«

»Halten Sie mich auf dem Laufenden.«

Giovanni lächelte. »Oh, das werde ich, keine Sorge. Was hören Sie aus Amerika?«

»Er trifft morgen ein.«

»Ist alles vorbereitet?« Giovanni zündete sich eine weitere Zigarette an.

»Die Dinge schreiten voran.«

»Wissen Sie«, sagte er, eine Rauchwolke ausstoßend, »manchmal vergesse ich regelrecht, was wir da tun. Und dann fällt es mir wieder ein, und ich bin immer wieder vollkommen verblüfft.«

»Ich weiß«, sagte Paolo. »Ich fühle mich wieder jung. Bereit, eine schöne Frau zu küssen. Vollkommen aufgeregt.«

Giovanni nickte. Es war viele Jahre her, seit er so erwartungsvoll gewesen war.

»Ich verstehe das«, sagte er leise in den Hörer.

»Es ist wundervoll, was geschehen ist, nicht wahr, Pater?«

»Endlich«, sagte er. »Auf Wiederhören, Paolo. Ich werde mich bei Ihnen melden, wenn ich aus dem Konvent zurückkomme.«

Er legte den Hörer auf und betrachtete wie abwesend die Glut an seiner Zigarette. Was, in Gottes Namen, hatten sie *wirklich* getan?

Eine Vorahnung verzehrte ihn wie ein widerlicher Tumor. Er war der Antwort nach all diesen Jahren sehr nahe …

Neun

Brooklyn, New York – Sobieski
23. August 1998

»Rom? Warum? Wozu?«, fragte Pater Carenza. Der junge Priester war über die Ankündigung seines Mentors bestürzt.

Stan Sobieski sah Peter an, der vor Sobieskis Schreibtisch auf und ab lief und sich mit den Händen durchs Haar fuhr. Das gesamte Verhalten des jungen Mannes offenbarte seinen Kampf mit dem emotional verheerenden Vorfall des Todes des Straßenräubers. Sein Gesicht spiegelte die Wirkung der Anspannung wider. Um seine normalerweise strahlenden Augen waren Linien zu sehen, seine Wangen schienen ein wenig hager, die Lippen waren aufgesprungen und rissig.

»Peter, Sie müssen begreifen – es gibt spezielle päpstliche Komitees, die Phänomene wie Ihres untersuchen. Der Vatikan hat sich schon immer mit Wundern beschäftigt.«

Peter lachte nervös auf. »Wunder! Sie nennen das, was ich getan habe, ein Wunder? Stan, um Gottes willen, ich habe jemanden *getötet*!«

»Es war Notwehr«, sagte Sobieski. »Daran müssen Sie denken. Sie müssen aufhören, sich selbst zu bestrafen.«

Carenza lief weiterhin auf und ab. »Der Vatikan! Ich kann nicht glauben, dass sie mich sehen wollen ...«

»Es ist die Wahrheit. Sie haben das Telegramm gelesen.«

»Aber warum haben Sie es ihnen überhaupt erzählt? Ich kann das nicht glauben«, sagte Peter. »Die Dinge entgleiten.«

»Die Erzdiözese verlangt es. Die Kirche ist stets an jeglichen ›übernatürlichen‹ Phänomenen interessiert, besonders wenn es um Phänomene geht, die den Klerus betreffen. Das wissen Sie, Pater.«

Peter nickte und blickte abwesend aus dem Fenster. »Ich sollte wohl besser nach oben gehen und packen«, sagte er resigniert.

»Das sollten Sie vermutlich, ja«, antwortete Sobieski.

Carenza hielt an der Tür inne und schaute zurück. »Ich kann noch immer nicht verstehen, warum es solche Eile hat … ich meine, es ist gerade erst letzte Woche passiert.«

Sobieski räusperte sich. »Wer weiß, wie Rom darüber denkt?«

Peter lächelte ein kleines, ironisches Lächeln, wandte sich um und eilte zur Treppe. Sobieski sah ihm nach und kehrte dann an seinen Schreibtisch zurück. Er musste an Erzbischof Duffy denken, der ihm vor neun Jahren einen neuen Priester angekündigt hatte. Peter Carenza.

Er erinnerte sich, wie er den Zuweisungsbrief von der Erzdiözese erhalten hatte, in dem ihm ein junger Mann frisch vom Seminar angekündigt wurde. Dann der Anruf von Duffy und dann, bevor Peter ankam, der überraschende Besuch eines hochrangigen Jesuiten vom Vatikan.

Das war seine erste Begegnung mit Pater Giovanni Francesco gewesen, einem grimmig und entschlossen wirkenden Mann, der es gewohnt war, Befehle zu erteilen. Seine Anweisungen waren recht deutlich, wenn auch etwas mysteriös gewesen. Der Vatikan wollte, dass Carenza genau beobachtet wurde. Sobieski sollte Francescos Büro einmal im Jahr Bericht erstatten und sofort melden, wenn sich der Priester irgendwie ›bemerkenswert‹ verhielt. Sobieski bekam sogar Zugang zu den Sicherheitseinrichtungen der Kirche in der

Kommunikationszentrale der Erzdiözese New York.

Dann war Peter Carenza eingetroffen. Sobieski konnte sich noch an seine Ungläubigkeit erinnern – der junge Mann schien so mittelmäßig, so normal.

Und neun Jahre lang war auch alles normal verlaufen. Langweilig.

Bis jetzt.

Sobieski hatte sich stets über das besondere Interesse des Vatikans an Carenza gewundert, aber er stellte niemals in Frage, was von den Oberen von ihm verlangt wurde. Wenn ein spezielles, päpstliches Komitee etwas für nötig hielt, dann würde er es tun. So einfach war es gewesen.

Aber jetzt ... seit er den verkohlten Körper gesehen und der Geschichte des Priesters zugehört hatte und besonders seit er das aufgeregte Leuchten in den Augen dieses fetten Kardinals, Lareggia gesehen hatte, würde Sobieski seinen rechten Arm dafür geben, mit Peter nach Rom fahren zu können.

Er seufzte und lehnte sich in seinem Schreibtischsessel zurück. Da er jedoch die Bürokratie des Vatikans kannte, hätte er darauf gewettet, dass er nie wieder ein Wort über diese ganze Sache hören würde.

Zehn

Vatikanstadt – Carenza
24. August 1998

Der Flug vom JFK aus war unerträglich lang. Peter war nicht gerne auf solch engen Raum beschränkt, und die Unterhaltung mit seinem Sitznachbarn, einem leitenden Verkäufer für Burroughs Business Machines, war schon mehrere Stunden vor der Landung auf dem Flughafen Roma Internazionale eingeschlafen. Peter interessierte es einfach nicht, welche Maschinen welcher Firma den Bankmarkt der Welt kontrollierten. Er versuchte zu schlafen, aber die Sitze in der 747 waren nicht dafür gemacht. Er hatte noch nie in Sitzhaltung einschlafen können und war daher dazu verdammt, die volle Wucht eines gewaltigen Jetlag zu ertragen.

Am Flughafen wurde er von einem Priester namens Orlando empfangen, der am Ausgang stand und ein Plakat mit einer in schwarzen Lettern gehaltenen Aufschrift CARENZA hochhielt. Der Priester war extrem still und reserviert und fuhr mit hoher Geschwindigkeit fast wortlos durch die Straßen. Obwohl Peters Italienisch nach all der Zeit in Amerika stark eingerostet war, bemühte er sich zurechtzukommen, aber alle seine Versuche, eine Unterhaltung zu beginnen, wurden durch Orlandos knappe Antworten unterbunden. Peter fragte sich, warum er so schroff behandelt wurde, wenn er doch für dieses besondere Komitee eine Art Berühmtheit sein sollte.

Die Fahrt vom Flughafen verschwamm in Tempo und Farben. Er war zum ersten Mal seit seiner Kindheit wieder in Italien, und seine Erinnerungen an die Stadt waren undeutlich und bruchstückhaft. Obwohl dies sein Geburtsland war, empfand er nicht die erwartete, starke Gefühlsregung. Er war wahrscheinlich in stärkerem Maße Amerikaner, als er jemals erwogen hatte …

Pater Orlando lenkte die schwarze Mercedes-Limousine geschickt durch viele gewundene Alleen, mied die großen, von Touristen verstopften Boulevards zugunsten kleinerer Seitenstraßen. Nachdem sie die Via della Conciliazione überquert hatten und durch einige außerordentlich schmale Gässchen gefahren waren, näherte sich der Wagen dem Vatikan aus südöstlicher Richtung. Als sie sich dem Petersplatz näherten, wurde der Verkehr dichter, und die Geräusche hitziger Geschäftigkeit wurden laut und ungestüm. Tausende von Menschen fielen an diesem klaren, warmen Morgen in den Vatikan ein. Vor Peter breitete sich eine gewaltige, bunte Phalanx von Kardinälen und Bischöfen in ihren roten und purpurfarbenen Roben, Mönchen und Nonnen in gedeckterer Kleidung, nur tagsüber anwesenden Angestellten und Lohnarbeitern, Verwaltungsbeamten, Touristen und Einheimischen aus. Ein niemals endender Strom menschlichen Verkehrs.

Sein Fahrer umging dies, indem er sich dem hoch aufragenden Bau des *Governatorato* zwischen dem Heiligen Offizium und der Basilika hindurch näherte. Orlando hatte ihm gesagt, er würde Paolo Kardinal Lareggia, den Präfekten des Komitees für Wunderforschung der Kurie, treffen. Er fragte sich, welche Fragen das Komitee ihm stellen würde. Wären sie ihm feindlich gesinnt? Skeptisch? Einfühlsam? Er hoffte, sie würden verstehen, dass diese Erfahrung und das unerschütterliche Wissen, dass er einem Menschen das Leben genommen hatte, für ihn ein Trauma waren.

Der Mercedes bog nach einigen scharfen Kurven auf die Via della Fondamenta ein. Pater Orlando hielt auf den sich westlich erstreckenden Regierungspalast zu, fuhr auf das Gelände und zur Rückseite des Gebäudes, wo sie ein Schutzdach und doppelte Glastüren erwarteten. Ein Diener öffnete die Hintertür und führte Peter in die Lobby des Gebäudes – ein höhlenartiger Raum, der von mehreren sehr geschäftig wirkenden Mitgliedern der Palastwache in den Standarduniformen der Sicherheitsbeamten dominiert wurde. Pater Orlando sprach kurz mit ihnen, woraufhin sie nickten und Peter eine Ausweiskarte ausstellten, die er an seinem Revers befestigen konnte.

»Bitte hier entlang«, sagte der Priester und führte ihn zu einer Reihe von Fahrstühlen. Hunderte von Angestellten des Vatikan schwärmten wie Bienen in einem Bienenstock durch die Flure. Peter betrat mit einer Gruppe Arbeiter und dem wieder schweigenden Orlando einen Fahrstuhl. Sie stiegen erst im obersten Stockwerk aus und gingen einen langen Gang entlang zu zwei Doppeltüren, die aus schweren Eichenbrettern geschnitzt waren. Dahinter erhob sich ein Sekretär in der Soutane eines Monsignore von seinem Schreibtisch und begrüßte sie. »*Buon giorno,* Pater

Carenza«, sagte er in unbeteiligtem, aber freundlichen Tonfall. »Der Kardinal erwartet Sie bereits. Bitte gedulden Sie sich einen Moment ...«

Der Monsignore telefonierte mit den Privaträumen des Kardinals, und Peter hörte, wie eine unerwartet aufgeregte Stimme darum bat, »den Priester« hereinzugeleiten.

Orlando nickte und durchschritt weitere Doppeltüren, die mit viel Gold verziert waren. Peter folgte ihm, wobei er den ins Auge fallenden Überfluss des Vatikans nicht ignorieren konnte. Katholische Liberale beklagten stets vehement den in Rom verschwendeten Reichtum, während die lateinamerikanischen Länder in äußerster Armut darbten. Diese goldenen Türen wären ein verdammt gutes Argument, dachte Peter.

»Kardinal Lareggia«, sagte Pater Orlando, »dies ist Pater Carenza aus New York.«

Peter betrachtete den Kardinal. Der Mann saß hinter einem überladenen, jedoch recht geordneten Schreibtisch. Er trug eine rote Soutane ohne weiteren Zierrat und ein großes, goldenes Kruzifix an einer schweren, Goldkette. Sein Gesicht war sehr rund und blass. Sein kahler Kopf und ein sensationelles Doppelkinn gaben ihm eine mondähnliche Erscheinung. Es wäre eine grobe Untertreibung gewesen zu behaupten, der Mann sei fett.

Kardinal Lareggia war *gewaltig*. Gemästet. Korpulent. Fettleibig. Was immer man wollte. Hier, dachte Peter, war ein Mann, der eindeutig gerne aß.

Lareggia stützte sich auf den Schreibtisch, rollte seinen Stuhl zurück und erhob sich mit ausgestreckter Hand. Seine Lippen waren nass und dunkel, sein Lächeln breit und irgendwie gezwungen. »Pater Carenza, welche Freude, Sie kennen zu lernen!« Er sprach brauchbares Englisch, wenn auch mit Akzent.

»Danke, Kardinal.«

»Bitte, setzen sie sich«, sagte Lareggia. Und dann an Orlando gewandt: »Das ist alles, Pater. Danke, und auf Wiedersehen.«

Peter setzte sich auf einen dem großen Schreibtisch gegenüber stehenden Stuhl, während er verstohlen die üppige Ausstattung des Büros taxierte. Der Kardinal setzte sich wieder hin, nahm einen dicken Aktenordner hoch, öffnete ihn und sah einige der Papiere durch.

»Diese ganze Sache verwirrt Sie wahrscheinlich ziemlich, hm?« Lareggias Stimme schien für einen solch übermäßigen und eindrucksvollen Körper zu hoch.

»Nun, ja, das stimmt. Ich wusste nicht einmal, dass die Kirche … eh, Wunder noch immer ernsthaft untersucht.«

»O ja. Das tun wir, Pater. Das tun wir gewiss.« Er sah weiterhin die Papiere in der Akte durch. »Warten Sie, hier heißt es, Sie wären in Italien geboren, unmittelbar vor den Toren Roms …, interessant. Ein wundervoll sonderbarer Zufall, nicht wahr?«

»Das stimmt«, sagte Peter. »Meine Eltern kamen bei einem Verkehrsunfall ums Leben, und ich wuchs im Waisenhaus des Heiligen Franziskus von Assisi auf, bis ich ungefähr acht Jahre alt war.«

Lareggio nickte. »… und dann erhielten Sie ein Ignatius-von-Loyola-Stipendium und konnten an einem Jesuiten-Internat in Amerika aufgenommen werden. Sehr beeindruckend, Pater.«

»Danke«, sagte Peter, während er den dicken Aktenordner auf Lareggios Schreibtisch betrachtete. Wie hatten sie so schnell so viele Informationen über ihn gesammelt? »Anscheinend wissen Sie bereits alles über mich.«

Der Kardinal lächelte dünn. »Wir sind recht sorgfältig.« Er hustete leicht. »Hat Ihnen der nördliche Teil des Staates New York gefallen? Es soll dort sehr schön sein.«

»Das Seminar befand sich in den Adirondacks. Dort hat es mir sehr gefallen.«

»Ja, natürlich. Ich war nie in Amerika, aber man hat mir erzählt, es sei ein höchst gegensätzliches

Land.« Lareggia spielte anscheinend eine häufig geübte Rolle. Er sprach wenig überzeugend, wie ein schlechter Schauspieler. Was ging hier vor?

Das Telefon klingelte, und der Kardinal nahm den Hörer ab. »Ich sagte Ihnen doch, dass ich keine Anrufe entgegennehmen will«, tadelte er, und nach einer kurzen Pause: »Oh, Vanni, ich wusste nicht, dass Sie es sind ... tut mir Leid.« Wieder eine Pause. »Sehr gut. Am Spätnachmittag wäre gut.«

Lareggio legte den Hörer auf und sah ihn an. »Das war eines der anderen Mitglieder des Komitees, das Ihren ... eh, Ihren Fall untersuchen wird. Pater Giovanni Francesco. Anscheinend wurde er heute Morgen von einem weiteren Mitglied unseres Komitees aufgehalten. Tut mir Leid, Pater, aber wir werden unsere erste Sitzung auf heute Nachmittag verschieben müssen. Vier Uhr.«

»Das ist in Ordnung«, sagte Peter und wunderte sich über die Eile. Er war direkt vom Flughafen hierher gebracht worden, und nun schien es, als wäre eine sofortige Befragung geplant gewesen!

Lareggia nickte und schloss den Aktenordner.

»Verzeihen Sie«, sagte Peter, »aber ich bin immer noch ein wenig verwirrt. Tatsächlich bin ich sehr verwirrt.«

»Wie kann ich Ihnen helfen, Pater?«

»Zunächst einmal, wo werde ich wohnen? Wie lange werde ich hier sein?«

Lareggia lächelte. »Sie sind *tatsächlich* Amerikaner geworden, nicht wahr, Pater? So direkt. Nun, wir haben im Collegium Germanicum, hier im Vatikan, ein Zimmer für Sie vorbereitet. Pater Orlando wird Sie dorthin bringen. Sie können sich zunächst etwas erfrischen und sich vielleicht ein wenig umsehen.

Um halb vier wird Pater Orlando Sie wieder abholen. Wenn Sie hier sind, werden Sie vom Komitee befragt werden. Außerdem lassen wir Sie von unserem Arzt untersuchen. Das ist doch gewiss annehmbar für Sie?«

»Ja, ich denke schon«, sagte Peter und legte sich im Geiste seine Fragen zurecht. »Meinen Sie, Sie könnten mir mehr über dieses Komitee für Wunderforschung der Kurie erzählen?«

Lareggia zuckte die Achseln. »Was gibt es da schon zu erzählen? Die Heilige Mutter Kirche war schon immer daran interessiert, Beweise für das Werk Gottes in unserem alltäglichen Leben bestätigt zu finden. Wie könnte man den Glauben besser unterstützen als durch den Beweis der Existenz von Wundern?«

Peter nickte. Was für eine dem eigenen Zweck dienende, linientreue Rhetorik … Offensichtlich würde der Kardinal ihm nichts von Bedeutung erzählen. Vielleicht sollte er einfach sein Zimmer aufsuchen und sich dem Jetlag hingeben.

Aber er beschloss, noch intensiver nachzufragen.

»Noch etwas«, sagte er. »Warum wollten Sie mich so dringend sehen?«

Der Kardinal lächelte, dieses Mal ehrlicher. »Weil ich aufrichtig daran interessiert war, Sie kennen zu lernen, Pater Carenza. Aus einem unbestimmten Grund fasziniert mich Ihr Fall.«

Der dicke Mann sprach so offen und so offensichtlich wahrhaft, dass Peter von seiner jähen Aufrichtigkeit praktisch überwältigt war. Das machte ihn verlegen. Sein Instinkt sagte ihm, dass etwas fehlte, aber er war noch weit davon entfernt herauszufinden, was es war.

»Ich verstehe ...«, sagte er nach einer Pause. »Nun, danke. Ich sollte vermutlich geschmeichelt sein.« Er beugte sich vor. »Aber ich muss Ihnen sagen, dass das, was mir widerfahren ist, sehr unerfreulich war. Tatsächlich entsetzlich.«

Lareggia winkte mit seiner dicken Hand ab. »Ahhh! Es wird noch viel Zeit sein, diese Dinge zu besprechen.«

Er rief über die Haussprechanlage Pater Orlando herbei, der fast augenblicklich in der Doppeltür erschien.

»Ja, Euer Gnaden?«

»Begleiten Sie Pater Carenza bitte zu seinem Zimmer.«

»Jawohl«, sagte der Priester.

Lareggia erhob sich und schüttelte Peter die Hand.

»Vier Uhr«, sagte er verabschiedend.

Das Zimmer im College war in ländlichem italienischen Stil eingerichtet, was dem ländlichen französischen Stil sehr ähnelte, bis auf das Antikweiß und das Gold, die in das Holz der Möbel eingearbeitet waren. Obwohl der Schlafraum überladen und unpersönlich war, erwies er sich dennoch als ausreichend behaglich. Peter schlief bis zum frühen Nachmittag. Als er erwachte, war er etwas desorientiert und hungrig. Mit einem Stadtplan und einigen Lire ausgestattet, die Orlando ihm gegeben hatte, betrat er die Nebenstraßen der Vatikanstadt.

Nachdem er das Gebäude verlassen hatte und ein wenig umherspaziert war, fand er sich auf der Piazza dei Protomartiri, vor der Südseite der St. Peter-Basilika wieder. Zu seiner Rechten lag der Glockenbogen, der zu den gewaltigen Bernini-Kolonnaden und zum Petersplatz führte.

Peter beschloss, die großen Menschenansammlungen zu meiden, die sich gemeinsam mit den Tauben auf dem Petersplatz versammelten, der nicht wirklich ein Platz, sondern eher ein gewaltiger, von den Kolonnaden eingegrenzter Kreis war. Peter hielt inne, um die Erhabenheit der Basilika in sich aufzunehmen, und schlug dann einen Weg ein, auf dem ihm eine kurze, aber gründliche Lektion in vatikanischer Geographie erteilt würde. Es war wahrscheinlich das Beste, sich die Sehenswürdigkeiten anzuschauen, solange er noch die Gelegenheit dazu hatte. Wenn er, wie er fürchtete, viel Zeit mit diesem Komitee der Kurie verbringen müsste, würde er wohl nicht mehr viel zu sehen bekommen.

Und so wanderte er in westliche Richtung, über die Via della Fondamenta und dann nördlich entlang der Viale del Giardino Quadrato, die an die labyrinthartige Schönheit der Vatikangärten angrenzte. Er überquerte die Viale Vaticano, wandte sich dann nach links und folgte einer gewundenen Straße um die Stadt herum. Der Spaziergang dauerte über eine Stunde und hatte eine beruhigende Wirkung. An der Peripherie herrschte weniger Verkehr. Da die Straße etwas erhöht verlief, gewährte sie ihm vielfältige Blicke auf den Vatikan. Er konnte nach Wunsch innehalten, sich verschiedene Orientierungspunkte merken und sich allmählich in seiner neuen Umgebung zurechtfinden. Es war ein wundervoller, klarer Tag voller bunter Kontraste – blauer Himmel über dem weißen Stein der Gebäude, dazwischen dunkelgrüne Zypressen auf sandfarbenen Hügeln.

Nachdem er seinen Rundgang beendet hatte, betrat er die St. Peter-Basilika, erstaunt über deren wirklich Ehrfurcht gebietende Ausmaße. Es war zweifellos eine der prunkvollsten katholischen Kirchen der Welt. Peter folgte einer Führung und erfuhr, dass die Basilika nicht die Gemeindekirche des Papstes war, denn das war die kleine Kirche Sant' Anna am Tor gleichen Namens. St. Peter war ursprünglich eine kleine Gedächtniskirche gewesen, auf deren Erbauung zu Ehren des ersten Papstes Konstantin gedrängt hatte. Dann wurde sie während der Jahrhunderte ständig vergrößert und erweitert – genau wie die katholische Kirche selbst anwuchs.

Peter wanderte durch die gewaltige Basilika, andächtig ergriffen durch die Feierlichkeit der Grotten und tief bewegt von der erhebenden Vision und Ausdruckskraft der Decke von Michelangelos Sixtinischer Kapelle sowie den Fresken von Botticelli, Signorelli und Perugino.

Nach einem Essen im Freien lief er weiter, in Richtung Norden, in den Schatten der päpstlichen Paläste auf das Vatikanmuseum östlich des Stradone dei Giardini zu. Die Zeit verging rasch. Als er an den länger werdenden Schatten erkannte, wie spät es geworden war, kehrte er um, wobei er sich fragte, ob Kardinal Lareggias Handlanger, Pater Orlando, ihn bereits suchte. Drei Uhr dreißig war längst vorüber, als er den Petersplatz überquerte und zum Collegium Germanicum zurückkehrte.

Pater Orlando wartete wie ein ungeduldiger Geier vor Peters Zimmer. Der Mann schien wutentbrannt, versuchte sich aber zu beherrschen und bemerkte nur, dass der Kardinal durch seine Abwesenheit beunruhigt sei und das Komitee ihn erwarte.

Dann wandte sich der Priester ohne ein weiteres Wort um und führte Peter zu einem schwarzen Mercedes, der sich wie ein glänzender Käfer mit hartem Panzer wartend am Bordstein duckte. Peter folgte seiner Begleitung zögernd, denn er verspürte aus einem unbestimmten Grund erste Anzeichen von Angst.

Elf

Rom, Italien – Targeno
25. August 1998

Targeno nahm nicht gerne Befehle von dem Jesuiten entgegen, aber tatsächlich hatte er keine Wahl. Er gehorchte nicht aus Freundschaft. Er wusste, dass er in seinem speziellen Gewerbe keine wahren Freunde haben, niemandem trauen konnte – besonders Priestern nicht, die es gelegentlich für angemessen hielten, Menschen zu töten. Aber Pater Giovanni Francesco war ein solch fester Bestandteil der vatikanischen Infrastruktur, dass Targeno dem Mann keine Absage erteilen konnte – was er zu gerne ausprobiert hätte.

Nein, es war vielmehr an der Zeit, einigen Verpflichtungen nachzukommen. So war es in Politik und Spionage. Man schuldete stets jemandem etwas. Und einem selbst schuldete jemand auch stets etwas.

Ihr Name war Schwester Etienne. Sie war Nonne im Konvent der Sisters of Poor Clares in Rom. Ihr richtiger Name lautete Angelina Pettinaro. Sie war als Tochter eines armen Schluckers in Kalabrien geboren. Der Bastard war zweifellos zu arm gewesen, um alle Kinder aufzuziehen, die sein steifer Schwanz beständig in die Welt brachte, sodass er so viele der Mädchen bei Konventen unterbrachte, wie seine fette Frau es vermutlich zuließ, wodurch er sowohl seinen Geldbeutel als auch sein Gewissen erleichterte.

Und die Kirche nörgelte noch immer über die Geburtenkontrolle ...!

Targeno schüttelte den Kopf und verzog das Gesicht, während er sich in der Empfangshalle des Konvents zum Warten niederließ. Er schaute auf seine Uhr. Der halbe Tag war schon vergangen. *Verdammter* Francesco!

Schließlich wurde am Ende des karg eingerichteten Raumes eine Tür geöffnet, und eine große, anmutige Frau im Habit einer Äbtissin trat ein. Sie glitt mit dem eleganten Selbstvertrauen einer Balletttänzerin auf ihn zu. Obwohl die Frau mindestens sechzig Jahre alt sein musste, wirkte sie attraktiv. Targeno konnte sich vorstellen, dass sie in jüngeren Jahren eine auffallend schöne Frau gewesen sein musste. Warum sollte ein solch anmutiger

Mensch das alles wegwerfen, um in einen verdammten Konvent einzutreten? Die Welt war wahrhaftig voller verdrehter Menschen.

»Mr. Targeno«, sagte Äbtissin Victorianna. »Ich denke, Sie können Schwester Etienne jetzt sehen.«

Er nickte und folgte der gertenschlanken Frau durch einen Flur, der zu einer Treppenanlage führte. Er ging ruhig hinter ihr her, ahmte ihre vornehme Gangart nach.

»Die Ärzte können bei ihr keine physischen Ursachen finden«, sagte die Äbtissin. »Aber ihre religiöse Erfahrung hat sie sehr verwirrt.«

»Verwirrt?«, fragte Targeno mit fast samtweicher Stimme. »Ist sie bei klarem Verstand?«

»Das ist schwer zu sagen. Pater Francesco war vorhin bei ihr, und sie war nicht sehr kooperativ.«

Targeno blieb am oberen Ende der Treppe stehen. »Was heißt das? Hat sie ihm etwas gesagt oder nicht?«

Ihre Blicke begegneten sich für einen Moment. Ein Aufwallen unterdrückter Leidenschaft wurde zwischen ihnen spürbar, und sie wandte den Blick verlegen ab. Diese Verlegenheit entsprang ebenso dem, was sie in den Augen des Agenten las, wie dem, was sie selbst beinahe vermittelt hätte.

»Als sie Giovanni erkannte, wurde sie hysterisch.«

»Mag sie ihn nicht?« Targeno lächelte. »Nun, zumindest beweist sie guten Geschmack bei Männern.«

»Das ist nicht komisch«, sagte Victorianna. Sie wandte sich um, ging weiter den Flur hinab und blieb dann an einem Wäscheschrank stehen, dem sie einen weißen Arztkittel entnahm.

Targeno legte sein schwarzes Jacket ab und zog den weißen Mantel an. »Wie sehe ich aus?«, fragte er, während er den Kittel zurechtrückte. »Zweifellos wie ein zweiter Albert Schweitzer.«

Victorianna lächelte trotz des Ernstes der Lage. »Die Krankenstation befindet sich hinter dieser Doppeltür. Schwester Etienne liegt im ersten Raum auf der rechten Seite.«

Targeno nickte und durchschritt die Türen. Er betrat das Zimmer der Nonne und fühlte sich augenblicklich von dem gleißenden Weiß von Wänden, Schränken und Laken erdrückt. Sonnenlicht strömte durch gazeartige Vorhänge, und er wünschte, er hätte seine Sonnenbrille bei sich. Die Frau in dem Bett schaute strikt zur Decke, schien seine Anwesenheit nicht zu bemerken. Sie hatte die Augen einer Schizophrenen, von jemandem, der einer Welt ansichtig wurden, die nicht die eigene war. Targeno war überrascht über ihr gesundes, jugendliches Aussehen. Obwohl sie bereits Ende Vierzig sein sollte, war ihre Haut glatt und rein und ihr dunkles Haar schimmerte kraftvoll.

Eine weitere wunderschöne Frau, die im Konvent verwelkte.

»Und wie fühlen wir uns heute?«, fragte er so heiter wie möglich und zeigte sich ihr.

Sie blickte weiterhin zur Decke und schwieg. Targeno erkannte die Symptome eines gravierenden Schocks und wusste, dass er mit der normalen, strengen Befragung nur seine Zeit verschwenden würde. Seine Erfahrung hatte ihn jedoch den Umgang mit solchen Problemen gelehrt, sodass er etwas aus seiner Gesäßtasche nahm, was wie eine goldene Zigarettendose aussah.

Er öffnete sie und nahm eine dünne Nadel für eine subkutane Spritze sowie etwas Xylothol hervor, ein mildes Halluzinogen, das Natriumpentothal wie Brausepulver erscheinen ließ. Du willst also nicht reden?, dachte er lächelnd bei sich. Nun, hiermit wirst du munter werden!

Es dauerte nach der Injektion nur wenige Minuten, bis sich ihre blauen Augen klärten und sie den Blick auf ihn richtete.

»Etienne«, sagte er sanft. »Ich bin Ihr Arzt. Sie müssen mir erzählen, was mit Ihnen geschehen ist, damit ich Sie heilen kann.«

»Nein …«, sagte sie mit sanfter, fast vornehmer Stimme. »Nichts kann mich heilen. Ich habe das Ende der Welt gesehen.«

»Wirklich …? Wie war es?«

»Es war entsetzlich.« Sie wandte verlegen den Blick ab. »Ich kann es Ihnen nicht erzählen.«

»Doch. Doch, das können Sie. Es ist in Ordnung. Erzählen Sie mir alles.«

Nun sah sie ihm wieder direkt in die Augen – mit jäher, unnatürlicher Aufmerksamkeit. Ihre Züge wirkten ruhig, wenn auch gewissermaßen verklärt. »Ich kenne Sie nicht«, sagte sie. »Ich werde Ihnen nichts erzählen.«

»Wenn Sie gesund werden wollen, müssen Sie mir erzählen, was mit Ihnen geschehen ist … was Sie gesehen haben, das Sie so erschreckt hat.«

»Es kümmert mich nicht, ob ich wieder gesund werde«, sagte sie nachdrücklich. Targeno hatte noch nie jemanden unter dem Einfluß von Xylothol so klar verständlich sprechen hören. »Und es gibt nur einen Menschen, mit dem ich sprechen werde.«

»Wer könnte das wohl sein?« Targeno sah den Fehlschlag kommen, aber er drängte dennoch voran.

»Seine Heiligkeit. Ich muss den Heiligen Vater sprechen.« Etienne drehte sich zur Wand.

Das war lächerlich. Die Frau hatte genug Chemie im Körper, um ein Rhinozeros zum Singen zu bringen, und doch steckte sie es weg wie Zuckerwasser. So etwas hatte er noch nie erlebt. Er würde Geduld haben müssen. Letztendlich würde die Droge siegen.

»Etienne ... Sie müssen mit mir reden.« Er berührte sie an der Schulter, versuchte, sie wieder zu sich umzudrehen.

Sie sah ihn über die Schulter hinweg an. »Glauben Sie an Gott?«

»Ich ... ich bin nicht sicher«, antwortete er ehrlich. »Warum?«

»Weil Er an Sie glaubt.«

Er kicherte. »So habe ich es noch nie jemanden ausdrücken hören.«

Die Frau wandte sich wieder ab und sah erneut zur Decke. Ihre Lippen bewegten sich leicht, als würde sie reden. Er beschloss, ihr Zeit zu lassen. Es bereitete ihr, trotz ihres Widerstands gegen die Droge, große Mühe, gegen den Drang zu reden anzugehen.

Wie Targeno gehofft hatte, legte die Nonne nach einem kurzen Schweigen schlagartig ein tränenreiches Geständnis ab: »Ich habe mich sowohl an den Menschen als auch an Gott schrecklich versündigt. Nun muss ich für diese Missetat büßen. Auch wenn ich geglaubt habe, Gottes Willen zu erfüllen.«

»Was meinen Sie?«

»Das, was sie mir befohlen haben – es war Gottes Wille.«

»*Wer* hat Ihnen etwas befohlen?«

»Der Kardinal – und die anderen.«

Targeno hatte keine Ahnung, wovon sie sprach. Die Versuchung, ihre Worte zu ignorieren, sie als die Wahnvorstellungen einer gläubigen Nonne abzutun, wurde von einem bohrenden, instinktiven Gefühl gezügelt, dass er durch Zufall einer recht großen Sache auf der Spur war. Er hatte schon sein ganzes Leben lang ähnliche Intuitionen gehabt und häufig nur überlebt, weil er sich eher auf diese Instinkte als auf reine Logik verlassen hatte. Vielleicht sollte er auch jetzt auf diese Gefühle hören.

»Können Sie mir ihre Namen sagen?«

Etienne lächelte und sah ihm tief in die Augen. »Warum nicht? Kardinal Lareggia, Pater Francesco und meine Äbtissin, Victorianna. Sie kamen vor langer Zeit zu mir … als wir alle noch sehr jung waren.«

»Warum?«, fragte er sanft. Das Xylothol wirkte gut. Sie sprach nun offener.

»Sie brauchten meine Hilfe. Ohne mich waren ihre Pläne unmöglich durchführbar.«

»Wollen Sie mir erzählen, *warum* sie Sie brauchten?«

Sie kicherte wie ein Schulmädchen. »Vielleicht …«

»Hat es etwas mit Ihrer ›Vision‹ zu tun?«

Erneutes Kichern. »O ja!«

»Etienne, ich warte …«

»… und ich entscheide. Ob ich Ihnen etwas erzähle oder nicht.«

»Sie haben mir bereits vieles erzählt.« Er versuchte es mit einem alten Verhörtrick.

»Tatsächlich?«

Es überraschte ihn immer wieder, wie häufig es funktionierte.

»Ja, meine liebe Schwester … Alles über den Kardinal und seine Freunde.«

»Habe ich Ihnen von dem Arzt erzählt?« Ihre Frage klang zögerlich.

»Von dem Arzt?« Targenos Puls beschleunigte sich. Diese Sache gefiel ihm. Je mehr Hinweise sie gab, desto größer wurde seine Faszination. »Nein, das haben Sie nicht. Können Sie mir von ihm erzählen?«

Sie wandte den Blick ab und senkte ihre langen Wimpern.

»Sie brachten ihn herein, damit er mit mir … arbeiten sollte. Er war ein netter Mann. Sehr sanft.«

»Wie hieß er? Das haben Sie noch nicht erwähnt.«

»Nein?« Sie kicherte erneut. »Es war Krieger. Dr. Rudolph Krieger.«

Zwölf

Vatikanstadt – Krieger
25. August 1998

Also war es schließlich soweit, dachte Rudolph müde, während er in einem schwarzen Mercedes vom Flughafen Roma Internazionale abfuhr. Er hatte die letzten Jahre still in einem kleinen Dorf in der Schweiz verbracht, hatte die Arbeit beinahe vergessen, die er vor so langer Zeit ausgeführt hatte. Nein, das entsprach nicht der Wahrheit. Er würde niemals vergessen, was er getan hatte. Er hatte nur versucht, es zu verdrängen.

Und nun kam alles zu ihm zurück.

Um ihn zu quälen? Das war schwer zu entscheiden. Rudolph zuckte im Geiste die Achseln. Wie auch immer – er war einen Handel eingegangen, und jetzt war er verpflichtet, seine Restschuld zu begleichen. Die finanzielle Unterstützung durch den Vatikan war nie eingestellt worden, und bisher war sein Leben so bequem und lohnend verlaufen, wie man es ihm versprochen hatte.

Der Mercedes kam an einem Hintereingang des *Governatorato* sicher und leise zum Stehen, wo Pater Orlando, ein recht junger, extrem zurückhaltender Priester, ihn bereits erwartete. Rudolph betrachtete die Ausstattung im Inneren des Gebäudes, während der Priester ihn durch die Gänge führte. Es war viele, viele Jahre her, seit er an diesem Ort gewesen war. Es überraschte ihn nicht zu sehen, dass sich fast nichts verändert hatte. Die Kirche war eine überaus traditionell eingestellte Institution.

Pater Orlando führte ihn mit dem Fahrstuhl nach oben, einen langen Gang entlang und in einen Sitzungsraum, in dem Paolo Kardinal Lareggia bereits am Kopfende eines glänzenden Konferenztisches saß, der einem kleinen Land als Flugzeugträger hätte dienen können. Die beiden anderen waren ebenfalls anwesend, Aktenordner und Notizbücher vor sich gestapelt. Krieger erkannte die Nonne und den Priester sofort. Beide schienen, den üblichen Spuren der Zeit zum Trotz, überraschend vital und gesund. Aber Lareggias ungeheuerliche Fettleibigkeit schockierte den Arzt. Alles an dem Mann war nahezu vollkommen rund. Er war das personifizierte Cholesterin, ein Herzanfall ließ wohl nicht mehr lange auf sich warten …

»Dr. Rudolph Krieger, willkommen!«, sagte der Kardinal, erhob sich huldvoll und offenbarte seinen umfangreichen Leib. »Sie erinnern sich gewiss an Schwester Victorianna und Pater Francesco …«

»Ja, ich erinnere mich«, sagte Rudolph, um ein höfliches Lächeln bemüht. »Es ist lange her, nicht wahr?«

Lareggia nickte. »Für uns alle. Für alles.«

Pater Francesco lächelte. »Sie wissen vermutlich, warum Sie hier sind?«

»Ich habe eine ziemlich genaue Vorstellung«, sagte Rudolph. »Ich bin vielleicht ein alter Mann, aber meine Erinnerung ist noch intakt.«

»Sie werden einen vollständigen Mitarbeiterstab zu Ihrer Verfügung haben«, sagte der Kardinal. »Lassen Sie es mich einfach wissen, wenn etwas fehlt, und Sie werden es bekommen. Nun bitte, Doktor, setzen Sie sich.«

»Gerne«, sagte Rudolph, warf einen Blick über den Tisch und wählte einen Platz gegenüber einem Videorekorder. Das Ganze wirkte wie eine Sitzung des Verwaltungsrats. Der Kardinal nahm seinen Platz wieder ein und nickte der Nonne zu.

»Wir wollen eine vollständige Auswertung«, sagte Äbtissin Victorianna. Rudolph bemerkte verwundert, wie schön sie immer noch war. »Physischer und psychologischer Status.«

Er lächelte. »Schwester, in Letzterem bin ich nicht geübt ...«

»Bestimmt wissen Sie genug, um kompetent zu sein«, sagte Kardinal Lareggia. »Außerdem gehören Ihrem Mitarbeiterstab einige Psychiater an.«

Krieger nickte. »Nun gut, aber wie werden Sie all diese Betriebsamkeit erklären?«

»Wir gehören zum Komitee der Kurie für Wunderforschung«, sagte Pater Francesco, der eine Zigarette mit dunklem Tabak rauchte – sehr zum Missfallen der Nonne. »Was wir von Ihnen erbitten, ist das Standard-Vorgehen in solchen Angelegenheiten. Niemand wird etwas in Frage stellen.«

»Zieht die Kurie sonst auch fremde Ärzte hinzu?«

»Nein«, sagte der Jesuit. »Aber mit dem Alter wachsen die Privilegien. Wir können tun, was wir für nötig halten.«

Sie schienen alles bis ins kleinste Detail geplant zu haben. Nicht, dass er das nicht erwartet hätte. Er hatte das Trio von Anbeginn ihrer Verbindung an als ebenso kalt und effizient empfunden wie jede andere Organisation, die er jemals kennen gelernt hatte. Kaum zu glauben, dass sie alle Italiener waren – ihre Vorgehensweise hatte etwas entschieden Deutsches. Er lächelte in sich hinein. Er wusste, anders als diese drei Menschen, als Einziger auf der Welt, was ihnen anscheinend gelungen war. Er fragte sich, ob sie ihn die ganze Zeit mit diesem Wissen hätten leben lassen, ob sie ihm so viele Jahre lang vertraut hätten, wenn sie ihn nicht für die Abschlussuntersuchung so dringend brauchten. Er fragte sich auch, wie viele weitere Menschen vielleicht gestorben waren, weil sie zusammenhanglose Teile der Geschichte kannten.

»Noch weitere Fragen?«, wollte der Kardinal wissen.

Einige, die ich niemals stellen werde, dachte Rudolph. Dann: »Wo befindet sich der junge Mann? Ich dachte, wir wollten heute beginnen?«

»Er hat sich vom Flug ausgeruht«, antwortete Lareggia. »Er wird während unseres Gesprächs hierher gebracht.«

Rudolph nickte. Er verspürte plötzlich ein heftiges Verlangen nach Nikotin, obwohl er das Pfeiferauchen schon vor über fünf Jahren aufgegeben hatte. »Kennt er die ganze Geschichte schon?«

Pater Francesco lächelte in sich hinein. »Er weiß zu diesem Zeitpunkt noch nichts. Wir wollen ihn schrittweise ›unterrichten‹, nachdem er sich eingewöhnt hat.«

»Ich dachte, es wäre vielleicht klug, wenn Sie beim entscheidenden Gespräch dabei wären«, erklärte Schwester Victorianna. »Es wäre wohl am besten, wenn Sie ihm mit eigenen Worten erklärten, was Sie getan haben.«

Krieger nickte. »Ich stehe zur Verfügung, so lange Sie mich brauchen. Gibt es noch etwas, was ich wissen sollte?«

Victorianna berichtete kurz über den Vorfall mit Schwester Etienne, die sich im Schockzustand befand, nachdem sie eine Vision gehabt hatte – eine mögliche Offenbarung, die mit dem vorliegenden Thema in Verbindung stehen könnte.

Rudolph schwieg, obwohl er dazu neigte, Dinge wie ›Visionen‹ und andere religiöse Erfahrungen als äußersten Unsinn abzutun. Für diese Leute war solcherlei normal, aber zwischen Etiennes Zusammenbruch und dem, was er getan hatte, einen Ursache-Wirkung-Zusammenhang herzustellen, schien ihm töricht und vermessen. Rudolph hatte sich bis zu diesem Moment bemüht, nicht allzu viel darüber nachzudenken, warum er von seinem ländlichen Zuhause ins Herz des Vatikans berufen worden war. Er hatte sich nicht eingestehen wollen, dass er sich letztendlich den Verantwortlichkeiten und Mechanismen stellen müsste, die er vor so vielen Jahren in Gang gesetzt hatte.

Was, zum Teufel, hatte er getan?

Was bedeutete dies alles?

Er musste über diese Fragen lächeln. Denn er war sich sicher, dass sich im Laufe der Jahrhunderte viele Menschen die gleichen Fragen gestellt hatten. Komisch, dass sie sich anscheinend auf so viele Situationen anwenden ließen …

Ein leises Klopfen an der Tür des Konferenzraums zog alle Blicke auf sich. Das dunkle Gesicht Pater Orlandos erschien.

»Verzeihung, Euer Gnaden. Ich habe Pater Carenza mitgebracht.«

Und dann wurde es ihm plötzlich bewusst. Er würde den Jungen treffen … vielmehr den Mann. Die lange vergangene Zeit und die Arbeit von damals würden der Welt der Theorie entrissen und zur Wahrheit werden.

Kardinal Lareggia erhob sich, rückte vom Tisch ab, um seinem Bauch Platz zu verschaffen. »Schicken Sie ihn herein. Und lassen Sie uns allein«, sagte er.

Orlando nickte, verschwand einen Augenblick und geleitete dann einen jungen Mann in einer schwarzen Soutane in den Raum. »Pater Peter Carenza«, sagte der Gehilfe der Kurie, als kündige er einem Königshof einen Besucher an, und verließ den Raum dann lautlos.

In diesem Augenblick, bevor die Tür ins Schloss fiel, maß Rudolph Krieger Carenza. Er war groß und hager. Seine Haltung ließ auf einen muskulösen, athletischen Körper schließen. Er hatte dunkle Augen und Haare, eine klassische Adlernase und eine kräftige Kinnlinie. Die Wangenknochen verliehen seinem Gesicht ein kantiges, äußerst ansprechendes Aussehen. Sein olivfarbener Teint schien gute Gesundheit auszustrahlen und ein Funke hoher Intelligenz tanzte hinter seinen Augen. Hier stand ein Mann, der ein Athlet, ein Filmstar, beinahe alles hätte sein können – und sie hatten ihn zu einem Priester gemacht. Welch eine Verschwendung, dachte Krieger.

»Willkommen, Pater Carenza«, sagte Kardinal Lareggia, der die Ehrfurcht, die er empfand, kaum verbergen konnte. Es kostete den großen Mann Mühe, den nächsten Satz hervorzubringen. »Bitte, setzen Sie sich.«

»Danke«, sagte Carenza und ließ sich am entgegengesetzten Ende des Tisches nieder. Er schien durch die auf ihn gerichteten Blicke, die den seinen festhalten wollten, nur unwesentlich eingeschüchtert.

Der Kardinal schaute zu Pater Francesco und nickte, woraufhin sich der Jesuit erhob und sich Carenza zuwandte.

»Ich bin Pater Giovanni Francesco. Ich diene der Gemeinschaft Jesu normalerweise als Päpstlicher Vermittler. Heute fungiere ich als ein Teil des Komitees für Wunderforschung. Meine Kollegen …« Francesco stellte die übrigen samt Titeln vor. Selbst der normalerweise barsche Jesuit schien in Carenzas Gegenwart milder gestimmt. Krieger stellte Francesco nur mit den Worten vor, dieser sei Wissenschaftler im Ruhestand und Gewinner des Nobelpreises.

Carenza beugte sich offensichtlich beeindruckt, aber zögerlich, und vielleicht auch verwirrt, vor. Krieger hatte Mitleid mit ihm, auch wegen dem, was ihm während der nächsten wenigen Wochen widerfahren würde.

»In den nächsten ein oder zwei Tagen werden wir Sie einer Reihe von Prüfungen unterziehen. Nichts Ernstes«, sagte Krieger, »nur eine grundlegende physische Untersuchung sowie einige speziell ausgearbeitete Tests.«

»Was für Tests?«, fragte Carenza. Es lag kein Misstrauen in seiner Stimme.

Krieger räusperte sich. »Tests zur Feststellung, ob Sie tatsächlich psychokinetische Fähigkeiten besitzen oder nicht, sowie auch Tests eher psychologischer Natur.«

Carenza lächelte. »Sie meinen, Sie wollen wissen, ob ich verrückt bin.«

Krieger gefiel die Offenheit des jungen Priesters. »Nicht ganz, aber ja, Sie könnten es vermutlich so ausdrücken.«

»Hören Sie, Dr. Krieger, ich habe nicht darum gebeten, von einem Wunderkomitee befragt zu werden. Ich würde den ganzen Vorfall viel lieber vergessen – anstatt ihn sezieren zu lassen wie einen toten Frosch.«

»Bitte, Pater, es besteht kein Grund zur Besorgnis«, erwiderte Victorianna in dem offensichtlichen Versuch zu beschwichtigen. »Ich versichere Ihnen, dass wir ihre Gefühle verstehen.«

»Können wir irgendetwas tun, damit Sie sich wohler fühlen, Pater?«, fragte Kardinal Lareggia.

Carenza sah ihn offen an. »Verzeihung, Euer Gnaden, aber ich habe einen Menschen *getötet*. Ich werde mich nicht dafür entschuldigen, dass mir das ein wenig nahe geht.«

Gut gesagt, dachte Krieger. Er mochte diesen jungen Mann bereits.

»Also gut. Beginnen wir mit einigen Fragen, ja?« Francesco lächelte. »Können Sie mir bitte genau berichten, was Ihnen widerfahren ist?«

Krieger lächelte. Carenzas Anwesenheit hatte die Haltung des Jesuiten bereits verändert. Wie lange war es wohl her, seit der Mann zuletzt das Wort ›bitte‹ gebraucht hatte?

»Ja, ich denke schon.« Carenza seufzte kaum hörbar.

»Wenn Sie so nett wären – wir möchten jedes Detail hören«, sagte die Nonne.

Krieger lehnte sich zurück und lauschte Carenzas Geschichte. Ihrer Bitte gemäß, bemühte sich der Priester, sich genau zu erinnern. Manchmal unterbrachen ihn seine Zuhörer, aber nur mit offensichtlichen Hemmungen. Es fiel ihnen schwer, ihren Respekt vor Carenza zu verbergen, wenn auch Francesco – gemäß seinem skrupellosen Charakter – erst als letzter in Ehrfurcht versank. Manchmal fragte er intensiv nach, spürte Einzelheiten auf, die bestenfalls banal schienen. Obwohl es auch Krieger freistand, Fragen zu stellen, zog er es vor zu schweigen. Er würde noch viel Zeit haben, den jungen Mann und seine Geschichte kennen zu lernen.

Der Arzt bewunderte Carenzas Zähigkeit angesichts der schweren Prüfung, die er erlebt hatte. Einen anderen Menschen zu töten, musste eine schwer zu ertragende Last sein, aber der junge Priester konnte sie offensichtlich dadurch ertragen, dass er am grundlegenden Glauben an seine Würde festhielt.

Die erste Befragung dauerte bis nach Sonnenuntergang. Sie alle ermüdeten mit der Zeit, aber das Trio verlor niemals seinen grundlegenden Respekt vor Carenza oder seinen reinen Glauben an den Wahrheitsgehalt des Berichts. Sie begannen, sich in seiner Gegenwart allmählich wohler und entspannter zu fühlen. Rudolph beobachtete schweigend und wartete ab.

Schließlich wurde Pater Orlando gerufen, um den jungen Priester zu seinem Zimmer zurückzubringen. Morgen würden die eigentlichen Tests beginnen.

Dreizehn

Vatikanstadt – Carenza
25. August 1998

Nach Verlassen des Komitees unternahm Orlando mit Peter eine kurze Führung durch das Gebäude, das während der nächsten Tage sein Zuhause sein würde – die Akademie der komplexen Wissenschaften. Er besichtigte die Labors und Büros im zweiten Stock, wo er untersucht und geprüft würde, und wurde dann zu seinem Zimmer im darüber liegenden Stockwerk gebracht.

Sein Zimmer war klein und zweckmäßig. Die Möbel waren praktisch stillos, und das Bett hatte etwas Militärisches. Ein kleines, mit Toilettenartikeln ausgestattetes Badezimmer vervollständigte das Bild. Die Räume schienen recht eilig in Wohnräume verwandelt worden zu sein. Vielleicht waren es ursprünglich Nutzräume oder ein kleines

Labor gewesen. Nicht direkt das Hyatt Regency, aber auch kein türkisches Gefängnis. Ein einzelnes Fenster offenbarte eine sternenklare Nacht über den niedrigen Vatikanhügeln und das ordentlich gestutzte Strauchwerk, welches das Gelände um die Gebäude der Akademie der Wissenschaften zierte.

Peter lag auf dem Bett, das hart und nicht einmal annähernd bequem war, und ließ die Ereignisse der letzten beiden Tage noch einmal Revue passieren, die in seiner ersten Befragung durch das Komitee für Wunderforschung ihren Höhepunkt gefunden hatten. Er grinste zur weißen Stuckdecke hinauf ... was für eine verrückte Gruppe sie waren ...! Der fette Kardinal, der hagere Priester und die klassische Nonne. Seltsame Bettgenossen, wie man so sagte.

Und dann war da noch Krieger. Peter empfand es als überaus seltsam, dass ein mit dem Nobelpreis ausgezeichneter Wissenschaftler vom Vatikan dafür eingesetzt werden sollte, so genannte Wunder zu erforschen. Selbst *wenn* er im Ruhestand war, schien es eine merkwürdige Art, seine besten Jahre zu verbringen.

Peters Lider wurden schwer, während er weiterhin die Ereignisse des Tages überdachte. Obwohl sein Geist nach wie vor lebhaft von einem

Thema zum anderen sprang, gab sein Körper der Erschöpfung und den Forderungen des Jetlag nach. Peter schloss die Augen und entschwebte in einen aufgewühlten Schlaf …

… und erwachte vollkommen grundlos mitten in der Nacht. Als er sich streckte, protestierten seine durch das unbequeme Bett strapazierten Muskeln. Er stand auf und schaute aus dem Fenster. Die Stadt war ruhig, von der Nacht blau gefärbt, still. Während er dort stand und seine Gedanken sammelte, erkannte er, dass etwas an seiner Situation nicht stimmte. Es war so, als betrachte man das Foto einer vollkommen nüchternen Szene, wohl wissend, dass irgendwo innerhalb des Bildes ein Fehler lauerte – wenn man ihn nur finden könnte.

Ein Fehler?

Nun, das war vielleicht das falsche Wort. Aber er war sich sicher, dass die Dinge nicht so waren, wie sie dargestellt wurden. Er lächelte resigniert und schüttelte den Kopf. Er war kein besonders intuitiver Denker, noch neigte er zu instinktiven Gefühlen, aber tief in ihm war eine Unruhe ausgelöst worden, die er nicht ignorieren konnte.

Vergiss es, dachte er, während er sich zur Tür wandte.

Es hätte ihn nicht überrascht, wenn sie verschlossen gewesen wäre, aber sie öffnete sich lautlos und entließ ihn in den dunklen, äußerst stillen Gang. Das Licht von den ringsum angebrachten Notausgang-Anzeigen genügte für einige Erkundungen, und mehr brauchte er nicht. Die Reeboks dämpften seine Schritte, als er gemächlich den Gang entlangging. Er machte die nächstgelegene Treppe aus und stieg zum zweiten Stock und den Labors hinab, die Orlando ihm zuvor gezeigt hatte.

Falls ihn jemand fragen würde, müsste er zugeben, eine Übertretung zu begehen, aber er glaubte nicht, dass er etwas Falsches tat. Obwohl ihn nicht nur Neugier trieb, wollte er lediglich Dinge ergründen, die ihn direkt betrafen.

Peter öffnete vorsichtig die Tür zum zweiten Stock und spähte in die düstere Leere eines langen, nichtssagenden Ganges. Er blieb ungefähr eine Minute lang stehen und lauschte auf Anzeichen einer anderen Gegenwart. Beruhigt, dass er wirklich allein war, nahm er erneut den Weg zu der Ansammlung von Büros und Laborräumen auf. Die Türen waren verschlossen, aber die Schnappschlösser waren alt, lange vor dem Zeitalter von Kreditkarten gefertigt. Peter nahm seine Brieftasche hervor und gelangte schon bald in einen Raum.

Das Labor wäre vollkommen dunkel gewesen, wären nicht mehrere Computermonitore eingeschaltet gewesen. Er hielt inne, damit sich seine Augen an die trübe Beleuchtung gewöhnen konnten. Die üblichen Laborgerüche nach Kautschuk und Chemie drangen auf ihn ein, während er an Arbeits- und Schreibtischen sowie Schränken und Regalen voller Phiolen und Flaschen vorbeiging, die wie Soldaten bei einer Parade angeordnet waren. Er hatte noch nie viel von einem praktischen Wissenschaftler gehabt, obwohl er ein gutes, grundlegendes Computerwissen besaß. Nichts von dem übrigen Zeug in dem Labor würde ihm viel sagen.

Er blieb vor dem Monitor des nächstgelegenen PC stehen und betrachtete den Bildschirm mit dem Hauptmenü:

PROJECT TORINO
(A) PROJEKT-LOGBUCH
(B) ARBEITSDATEIEN
(C) STATISTISCHE ANALYSE
(D) MATHEMATISCHE FUNKTIONEN

Peter wählte spaßeshalber das Projekt-Logbuch und hörte einen leisen Piepton, der in dem stillen Labor wie eine Autohupe klang. Der Bildschirm veränderte sich: Das Menü war verschwunden, und eine Eingabeaufforderung, mit der ein Passwort verlangt wurde, blinkte auf.

Obwohl er sich bewusst war, dass er kaum eine Chance hatte, zufällig das richtige Zugangswort zu finden, gab er dennoch einige Begriffe ein. Nach mehreren Fehlversuchen erschien wieder das Hauptmenü. Der PC wollte nichts mit ihm zu tun haben. Okay, gut, ich verstehe, dachte er.

Am anderen Ende des Labors verschloss eine weitere normale Tür einen kleineren Raum. Peter setzte erneut seine Kreditkarte ein, und das einfache Schloss gab ebenfalls nach. Er betrat ein großes, dunkles Büro. Massige, nur halbwegs erkennbare Formen und Schatten definierten Bücherregale, einen großen Eichenschreibtisch, Behälter für Vergleichsproben und Aktenschränke. Schwere Vorhänge verdeckten das einzige Fenster des Raums, und Peter beschloss mutig, eine kleine, freitragende Halogenlampe auf dem großen Schreibtisch einzuschalten. Er bezweifelte, dass sich zu solch später Stunde jemand in den Gärten unterhalb des Fensters aufhalten würde.

Während er die Lampe einschaltete und ihren freischwebenden Arm so ausrichtete, dass ihr Licht unmittelbar auf einen Tintenlöscher schien, ließ er seine Augen sich an das Licht gewöhnen.

Peter betrachtete prüfend die Bücherregale und bemerkte ganze Regalreihen mit Bänden über Mikrobiologie, Genetik, Semiotik und weitere geheimnisvolle Themen. Hier würde wahrscheinlich Krieger arbeiten, hier hatte er vermutlich früher gearbeitet. Peter hatte während der Befragung am Nachmittag den Eindruck gewonnen, als sei Krieger ziemlich lange mit dem Komitee verbunden gewesen. Die Tatsache, dass er in der vatikanischen Akademie einen eigenen Arbeitsbereich und ein eigenes Büro besaß, ließ den gleichen Schluss zu.

Alles Interessante oder Enthüllende würde sich wahrscheinlich in den Aktenschränken befinden, aber Peter hatte keine Ahnung, wo er suchen sollte. Er ging die Angelegenheit eher pragmatisch an, anstatt wahllos herumzustochern, und einfach aus Eigensinn begann er am Ende des Alphabets und nicht am Anfang.

Eine Stunde später, als seine Daumen vom Durchblättern zahlreicher Aktenmappen schon fast wund waren, stieß er schließlich auf etwas, das seine Instinkte erwachen ließ. Alle Akten mit der Bezeichnung ›Torino‹ waren entfernt und durch eine verschweißte Plastikkarte mit der Aufschrift: KLASSIFIZIERT – SIEHE COMPUTERDATEIEN ersetzt worden.

Nun, das hatte er bereits versucht. ›Torino‹, was auch immer das war, hatte für Krieger und das Komitee für Wunderforschung offensichtlich einige Bedeutung. Peter sah auf seine Uhr – noch eineinhalb Stunden, bevor er verschwinden müsste. Niemand würde wesentlich früher als um fünf Uhr zur Arbeit kommen.

Die Dateien enthielten Unmengen von durch Querverweise gekennzeichnete Informationen, Abrisse aus Zeitschriften, Statistiken, Graphiken, Karten, Tabellen und andere wissenschaftliche Mysterien. Und jedes Mal bezog sich etwas auf ›Torino‹, wobei der Pfad, der davon weiterführte, gelöscht war. Peter ermüdete allmählich und wurde frustriert. Vielleicht vergeudete er seine Zeit. Es hatte keinen Sinn, Detektiv zu spielen, wenn er nicht wusste, wonach er suchte.

Aber etwas nagte weiterhin an seinem Unterbewusstsein wie ein lästiges Kind, das einfach nicht weggehen will. Als er sich schließlich umwandte, um den großen Schreibtisch zu durchsuchen, entdeckte er Kriegers persönliches Tagebuch. Es war handgeschrieben, auf Deutsch, aber durch Peters klassische Erziehung bei den Jesuiten würde er es übersetzen können. Er begann langsam die Worte zu lesen, die sein Leben unwiderruflich verändern würden.

In deutlicher Handschrift geschrieben, begannen Kriegers Notizen in einem Buch in Folioformat mit dem 15. Januar 1968.

»Dies enthält, was wir für Blutproben halten«, erzählte Pater Francesco mir. Der kantige, athletische Mann Ende Dreißig hielt eine Glasphiole mit sechs dunkel gefärbten Fäden hoch.

Ich nahm die Phiole entgegen und hielt sie an meiner Werkbank ins Licht.

»Zunächst«, sagte Pater Francesco, »möchte ich, dass Sie die Existenz menschlichen Blutes an diesen Fäden bestätigen. Andere arbeiten ebenfalls an dieser Frage, aber ich ziehe es vor, den Ergebnissen eines Nobelpreis-Gewinners zu vertrauen.«

Ich, mich im warmen Lob für meine kürzliche Leistung sonnend, versprach ihm, innerhalb einiger Tage unwiderlegbare Antworten zu liefern.

Tests, die ich während des letzten Jahrzehnts perfektioniert hatte, konnten nun selbst aus solch kleinen Fragmenten wie den winzigen Baumwollfäden schlüssige Informationen liefern. Die Peroxidase-Methode konnte die Existenz eines Tropfens menschlichen Bluts am Schuh eines Mannes nachweisen, selbst wenn dieser bewusst abgewischt worden war. Es ging darum, eine Spur Hämoglobin zu finden, die Substanz, die Blut seine charakteristische rote Farbe verlieh. Ich wusste, dass ich es tun konnte.

Peroxidase, eine Komponente des Hämoglobins, bleibt über lange Zeitspannen – sogar Jahrhunderte – beständig und zeigt sich unter dem Mikroskop, wenn es mit Testlösungen aus Phenolphthalein behandelt wird, als rötliche Flecke.

Die Tests waren positiv, aber um sicherzugehen, wiederholte ich die Prozedur mehrere Male. Dann schickte ich Pater Francesco einen einfach gehaltenen Bericht: Die Baumwollfäden enthielten ohne jeglichen Zweifel Spuren menschlichen Blutes.

Heute besuchten mich die Drei in meinem neuen Labor. Außer dem wolfsähnlichen Jesuiten kam ein Kardinal namens Lareggia – ein grobknochiger Mann mit einer Tendenz zur Fettleibigkeit. Er wirkte sehr stark und in der Lage, auf sich selbst aufzupassen, so als würde er sich in einer Bar auf den Docks wohler fühlen als in einer Kirche. Der dritte Besucher war eine Nonne. Ihr Name war Victorianna, und sie war, offen gesagt, eine der schönsten Frauen, die ich je gesehen habe. Obwohl sie den gestärkten Habit und die Haube ihres Ordens trug, war ich von ihrem makellosen Teint, ihren rehbraunen Augen und der zarten Perfektion ihrer Züge wie gelähmt. Warum sollte sich eine solche Frau in einem Konvent verbergen?

»Wir sind mit Ihren Ergebnissen sehr zufrieden, Dr. Krieger«, sagte der Jesuit. »Und wir sind bereit für den nächsten Schritt.«

Ich fragte ihm, was das sein könnte.

»Eine vollständige Analyse«, sagte der Kardinal.

Sie wollten, dass ich *alles* über diese Blutprobe herausfinde. Zusätzlich wollten sie, dass ich einen genetischen Fingerabdruck der betreffenden Person erarbeite, deren Blut es ist.

Ich kann mich erinnern, dass sich mein Puls tatsächlich beschleunigte. Was sie von mir verlangten, führte meine Arbeit der biochemischen Forschung sehr nahe! Ich konnte mir kein größeres Glück vorstellen.

Ich sagte ihnen, dass dazu Analysen der Kern-DNA selbst notwendig wären. Ich wollte nicht darüber nachdenken, wie ein solches Projekt zu bewältigen sei, aber ich forderte einen kleinen Mitarbeiterstab und einige sehr teure Geräte.

Der Kardinal vollführte eine zustimmende Handbewegung. »Machen Sie sich darüber keine

Gedanken«, sagte er. Selbst der Preis eines Elektronenmikroskops erschreckte ihn nicht.

Ich erkannte jäh, wie ernst es diesen Leuten war. Was, um alles in der Welt, ging hier vor?

Natürlich würde einem jeder Wissenschaftler aus der Forschung sagen: ›Stelle niemandem Fragen, der sein Scheckheft öffnet.‹ Aber meine natürliche Neugier war ein Teil dessen, was mich zu einem guten Wissenschaftler machte. Ich konnte die sich mir aufdrängenden Fragen nicht unterdrücken.

Ich erklärte ihnen meine Vorstellung vom Ablauf eines solch intensiven Projekts und wies auf die Notwendigkeit hin, einen Zeitplan zu erstellen. Ich fragte nach dem zeitlichen Rahmen und dem letztendlichen Ziel.

Der zeitliche Rahmen, so sagten sie, wäre so bald wie möglich anzusetzen. Das letztendliche Ziel sei eher kompliziert. Ich nickte, betonte aber meinen Wunsch, den Grund für meine Arbeit zu erfahren. Wohl wissend, dass dies den Ablauf der Arbeit beeinflussen würde.

Pater Francesco sah mich an, schwieg aber. Ich hatte den Eindruck, dass er mich taxierte, um entscheiden zu können, ob ich die Mühe wert sei. Ich spürte bei dem Jesuiten zum ersten Mal einen Hauch von Gefahr. Obwohl Francesco Priester war, besaß er den kalten, stechenden Blick eines Reptils ... und er machte mir Angst.

Die Nonne äußerte sich ausführlich. Ihr Englisch war makellos. Sie hatte meine Arbeit gründlich studiert und war mit Zellbiologie vertraut. Sie wusste von meiner Fortsetzung der Experimente Watsons und Cricks sowie weiterer Pioniere auf dem Gebiet der Generfassung, der -aufspaltung und des -zusammenbaus. Sie bezeichnete meine Abhandlung über die Transfer-RNA sogar als »klassisch«.

Weiterhin erwähnte sie mein Interesse an der Arbeit von Leuten wie Steptoe und Edwards, Shettles und Bevis. Ich war verblüfft – wie konnten diese Leute so viel über mich wissen? Allmählich fühlte ich mich ein wenig unbehaglich und fragte daher ganz direkt, warum sie ein solch großes Interesse an der Zellphysiologie und an dem Verfahren hatten, bei dem das Erbgut der DNA dadurch manipuliert wird, dass zwei Stränge einer Einheit wieder zusammengeführt werden.

Bereitete der Papst eine neue Enzyklika zur Geburtenkontrolle und künstlichen Befruchtung vor?

Ich drängte weiter voran. Über welche spezifische Arbeit reden wir, fragte ich. Fertilisation *ex utero*, künstliche Befruchtung, Klonen? Was genau wollte die Kirche erreichen?

Der Kardinal lächelte mir zu und sagte: *Alles das*.

Ich war verwirrter denn je. Was, um alles in der Welt, wollten diese Leute?

Ich bat sie noch einmal, mir die Täuschungen und geheimnisvollen Antworten zu ersparen. Genug war genug.

Der Kardinal hob einen einzelnen Finger mehrere Zoll über den Schreibtisch, was genügte, um jedermanns Aufmerksamkeit zu bewirken. Er seufzte und gestattete, mir die ganze Geschichte zu erzählen, belehrte mich aber über die überaus große Bedeutung ihres Bestrebens. Ich wurde unter Todesandrohung zur Verschwiegenheit gezwungen.

Allein der Gedanke daran, dass ein Priester mit Mord drohte, schien absurd, aber als ich in Francescos kalte, harte Augen blickte, wusste ich, dass der Mann es ernst meinte. Würde ich jemals enthüllen, was sie mir erzählen würden, wäre ich ein toter Mann. Unglaublich.

Lareggia nickte der Nonne zu, und sie stellte mir eine faszinierende Frage: Hielt ich es für möglich, aus einem Blutzellkern genügend genetische Informationen zu entnehmen, um die Gene durch rekombinierende DNA-Verfahren neu zu erschaffen?

Ihre Frage stimulierte meinen wissenschaftlichen Forschungsdrang dermaßen, dass ich meine missliche Lage einen Moment vergaß. Es war ein verlockender Gedanke, der ursprünglich von David Silva in Stanford initiiert wurde.

Victorianna bestätigte meine Erwiderung und zitierte Kapitel und Zeilen aus Silvas spekulativer Monographie über rekombinierende Forschung und das Klonen. *Die Wiederbringung Mozarts* wurde in der populären Presse veröffentlicht – im *Scientific American* –, wurde aber von den meisten Wissenschaftlern überwiegend ignoriert.

Dann stellte mir Victorianna die alles entscheidende Frage: Hielt ich Silvas Idee für durchführbar? Konnte ich Tote neu erschaffen, indem ich sie aus in ihren körperlichen Überresten verbliebenen Kerninformationen klonte?

Ich war wie betäubt. Die Nonne lächelte mir zu. Ich erinnere mich, dass sie in diesem Moment unglaublich schön war – fast engelsgleich. Sie nickte. Ja, sie wollte, dass ich Tote neu erschuf.

Ich hielt inne, um darüber nachzudenken, wie viel Vorbereitung dazu nötig wäre, wie viele Experimente erforderlich wären, um die komplexen Schritte eines solchen Prozesses zu überprüfen. Meine Gedanken sprangen voraus, und ich verlor mich fast in Träumereien. Dann sah ich diese

Leute an und stellte eine sehr wichtige Frage: Enthielten die Blutproben, die man mir gegeben hatte, dieses Kernmaterial – das heißt, die weißen Blutkörperchen –, die ich neu erschaffen würde?

Alle drei nickten. Die Nonne fügte noch hinzu, der Spender sei verstorben, aber das hatte ich bereits angenommen.

Lareggia sah mich direkt an und sagte mir dann, die vorliegenden Blut- und Fadenproben seien etwas entnommen worden, was die Italiener das *Santa Sindone* nannten.

Mein Italienisch ist nicht sehr gut, aber ich erkannte die Bezeichnung. Ich kann mich noch immer an das jähe Gefühl des Schwindels erinnern, das mich in diesem Moment befiel. Meine Sicht verschwamm, und der Raum drehte sich um mich wie ein Karussell. Diese Leute waren vollkommen verrückt, und ihr Plan gleichermaßen.

Santa Sindone: Das Heilige Grabtuch.

Das Turiner Grabtuch.

Sie wollten, dass ich Jesus Christus klonte.

Buch Zwei

*»Und es folgte ihm nach viel Volks aus
Galiläa, aus den Zehn Städten,
von Jerusalem, aus dem jüdischen Lande
und von jenseits des Jordan.«*

Matthäus, Kapitel 4, Vers 25

Vierzehn

Vatikanstadt – Carenza
26. August 1998

Seine erste Reaktion war Lachen.

Unkontrolliert, halbwegs hysterisch. Sein Lachen hallte in dem kleinen Raum wider. Es war ein hohler, unechter Laut, als käme es nicht aus ihm, sondern von der kalten Außenhülle der Welt. Das erinnerte Echo des Klangs verfolgte ihn augenblicklich, ließ ihn sich hilflos, schwach, geschlagen fühlen.

Der Gedanke war so absurd! Eine Zeitlang weigerte sich sein Geist – der in der üblichen, klassischen Theologie geschult war –, das Konzept zu erfassen. Keine Chance. Unmöglich. Eine Art Scherz.

Aber er wusste, dass es kein Scherz war. Und man musste kein Narr sein, um die Teile des Puzzles zusammenzufügen, die dort vor ihm lagen.

Dr. Kriegers Tagebuch beinhaltete gerade genug seiner Persönlichkeit und seiner wahren Empfindungen, dass der Bericht vollkommen glaubwürdig wirkte. Peter lehnte sich auf dem Schreibtischstuhl zurück und atmete tief ein und wieder aus. Er fühlte sich zittrig, unwohl.

Er zwang sich nachzudenken, die geringste Möglichkeit dessen zu akzeptieren, was der Beleg nahe legte. Mein Gott … war solche Blasphemie möglich? Anscheinend. Der Zeitrahmen: Etwas mehr als dreißig Jahre seit dem ersten Eintrag ins Tagebuch. Kriegers Verstrickung, damals *und* heute, Peters ›Wunder‹ und die Eile des Komitees, dieses zu untersuchen.

Er verfiel erneut in einen Dämmerzustand. Seine Sinne schwanden – Sehen, Hören, jegliches Empfinden ließ ihn im Stich, als er hilflos in eine Leere sank, die durch ein Wissen entstand, das nicht in die vorgeschriebenen Grenzen der ihm noch bis vor wenigen Minuten bekannten Welt passte. Es war undenkbar …

Die Zeit fiel von ihm ab wie zerborstenes Kristall. Er hörte die Schritte hinter der Bürotür nicht, noch spürte er, wie eine kräftige Hand seine Schulter umfasste.

»Es tut mir Leid, Pater, aber sie werden mit uns kommen müssen«, sagte eine Stimme.

Peter kam langsam wieder zu sich. Er schaute auf. Pater Orlando sah ihn von jenseits des trüben Lichts der Schreibtischlampe an. Hinter ihm, in Schatten gehüllt, stand vogelscheuchendünn Francesco.

Peters Reaktion erfolgte rein instinktiv, vollkommen physisch, ohne zu erkennen, dass er sich bewegte. Er sprang von seinem Stuhl auf, als wäre es ein Schleudersitz in einem Flugzeug. Sein angehobener Unterarm erwischte Orlando am Kinn, betäubte den Mann und ließ ihn rückwärts gegen Francesco taumeln. Noch während beide Männer zu Boden fielen, lief Peter bereits durch die Tür, durch das dunkle Labor und in den stillen Gang. Er verschwendete keinen Gedanken daran, wohin er lief.

Der lange Gang, der sich vor ihm erstreckte, endete in einem quadratischen, dunklen Fluchtpunkt. Es war, als würde man in einen Minenschacht hinab blicken, und er hatte im Laufen das Gefühl, unmittelbar in die Erde hinein zu stürmen. Er eilte desorientiert an mehreren Türen vorüber und der Gang raste immer noch vor ihm dahin. Hinter ihm erklang abgehacktes Atmen und schwere Schritte kamen näher. Er blieb in fast völliger Dunkelheit stehen und zerrte an einem Türknauf. Verschlossen. Aber jetzt war keine Zeit, eine Kreditkarte zu zücken.

Die Verfolgungsgeräusche kamen näher. Sie würden ihn erwischen. Es war nur eine Frage der Zeit. Peter lief weiter, aber seine Koordination schien nicht in Ordnung. Seine Knie funktionierten nicht richtig, und seine Füße klatschten auf den Boden. Der Atem stockte in seiner Kehle, und seine Zunge war so trocken und angeschwollen, dass es sich anfühlte, als müsse er daran ersticken. Er fühlte sich, als liefe er zum ersten Mal in seinem Leben.

Als Peter einen Quergang erreichte, erwischte Orlando ihn, indem er ein Seil warf, das sich um die Knie schlang. Peter stürzte, wie durch die Spitze einer Peitschenschnur gefällt. Er traf mit dem Kopf auf den Bodenfliesen auf und versank mit einem Lichtblitz hinter den Augen in Dunkelheit.

»Geht es ihm gut?«

Die Stimme klang sanft, fürsorglich, weiblich.

»Ja, es wird ihm gut gehen«, sagte die andere Stimme mit leichtem deutschen Akzent.

Peter spürte eine Woge von Empfindungen über sich hinweg schwemmen, während sein ganzer Körper mit einem kribbelnden Gefühl der Gewichtslosigkeit wieder zum Leben erwachte. Er lag auf dem Rücken, blickte zu einem Kreis von vier Gesichtern empor und fühlte sich wie ein Unfallopfer auf einer nachtglatten Straße. Die Beschränkungen seines kärglichen, kleinen Raumes nahmen jenseits der über ihm aufragenden Menschen Gestalt an. Eine Schläfe pochte, und ein Wangenknochen fühlte sich taub an.

Langsam kehrte die Erinnerung an das zurück, was er erfahren hatte. Es war immer noch verrückt. Immer noch unmöglich.

Krieger und das ›Komitee‹ sahen ihn an.

»Wie viel haben Sie gelesen?«, fragte Francesco.

»Genug«, sagte Peter. »Genug, dass ich zu verstehen glaube, warum ich hier bin. Genug, um zu wissen, dass Sie nicht irgendein Wunderkomitee sind.«

»So haben wir es nicht gewollt«, sagte die Nonne.

Peter grinste grimmig. »Tatsächlich? Was hatten Sie denn geplant – vielleicht eine kleine Überraschungsparty? Wissen Sie was, Pater Carenza? Sie sind nicht der, der Sie zu sein glauben! Kommt schon, Leute, das Ganze ist lächerlich!«

»Tief im Inneren wissen Sie, dass das nicht stimmt«, sagte Kardinal Lareggia. Er hatte eine Miene vollendeter Aufrichtigkeit aufgesetzt, die bei ihm aber wie eine billige Maske wirkte.

Peter schüttelte den Kopf und wünschte, er könnte aus dem surrealen Traum aufwachen, zu dem sein Leben geworden war. Er schloss die Augen, um sie alle auszuschließen, und Francesco berührte ihn sanft an der Schulter und sprach uncharakteristisch herzlich zu ihm.

»Sie kennen die Wahrheit, Peter! Der gute Doktor hat aus Christi Blut ein Baby geklont. Das Baby wuchs zu einem Mann heran. Und *Sie* sind dieser Mann. *Sie* sind der Erlöser.«

»Nein … das kann ich nicht sein!«

»Sie haben die Macht, Peter«, sagte Lareggia. »Denken Sie an das, was Sie mit Ihrem Angreifer getan haben. Akzeptieren Sie es!«

Peter schüttelte den Kopf und wandte sich von ihnen ab. Was, zum Teufel, wollten sie von ihm?

»Das ist eine Art Trick, oder?«, sagte er anklagend. »Eine Art verrücktes, psychologisches Experiment.«

Lareggia lächelte. »Er ist hartnäckig«, sagte er zu dem Jesuiten.

»Wären Sie das nicht?«, fragte Victorianna, die Peter mütterlich eine Hand auf die Schulter legte.

Trotz seiner anfänglichen Sympathie für die Nonne war er sich nicht sicher, ob er ihr mehr trauen konnte als den anderen.

Wahrscheinlich nicht, dachte er. Sie waren alle verrückt. Sie mussten es sein.

»Peter, wir brauchen Sie noch immer für eine Reihe von Tests«, sagte Kardinal Lareggia. »Doktor Krieger wird alles beaufsichtigen.«

Gott, sie würden nicht aufgeben, oder?

»Was haben Sie mit mir vor?«, fragte er verzweifelt.

»Das wird Ihnen alles beizeiten erklärt werden«, sagte Francesco. »Nachdem wir Sie untersucht haben. Wenn Sie sich mit Ihrer wahren Identität wohler fühlen.«

»Hören Sie, Sie sind verrückt! Ich bin Peter Carenza! Glauben Sie nicht, ich würde es wissen, wenn ich Christus wäre!?«

»Jesus hat seine göttliche Natur erst mit dem dreißigsten Lebensjahr offenbart«, sagte Kardinal Lareggia.

»Wie Sie es jetzt tun«, sagte Victorianna wie im Gebet.

»Oh«, sagte er. »Sie meinen, ich bin der Sohn Gottes, aber ich weiß es noch nicht?«

Sie nickte.

»Nun, das erklärt gewiss alles.«

Peter schüttelte den Kopf. Es war unwichtig, was er diesen Leuten sagte. Sie waren vom Erfolg ihrer Pläne überzeugt. Er musste diesen religiösen Fanatikern entkommen.

»Wir haben über alles, was wir getan haben,

Aufzeichnungen geführt«, sagte Krieger. »Alles ist dokumentiert. Es hat Monate gedauert, um den Fertilisationsprozess *ex utero* zu perfektionieren. Dann mussten wir die richtige Nährlösung erschaffen. Wir mussten einen Weg finden, den Embryo am Leben zu erhalten, bis er das Blastulastadium erreichte. Steptoe und Edwards hatten die Implantation mit s16-Zell-Embrionen versucht. Ich hatte das stets für einen Fehler gehalten.«

»Wovon sprechen Sie?«, fragte Peter wie abwesend, ohne wirklich verstehen zu wollen. Krieger versuchte anscheinend, ihn von der Wahrheit zu überzeugen, wie er sie sah – als würde die Wissenschaft Peter die Wirklichkeit einprägen.

Der Doktor sah Peter mit seinen stählernen, grau-blauen Augen beständig an. Augen, so hart und kalt wie Hagelgeschosse. »Ich spreche von Ihrer *Geburt*, Sohn.«

Die Worte durchdrangen ihn, stachen ihn mit ihrem Gift. Konnten sie die Wahrheit sein?

»Wir haben es sogar filmisch festgehalten«, sagte Krieger. »Von der Implantation bis zur Geburt.«

»Der *jungfräulichen* Geburt«, sagte Lareggia – in ehrfürchtigem Tonfall.

»Das stimmt«, sagte Victorianna. »Ihre Mutter war eine Jungfrau.«

Diese Leute waren unglaublich. Stets für Überraschungen gut, so viel war sicher. Er schüttelte erneut den Kopf. Er musste hier raus!

»Warum hören Sie nicht einfach mit diesem ganzen Mist auf und lassen mich in Ruhe!« Seine Stimme zitterte vor Wut.

»Beruhigen Sie sich, Pater«, sagte Francesco und streckte die Hand nach ihm aus.

Peter widersetzte sich seiner Berührung und wollte sich vom Bett erheben. Aber seine vier Folterer bildeten mit ihren Körpern eine wirksame Barriere um ihn herum. Er fuchtelte wild mit den Armen. Alle außer dem Jesuiten traten zurück, der wie ein Boxer auf ihn zukam. »Gott vergib mir!«, rief er.

Francescos linke Hand zuckte vor und wurde von seiner rechten Hand gekreuzt. Durch den jähen Zusammenprall benommen, sank Peter darnieder und verlor erneut das Bewusstsein.

Als er dieses Mal erwachte, war er allein im Raum. Er setzte sich auf dem Bett auf, rieb sich die Augen und massierte seine Schläfen. Entweder verspürte er die Reste einer Migräne oder die Anfänge einer neuen – er wusste es nicht. Sein Arm schmerzte. Nach kurzem Suchen entdeckte er den kleinen Einstich. Er trat zur Tür und versuchte, den Knauf zu drehen, aber sie war verschlossen. Er probierte es mit seinem Kreditkarten-Trick, aber die abgeschrägte Vorderseite des Schnäppers zeigte zum Gang.

Also war sein Zimmer zu einer Zelle geworden.

Sie hatten ihn eingesperrt. Und er sollte ihr Erlöser sein?

Richtig.

Peter lächelte sardonisch, kehrte zum Bett zurück und warf sich darauf. Im gleichen Moment klickte das Schloss, die Tür wurde geöffnet, und ein zerknirscht wirkender Rudolph Krieger betrat den Raum mit einer großen Tasche. Pater Orlando stand hinter ihm, blickte den langen, leeren Gang hinab.

»Hallo, Peter. Darf ich hereinkommen?« Krieger steckte einen Schlüssel in die Außentasche seines weißen Laborkittels.

»Sieht so aus, als hätten Sie das bereits getan.«

Der Wissenschaftler schloss die Tür hinter sich und setzte sich dann auf den einzigen Stuhl. Er stellte die abgenutzte Arzttasche auf den Boden und faltete die Hände im Schoß.

»Ich möchte mich für alles entschuldigen, was seit letzter Nacht geschehen ist. Besonders für die Tatsache, dass Sie eingesperrt wurden«, sagte

Krieger. »Das war Pater Francescos Idee. ›Bis Sie sich eingewöhnt haben‹, sagte er.«

»Ah ja, Pater Giovanni Francesco. Ein außergewöhnlicher Mann«, sagte Peter. »Nicht jeder kann behaupten, Jesus wahrhaft k.o. geschlagen zu haben.«

»Nein, vermutlich nicht ...«

»Wie spät ist es?« Peters Zeitsinn war durch Jetlag und Drogen geschwunden.

»Ich gab Ihnen um kurz nach acht Uhr abends ein Beruhigungsmittel. Sie haben über vierzehn Stunden geschlafen. Fühlen Sie sich benommen?«

»Nein, nicht wirklich. Tatsächlich fühlte ich mich ziemlich erfrischt.«

»Gut«, sagte Krieger. »So soll Direxin auch wirken.«

»Besser leben durch Chemie, richtig?«

Krieger lächelte dünn. »Ich muss Sie untersuchen. Haben Sie Einwände?«

»Ja, aber macht das einen Unterschied?«

»Leider nicht.«

»Haben Sie keine Angst, dass ich Sie mit einem meiner Lichtblitze erledigen könnte?«

Krieger blickte einen Moment nachdenklich zur Decke und sah Peter dann in die Augen. »Tatsächlich habe ich nie daran gedacht ...«

Peter setzte sich auf und betrachtete den Mann, der für seine Arbeit und seine Erkenntnisse einen Nobelpreis gewonnen hatte. Obwohl schon gut in den Sechzigern, war er von schlanker, tatkräftiger Gestalt. Sein silbergraues Haar war dicht und wirkte gesund.

»Woher soll ich wissen, dass Sie alle mir die Wahrheit sagen? Woher soll ich wissen, dass dies nicht irgendein verrücktes, psychologisches Experiment ist?«

Krieger atmete langsam aus. »Sie haben mein Tagebuch gelesen. Wir haben Tondokumentationen. Wir haben Filme. Ich schwöre Ihnen, dass alles wahr ist. Außerdem haben Sie den Beweis gesehen – Sie haben den Beweis *geliefert.*«

»Was mit diesem Straßenräuber passiert ist …«, sagte Peter, »beweist nicht, dass ich … dass ich bin, wer zu sein Sie behaupten, sondern nur, dass etwas Seltsames vor sich geht.«

»Philosophisch betrachtet, haben Sie vermutlich Recht. Aber ich kann Sie eines Besseren belehren.«

»Glauben *Sie*, dass ich der Sohn Gottes bin?«

Krieger hustete hinter vorgehaltener Hand leicht. »Ich weiß es nicht. Darüber habe ich im Laufe der Jahre häufig nachgedacht. Das Einzige, was ich sicher weiß, ist, dass Sie ein genetisches Duplikat des Mannes sind, der dieses Grabtuch mit Blut befleckt hat. Religion ist eines der Dinge, mit denen ich mich gedanklich nie wirklich anfreunden konnte.«

Peter nickte. »Nun, das ist vermutlich eine unverfängliche Antwort. Was ist mit meiner Mutter? Was können Sie mir über sie erzählen?«

Krieger zuckte die Achseln. Er machte einen etwas traurigen Eindruck. Er hatte Großes erreicht, trug es aber wie einen schlecht sitzenden Anzug. »Da gibt es nicht viel zu erzählen. Sie war eine Nonne. Ich begegnete ihr, als sie ein hübsches, kleines Mädchen von erst achtzehn Jahren war.«

»Und sie hat zugelassen, dass Sie sie schwängerten. Nein, es wurde ihr wahrscheinlich *befohlen*. Gottes Wille oder etwas Derartiges, richtig?«

Krieger lächelte müde. »Nun, beinahe. Sie sagten ihr, dass sie auf Wunsch des Papstes an den Experimenten teilnehmen sollte.«

»Und was geschah mit ihr, nachdem Sie sie nicht mehr brauchten?«

Erneut eine traurige Geste. »Ich weiß es nicht. Ich nehme an, sie ist zum Konvent zurückgekehrt. Ich kann es wirklich nicht sagen.«

»Welcher Konvent?«

»Die Abtei der Sisters of Poor Clares, soweit ich mich erinnere.«

»Ist das irgendwo hier in der Nähe?«

»Ich bin mir nicht sicher, aber ich glaube schon. Warum?«

Peter sah den Mann an, der eingesunken vor ihm saß. »Halten Sie es nicht für natürlich, wenn ein Junge seine Mutter sehen will? Seine richtige Mutter?«

»Oh, ja, vermutlich wollen Sie das. Ich werde den Kardinal für Sie fragen.«

»Warum kann ich ihn nicht selbst fragen? Soll ich hier weiterhin gefangen gehalten werden?«

»Ich weiß es nicht«, sagte Krieger mit einem Griff in seinen Arztkoffer und nahm einen Blutdruckmesser und ein Stethoskop hervor.

»Was haben sie mit mir vor?«, fragte Peter, bemüht, seine Verzweiflung nicht durchklingen zu lassen. »Angenommen es stimmt, was Sie alle sagen – warum haben Sie es dann getan? Warum sollte irgendjemand so etwas tun *wollen*?«

»Bitte ziehen Sie ihr Hemd aus«, sagte der Arzt.

»Mein Blutdruck ist in Ordnung. Legen Sie diesen Mist weg und beantworten Sie meine Fragen.«

Krieger schaute einen Moment zu ihm, dann zu seinen Instrumenten und dann wieder zu ihm. »Sie haben Recht«, sagte er und packte die Geräte wieder ein.

»Also. Was haben sie mit mir vor?«

Krieger lächelte und schüttelte den Kopf. »Sie meinen, Sie wissen es wirklich nicht?«

»Ich habe eine Ahnung. Sagen wir einfach, ich möchte, dass es mir jemand direkt sagt.«

Krieger seufzte schwer. »Es ist das Millenium, Sohn. Wenn wir einen Dollar für jeden Menschen bekämen, der für das Ende des nächsten Jahres den Weltuntergang verkündet hat, wären wir reich.«

Peter nickte. Seine schlimmsten Befürchtungen, seine verrücktesten Vermutungen, die er nicht hatte wahrhaben wollen, wurden zur Realität. »Und ich soll die Wiederkunft Christi sein. Das ist lächerlich!«

Krieger ließ das Schloss seiner Tasche einschnappen.

Peter erhob sich und lief in dem kleinen Raum auf und ab. »Was haben sie vor? Herumsitzen und mich beobachten, bis ich anfange, Wasser in Wein zu verwandeln?«

»Nun, ich denke, sie wollen Sie auf ihr Schicksal ›vorbereiten‹«, sagte Krieger. »Ich glaube, so hat der Kardinal es ausgedrückt.« Der alte Mann erhob sich. »Ich komme später wieder. Sie müssen sich beruhigen, Pater.«

»Nein, ich muss hier raus.«

»Das können Sie nicht«, sagte Krieger.

Peter lachte leise. »Sehen Sie her.«

»Was meinen Sie?« Krieger sah ihn wahrhaft verwirrt an.

Peter sprang auf den Mann zu, ohne darüber nachzudenken, und packte ihn um den Hals. Den Unterarm auf den Kehlkopf des Arztes gepresst, zwang Peter ihn auf die Knie. Krieger fühlte sich in seinem Griff dünn und gebrechlich an, und er hoffte, dass er den alten Burschen nicht verletzte.

»Bleiben Sie auf den Knien, und alles wird gut«, flüsterte er. Der Doktor nickte und entspannte sich. Peter nahm den Schlüssel aus der Außentasche von Kriegers weißem Kittel und fühlte sich augenblicklich sicherer. Allein das Wissen, nicht mehr eingesperrt zu sein, gab ihm Zuversicht. Er fesselte Krieger mit Stoffstreifen des Lakens und legte ihn dann sanft aufs Bett.

Er durchsuchte den Raum und war überrascht, alles noch vorzufinden, was er brauchen würde – Pass, Geld, Kreditkarten. Er zog rasch einen Trainingsanzug über und stopfte dann mehrere Teile Wechselwäsche in eine kleine Flugtasche.

»Es tut mir Leid, aber ich werde alle Zeit brauchen, die ich kriegen kann. Das verstehen Sie doch, oder?«

»Vermutlich«, sagte Krieger. »Aber ich sollte Ihnen noch sagen, Sohn – Sie wissen nicht, womit Sie es zu tun haben.«

»Was meinen Sie?«

»Diese Leute sind sehr mächtig, und sie glauben, Gottes Willen zu erfüllen. Sie glauben, dass sie die Wiederkunft Christi herbeiführen können und die Welt letztendlich wieder in ein Paradies verwandelt wird.«

»Das verlangen sie von mir? Das Paradies zustande bringen?«

»Kurz gesagt, ja.«

»Ich kann das nicht ertragen. Ich brauche Zeit zum Nachdenken. Ich kann nicht hier bleiben. Ich brauche etwas Zeit.«

»Seien Sie vorsichtig. Francesco kann ein skrupelloser Bastard sein. Er ist mehr Schein als Sein. Er wird tun, was immer er tun muss, um Sie zu erwischen. Sie werden niemals aus der Stadt herausgelangen.«

»Ist da draußen sonst noch jemand außer Orlando?«

»Nein, nur die regulären Sicherheitsleute. Lareggia wollte kein Misstrauen erwecken.«

»Gut … also wissen nicht viele Leute, dass ich hier bin.«

»Verlassen Sie sich nicht darauf«, sagte Krieger. »Man weiß bei diesen Leuten nie.«

»Sie stellen sie ziemlich grob dar«, sagte Peter und musste bei dem Gedanken daran fast lächeln, wie der wuchtige Kardinal wutentbrannt eine lange, regenschimmernde Gasse entlang hinter ihm herhetzte.

»Sagen wir, sie *kennen* einige grobe Leute. Sie werden es niemals schaffen.«

»Nun, ich werde es versuchen«, sagte Peter. Er riss einen weiteren Stoffstreifen vom Laken ab, um Krieger zu knebeln. »Und nun, wenn es Ihnen nichts ausmacht …«

Krieger öffnete gefällig den Mund und offenbarte lange, gelbliche Zähne.

Sorgfältig darauf achtend, ihn nicht zu fest zu knebeln, beendete Peter seine Aufgabe, trat zur Tür und schloss sie auf. Er öffnete sie einen Spalt weit und spähte in den dunklen Gang. Orlando bemerkte das Geräusch und wandte sich sofort um. Bevor er reagieren konnte, warf sich Peter mit voller Wucht gegen die Tür, so dass sie nach außen schwang und ihr äußerer Rand gegen die rechte Schläfe des Priesters schlug. Er stand wie ein betäubter Boxer schwankend und benommen vor Peter.

Peter sprang vor und trat Orlando direkt zwischen die Beine, bevor sich der Mann erholen konnte. Peter fühlte sich unwohl, als er die zermalmten Hoden des Mannes unter seinem Fuß spürte.

Aber für Pater Orlando war es noch viel schlimmer.

Er sackte vornüber und rang mit verdrehten Augen heftig nach Luft, und Peter fragte sich, ob der Priester den Schwinger ans Kinn überhaupt spürte.

Nachdem Peter den bewusstlosen Mann in den Raum gezogen und ebenfalls gefesselt hatte, erkannte er zum ersten Mal, dass er nicht mehr umkehren konnte.

Er ließ Orlando neben dem Bett zurück und lächelte Krieger zum Abschied zu. Er hatte allmählich das Gefühl, als billige der alte Wissenschaftler, was er versuchte. Er zog mit halbherzigem Lächeln die Tür zu, verschloss sie und lief dann den langen, dunklen Gang hinab. Sein Herz zuckte und stolperte wie der Motor einer defekten Nähmaschine, und sein Mund war knochentrocken, aber er lief weiter, bis er eine Treppe ausmachte.

Er stürmte, jeweils zwei Stufen auf einmal, zum Parterre hinab. Er wusste nicht, was er tun würde, wenn er einem Sicherheitsbeamten begegnete, und versuchte daher, nicht darüber nachzudenken. Er wollte nur aus diesem Gebäude herausgelangen, einfach an die frische Luft, von diesem Ort befreit sein. Dann würde er sich Gedanken darüber machen, was als Nächstes käme.

Er erreichte das erste Stockwerk, spähte um die Feuertür herum, sah aber in beiden Richtungen niemanden. Der scheinbar endlose Gang war von weit auseinander liegenden Nachtlampen spärlich beleuchtet. Peter fühlte sich vollkommen verletzlich, als er durch den düsteren Gang lief. Sein Italienisch war nicht gut genug, um jemanden lange zum Narren halten zu können, und die Sicherheitsbeamten würden jemanden, der eine kleine Tasche durch die Gänge eines verwaisten Gebäudes mit Verwaltungsbüros trug – besonders zu dieser Stunde – gewiss ansprechen. Befand sich Lareggia noch immer im Gebäude? Hatte er die Wächter aufgefordert, heute Nacht besonders auf der Hut zu sein?

Peter ging kein Risiko ein, schlüpfte durch eine geöffnete Toilettentür und trat zur Rückseite des Raumes, an der ein einzelnes Fenster zu einem Garten wies. Er zog einen Schuh aus, während er den Fensterrahmen nach irgendwelchen Alarmsystemen absuchte, bereit, die Scheibe zu zerbrechen. Dann entdeckte er zu seiner Verwunderung, dass das Fenster unverschlossen war. Er hob es langsam, leise an, schob sich über den beweglichen Fensterrahmen und ließ sich die ungefähr sechs Fuß hinab auf die weiche Erde fallen.

Frei!

Das Gefühl durchströmte ihn wie starker Alkohol. Er blieb einen Moment stehen, um sich zurechtzufinden, und hielt sich dann in beständigem Laufschritt gen Osten – an der Statue von St. Peter vorbei und dann nach Norden auf die Viale del Giardino Quadrato. Er behielt stets das gleiche Tempo bei, bis er auf die Via Germanico traf, eine recht große Hauptstraße, die ostwärts verlief, fort vom Vatikan. Peter wusste, dass er sich schließlich in den gewundenen Straßen Roms verlaufen würde, wenn er sich weiterhin ostwärts hielt.

Die Minuten vergingen, aber Peter ermüdete nicht. Sein regelmäßiger Lauf durch Brooklyn zahlte sich in hohem Maße aus, während er eine große Entfernung zwischen sich und die Vatikanstadt legte. Er hielt sich, trotz der Dunkelheit, an die Seitenstraßen. Es war nichts Ungewöhnliches an einem abendlichen Jogger, aber er wollte keinerlei Aufmerksamkeit auf sich ziehen.

Nach ungefähr einer halben Stunde spürte er die Anstrengung allmählich und machte daher bei einem kleinen Café mit Freskomalereien Halt. Er musste seine Möglichkeiten erwägen. Er wusste, dass er nicht viel Zeit hatte – wenn er das Land verlassen wollte, müsste er es bald tun. Er hatte keine Ahnung, ab wann die Behörden nach ihm suchen würden.

Er spazierte ruhig zu einer Hauptverkehrsstraße und rief ein Taxi herbei.

Im Taxi, auf dem Weg zum Flughafen, dachte er über seinen nächsten Schritt nach. Er wusste, dass er niemanden kontaktieren durfte, durch den sie ihn ausfindig machen konnten. Auf Daniel Ellington würden sie sofort kommen. Auch auf Sobieski. Die Stadt wirbelte am Taxifenster vorüber wie die Lichter eines Volksfestes, und er fühlte sich vollkommen allein. Es gab anscheinend niemanden auf der Welt, der ihm helfen konnte.

Fünfzehn

Manhattan, New York – Windsor
26. August 1998

War James vielleicht *wirklich* das Arschloch, als das ihre Freunde ihn bezeichneten?

Diese Frage kreiste beharrlich durch Marions Gedanken, während sie ihm zuhörte, wie er in raschem, undeutlichem Tonfall sprach.

»… und es ist nicht so, dass ich dich nicht liebe oder so«, sagte er. Seine Stimme kämpfte gegen laute, moderne Musik an. Warum platzierten Nachtclubs das Telefon stets unmittelbar neben die Lautsprecher? Was gleich zu ihrer nächsten Frage führte:

»James, warum musstest du in eine Bar gehen, um mich anzurufen?«

»Hm? Was?«

»Es ist schon schlimm genug, dass du nicht direkt mit mir über diese Dinge reden willst«, sagte Marion. »Aber das kann ich vermutlich verstehen. Das Telefon macht es immer etwas leichter. So ist es unpersönlicher.«

»Komm schon, Honey ... So ist es überhaupt nicht.« Er hielt inne, und sie konnte Eiswürfel in einem Glas klingen, ihn schlucken hören.

»Willst du, wenn du sagst, es ist nicht vorüber, nur eine Auszeit nehmen?« Marion musste beinahe lachen, aber sie versuchte, sich einigermaßen zu beherrschen. »Oder wie wäre es mit: ›Ich glaube, wir sollten eine Zeitlang andere Leute treffen‹?«

»Marion, bitte ...«

»Was ist los, James, habe ich alle deine vorformulierten Argumente zerstört?«

»He, sieh mal, ich versuche ernst zu sein, und du bist sarkastisch. Was ist los, Marion? Kannst du nicht mit der Realität umgehen?«

Der Bastard hatte eine Menge auf der Hinterhand, das musste sie ihm lassen.

Realität! Was wusste er schon von der Realität?

Er lebte unten in Soho vom ständig schwindenden Treuhandfond seines Vaters, während er bemüht war, Jackson Pollock neu zu erfinden. Das Einzige, was James Murdoch Cassidy III. bisher zustande gebracht hatte, war, Pearl Paint in den schwarzen Zahlen zu halten.

Diese Gedanken blitzten mit Lichtgeschwindigkeit durch ihren Geist, und ein Teil von ihr wollte sie ausspeien wie Gift, weil er sie verletzte. Aber ein anderer Teil von ihr war müde durch die inzwischen vertrauten Verbindungs- und Trennungsrituale städtischer Berufstätiger.

Also sagte sie nur: »Die einzige Realität, deren ich mir bewusst bin, James, ist diejenige, dass du von unserer Beziehung gelangweilt bist und es daher vorbei ist, richtig?«

Eine Pause entstand, während der nur die Liebeslieder der in dieser Woche angesagten Sängerin durch den Hörer drangen.

»Ja«, sagte James schließlich. »Ja, vermutlich ist es so. Das wollte ich vermutlich sagen. Es tut mir Leid, Marion.«

»Es braucht dir nicht Leid zu tun«, sagte sie, ohne den bitteren Nachgeschmack ihrer Worte verbergen zu können. »Es gibt acht Millionen Geschichten in der Naked City, erinnerst du dich? Dies war nur eine davon …«

»Marion, ich hoffe, du bist nicht verstimmt.«

Gott verdamme ihn! Was *glaubte* er, was sie war? Begeistert?

»Nein, natürlich nicht! Ich bin nicht verstimmt! Was sind schon anderthalb Jahre Investition von Gefühlen? Wir werden alle ewig leben – hörst du keine Nachrichten?«

»Nun, hör zu …«, sagte er lahm, »wenn ich irgend etwas tun kann …«

»Ja, gut, Freundchen, du kannst tatsächlich etwas tun. Du kannst dich verpissen!«

Sie knallte den Hörer hin und starrte das Telefon ausdruckslos an. Wider Willen lösten sich heiße, salzige Tränen von ihren Wimpern und brannten auf ihren Wangen wie Säure. Sie erhob sich, ging ins Badezimmer und riss ein Kleenex aus der blumenverzierten Schachtel.

Sie wusste, dass sie sich anders verhalten sollte. Vor allem, da sie sich nicht sicher war, ob sie ihn überhaupt noch geliebt hatte. Himmel, wenn sie ihn jemals geliebt hatte. Aber wenn nicht – warum fühlte sie sich dann so schlecht?

Es war mehr als das Leugnen der Angst vor dem Alleinsein, das wusste Marion.

Es war die Zeit.

Eineinhalb Jahre waren ein beträchtliches Stück ihres Lebens, verdammt. Ihr letzter Geburtstag war ihr Dreißigster gewesen, und sie hatte zum ersten Mal den Schmerz verlorener Jugend verspürt. Je älter sie wurde, desto schwerer wurde es, den Gedanken zu verbannen, dass die Zeit drängte.

Wie viele Chancen bekam man? Wie oft kann man es verderben, bevor alles vorbei ist?

Sie wischte sich die Tränen fort, atmete einige Male tief durch, trat zum Fenster und blickte auf den Riverside Drive und das kahle, mattgrüne Band des Hudson hinaus. Es war später Nachmittag, und die Stadt war heißer denn je. Die Klimaanlage schloss sie jedoch von der Hitze aus. Als sie darüber nachdachte, fragte sie sich, ob ihr Job vielleicht das Gleiche mit ihrem Privatleben machte.

Da sie beim Fernsehen arbeitete und gewissermaßen den Berühmtheitsstatus erlangt hatte, den die Fernsehnachrichten mit sich brachten, wurde ihr Privatleben allmählich kompliziert. Natürlich fühlten sich Männer von ihr angezogen, und sie schienen den geheimnisvollen Nimbus, der sie als Bildschirmpersönlichkeit umgab, anfänglich auch zu genießen. Nachdem sie jedoch vertrauter miteinander geworden waren und es zu einer intimen, intensiveren Beziehung gekommen war, hatte sie bei all den Männern, die sie getroffen hatte, seit sie nach New York gekommen war, einen zunehmenden Unmut bemerkt.

Das männliche Ego war anscheinend nicht dafür geschaffen, mit einem weiblichen TV-Star zusammen sein zu können. Nun, nicht wirklich ein Star, korrigierte sie sich, aber sie wurde zumindest erkannt.

Fremde traten ständig auf sie zu und begannen Unterhaltungen, erzählten ihr vertrauensvoll von Dingen, die sie normalerweise gar nichts angingen. Aber die New Yorker waren ihren Anblick und die Tatsache, dass sie jeden Abend in ihren Wohnzimmern zu ihnen sprach, gewöhnt. Das war eine sehr persönliche Angelegenheit. Und die Kerle konnten nur schwer damit umgehen.

Auch James begann dies nach einer Weile übel zu nehmen und reagierte dann äußerst genervt auf all die auftretenden Störungen, wann immer er sie ausführte. Es war ein Muster, das sie schon früher erlebt und empfunden hatte, mit den Männern vor ihm, und sie fragte sich, ob dieses Muster jemals durchbrochen würde.

Und dann ihr üppiges Gehalt. Trotz zweier Generationen Emanzipationsbewegung gefiel vielen Männern der Gedanke immer noch nicht, mit einer Frau zu tun zu haben, die mehr Geld verdiente als sie. Willkommen im Jahre 1955.

Nun, zum Teufel mit ihnen allen.

Das Telefon klingelte. Die schrille, elektronische Beharrlichkeit störte die Stille ihrer Wohnung.

Verdammt sei er!

»Hör mir zu, James!« Marion schrie fast, als sie den Hörer abnahm. »Ich will nicht …«

»Verzeihung«, sagte eine weibliche Stimme. »Ist dort Miss Marion Windsor?«

Marion räusperte sich und bemühte sich um Geschäftsmäßigkeit. »Ja, die bin ich. Wer ist da?«

»Miss Windsor, hier ist Pam von der Vermittlung. Ich bekam gerade einen Anruf von Pater Peter Carenza. Er sagte, er sei in Rom, am Flughafen, und müsse Sie sofort sprechen. Er hat Ihre Nummer nicht, da sie nicht registriert ist, und niemand wollte sie ihm geben. Er hat mich überredet, Sie anzurufen – ich hoffe, es stört Sie nicht.«

Sofort meldete sich ihr journalistischer Instinkt. Sie griff automatisch nach Stift und Notizblock. »Nein, natürlich nicht! Hat er gesagt, was los ist?«

»Er klang ziemlich aufgeregt. Er sagte, es sei ungeheuer wichtig, Sie zu sprechen. Es sei ein Notfall.«

Peter Carenza in Rom. Was ging da vor? »Geben Sie mir die Nummer, Pam.«

Sie notierte die Zahlenreihe, legte auf und gab die Nummer sofort ein. Bereits nach einmaligem Klingeln konnte sie die volltönende Bassstimme des Priesters hören. Die Verbindung war erstaunlich klar.

»Miss Windsor?«, fragte er. Seine Stimme klang leicht belegt, und im Hintergrund war das Stimmengewirr vieler Menschen zu hören.

»Ja, hier ist Marion Windsor. Was kann ich für Sie tun, Pater?«

»Hören Sie, ich habe keine Zeit, alles zu erklären. Es tut mir Leid, dass ich Sie zu Hause anrufe, aber man sagte mir, Sie hätten heute frei. Ich bin in gewissen Schwierigkeiten, und ...«

»Schwierigkeiten?« Das Wort und die Art, wie er es sagte, setzten alle ihre Nerven unter Spannung. Sie war sofort alarmiert. »Was für Schwierigkeiten? Sind Sie verletzt?«

»Nein, ich bin in Ordnung, aber ich muss das Land augenblicklich verlassen. Ich nehme einen Flug der TWA um halb elf. Das Flugzeug soll heute Abend um zehn Uhr Ihrer Zeit auf dem JFK landen. Können Sie mich dort treffen?«

»Am TWA-Terminal?«

»Ja, richtig.«

»Nun, ja, ich denke schon. Pater, was ist los?«

»Keine Zeit für Erklärungen. Hören Sie, ich weiß, das klingt vielleicht komisch, aber ich brauche einen Ort, wo ich bleiben kann. Können Sie mir da helfen?«

Es verschlug ihr vor Überraschung die Sprache.

»Sehen sie, ich kann niemanden sonst fragen!«, sagte er in die Stille hinein. »Niemanden, dem ich vertrauen kann. Sie wissen nicht, dass ich Sie kenne …«

»Pater …«

»Und tragen Sie eine Sonnenbrille und einen Hut!« Seine Stimme wurde schwächer, und sie konnte die Angst dahinter spüren. »Achten Sie darauf, dass sie Sie nicht erkennen, wenn sie am Flughafen warten!«

»Pater, wer soll mich nicht erkennen …«

»Keine Zeit! Mein Flugzeug! Werden sie dort sein?«

»Ja, natürlich«, sagte sie hastig.

»Auf Wiedersehen, Miss Windsor. Gott segne sie …«

Sie wollte weitere Fragen stellen, aber die Verbindung war bereits unterbrochen. Die Stille aus dem Hörer verspottete sie einen Moment, dann ertönte ein abgehacktes Klicken, bevor der Wählton wieder erklang.

Was ging hier vor? Ihr Kopf dröhnte noch von der Konfrontation mit James, und obwohl Marion keine große Trinkerin war, brauchte sie jetzt entschieden etwas Alkoholisches. Ein Glas Wein oder vielleicht etwas Brandy.

Der Priester verhielt sich sehr eigenartig. Schon bei ihrer ersten Begegnung umgab ihn etwas Fremdartiges, Mysteriöses, sogar leicht Bizarres. Sie erinnerte sich an das, was Huber ihr erzählt hatte und was ihre Videobänder von Esteban und Peter Carenza zeigten. Soeben hatte Peter den üblichen Paranoia-Verschwörungs-Kram erzählt. Über »sie« und »ihnen« und was »sie« wussten und was »sie« nicht wussten. Alles klang so vertraut, aber im Fall Peter Carenza spürte sie Ehrlichkeit, Aufrichtigkeit.

Sie hatte bereits zugesagt, ihn am JFK zu treffen, sodass es kein Zurück gab. Es wäre einige Detektivarbeit erforderlich, um herauszufinden, mit welchem Flug er käme, wo und wann er genau einträfe. Und er müsste die ganzen Zollformalitäten durchlaufen …

Wenn wirklich jemand hinter ihm her war, hätten »sie« viele Gelegenheiten, ihn sich zu schnappen. Marion trank ihren Wein aus und goss sich dann ein weiteres Glas ein. Das könnte aufregend werden.

Nun, gerade jetzt könnte sie ein paar Verwicklungen in ihrem Leben brauchen. Wenn sie auch zu sonst nichts führten, würden zumindest ihre Gedanken von James abgelenkt.

Sechzehn

Rom, Italien – Targeno
27. August 1998

Er arbeitete noch spät bei SSV Records, als Pater Francesco ihn auf seinem Handy anrief.

»Ja, Pater, was kann ich für Sie tun?«

»Ich brauche Ihre Hilfe«, sagte der Jesuit. Seine Stimme hatte einen Unterton entweder von Angst oder von kaum unterdrücktem Zorn. Da Targeno den alten Mann gut kannte, vermutete er Letzteres.

»Es ist mitten in der Nacht. Kann das nicht bis morgen warten?«

»Wenn dem so wäre, hätte ich Sie morgen früh angerufen.«

»In Ordnung.« Targeno seufzte, während er die Hand ausstreckte und das CD-Scan-Faxgerät ausschaltete. Heute Nacht keine Nachforschungen mehr. »Was wollen Sie?«

»Es handelt sich um einen Notfall. Hören Sie zu.« Francesco berichtete von der Flucht eines amerikanischen Priesters, der beim Komitee für Wunderforschung der Kurie unter Beobachtung stand. Ein psychisch gestörter Priester, der sich jetzt auf dem Rückflug nach Amerika befand.

»Sie wollen, dass ich einen davongelaufenen Priester aufspüre? Meinen Sie das ernst?«, antwortete Targeno amüsiert.

»Ich habe bereits veranlasst, dass er am Kennedy International in Empfang genommen wird«, sagte Francesco. »Aber ich will sichergehen, dass keine Pannen passieren.«

Targeno hielt inne und ließ ihn einen Moment zappeln. Dann: »Sie sagen mir nicht alles. Was ist los? Zuerst diese Angelegenheit mit der Nonne. Und jetzt soll ich einen psychisch gestörten Priester aufspüren?«

»Ich sage Ihnen alles, was Sie wissen müssen.«

»Falsch. Ich muss alles wissen!«, zischte er in den Hörer. »Wenn Sie glauben, ich würde mich in eine brenzlige Situation begeben, ohne die Details zu kennen, dann sind Sie verrückt! So kommen Leute um, Pater.«

Der Jesuit zischte leise. »Hat *Il Chirurgo* Angst vor einem verrückten Priester?«

»Nur Tote kennen keine Angst«, erwiderte er.

»Außerdem«, sagte Francesco, »warum sollte ich Ihnen alles erzählen, was ich weiß, wenn Sie doch Ihrem eigenen Rat nicht folgen?«

»Wovon reden Sie?«

»Ihr Bericht über die Nonne. Wenn sie Ihnen nichts erzählt hat – warum haben Sie dann fast drei Stunden bei ihr verbracht? Schwester Victorianna hat mir von Ihrem Besuch berichtet. Drei Stunden sind eine lange Zeit für Nichts.«

Targeno lächelte. »Sieht so aus, als hätten wir uns gegenseitig an den *cogliones*, Pater. Ich denke, wir werden beide bekommen, was wir wollen, wenn wir beide auspacken.«

Am anderen Ende der Leitung entstand einen Moment Schweigen.

»Sie sind ein gerissener Hund …«, sagte Francesco. »In Ordnung, aber nicht am Telefon.«

Targeno lächelte. Er hatte in seinem Gewerbe schon vor langer Zeit gelernt, dass Informationen, nicht Geld, das wertvollste Handelsgut waren. Besaß man welche, so konnte man fast immer etwas dafür bekommen.

»Gut«, sagte er. »In einer halben Stunde in meinem Büro. Ich werde in der Lobby einen Ausweis für Sie hinterlegen.«

»Wir verschwenden Zeit, wissen Sie.« Francescos Stimme signalisierte Kompromissbereitschaft, aber er unternahm einen letzten Versuch, dies abzuwenden.

»Entweder einigen wir uns, oder ich werde Ihren Jungen nicht aufspüren.«

»In einer halben Stunde«, sagte der Jesuit und beendete das Gespräch.

Targeno sammelte die Papiere ein, die er gefaxt hatte und verließ den Raum. Die Hälfte dessen, was Francesco ihm erzählen würde, hatte er durch die Computerdateien höchstwahrscheinlich bereits selbst herausgefunden. Der Zugriff auf die Querverweise so vieler Datenbanken erbrachte viele interessante Leckerbissen. Er hatte bereits ein faszinierendes Portrait Schwester Etiennes zusammengetragen, einer scheinbar harmlosen Nonne.

Vielleicht konnte der Jesuit ihm erklären, warum ein deutscher Wissenschaftler dafür eingestellt wurde, ihre Schwangerschaft zu überwachen? Oder warum sie behauptete, sie könnte nur ihrem *Sohn* oder dem Papst vom Inhalt ihrer Vision erzählen?

Targeno schaute auf seine Uhr und betrat den Fahrstuhl, der ihn zu seinem kleinen Schlafraum bringen würde. Er hatte das Gefühl, bereits alle Puzzleteile zusammengetragen zu haben und sie nur noch zusammenfügen zu müssen.

Darin lag der beste Teil seines Jobs. Morde konnten mit der Zeit langweilig werden.

Siebzehn

Queens, New York – Carenza
27. August 1998

Das Flugzeug landete genau nach Flugplan auf dem JFK, und Peter empfand erstmals vage Erleichterung, seit der Wahnsinn begonnen hatte. Er war sich immer noch nicht sicher, was er über die nächsten ein oder zwei Tage hinaus tun würde, aber er fühlte sich schon einfach deshalb besser, weil er wieder in den Staaten war, fern dieser Glaubenseiferer der Alten Welt und ihrer Enthüllungen.

Der Flug war ihm endlos erschienen, und er hatte nicht aufhören können, die Ereignisse der letzten beiden Tage immer wieder durchzuspielen.

Krank. Absurd. Unmöglich.

Alles das war es gewesen. Aber ein Teil von ihm fragte sich beharrlich, was wäre wenn …?

Was wäre, wenn es wahr wäre?

Die Vorstellung, dass jemand aus dem genetischen Entwurf des Blutes Christi geklont wurde, war in sich und aus sich selbst heraus verblüffend. Aber auch nur annähernd zu erwägen, der fragliche Mensch sei Peter Carenza …

Nein. Das war vollkommen absurd.

Wie konnte er derjenige sein? Wie konnte er, wie sie behaupteten, Christus persönlich sein?

Ein Steward berührte ihn leicht am Arm. Peter sah den jungen Mann ausdruckslos an.

»Zeit auszusteigen, Sir.«

»Oh, ja«, sagte Peter. »Tut mir Leid …«

Er erhob sich, ergriff seine kleine Tasche und folgte den übrigen Passagieren den Gang hinab in den TWA-eigenen Terminal. Peter folgte den Wegweisern entlang einer langen Rampe zur Passkontrolle. Die Reihe der US-Bürger wurde zügig abgefertigt, und er gelangte rasch zur üblichen Zollkontrolle.

Die Zollkontrolle. Das hatte er durch den wirren Strom seiner Gedanken völlig vergessen.

»Verzeihung«, sagte er zu einer Angestellten der Flugverkehrsgesellschaft, als er das Ende der Rampe erreichte. »Wenn ich jemanden treffen will, wenn mich jemand abholt, wo wäre das dann?«

Die junge Frau lächelte ihn freundlich an.

»Derjenige müsste in der Lobby des Terminals warten. Ohne Ticket oder Bordkarte darf niemand diesen Bereich betreten.«

Peter dankte ihr und schloss sich dem Strom der Passagiere zur Zollabfertigung an. Sieben Kontrollpunkte waren in Betrieb, sodass sich die Reihen recht schnell vorwärts bewegten. Wenn Pater Francesco und seine Gefolgschaft herausgefunden hatten, welchen Flug Peter genommen hatte, dann würde vielleicht irgendwo auf dem Weg jemand auf ihn warten.

Der Zoll war vielleicht nicht der beste Ort, eine Szene heraufzubeschwören, oder war es vielleicht doch gerade der beste Ort. Aber konnte der Vatikan Männer in eine US-Regierungsbehörde einschleusen?

Alles war denkbar, besonders wenn man davon ausging, dass die meisten Behördenjobs von trägen, wenig begeisterten Leuten ausgeführt wurden, die einen Spion oder einen Spitzel erst bemerken würden, wenn es zu spät wäre.

Aber da vorne arbeiteten sieben Zollbeamte. Wenn nicht alle Ausführungsorgane des Vatikans waren, wäre es schwierig, ihn hier aufzuhalten. Peters Chancen, die Warteschlange zu wählen, die von einem von Francescos Leuten kontrolliert würde, ähnelten russischem Roulette. Obwohl der Zoll ein vollkommen einleuchtender Ort war, um jemanden öffentlich aufzuhalten, war es fast unmöglich sicherzustellen, dass derjenige durch den richtigen Kontrollpunkt käme.

Peter stellte sich hinter einer stämmigen Frau mit mehreren großen Taschen an. Die Reihe bewegte sich weiter, und Peter betrachtete genau die Gesichter der Zollbeamten. Mindestens die Hälfte von ihnen wirkten freundlich und lächelten sogar, während sie ihre Aufgabe erfüllten und normalerweise nur einige Fragen stellten. Anscheinend beachtete ihn niemand, als er sich der Reihe von Kontrollpunkten näherte. Aber natürlich würden sie genau so handeln, wenn sie ihm ein falsches Gefühl der Sicherheit eingeben wollten.

Verdammt! Paranoia war eine erstaunliche Plage! Gleichgültig, welchen Gedankengang man wählte, stets gab es auch die Kehrseite, die die Frage aufwarf, was wirklich vor sich ging.

Die dicke Frau hievte ihr Gepäck auf die niedrigen Tische, an denen die Beamten arbeiteten. Der schwarze Mann, der ihre ausgebeulten Vinyl- und Nylontaschen inspizierte, war jung und liebenswürdig. Er war wortgewandt und charmant, und Peter konnte sich nur schwer vorstellen, dass eine solche Person für einen wolfsähnlichen Menschen wie Pater Francesco arbeiten sollte.

»Aha«, sagte der Beamte mit sanfter Stimme. »Was ist das?«

Er fischte mehrere Flaschen Weißwein und eine Flasche Rotwein hervor.

»Muss ich darauf Zoll bezahlen?«, fragte die Frau. »Habe ich etwas falsch gemacht?«

»Nun, ich weiß nicht, Madam. Beabsichtigen Sie, den Wein selbst zu trinken, oder wollten Sie ihn verkaufen?«

»Oh, nein, er ist für mich. Ehrlich.«

Der Beamte lächelte. »Dann ist es kein Problem.« Er hakte ein Kästchen auf einem Formular ab und sah dann ihre übrigen Sachen durch. Nachdem er sie hatte passieren lassen, lächelte der Beamte auch Peter zu und betrachtete dann überrascht seine Sporttasche.

»Das ist alles?«

»Ich reise gerne mit leichtem Gepäck.« Peter erwiderte sein Lächeln und hoffte, dass er nicht zu nervös wirkte.

»Vermutlich ...« Der Beamte öffnete den Reißverschluss der Tasche, warf einen Blick auf Peters Reisenecessaire und die Toilettensachen und hielt dann inne, als er die schwarze Kleidung und den Kragen der Geistlichkeit sah.

»Sie sind Priester?«

Die Zeit blieb einen Augenblick stehen. Peter wusste nicht, wie er reagieren sollte. Waren die Zöllner alle angehalten worden, Ausschau nach einem Priester zu halten? Was, zum Teufel, sollte er tun?

Peter zog ohne erkennbare Pause seinen Pass aus der Tasche seiner Sweatjacke. »Das stimmt. Ich wurde kurzfristig zum Vatikan gerufen.«

Der Beamte nickte und reichte ihm das Dokument zurück. »Verstehe, ein Notfall bei Gott, hm?«

Peter lächelt, während er an dem kleinen Scherz des jungen, schwarzen Mannes teilhatte. Der Beamte schloss die Tasche rasch wieder und schob sie Peter zu.

»Danke, Pater. Einen schönen Abend und willkommen daheim.«

»Danke«, sagte Peter, während er nach der Tasche griff, dem Nadelöhr des Zolls entfloh und einen weiteren Gang zur Lobby des Terminals hinabeilte.

Er betrat in einem Strom von Reisenden von verschiedenen, internationalen Flügen eine große, offene Fläche in der Lobby, wo eine wartende Menschenmenge forschend die Gesichter der Ankömmlinge betrachtete. Eltern warteten auf Söhne und Töchter, Liebende sehnten sich nach ihren Geliebten, Fahrer hielten handgeschriebene Schilder für Leute hoch, die sie nicht kannten, Familien warteten nervös auf Väter und Mütter.

Peter verlangsamte seinen Schritt und suchte die Menge nach jemandem ab, der wie Marion Windsor aussehen könnte. Er bemerkte ein Mädchen mit Halstuch und wogendem Baumwollrock, die aber das aufgedunsene, dickliche Gesicht einer osteuropäischen Bäuerin hatte. Eine weitere Frau mit einem Strohhut sah ihn einen Moment an, suchte die Menge der Neuankömmlinge dann aber weiter ab. Plötzlich nahm er zu seiner Linken eine rasche Bewegung wahr, und eine Frau mit einem australischen Hut, einer weiten, khakifarbenen Bluse und Shorts nahm ihn am Arm. Ihr Haar war unter dem Hut versteckt, und sie trug eine Sonnenbrille.

»Wie sehe ich aus?«, fragte sie lächelnd, während sie Peter auf die Ausgänge zu führte. Er sah sie an, und obwohl er wusste, dass es Marion Windsor war, staunte er über die Wirksamkeit ihrer Verkleidung.

»Fantastisch!«, sagte er, während er den sanften und doch festen Griff ihrer Hand um seinen Arm spürte. Sie streifte ihn mehrere Male, und er konnte die dem weiblichen Körper eigene Fülle ihrer Hüften und Brüste spüren.

»Haben Sie irgendjemanden oder irgendetwas Auffälliges bemerkt?«

»Noch nicht. Ich hatte Bedenken wegen des Zolls, aber das war anscheinend in Ordnung. Was ist mit Ihnen?«

»Nichts. Entweder sind sie wirklich gut, oder es ist niemand in der Nähe.« Sie sah ihn durch ihre bernsteinfarbenen Brillengläser an und lächelte. »Machen Sie sich keine Sorgen, ich werde Sie hier herausbringen.«

Er beobachtete den Bereich vor ihnen genau, während sie durch die Menschenmengen liefen und nach jemandem Ausschau hielten, der sie vielleicht beobachtete. Alles schien so gewöhnlich, so verdammt normal. Und das wäre der Zeitpunkt, an dem sie zuschlagen würden, das wusste er, genau dann, wenn er vollkommen von seiner Wachsamkeit abließe.

»Sind Sie mit dem eigenen Wagen da?«

»Nein, ich habe den meiner Freundin ausgeborgt.«

»Gute Idee. Wenn uns jemand sieht, werden sie es schwerer haben, uns ausfindig zu machen.«

»Daran habe ich bereits gedacht«, sagte Marion.

Während sie aufmerksam weitergingen, betrachtete Peter ihr Gesicht. Sie hatte den faszinierendsten Mund, den er jemals bei einer Frau gesehen hatte. Ihr Lächeln war so einnehmend, so einzigartig in seiner Weise, dass man schwören würde, jeden einzelnen ihrer Zähne für eine kurzen Augenblick gesehen zu haben. Erstaunlich.

»Vielleicht haben wir zu viele Spionagefilme gesehen«, sagte er.

»Hier entlang«, sagte Marion und deutete auf eine Rolltreppe, die zur Straßenebene hinabführte. Sie hatte sich noch immer bei ihm eingehakt, wie eine Frau, die lange auf ihren Mann gewartet hat, und Peter merkte, dass er den Kontakt genoss. Er war sich sicher, dass er und Marion als zwei abenteuerlustige, sportliche junge Liebende überzeugten.

Sie durchschritten die automatischen Türen. Peter sah die gelben Kolosse der Taxis, die auf Fahrgäste warteten, sowie die Einfahrt zum jenseitigen Parkplatz. Er trat einen Schritt vor, als ein Mitarbeiter des Flughafens ruckartig einen Gepäckwagen vor sie schob.

»Verzeihung, Sir«, sagte er mit tiefer Stimme. Peter fixierte den großen, breitschultrigen Mann, der ihm plötzlich nicht mehr wie ein durchschnittlicher Arbeiter vorkam.

Bevor er um das Hindernis herumgehen konnte, erschien zur Linken ein weiterer Mann, streckte die Hand aus, als wollte er Marion helfen, und packte ihren Arm. Peter hatte keine Möglichkeit, um sie herum zu greifen und sie zu befreien. Der andere Mann trat näher. Derjenige, der Marions Handgelenk festhielt, brachte eine Pistole zum Vorschein – kantig, chromglänzend, bedrohlich und mit passendem Schalldämpfer, der auf Peters Körpermitte gerichtet war. Er spürte, wie sich sein Magen augenblicklich senkte und sein Mund trocken wurde.

Diese Kerle waren gut. Sie hatten sich ihnen unbemerkt genähert und ihre Beute schnell außer Gefecht gesetzt. Der unbewaffnete Mann packte Peters Oberarm. Peter sah sich um wie ein in die Ecke gedrängtes Tier, erkannte aber sofort, wie schlecht es für sie aussah. Die großen Betonstützen des Abfahrtsbereichs boten viel schattigen Schutz vor den Blicken anderer.

»Sie werden mit uns kommen müssen, Pater. Ich denke, Sie wissen warum …«, sagte der Mann mit der Pistole. Seine Baritonstimme klang aalglatt, und er lächelte wie ein Stand-up-Comedian, aber in seinen Augen stand unmissverständliche Kälte.

Peter spannte sich an, testete die Kraft des Mannes zu seiner Rechten. Der große Kerl war zweifellos stark, und Peter fragte sich, wie schlecht er wohl gegen ihn abschneiden würde.

»Was geht hier vor!?«, rief Marion und wollte vor dem Mann mit der Pistole zurückweichen. »Peter, mein Gott!«

Ihre Miene offenbarte vollkommene Hilflosigkeit und Entsetzen. Als Peter sie so sah, hasste er sich dafür, dass er sie in diese Angelegenheit hineingezogen hatte. Sie glaubte einem in Schwierigkeiten befindlichen Priester zu helfen, aber tatsächlich geriet sie gerade in einen Mahlstrom.

Er musste etwas *tun*.

Er zwang sich zu einem Lächeln und blickte Chrompistole direkt in die Augen. »Sie werden dieses Ding nicht benutzen«, sagte er. »Das ist das Einzige, was Sie mir nicht antun *können*. Francesco hat Ihnen gesagt, dass mir nichts geschehen darf, richtig?«

Der Mann antwortete nicht, aber das war auch nicht nötig. Ein Moment des Zögerns entstand, als die beiden Gangster ihre Möglichkeiten überdachten. Peter hatte anscheinend die richtigen Punkte angesprochen. Dann:

»Dazu hat er nichts gesagt«, bemerkte Chrompistole und richtete den Schalldämpfer jäh auf Marions Gesicht. Er hob die Hand, als wollte er ihr die Sonnenbrille abnehmen. »Zu schade. Sieht so aus, als wäre sie eine Hübsche, hm?«

Als seine Hand den billigen Plastikrahmen berührte, handelte Marion.

Sie führte mit verblüffender Perfektion eine Bewegung einer asiatischen Kampfsportart aus, indem sie gleichzeitig herumfuhr und zuschlug. Sie packte mit einer Hand den Waffenarm des Mannes, während die andere mit ungeheurer Wucht niedersauste. Der Winkel war genau bemessen, sodass die Speiche des Mannes wie ein trockener Zweig brach. Sein Schrei übertönte das Geräusch der klappernd auf dem Pflaster landenden Pistole. Es geschah so schnell, dass sowohl Peter als auch der muskulöse Gangster neben ihm vor Schreck reglos waren.

»Peter! Los!«, schrie Marion, wich zurück und trat Chrompistole seitlich in den Magen. Der Kerl fiel vornüber, fing sich Marions folgenden, mächtigen Hieb mit der Schläfe ein und ging hart zu Boden. Aber noch bevor er auf dem Beton auftraf, hatte sich sein Partner schon auf die Pistole gestürzt. Peter stand hilflos daneben und sah zu, wie der breitschultrige Gangster die Waffe packte und sich zu Marion herum rollte, die sich gerade von ihrem Werk abwandte, um sich um die andere Hälfte des Problems zu kümmern.

»Okay, Lady!«, schrie er, während er die glänzende Pistole ruhig hielt. »Eine Bewegung, und ich werde es tun!«

Obwohl Marions Augen hinter dem dunklen Plastik verborgen blieben, konnte Peter die Niederlage an ihrem Gesicht ablesen. Sie hatte sich gerade auf einen weiteren Angriff vorbereitet, aber dann erschlaffte ihr Körper jäh.

»Ihr Bastarde! Was habt ihr mit uns vor?«

Big Guy produzierte eine Art Halblächeln und nickte in Peters Richtung. »Sie wollen ihn zurückhaben. Jetzt.«

»Wozu? Um Gottes willen, Peter, was haben Sie getan?«

»Sie würden es nicht glauben, wenn ich es Ihnen erzählte. Hören Sie, es tut mir Leid, dass ich Sie da hineingezogen habe.«

»Schnauze. Wir gehen.«

»Was ist mit Ihrem Kumpel?«, fragte Peter und schaute zu der noch immer bewusstlosen Gestalt zu seinen Füßen.

»Vergiss ihn«, sagte Big Guy. »Sie werden dieses Durcheinander später aufräumen. Ich muss euch hier rausbringen. Jetzt.«

Er deutete mit der Pistole hektisch auf einen schwarzen Accura am Bordstein. »Okay, gehen wir. Steigt ein.«

Marions Schultern sanken noch tiefer, als sie auf das glänzende Fahrzeug zuging. Peter hielt einen letzten Moment inne.

»Was werden Sie mit ihr machen? Sie hat nichts hiermit zu tun.«

Der Mann zuckte die Achseln. »Ich weiß es nicht. Es war keine Rede von einer weiteren Person. Sie kommt mit, bis sie mir sagen, was ich mit ihr machen soll.«

Peter gefiel nicht, wie dieser letzte Satz klang. »Und was geschieht, wenn sie Ihnen sagen, Sie sollen sie töten?«

Der Angreifer grinste. »He, jeder muss irgendwie leben, richtig?«

Marion hielt mitten im Schritt inne, durch die Andeutung des Gangsters offensichtlich wie erstarrt. Peter konnte den beißenden Geruch ihrer Angst beinahe spüren. Ohne nachzudenken, streckte er die Hand aus und packte den dicken Unterarm des Burschen.

»Nein«, sagte Peter sanft.

Der Blick des Gangsters begegnete seinem, und in diesem Augenblick des schweigenden Kontakts erkannte Peter, was geschehen würde. Es war, als blicke man in einen bodenlosen Teich, zu jenem Ort, wo die tiefsten Ängste und Wünsche verborgen lagen. Die unmittelbare Zukunft spulte sich wie eine lange, weiße, angriffsbereite Schlange vor ihm ab.

»Steigt ein. *Jetzt*!«

Die Chrompistole schwenkte in Marions Richtung, und Peter festigte seinen Griff um das baumstammbreite Handgelenk des Mannes. Ein Moment der Benommenheit durchschnitt seinen Kopf wie eine Kreissäge, gefolgt von einem Gefühl äußerster *Klarheit*. Es war eine zweckgebundene Klarheit, eine Klarheit aus dem Gefühl verstärkter Sensibilisierung heraus. Die Kraft in Peters Hand nahm anscheinend exponential zu, während die Sekunden vergingen. Big Guy wich plötzlich taumelnd vor dem Accura zurück, und seine Hand mit der Pistole wedelte ziellos in der Luft. Peter spürte, wie Elle und Speiche des Burschen unter der Haut brachen wie dürre Zweige. Dennoch setzte er den Druck fort.

»Nein«, wiederholte Peter sanft. Er war sich sicher, dass dieses eine Wort selbst durch die Schreie des anderen hindurch gehört wurde.

Mit hervorstehenden Augen, den Mund gequält verzogen, beugte sich der Gangster zu Peter und richtete die Pistole auf dessen Bauch. Peter ließ den zerquetschten, linken Arm los, griff jäh nach der Pistole und legte seine Finger sowohl um das glänzende Chrom als auch um die Hand des Burschen.

Ein leises Geräusch erklang, wie das erzwungene Ausatmen eines kleinen Tieres, und eine 9mm-Kugel prallte in die Außenhülle des schwarzen Sedan. Ein stechender, benommen machender Blitz zuckte über Peters Stirn, und dann empfand er erneut absolute Klarheit.

Dieser Bastard hatte versucht, ihn zu töten. Marion zu töten.

Ein weiteres Pfffft! Die Kugel prallte in die Seite des Wagens, und Peter konnte den kaum wahrnehmbaren Rückstoß unter seinem Griff spüren. Er nahm den stechenden Geruch nach Kordit wahr, der sich rasch mit einem stärkeren, unheilvolleren Geruch vermischte – dem Geruch nach verbranntem Fleisch.

Die Schreie des Gangsters erreichten eine neue Oktave der Qual, während er von Peter fortzukommen versuchte, der hinabblickte und eine blaue Aura seine Hand, die Pistole und die Hand des Anderen umgeben sah.

Nur dass keine Pistole mehr da war und noch viel weniger eine Hand, die sie hielt. Das geschmolzene Metall der Pistole lief wie flüssiges Quecksilber durch Peters unversehrte Finger. Er beobachtete, wie die glänzenden Tränen wie Silberregen auf den Beton fielen. Es war wunderschön und entsetzlich zugleich.

Die Hand des Burschen bestand nur noch aus verkohlten, gesplitterten Knochen. Die intensive Hitze hatte im Handumdrehen sein Fleisch verdampfen und sein Skelett verkohlen lassen. Er wich hektisch vor Peter zurück, während sein restlicher Arm aus dem Ärmel glitt, wie Asche eine Kohlerutsche hinabrutscht. Die blaue Aura schwand, als der Kontakt mit Peters Hand unterbrochen wurde. Und der Gangster schrie unentwegt weiter.

Stumm und benommen von der schrecklichen Szene schaute Marion in Peters Augen. *Wer bist du*?, fragte ihr Blick. Furcht lauerte hinter ihren meergrünen Pupillen, aber auch noch etwas anderes.

Peter hoffte, dass es Respekt war.

Alles war so schnell passiert, dass man kaum glauben konnte, dass sie erst vor wenigen Sekunden mit zwei angeblichen Flughafenarbeitern aneinandergeraten waren. Die wartenden Taxifahrer hatten die gesamte Konfrontation in der typischen New Yorker Tradition ignoriert. Falls einer das Ergebnis von Peters Gegenangriff gesehen oder die gequälten Schreie des einarmigen Mannes gehört hatte, so zeigte er es nicht.

»Kommen Sie«, sagte Peter und griff nach Marions Hand. »Wir müssen hier weg!«

Sie sah ihn an, als wäre das das Letzte, was sie mit ihm tun wollte, aber sie nickte nur kurz und ließ sich von ihm zum Parkplatz führen.

»Wo steht der Wagen?«, fragte er.

Marion übernahm die Führung, und sie liefen weiter. Es gab Probleme mit dem Türschloss, bevor sie einsteigen konnten. Marion fuhr schweigend, sah nur wiederholt zu ihm hinüber. Sein Gesicht brannte vor Verlegenheit, wie bei einem Jungen, der beim Stehlen von Keksen erwischt worden war. Ihr Blick war sowohl furchtsam als auch einschüchternd.

»Wohin fahren wir?«, fragte er. »Zu Ihnen?«

Die Lichter des Ozone Parks blinkten am Fenster hinter ihrem Kopf vorbei und bildeten Reflexe in ihrem kastanienbraunen Haar. Sie sah sehr schön aus.

»Nein«, sagte sie schließlich. Sie blickte einen Moment in den Rückspiegel. »Anscheinend folgt uns niemand …«

»Das war eine verdammt gute Show vorhin«, sagte Peter und versuchte ein Lächeln. »Wann haben Sie all dieses Ninja-Zeug gelernt?«

»Es ist Tae Kwon Do. Ich habe es jahrelang studiert …« Sie hielt inne und rieb sich die Augen. »Aber ich glaube nicht, dass dies das heiße Thema des Tages ist, wenn Sie mir mein Wortspiel verzeihen.«

Peter sah auf seine Hände hinab, wohl wissend, was sie meinte, und versuchte zu ergründen, wie sie sich im Moment fühlen musste.

»Sie haben gesehen, was geschehen ist?«, fragte er lahm.

»Pater, wie hätte ich es nicht sehen können?«

Peter atmete aus und schüttelte den Kopf. Wie könnte er das jemals erklären? Würde sie ihm glauben? War das wichtig?

»Hören Sie«, sagte Marion und berührte sanft seinen Arm. »Ich weiß nicht, was vor sich geht, aber ich muss Ihnen sagen, dass Sie mich zu Tode erschreckt haben. Zuerst wird jemand, der Sie auszurauben versucht, von einem Blitz getroffen – nur dass der Leichenbestatter behauptet, es habe eher nach einer Mikrowelle ausgesehen – und jetzt ... Ich habe gesehen, was Sie mit diesem Kerl und seiner Pistole gemacht haben. Verzeihen Sie, wenn ich frage, Pater, aber was, zum Teufel, ist los mit Ihnen?«

»Könnten Sie mich bitte ›Peter‹ nennen?«, fragte er, ohne recht zu wissen, warum.

Sie nickte, wartete.

Der Wagen schoss den Belt Parkway entlang, während er aus dem Fenster sah. Ein Frachter ragte hinter Gravesend Bay auf, und die hoch aufsteigenden Lichter der Verrazano-Narrows-Bridge leuchteten noch weiträumiger, als sich Brooklyn zu ihrer Rechten ausbreitete. Peter fühlte sich, als rase er in furchtbare Dunkelheit, auf einer Reise, die er nicht allein bewältigen konnte. Marion bog am Ocean Parkway in Richtung Norden ab.

»In Ordnung«, sagte er halbwegs flüsternd, »ich werde Ihnen alles erzählen, was ich weiß.«

Marion schaute zu ihm hinüber und konzentrierte sich dann wieder auf den Verkehr, der jäh dichter geworden war. »Nicht jetzt«, sagte sie. »Wir sind gleich da.«

Peter sank in seinen Sitz zurück und nickte.

Sie fuhr in die Avenue H und hielt ostwärts, bis sie die Ocean Avenue erreichte. Nachdem sie einen Moment regungslos und schweigend abgewartet hatte, entschied sie, dass ihnen niemand gefolgt war. Sie stieg aus dem Wagen, und Peter folgte ihrem Beispiel.

»Wo sind wir?«, fragte er.

»Meine Freundin Suzette wohnt hier.« Sie deutete auf einen von Bäumen umstandenen Bungalow und hielt dann einen Haustürschlüssel hoch. »Sie ist für zwei Wochen nach Nags Head gefahren, und ich habe ihr versprochen, die Blumen zu gießen, solange sie fort ist.«

»Okay.«

»Gehen wir«, sagte Marion, lief zur Veranda hinauf und schloss die Vordertür auf.

Das Wohnzimmer war in modernem Stil ansprechend eingerichtet. Die Bücherregale und gerahmten Bilder deuteten auf einen intelligenten und kultivierten Menschen. Genau die Art Freundin, die er bei Marion Windsor erwartet hätte.

»Ich weiß nicht, wie es mit Ihnen ist, aber ich brauche etwas zu trinken«, sagte sie und ging in die Küche. »Suzette hat stets ein paar Flaschen Wein da. Rot oder weiß, Pater? Ich meine – Peter.«

Er setzte sich auf die Couch und lächelte. »Rot wäre gut – wenn es Ihnen Recht ist.«

»Hören Sie«, rief sie aus dem anderen Raum, »nach dem, was ich heute Abend durchgemacht habe, ist mir die Farbe des Weins nicht mehr allzu wichtig, wenn Sie wissen, was ich meine.«

Sie kam mit zwei halb gefüllten Weinkelchen zurück, reichte ihm eines und setzte sich dann zu ihm. Ihr Haar fiel als rotbraune Kaskade bis über ihre Schultern. Selbst in dem matten Licht des Raumes tanzten helle Glanzpunkte darin.

Peter nippte an dem Wein und trank ihn dann fast ganz aus. Er atmete unregelmäßig, und sein Puls hatte als Reaktion auf alles, was geschehen war, seit er aus dem Flugzeug gestiegen war, zu rasen begonnen.

»In Ordnung, Peter«, sagte sie über den Rand ihres Kristallglases hinweg. »Ich denke, Sie schulden mir eine Erklärung.«

»Ich hoffe nur, dass Sie mir glauben werden«, erwiderte er.

»Nach dem, was ich gesehen habe, könnte ich wohl alles glauben.«

Peter nickte und sah ihr in die Augen. »Dann hören Sie zu …«

Achtzehn

Rom, Italien – Targeno
27. August 1998

Er beobachtete, wie der Jesuit den Raum durchschritt. Er hatte den Mann noch nie so aufgeregt oder besorgt erlebt. Nachdem Pater Francesco gerade die Nachricht bekommen hatte, dass Peter Carenza der Festnahme am JFK entgangen war, schien er desorientiert und nicht mehr in der Lage, auf seine übliche machiavellische Art zu denken oder zu funktionieren.

Targeno zündete sich eine türkische Zigarette an und sog den dichten Rauch tief in die Lungen. Der heiße Rauch brannte in seinen empfindlichen Nasengängen, als er ihn wieder ausstieß.

»Wir treiben schon seit Stunden Spielchen, Giovanni«, sagte er. »Ist es nicht endlich an der Zeit, ehrlich miteinander zu sein?«

Der Priester sah ihn finster an.

Targeno lächelte. »Die Dinge passen nicht zusammen. Bisher haben wir Informationen ausgetauscht, wie Kinder an einer Straßenecke Bonbons in ungeliebten Geschmacksrichtungen tauschen.«

»Ich habe Ihnen alles gesagt, was ich Ihnen sagen kann.« Francesco wandte sich zum Fenster um.

»Das glaube ich nicht.« Targenos Stimme wurde schärfer. »Hören Sie zu! Masserias angeheuerte Schläger haben ihre Aufgabe am JFK vermasselt. Ich weiß nicht, wie ausgebildete Agenten von einem einzelnen Priester aufgehalten werden konnten, aber glauben Sie mir, ich werde es herausfinden.«

Der Jesuit wandte sich jäh vom Fenster ab und starrte Targeno finster an. »Ich *kann* Ihnen nicht mehr sagen!«

»Sie haben mir Ziegenscheiße erzählt!« Targeno, der sich der Wirkung seiner Worte sehr wohl bewusst war, sprach ruhig. »Sie und Ihre Freunde haben einen deutschen Wissenschaftler eingestellt, damit er ein naives, kleines Mädchen, das gerade in einen Konvent eingetreten war, künstlich befruchten sollte.«

Francesco fuhr fast aus der Haut. »Was? Wie konnten Sie …«

»Ich habe es selbst entdeckt.« Targeno wusste, dass es nur eine Frage der Zeit war, bis er alle Informationen bekam, die er brauchte. »Wir sitzen im selben Boot, Pater.«

Francesco sank auf seinem Stuhl zusammen und seufzte. Ein Zeichen der Kapitulation? »Es sind noch zwei andere darin verwickelt …«

»Auch das weiß ich bereits. Kardinal Lareggia und Äbtissin Victorianna. Der einzige weitere Mitwisser war der verstorbene Papst.«

Francesco schien überrascht. »Wie konnten Sie nur …«

»Einige Brocken von der Nonne und einiges durch meine Recherchen in den Akten. Ich weiß auch, dass Sie eine verschlüsselte Nachricht von Carenzas Mentor in Amerika erhalten haben, der den Codenamen Bronzini benutzte.«

Francescos Kinn sank herab.

»Ich nehme an, dass dieser Mentor Ihnen etwas berichtet hat, was rechtfertigte, dass Sie Carenza hierher riefen. Ich führe noch einige Nachforschungen über Carenza in Amerika durch. Wenn ihm in letzter Zeit irgendetwas Außergewöhnliches widerfahren ist, werde ich bald darüber Bescheid wissen.«

»Sie sind unglaublich«, sagte Francesco. Seine Stimme enthielt eine Mischung aus Abscheu und Bewunderung.

»Wenn Sie glauben, Sie könnten mir die ganze Geschichte vorenthalten, nachdem Sie mich mitten hineingezogen haben, dann haben Sie mich noch nicht kennen gelernt.« Targeno zog heftig an seiner Zigarette. »Ein wenig Intuition und ein wenig Vermutung.« Er lächelte. »So habe ich während dieser ganzen Zeit überlebt.«

»Ja, Sie haben vermutlich Recht. Ich wusste immer, dass Sie gut sind. Es sollte mich nicht überraschen, was Sie erfahren, wenn Sie Ihre Fähigkeiten auf mich ausrichten.«

»Wer weiß also sonst noch von Ihrem kleinen Experiment?«

»Der Papst, wie Sie bereits vermutet haben. Er wusste von unseren Plänen und billigte sie.«

»Was ist mit dem gegenwärtigen Heiligen Vater?« Er verwandte der Satire halber bewusst den beschönigenden Ausdruck.

Francesco schüttelte den Kopf. »Er weiß nichts. Keiner der Päpste nach Paul VI. wusste etwas über das Projekt.«

Targeno nickte. »Also haben Sie das Baby entführt, in der Kirche eingesperrt und dann nach Amerika geschickt. Warum? Und jetzt wollen Sie ihn zurückhaben, und er will nicht bleiben. Ich möchte wissen, *warum*.«

Francesco schüttelte den Kopf und barg das

Gesicht in seinen dünnen, langfingrigen Händen. »Ich hatte nicht erwartet, dass Carenza so etwas tun würde. Entweder glaubt er nicht, was er über sich erfahren hat, oder es erschreckt ihn. Wie auch immer – er will den Weg nicht akzeptieren, auf den wir ihn gebracht haben.«

Targeno trat an den Schreibtisch des Jesuiten und beugte sich über den älteren Mann. »Das ist *genau das*, was ich wissen muss …«

»Was?«

»*Was* genau Sie und Ihre kleine Gruppe von Konspiranten Peter Carenza angetan haben, dass er so davonläuft?«

»Das werden Ihnen wahrscheinlich weder ihre Nachforschungen, noch Ihre Akten oder Ihre Intuition jemals sagen.« Francesco lehnte sich auf seinem Stuhl zurück und griff in seiner mit Edelsteinen besetzten Tabaksdose nach einer Zigarette.

»Vielleicht«, sagte Targeno und sah auf seine Armbanduhr, »aber während wir uns unterhalten, verschwindet Ihr Ausreißer im großen Schmelztiegel, hm?«

Francesco schwieg, aber der Ausdruck der Niederlage auf seinem Gesicht machte Worte unnötig.

»Es ist spät, Pater. Wenn Sie mir sonst nichts mehr sagen wollen, habe ich zu arbeiten. *Andere* Arbeit.«

»Ich werde Masseria dazu bringen, dass er Ihnen befiehlt, mir zu helfen.«

Francescos letzte, verzweifelte Drohung war jämmerlich. Targeno sah ihn an und lächelte. »Glauben Sie tatsächlich, Masseria könnte mich zwingen, etwas zu tun, was ich nicht tun will?«

»Was soll das heißen?«

»Ich wollte schon immer einen langen Urlaub nehmen – und ich habe die USA noch nie gesehen. Ich könnte viel Zeit und Geld darauf verwenden, durch das Land zu reisen. Ich könnte sogar nach Ihrem Priester suchen, und niemand würde es erfahren.«

»Das würden Sie nicht tun.«

»Hören Sie, Pater. Sie glauben vielleicht, ich wäre bei allen Ihren Spielen nur eine Schachfigur, aber ich sage Ihnen: Targeno denkt selbständig!«

»Verdammt! Ich kann Ihnen nicht mehr sagen!« Der Jesuit war den Tränen nahe. Die Enttäuschung trieb ihn an den Rand der Selbstdisziplin.

»Sie müssen, sonst kann ich Ihnen nicht helfen.« Sollte der Bastard ruhig noch ein wenig länger im eigenen Saft schmoren.

Francesco schüttelte den Kopf und barg erneut das Gesicht in den Händen. »Niemand sonst darf von dem Geheimnis erfahren ...«

»Versuchen Sie es einmal damit«, sagte Targeno. »1969, als Pater Masseria noch jung war und erst zu lernen begann, wie man ein jesuitischer Gangster wird – indem er für Sie arbeitete –, wurde er zum Verschwinden eines Ihrer anderen Angestellten befragt.«

»Wer soll das gewesen sein?« Francescos olivfarbener Teint wurde plötzlich aschfahl.

»Ein Seminarist namens Amerigo Ponti. Er verschwand in der Nacht, nachdem er einer vatikanischen Kommission zugeteilt wurde, die das *Santa Sindone* untersuchte.«

Francesco schlug mit der Faust auf die Schreibtischplatte. »Sie gottverdammter ...«

Targeno lächelte. »Ich werde letztendlich alles erfahren, aber es wird viel Zeit brauchen, und bis dahin ist Ihr Junge vielleicht auf Dauer verschwunden.«

»Sie erreichen immer, was Sie wollen, nicht wahr?«

»Stimmt.« Targeno grinste. Er wusste, dass er Francesco jetzt hatte. »Sind Sie bereit, mir einige Antworten zu geben?«

»Ja, verdammt! Ja ...«

Targeno setzte sich auf den Stuhl gegenüber dem großen Schreibtisch. Tief im Inneren seines Seins entstand wie eine neu geborene Sonne ein

Gefühl der Zufriedenheit. Geld war nicht die wertvollste oder begehrteste Ware der Welt. Es gab noch etwas Besseres.

Informationen.

Jeder konnte Geld stehlen. Aber nur ein Meister konnte Informationen entlocken.

»Ich muss Sie warnen«, sagte Francesco theatralisch. »Was ich Ihnen erzählen werde, ist …«

Targeno winkte ab. »Ich weiß, ich weiß. Streng geheim und so weiter, richtig?« Er verspürte den Drang zu lachen. »Bitte, Vanni, ich habe solche Dinge schon mein ganzes Leben lang gehört.«

»Das habe ich nicht gemeint«, sagte der Jesuit und ließ zu, dass hinter seiner Maske der Resignation Zorn erkennbar wurde. »Sie halten sich für so schlau, Targeno. Was ich Ihnen erzählen werde, ist die unglaublichste Geschichte, die Sie jemals hören werden. Aber glauben Sie mir, sie ist vollkommen wahr.«

Neunzehn

Brooklyn, New York – Windsor
27. August 1998

»Erwarten Sie wirklich von mir zu glauben, Sie seien Jesus Christus?« fragte Marion. Sie bemühte sich, nicht darüber nachzudenken, wie töricht sie klang. Nach dem, was sie gesehen und gehört hatte, wusste sie nicht mehr, was sie denken sollte, aber Peters Erklärung forderte ihre Leichtgläubigkeit über die Maßen. Sie fühlte sich von der handfesten Realität losgelöst. Sie fühlte sich wie in ihrer Kindheit, wenn sie aus einem Disney-Film kam – wohl wissend, dass alles Phantasie gewesen war, aber mit dem Wunsch, es wäre irgendwo im Universum wahr.

»Wie kann ich von Ihnen erwarten, etwas zu glauben, was ich nicht einmal selbst glauben kann!«, sagte Peter. »Ich erzähle Ihnen nur, was man mir erzählt hat.«

Sie sah ihn an, wie er eingesunken auf der Couch saß, sein dunkles Haar in alle Richtungen abstehend, die dunklen Augen halb geschlossen. Er wirkte verdammt sexy. Tut mir Leid, Pater, aber das tun Sie. Er wurde nach einigen Gläsern Wein allmählich betrunken. Nun, wahrscheinlich brauchte er das. Wenn es stimmte, was er sagte, genügte das, was Peter Carenza während der letzten vierundzwanzig Stunden durchgemacht hatte, völlig, um jeden in den Suff zu treiben.

»Ich weiß«, sagte sie. »Aber es klingt einfach so absurd, so unglaublich.«

»Ja, ja … das ist mir auch schon selbst alles durch den Kopf gegangen. Viele Male.«

Jäh brannte sich das Nachbild der blauen Aura in ihr geistiges Auge. Das verzerrte Gesicht des gedungenen Schlägers stierte sie lüstern an, als er erneut seinen *Pas de douleur* durchtanzte, während die Knochen und das Fleisch seines Armes zu pulveriger Asche wurden. Sie hatte es geschehen sehen. Sie konnte es nicht leugnen oder weg erklären. Peter Carenza hatte den Kerl irgendwie verbrannt – genauso wie er diesen Straßenräuber in der Gasse verbrannt hatte.

»Was sollen wir jetzt tun?« Sie saß am Rand der Couch und bekämpfte den Drang, sein Haar glatt zu streichen und die Hand über seine Schulter zu führen.

Er sah sie einen Moment an, bevor er antwortete: »Sie sagten ›wir‹ ...«

»Das sagte ich, oder?« Sie lächelte ihm zu, wollte ihm erklären, dass sie sich heftig von ihm angezogen fühlte, dass sich sinnliche Begierde für sie bisher vielleicht schlechter dargestellt hatte, als sie war. Aber sie wollte ihn nicht erschrecken oder verletzen. Außerdem war mehr daran als das.

»Weil ich mir Sorgen um Sie mache, Peter«, sagte sie weich. »Weil Sie ein guter Mensch sind und in irgendwelchen verrückten Schwierigkeiten stecken, und – weil Sie sehr allein zu sein scheinen.«

Er stellte sein leeres Weinglas auf dem Teppich ab und rieb sich die Augen. »Das ist sehr scharfsichtig. Ich habe einen engen Freund, aber ich habe Angst, ihn anzurufen.«

»Sie würden von ihm wissen«, sagte sie zögernd, indem sie laut dachte. »Sie würden darauf warten, dass Sie ihn kontaktieren.«

Peter zuckte die Achseln. »Vermutlich. Ich weiß es nicht wirklich, aber ich will kein Risiko eingehen. Darum habe ich Sie angerufen. Sie sind ihnen nicht bekannt. Sie wissen nicht, dass ich Sie kenne.«

»Hier sind Sie sicher«, sagte sie und legte eine Hand auf seine Schulter. »Möchten Sie jetzt ein wenig schlafen?«

»Trägt der Papst einen lustigen Hut?«

Sie brach in nervöses Lachen aus, und er fiel mit ein. Es fühlte sich gut an, sich nach dem, was sie durchgemacht hatten, zu entspannen. Es war das erste Mal, dass sie ihn wirklich lachen sah. Sein Lachen war volltönend und kräftig. Sie wünschte, die Umstände wären anders, damit sie mehr davon hören könnte.

»In Ordnung, kommen Sie, Sie können das zweite Schlafzimmer oben benutzen. Ich muss nach Hause und auch selbst etwas schlafen. Ich bin eine arbeitende Frau, erinnern Sie sich?«

Er nickte und rieb sich erneut die Augen. »Danke, Marion, für alles. Das *Tae Kwan Do* war ein Bonus, mit dem ich nicht gerechnet hatte, aber es war ein gewaltiger Bonus.«

Sie lächelte. »Es war das erste Mal, dass ich es jemals benutzen musste. Gut zu wissen, dass es funktioniert.«

Er stand schwankend auf und ließ sich von ihr zur Treppe führen. »Ich habe das Gefühl, als hätte ich eine Woche nicht mehr geschlafen. Dieser Wein haut bei mir rein wie ein Klavier.«

»Ein Klavier?«

»Das man aus dem Fenster geworfen hat.« Er lächelte erneut … Er sah für ihren Geschmack wirklich zu gut aus.

Sie lachte und drängte ihn sanft nach oben. »Sie können die Handtücher im Bad benutzen. Sie sind sauber. Gehen Sie nicht ans Telefon. Ich rufe Sie morgen an – ich lasse es zwei Mal klingeln, lege wieder auf und rufe dann erneut an. So werden Sie wissen, dass ich es bin.«

»Zwei Mal klingeln lassen, dann auflegen. In Ordnung.« Er wandte sich ab und ging die Treppe hinauf.

Sie beobachtete ihn, bis er oben angelangt war. »Peter?«

»Ja?« Er wandte sich um und schaute zu ihr hinab.

Sie wollte ihn fragen, ob er wollte, dass sie blieb, zwang sich aber, einfach nur zu sagen: »Passen Sie auf sich auf. Morgen sieht schon alles besser aus.«

Gott, sie klang so töricht!

Er lächelte. »Ich weiß. Danke, Marion, ich meine es ehrlich.«

»Das weiß ich. Gute Nacht.«

Er verschwand im oberen Gang, und sie ging in die Küche, um sich ein Taxi zu rufen.

Sie wollte nicht wissen, wie spät es war, während sie dem auf der West End gen Süden davonfahrenden Taxi nachblickte. Die Heiterkeit und das pure Abenteuer des Abends waren langsam entschwunden. Zurück blieben extreme Müdigkeit und eine seltsame Art Sehnsucht, als würde plötzlich etwas Entscheidendes, etwas furchtbar Wichtiges in ihrem Leben fehlen.

Marion betrat das Gebäude, nickte dem Wachmann zu und ging zu den Fahrstühlen. Die zeitgenössische Ausstattung der Lobby wirkte steril. Es war, als beträte sie ein Mausoleum. Das Gefühl, dass etwas fehlte, wollte nicht weichen, und Marion kannte sich selbst gut genug, um zu erkennen, dass Peter Carenza und sein besonderes Problem die Ursache waren.

Ihr Herz meldete sich häufig auf diese Art. Manchmal hörte sie zu, manchmal nicht. Die Reporterin in ihr bestand auf gleiche Redezeit, und diese innere Stimme schrie eine andere Botschaft heraus: *Du sitzt vielleicht auf der größten Story des Jahrhunderts.*

Sie stieg aus dem Fahrstuhl und schloss die Tür zu ihrer Genossenschaftswohnung auf. Die städtische Paranoia verlangte, dass sie alle Räume und Schränke inspizierte, bevor sie sich wohl fühlen und ihren Gedankengang wieder aufnehmen konnte. Sie hatte dieses Ritual von ihrer Freundin

Suzette gelernt, und auch wenn es ein wenig überspannt war – was sollte es? Sie fühlte sich besser, wenn sie sofort wusste, dass sie nicht ausgeraubt worden war und dass ihr kein hinterhältiger Fiesling mit einem Messer auflauerte.

Nachdem die Paranoia-Tour beendet war, sank sie auf ihr Bett, ohne sich auch nur auszuziehen. Ihr Körper schmerzte von den Strapazen, aber ihr Geist lief wie der Motor eines Dragster auf Hochtouren, bereit, bei Grün loszupreschen. Ihr Leben hatte sich unwiderruflich verändert, seit sie das Pfarrhaus von St. Sebastian aufgesucht hatte, wo sie einem wie ein Filmstar aussehenden Priester begegnet war, der Lichtblitze aus seinen Händen aussandte und nebenbei behauptete, er sei aus dem Blut Jesu Christi geklont.

Ja, genau.

Eine ganz normale Geschichte in der Welt einer gehetzten Journalistin. Die Nachricht des Tages, oder die Nachricht des Jahrhunderts? Er war vielleicht nicht Jesus Christus, aber er offenbarte gewiss etwas, was jenseits normaler menschlicher Fähigkeiten lag. Ein Mutant? Eine Missgeburt? Ein Ungeheuer? Was auch immer sonst er sein mochte, Pater Peter Carenza war mit Sicherheit eine Nachricht wert, und sie wusste nicht, was, zum Teufel, sie damit tun sollte.

Zwanzig

Brooklyn, New York – Ellington
27. August 1998

Als sein Freund zu ihrem vereinbarten Treffen am Montagmorgen nicht erschien, hatte sich Dan Ellington augenblicklich Sorgen gemacht. Als Peter auch nicht anrief, um es zu erklären, weder an dem Abend noch während der nächsten beiden Tage, war Dans Sorge zu Panik geworden.

Eine solche Handlungsweise sah Peter einfach nicht ähnlich. Solange Dan ihn kannte, war Peter ein rücksichtsvoller, aufmerksamer Mensch gewesen. Er würde eine Verabredung nicht einfach ausfallen lassen, wenn nicht etwas Unvorhergesehenes geschehen wäre.

Da Dan um Peters schwierige Beziehung zu seinem Mentor Sobieski wusste, hatte er nicht im Pfarrhaus anrufen wollen. Aber nun waren bereits drei Tage ohne eine Nachricht von Peter vergangen. Zum Teufel damit …

Dan nahm den Hörer hoch und gab eine Nummer ein.

Eine ungewohnte, männliche Stimme meldete sich und stellte sich als Pater Ryan vor.

»Guten Abend«, sagte Dan. »Ich versuche, Pater Carenza zu erreichen.«

»Er ist im Moment nicht hier«, sagte Ryan.

»Nun, haben Sie eine Ahnung, wann er zurück sein wird? Ich war mit ihm verabredet, aber er ist nicht gekommen.«

»Tut mir Leid, aber das weiß ich nicht.« Pater Ryans Stimme klang weder angespannt noch auf Täuschung bedacht.

»Nun, könnten Sie mir bitte sagen, wo er ist? Wo ich ihn antreffen könnte?« Dans Instinkte sagten ihm aus einem unbestimmten Grund, dass etwas nicht stimmte. Als er sich daran erinnerte, wie aufgeregt Peter gewesen war, und besonders das Unheimliche an dem bedachte, was geschehen war, hatte er das Gefühl, dass Peter tief in Schwierigkeiten steckte.

»Ich glaube nicht«, sagte Ryan. »Pater Carenza ist nicht mehr im Land. Er ist nach Rom gefahren.«

»Was!?« Dan konnte seine Überraschung nicht verbergen. »Wann ist er gefahren? Warum?«

»Es tut mir Leid, Sir, aber das weiß ich wirklich nicht. Sein Mentor hat sich darum gekümmert, aber Pater Sobieski ist im Moment nicht hier. Und ich weiß keine Einzelheiten.«

Der Mann klang äußerst aufrichtig. Wenn er log, hätte er Schauspieler anstatt Priester werden sollen.

»Wann erwarten Sie Pater Sobieski zurück?«

»Erst später am Abend«, sagte Ryan.

»In Ordnung, ich werde ihn morgen anrufen.«

»Das ist gut. Er sollte den ganzen Tag hier sein.«

»Okay«, sagte Dan. »Vielen Dank.«

»Möchten Sie eine Nachricht hinterlassen? Was soll ich ihm sagen, wer angerufen hat?«

Dan hinterließ seinen Namen und legte dann auf.

Rom? Was machte Peter in Rom? Aber noch während sich die Frage in seinen Gedanken formte, dachte sich Dan, wie aufgeregt der alte Mentor über den ›wundersamen‹ Beiklang von Peters Raubüberfall gewesen sein musste. Als Jesuit war sich Dan der Tatsache schmerzlich bewusst, dass die alten Komitees in der Kurie des Vatikans der Wunderforschung geweiht waren. Obwohl die meisten modernen Jesuiten die Komitees als albern und generell als Peinlichkeit innerhalb der Kirche empfanden, war er sich sicher, dass das Netzwerk der ›alten Herren‹ in Rom dringend erfahren wollte, was mit Peter geschehen war.

Rom. Je länger er darüber nachdachte, wie der arme Peter vor eine Horde alter Kardinäle gezerrt wurde, desto mehr Sinn ergab es.

Und desto weniger besorgt war er. Es störte ihn dennoch, dass Peter vor seiner Abreise zum Vatikan nicht angerufen hatte – oder nach seiner Ankunft. Dennoch – da er Peter kannte, wusste er, dass er wahrscheinlich die Kosten eines Anrufs quer über den Atlantik gescheut hatte – selbst wenn dieser Anruf von der reichsten Kirche der Welt bezahlt würde.

Nun, morgen hatte Dan frei. Er hatte nichts zu tun, sodass er viel Zeit haben würde, Sobieski zu erwischen und genau zu erfragen, wo Peter war und wann er zurück erwartet würde. Er nahm den Cable Guide hoch und sah sich den neuesten Film auf Cinemax an.

Ein leichtes Klopfen an der Tür weckte ihn. Der Fernseher berieselte noch immer den dunklen Raum – ein schlecht synchronisierter ausländischer Film. Dan rieb sich die Augen, als er erkannte, dass er während des Spionagethrillers eingeschlafen war und sein Zeitgefühl verloren hatte.

Tapp-tapp ... Tapp-tapp ...

Das leichte Geräusch weckte ihn vollends. Er sah auf seine Uhr und erkannte, dass es zwei Uhr nachts war.

Wer, zum Teufel, könnte um diese Zeit klopfen?

Dan trat zur Tür und schaute durch den Spion. Er sah im trüben Licht des Ganges in dem Mietshaus der Fakultät die Gestalt eines Mannes in einem dunklen Anzug und mit einem Filzhut. Seine Züge waren nur vage erkennbar.

»Wer ist da?«, fragte Dan.

»Pater Ellington?«, fragte eine gedämpfte Stimme.

»Ja?«

»Ich bin Detective Benjamino Ortiz vom NYPD. Ich möchte Ihnen einige Fragen stellen.«

War dieser Kerl verrückt? »Detective, es ist zwei Uhr morgens. Wie wäre es mit morgen früh?«

Eine kurze Pause entstand, und dann: »Pater, es geht um Ihren Freund, Peter Carenza ...«

Peter! Ohne nachzudenken, entriegelte Dan die Stahltür. Als er sie öffnete, stand er einem großen, breitschultrigen Mann mit einem dunkelgrauen, modisch geschnittenen Anzug, einem teuer aussehenden Hemd und einer Designer-Krawatte gegenüber. Sein Gesicht war hager und tief gebräunt. Hohe, kantige Wangenknochen betonten die tief in den Höhlen liegenden, großen, braunen Augen. Das faltenlose Gesicht des Mannes ließ keinen Schluss auf sein Alter zu. Daniel schätzte ihn zwischen dreißig und vierzig Jahren.

»Guten Abend, Pater«, sagte der Mann und betrat selbstbewusst den Raum.

Daniel ging ihm automatisch aus dem Weg. Der Mann bewegte sich mit solcher Anmut und Kraft, dass er augenblicklich Respekt abforderte.

»Sie sagten etwas über meinen Freund Pater Carenza – stimmt etwas nicht?«

»Ich weiß es nicht«, sagte der Detective. »Um das herauszufinden, bin ich hier …«

Er stand sehr nahe bei Daniel und verströmte eine gleichzeitig kraftvolle und bedrohliche Aura. Nun, wo er mehr als nur wenige Worte geäußert hatte, erkannte Daniel, dass er kein Spanier war. Dan runzelte die Stirn. Er hatte keinen Grund, einen Polizisten zu fürchten – es sei denn, dieser Bursche war kein Polizist … Verdammt! Es war dumm von ihm gewesen, die Tür so bereitwillig zu öffnen!

Der Mann musste den Verdacht von Dans Gesicht abgelesen haben. Er trat noch näher.

»Stimmt etwas nicht, Pater?« War da ein andeutungsweises Lächeln zu sehen?

»Sie sagten, Sie seien Detective …«, begann Daniel. »Aber Sie haben mir Ihre Marke nicht gezeigt.«

»Das kommt daher, dass ich gelogen habe.« Er lächelte bedrohlich. »Segnen Sie mich, Pater, denn ich habe gesündigt.«

»Wer sind Sie? Was wollen Sie von mir?«

»Ich suche Peter Carenza.« Der Mann packte mit festem Griff Dans Schulter und zwang ihn zu einem Stuhl in der Essecke. »Setzen Sie sich, bitte. Wir müssen reden.«

»Hören Sie, ich will wissen, was hier vor sich geht! Sie können nicht einfach in meine Wohnung eindringen und …«

Der Schlag kam aus dem Nichts. So flink, so schnell und mit solcher Wucht ausgeführt, dass Daniel sich fühlte, als wäre er von einem Amboss gestreift worden. Eine Kopfseite pochte unter heftigem Schmerz. Weißer, betäubender Schmerz.

»Halten Sie den Mund«, sagte der falsche Detective mit seiner flüsternden Baritonstimme. Er klang entsetzlich ruhig und geschäftsmäßig.

Daniel konnte nicht sprechen. Seine Worte waren nur undeutliches Stöhnen.

»Peter Carenza ist Ihr Freund, das weiß ich. Ich will wissen, wo er ist.«

Daniel zwang sich, deutlich zu sprechen. »Er ist in Rom.«

»Er ist *nicht* in Rom. Ich komme gerade von dort. Verarschen Sie mich nicht, Pater!«

Nicht in Rom? Was ging hier vor? Dieser Bursche, wer auch immer er war, vermutete, dass Dan mehr wusste, als es der Fall war. »Dann weiß ich nicht, wo er ist, ehrlich.«

Der Eindringling lächelte. »Pater, glauben Sie mir, wenn Sie etwas über Carenza wissen, werde ich es herausfinden. Sie können es mir entweder freiwillig erzählen, ohne Schmerzen, oder Sie können es mir unter großen Schmerzen erzählen.«

Daniel sank auf seinem Stuhl zusammen. Der Schmerz an seinem Kinn war nun dumpf und pulsierend. Das Klingeln in den Ohren war verschwunden. Er sah seinen Befrager an. Der Mann hatte etwas Reptilienhaftes.

»Hören Sie, ich weiß nichts, wirklich! Wir wollten uns am Montag treffen, aber er tauchte nicht auf. Ich habe gerade erst heute Abend herausgefunden, dass er nach Rom geschickt wurde.«

»Er ist jetzt nicht mehr dort«, sagte der Mann und beugte sich herab, um Dan in die Augen zu sehen. »Ihr Freund ist entkommen und hat ein Flugzeug zurück nach New York genommen. Er ist seit mehr als vierundzwanzig Stunden zurück.«

»Entkommen? War er ein Gefangener?«

Der Mann grinste erneut. »Ja, so könnte man es vermutlich ausdrücken.«

Dans Gedanken rasten. Er bemühte sich, ruhig zu bleiben. »Hören Sie, ich sage Ihnen die Wahrheit. Ich weiß nicht, wo er ist.«

»Das werden wir sehen«, erwiderte der Mann erneut lächelnd. Er nahm einen kleinen Lederkasten aus der Innentasche seiner Jacke, öffnete ihn langsam und offenbarte eine Spritze zur subkutanen Injektion. Einer anderen Tasche entnahm der Mann ein kleines Medikamentenfläschchen.

Dan holte in einem Augenblick reiner, von Entsetzen getriebener Reaktion mit einem Arm aus und schlug gegen die Hand mit dem Spritzenkasten. Sein Inhalt fiel zu Boden und zerbrach.

Der Mann, der sich Ortiz nannte, lächelte nur. »Oh, das ist bedauerlich. Sie mögen keine Nadeln, Pater? Ihr Leben wäre mit einer kleinen Menge Xylothol um so vieles leichter geworden. Jetzt werde ich, wie ich fürchte, altmodischere Methoden anwenden müssen …«

Eine verschwommene, nur aus den Augenwinkeln wahrgenommene Bewegung endete für Dan mit explosionsartigem Schmerz am unteren Schädel. Dann wurde alles schwarz.

Er kam dadurch wieder zu sich, dass ihm jemand Eiswasser ins Gesicht spritzte. Nach einem Moment völliger Desorientierung schätzte Daniel seine Lage ein. Er war nackt ausgezogen und mit dem Telefonkabel fest auf seinem Stuhl gefesselt. Das Kabel war gerade locker genug, dass sein Blut zirkulieren konnte, aber jeglicher Gedanke daran, sich zu befreien, war absurd. Dieser Kerl war zweifellos ein Profi.

Der Peiniger stand vor ihm und legte gerade eine Auswahl von Werkzeugen und Küchengeräten sorgfältig in einer Reihe auf den Tisch: Messer, einen Korkenzieher, einen Käseschaber, eine elektrische Kochplatte, einen Eispfriem, eine kabellose Bohrmaschine mit variablen Geschwindigkeiten, eine nadelspitze Zange und eine Kombizange. Die Arbeitsplatte neben der Spüle wies eine Ansammlung von offenen Gläsern, Dosen und anderen Behältern auf.

»Sie haben eine gut bestückte Wohnung, Pater«, sagte der Mann, deutete auf den Tisch und lächelte. »Sie müssen mich erwartet haben.«

»Hören Sie, ich habe Ihnen alles gesagt, was ich weiß. Was, zum Teufel, haben Sie mit mir vor?«

Es bereitete Dan Übelkeit, das Flehen in seiner Stimme zu hören, aber er fühlte sich so unglaublich verletzlich. Mit gespreizten Beinen und gekonnt an die hinteren Beine des Stuhls gefesselten Knöcheln, war David peinlich berührt und ängstlich. Sein Penis war auf Nussgröße geschrumpft, und seine Hoden hatten sich in den Körper hineingezogen.

Der Mann nahm ein kleines Schälmesser hoch, trat zu Daniels Linken und versenkte ungefähr ein Viertel der Klinge in die Haut seines Unterarms. Daniel beobachtete entsetzt, wie seine Haut geschändet wurde. Seine Gedanken setzten aus, mehr aufgrund der Dreistigkeit der Handlung und aus Schock als vor Schmerz.

Der Mann hielt die Klinge ruhig fest. Es drang nur überraschend wenig Blut aus der Wunde.

»Ich werde Ihnen eine Frage stellen«, sagte er. »Wenn mir die Antwort nicht gefällt, werde ich Ihren Arm wie einen Fisch filetieren.«

»Bitte … was wollen Sie von mir?«

»Antworten. Nur Antworten. Nun sagen Sie mir: Wissen Sie, *warum* Ihr Freund nach Rom fuhr?«

»Nein.«

Die Klinge drang einen halben Zoll tiefer in den Arm. Blut quoll hervor, und der Peiniger griff nach einer offenen Dose Natriumbikarbonat. Er schüttete etwas davon in die Wunde. »Das nächste Mal werde ich es mit Salz versuchen, hm?«

»Ich *weiß* nicht, warum!«, schrie Daniel. Sein Arm fühlte sich an, als stecke er in einem Kokon aus brennendem Feuer.

»Sie meinen, Peter Carenza hat Ihnen nichts von seinen kürzlichen … Erfahrungen erzählt? Seinen Schwierigkeiten?«

»Ich weiß nicht, was Sie meinen.«

Der Mann lächelte. »Wissen Sie, wie mich meine Kollegen nennen?«

»Hm?« Die Frage ergab keinen Sinn.

»Il Chirurgo. Das bedeutet ›der Chirurg‹.«

Er führte die Klinge einen Zoll näher an Daniels Ellbogen heran, ließ die Spitze am Rand der Elle entlanggleiten und achtete sorgfältig darauf, keine größeren Blutgefäße zu verletzen. Daniel konnte den Blick nicht abwenden und beobachtete, wie seine Haut so beiläufig zerteilt wurde, als schnitte der Mann in ein saftiges Steak. Der ›Chirurg‹ schüttete eine Packung Salz über Dans Arm. Dieses Mal drohte ihm der Schmerz die Sinne zu rauben. Feuerwerke brachen vor seinen Augen auf.

»Das ist Mist, mein Freund«, sagte der Mann mit seiner entsetzlich sanften Stimme, wie ein in Samt gehüllter Hammer. »Sie lügen.«

»Nein!«, schrie Daniel und fragte sich, ob ihn sonst jemand in dem Gebäude hören konnte. »Er hat mir von dem Straßenräuber erzählt! Von dem Blitz! Mehr weiß ich nicht!«

Der falsche Polizist nickte. »Vielleicht. Vielleicht auch nicht.«

»O Gott, es ist wahr! Bitte glauben Sie mir!«

»Wissen Sie, warum Peter Carenza nach Rom gerufen wurde?«

»Nein, aber…«

Die Messerspitze traf den Knochen, und neuerlicher Schmerz schoss explosionsartig durch Dan hindurch. Schweiß rann aus seinen Poren wie Blut.

»Aber Sie haben Vermutungen, oder? Erzählen Sie mir davon.«

Daniel berichtete, durch zusammengebissene Zähne und gegen bittere Tränen ankämpfend, von seiner Vermutung, dass Peter von einem Komitee für Wunderforschung dorthin zitiert wurde.

»Ist das nicht eine hübsche, brauchbare Antwort?« Der Mann schabte mit der Klinge den Knochen entlang und häutete ihn. Dan blutete nur langsam, wahrscheinlich durch das gradweise Abgleiten in einen Schockzustand. Der Schmerz war so allumfassend, so jenseits aller Schwellen, dass Dan seinen zerstörten Arm inzwischen betrachten konnte, als gehöre er jemand anderem.

Er konnte sich schwach schreien, fast wimmern hören. »Ich sage Ihnen die Wahrheit. Was ist los mit Ihnen?«

»Nein, das glaube ich nicht. Sie reden linientreu, mein Freund.«

»Nein«, stöhnte Dan. »Das stimmt nicht.«

Der Mann beugte sich herab und sah Dan unmittelbar in die Augen. »Jetzt hören Sie mir gut zu. Sie erzählen mir genau das, was diese Verbrecher im Vatikan jedermann glauben machen wollen. Wie konnten Sie wissen, was Sie mir erzählen sollen, wenn Sie nicht mit Carenza gesprochen haben?«

»Ich habe nicht mit ihm gesprochen! Ich schwöre bei Gott!«

»Tatsächlich?« Der Peiniger nahm die Bohrmaschine hoch und drückte leicht auf den Startknopf. Das Gerät heulte auf, und der Bohrer drehte sich langsam. Das leise Summen des elektrischen Motors klang entsetzlich obszön.

»O Gott, ich sage Ihnen die Wahrheit ...«

»Wir werden sehen.« Ortiz öffnete Daniels Handfläche und drückte den sich träge drehenden Bohrkopf in seine Haut. Der Stahl fraß sich mit unerbittlicher Langsamkeit mitten durch seine Hand. Reine, explosionsartige Qual überlagerte seinen Geist. Dan schrie heiser, denn Schmerz versengte auch seine Stimmbänder.

Nachdem der Bohrer seine Hand ganz durchdrungen hatte, führte der Mann ihn mehrmals auf- und abwärts, bevor er in der Mitte von Dans anderer Hand erneut begann. Als der Bohrkopf bereits die ersten Hautschichten freigelegt hatte, hielt der Mann inne und sah seinem Gefangenen ins Gesicht.

»Wollen Sie mir etwas sagen?«

»Ich *schwöre* es Ihnen! Ich habe nicht mit ihm gesprochen. Ich *habe* ihn nicht gesehen!«

»Woher wussten Sie dann von diesem Mist über ›Wunder‹?«

»Ich bin nicht dumm! Das war der logischste Grund, ihn dorthin zu berufen!« Daniel hatte Mühe, seine Gedanken beisammen zu halten. Schmerz überrollte ihn und verwirrte sein Denken. »Ich habe Ihnen alles gesagt, was ich weiß. Bitte, glauben Sie mir.«

Ortiz stöpselte die einzelne Kochplatte ein, die Dan zum Kaffeekochen benutzte. Innerhalb einer Minute hielt er ein neonartiges, orangefarbenes Folterinstrument in der Hand. »Nun, das sieht hübsch und heiß aus, nicht wahr?«

»Bitte ...«, sagte Daniel, der den Blick nicht von dem glühenden Heizelement abwenden konnte.

»Es heißt, unsere Fingerspitzen besäßen mehr Nervenenden als jeder andere Teil des Körpers. Glauben Sie das?«

»Ja«, hörte er sich irrsinnig sagen.

»Nun, ich frage Sie – wo ist Ihr Freund, Peter Carenza?«

»O Gott, ich weiß es nicht …«

»Doch, Sie wissen es. Sie müssen es wissen.«

Der Mann hielt Dans linke Hand in seinem schraubstockartigen Griff und öffnete gewaltsam die Finger. Bewusst langsam presste er die heiße Kochplatte gegen die Spitze von Dans Mittelfinger. Weiß-heißer Schmerz schoss mit lautem, dampfenden Zischen durch Dan wie ein gerissenes Starkstromkabel. Der Schmerz schloss alle anderen Empfindungen aus. Dan spürte vage den Druck, als die Platte fester gegen seinen Finger gepresst wurde. Ein Knistern erklang, gefolgt von einem *Pffft* und dem Geruch verbrannten Fleischs.

Daniel schrie schwach auf, vom Schmerz erschöpft, jenseits aller Laute. Schweiß tropfte in seine Augen und vermischte sich mit Tränen unter seinen zusammengepressten Lidern zu brennender Säure. Sein Magen stülpte sich um. Heiß stiegen Mageninhalt und Galle seine Kehle hinauf und hinab, drohten ihn zu ersticken. Plötzlich löste sich ein warmer Urinstrahl aus ihm, befleckte den Stuhl und lief sein Bein hinab.

»So schmutzig«, sagte sein Peiniger.

»Bitte … Nicht mehr, bitte.«

»Wo ist Peter Carenza?«

»Ich *weiß* es nicht!«

»Hat er noch andere enge Freunde?«

»Ich weiß es nicht …«

Ortiz presste die Kochplatte gegen Dans Zeigefinger. Haut verbrannte und kochende Blutgefäße barsten. Der Schmerz schloss alle Gedanken aus. Er würde ohnmächtig werden …

Kaltes Wasser stach ihm ins Gesicht, weckte ihn ruckartig wieder.

»Gibt es noch jemandem, zu dem er gehen könnte?«

»Nein, nein. Ich weiß es nicht.« Er weinte.

»Ich glaube doch«, sagte der Mann. Er stellte die Kochplatte ab und griff nach dem Eispfriem.

Einundzwanzig

Brooklyn, New York – Carenza
28. August 1998

Als Peter erwachte, fühlte er sich wie von den Toten auferstanden.

Er lächelte. Vielleicht war das im Moment nicht der passendste Ausdruck. Er schüttelte den Kopf, setzte sich auf und rieb sich die Augen. Er war sich nicht einmal sicher, welcher Tag heute war, geschweige denn, wie spät es war. Der Abend auf der Couch, der Wein, die Unterhaltung mit Marion Windsor schienen sehr lange her.

Er taumelte ins Badezimmer, wobei er nur halbwegs die unglaublich üppige Umrahmung weiblicher Kosmetika auf der Ablage wahrnahm. Er pinkelte, als hätte er sein ganzes Leben lang keine Gelegenheit dazu gehabt, und trat dann zum Waschbecken, um sich etwas Wasser ins Gesicht zu spritzen. Etwas wacher schaute er in den Spiegel. Seine vertrauten, jungenhaften Züge verhärteten sich, verblassten, und das störte ihn. Um die Augen und den Mund waren vage Linien und Falten erkennbar. Er wollte es der Müdigkeit zuschreiben, oder auch dem guten alten Alterungsprozess, aber er wusste, dass die Ereignisse der letzten Woche die Entwicklung in Gang gesetzt hatte, die er nun an seiner Erscheinung wahrnahm.

Als er ins Schlafzimmer zurückkehrte, sah er, dass die Uhr auf der Frisierkommode 4:17 anzeigte. Das durch die Chenillevorhänge vor den Fenstern fallende, verschwommene Licht bedeutete Nachmittagssonne. Konnte das stimmen? Hatte er wirklich die ganze Nacht und den halben nächsten Tag durchgeschlafen?

Er schüttelte den Kopf, setzte sich auf die Bettkante und schlüpfte in Jeans und Baumwollhemd. Das hatte wahrscheinlich der Jetlag und der Kampf mit den zwei Killern bewirkt …

Als er in die Küche hinabging, fand er eine Nachricht von Marion vor. Da Freitag war, schrieb sie, sei sie für die Abendnachrichten eingeteilt und wäre ungefähr um 20:30 fertig. Dann würde sie ihn anrufen. Peter lächelte, während er den Zettel zusammenknüllte und in den Mülleimer warf. Er kannte die Frau kaum, und doch hatte er das Gefühl, als wären sie schon ihr ganzes Leben lang miteinander befreundet.

Die bizarren Ereignisse der letzten Woche hatten sie zusammengebracht, und nach der Szene am Flughafen schien es fast schicksalhaft, dass sie eng zusammenstanden. Man rettet einander nicht das Leben und behält dann eine beiläufige Haltung bei, dachte er.

Natürlich erzählt man auch nicht jeden Tag jemandem, dass man der Sohn Gottes ist.

Der Sohn Gottes.

Peter erinnerte sich an den vorangegangenen Abend, als er den Arm des Burschen verbrannt hatte. Sein Unterbewusstsein wollte nicht von dem Thema ablassen, obwohl er die Gedanken daran zu vermeiden versucht hatte. Als er an den konkreten Moment zurückdachte, hatte er das Gefühl, das blaue Feuer zwar nicht kontrollieren, es aber fast heraufbeschwören zu können. Die Auslöser waren anscheinend extreme Anspannung oder Gefahr.

Wenn das stimmte, dann konnte er vielleicht *lernen*, es zu kontrollieren. Er hatte in Charles Forts *Wild Talents* über bizarre Fälle menschlicher Selbstentzündung gelesen – Leute, die plötzlich so heftig in Flammen aufgegangen waren, dass ihre Körper innerhalb von Sekunden verkohlt waren – und fragte sich, ob seine ›Fähigkeit‹ auch zu diesem Phänomen gehörte.

Er schüttelte den Kopf und seufzte aufgebracht. Warum suchte er noch immer nach rationalen oder auch vergleichsweise rationalen Erklärungen für das, wer und was er war? Der Vatikan hatte ihm die sauberste mögliche Auslegung geliefert. Er wollte sie nur nicht akzeptieren. Ihm wurde von den endlosen Gedanken übel.

Peter ging in die Küche, durchsuchte den Kühlschrank und fand etwas Obst und Vollkornbrot. Ein zweischlitziger Toaster stand auf der Arbeitsplatte daneben.

Es musste bei den Schlussfolgerungen der Gruppe im Vatikan einen grundsätzlichen Fehler geben. Vielleicht hatten ihre Verfahren ein weiteres Retortenbaby hervorgebracht. Er *fühlte* sich gewiss nicht wie Gott. Nicht einmal wie dessen Sohn.

Er lächelte, als die Toastscheibe hochsprang. Seine Gedanken waren so lächerlich. Und doch konnte man den physischen Beweis und die Aussagen überaus seriöser Männer und Frauen nicht einfach außer Acht lassen.

Während Peter seinen Toast mit Butter bestrich und sich ein Glas Orangensaft eingoss, fragte er sich, wie lange er sich wohl mit solchen Gedanken herumplagen würde. Vielleicht sein restliches Leben lang …

Er hoffte, es würde ihn nicht in den Wahnsinn treiben.

Marions Unterstützung war während der letzten Woche in seinem Leben das einzig *Reale* gewesen. Der einzige andere Mensch, dem er noch vertrauen konnte, war Daniel Ellington. Sein engster Freund verdiente es zu wissen, was geschehen war – und Peter wären seine Ideen dazu sehr willkommen. Er griff nach dem Telefon, gab die Nummer der Englischabteilung des Fordham ein und hoffte, dass er sich richtig erinnerte.

Als Dans Sekretärin abnahm, lächelte Peter. Gut. Das brauche ich. Wir treffen uns zum Essen oder so.

»Daniel Ellington, bitte …«, sagte er.

»Oh, tut mir Leid, aber Pater Ellington hat heute frei. Möchten Sie eine Nachricht hinterlassen?«

»Er kommt den ganzen Tag nicht herein?«

»Nun, wir erwarten ihn nicht.«

»Also würde er eine Nachricht erst morgen bekommen?«

»Ich denke schon«, sagte die junge Frau.

»In Ordnung«, sagte Peter. »Vielen Dank.«

Er behielt den Hörer in der Hand und wählte Dans Privatnummer.

Er ließ es zwanzig Mal klingeln, bevor er auflegte. Da er seinen Freund vielleicht unter der Dusche wähnte, beendete er sein karges Frühstück, räumte auf und rief dann erneut an. Noch immer keine Antwort.

Er beschloss zu warten, bis Marion sich meldete. Vielleicht würden sie zusammen zum Fordhamcampus fahren.

»Haben Sie mich in den Nachrichten gesehen?«, fragte Marion mit tadelndem, ein wenig kokettem Lächeln.

»Ich habe es, ehrlich gesagt, vergessen«, erwiderte er. »Und ich war noch nie ein wahrer Nachrichten-Fan. Ich sehe sie mir zwar hin und wieder an, aber mir ist das alles zu politisch orientiert. Politik ist langweilig.«

»Das ist in Ordnung, ich habe nur Spaß gemacht«, sagte sie, während sie mit ihrem Mazda ostwärts in die Atlantic Avenue einbog. »Es war ohnehin eine schreckliche Sendung. Heute Abend ist einfach nichts passiert.«

»Keine sensationellen Morde oder Regierungsskandale, hm?«

»Peter, versuchen Sie, höhnisch zu sein?«

Er lächelte. »Ich wette, Sie mussten als Bildmaterial auf ein mittelmäßiges Lagerhausfeuer zurückgreifen.«

Marion seufzte, während sie den langsameren Verkehr auf der rechten Spur umging. »Sind Sie so zynisch? Sind wir so berechenbar?«

Er zuckte die Achseln. »Fernsehnachrichten unterliegen anscheinend einem bestimmten Muster. Die Produzenten sind auf eine Formel gestoßen, die funktioniert, etwas, womit der durchschnittliche Zuschauer zufrieden ist. Ich kann das verstehen. Wenn es nicht zerbrochen ist, repariere es nicht, richtig?«

»Vermutlich«, sagte sie beinahe traurig.

»He, ich wollte Sie nicht runterziehen«, sagte er. »Tut mir Leid.«

»Ist schon in Ordnung«, erwiderte Marion und strich sich eine Locke ihres kastanienbraunen Haars aus dem Gesicht. »Es ist nur so, dass ich meine Arbeit wirklich mag, und ich möchte glauben, dass ich etwas Bedeutungsvolles tue. Ich unterliege vermutlich dem Glamour, der mit der Bekanntheit kommt, und ich vergesse, wie es auf der anderen Seite des Bildschirms ist.«

»Marion«, sagte er und berührte sehr kurz ihren Arm. »Es tut mir Leid, dass ich diese Bemerkung gemacht habe. Es war unnötig, und Sie müssen sich mir gegenüber nicht verteidigen.«

»Peter …«

»Ich meine es ernst. Sehen Sie, Sie haben mir bereits durch unglaublich viel Mist geholfen. Ich möchte, dass Sie wissen, dass ich alles zu schätzen weiß, was Sie getan haben. Ich weiß nicht, warum ich das gesagt habe.«

Sie sah ihn einen Moment an, bevor sie ihre Aufmerksamkeit wieder dem Verkehr zuwandte. Ihre grünen Augen waren so tief wie das Meer. Peter war von der Wirkung fasziniert, die ein einziger Blick von ihr auf ihn hatte. Das letzte Mal, als er sich solche Gefühle einer Frau gegenüber eingestanden hatte, war er noch in der Vorbereitungsschule gewesen. Natürlich erzeugten die Drüsen eines heranwachsenden Jungen weit mehr als nur Gefühle …

»Danke, Peter«, sagte sie. »Aber Sie sollten sich nicht dafür entschuldigen, dass Sie mich zum Nachdenken gebracht haben.«

Sie fuhren einige Minuten schweigend weiter, hielten auf den Van Wyck Expressway Richtung Norden zu. Es gab keinen leichten Weg vom Herzen Brooklyns in das Herz der Bronx. Zu dieser späten Stunde war jedoch recht wenig Verkehr, als sie sich den Lichtern der Whitestone Bridge näherten. Peter fragte sich laut, warum er Dan nicht erreichen konnte. »Hoffentlich ist alles in Ordnung«, sagte er.

»Sie sagten, es sei sein freier Tag. Vielleicht hat er die Stadt verlassen, seine Verwandten besucht, irgend so etwas.«

»Nein, sie leben alle im Mittleren Westen«, sagte Peter. »Ich weiß nicht – ich habe einfach ein komisches Gefühl.«

Sie streckte die Hand aus, berührte seine und verschränkte ihre Finger mit den langen Fingernägeln mit seinen. »He, Ihrem Freund geht es gut. Sie werden sehen.«

»Danke«, sagte er, drückte ihre Hand und ließ dann bewusst los. Ihre Nähe bereitete ihm Unbehagen. Ihre Berührung erhöhte seinen Pulsschlag.

Sie fuhren schweigend weiter, über den Cross Bronx Expressway, dann den Bronx River Parkway entlang und durch den Park zur Fordham Road. Als der Campus zur Rechten auftauchte, war Peter unerklärlich besorgt.

»Wo entlang?«, fragte Marion, während sie auf den Campus fuhr.

»Folgen Sie dieser Straße rechts herum. Die Wohnungen sind unten hinter der Reihe großer Gebäude zur Linken – sehen Sie sie?«

Marion nickte, drehte das Lenkrad und fuhr auf mehrere Reihen von Fakultätsgebäuden zu. Peter dirigierte sie zu dem Parkplatz vor Dans Haus.

»Da ist sein Wagen«, sagte er, auf einen tiefer gelegten Pontiac deutend.

»Sind Sie sicher?«

»Fast vollkommen. Ich erinnere mich, dass er die Farbe als ›mitternachtsblau‹ bezeichnete – ›die Farbe der Noten einer Jazz-Trompete, wenn sie farbig wären‹. So hat er sie beschrieben.«

»Das klingt, als hätte Ihr Freund Dan eine Poetenseele.« Marion lächelte, während sie die Zündung ausschaltete.

Peter zuckte die Achseln. »Er ist Jesuit. Er glaubt, er hätte ein wenig von *allem* in sich!«

Sie lachte nervös, während sie die Autotür öffnete und ausstieg. Peter stieg ebenfalls aus, ging zu Dan Ellingtons Wagen hinüber und sah hinein. Leer. Die Motorhaube war kalt.

Während Peter den Wagen überprüfte, betrachtete Marion das zweigeschossige Gebäude, das zwei Wohnungen pro Stockwerk aufwies. Dann näherten sie sich der glatten Stahltür zu Dans Haus. Peter fühlte ein leichtes Kribbeln im ganzen Körper. Er spürte etwas, aber er begriff nicht, was ihm sein Bewusstsein zu vermitteln versuchte.

Auf dem oberen Treppenabsatz war es heiß und feucht und still wie ein Grab.

Peter klopfte mehrmals, wartete, klopfte erneut.

Marion stand neben ihm, schwieg aber.

Er klopfte noch einmal. »Dan!«, rief er. »Ich bin's, Peter! Bist du da drinnen?!«

»Er ist nicht da«, sagte Marion. »Wir sollten …«

»Nein, warten Sie!« Das Kribbeln nahm zu. Das Gefühl bannte ihn. »Nein, er ist dort drinnen! Ich kann es fühlen!«

Er pochte erneut gegen die Tür und rief Dans Namen.

Dann hörten sie den einzelnen, erstickten Laut hinter der Tür. Eine gedämpfte, wie würgend ausgestoßene Äußerung. Nicht wirklich ein Wort, nur eine einzelne Silbe.

»Haben Sie das gehört?«, rief Peter. Er warf sich gegen die Tür, aber sie hielt Stand. »Er ist dort drinnen! Ich wusste es!«

»O mein Gott …« Marions Stimme war nur ein raues Flüstern.

»Dan, hier ist Peter! Ich komme hinein!«

»Peter, seien Sie vorsichtig. Vielleicht sollten wir Hilfe holen …«

»Nein! Er braucht uns! Wir müssen *jetzt* hineingelangen.«

Peter legte die Hände um den Türknauf und die Sicherheitsverriegelung. Er versuchte, sich zu entspannen, alle unwesentlichen Gedanken aus seinem Geist zu verdrängen und nur an das Schloss der Tür zu denken und dass es ihm im Weg war, dass es beseitigt werden musste. Er versuchte, sich des flüchtigen Gefühls zu erinnern, das er an jenem Morgen empfunden hatte, als er über sein ›Talent‹ nachgedacht hatte. Die Macht lag in ihm. Er musste nur lernen, sie nutzbar zu machen, sie zu gebrauchen.

Aber wie?

Er presste sich nutzlos gegen die Tür. Der Versuch, die Energie zu zwingen, misslang. Er musste loslassen, um in den Energiefluss aufgenommen zu werden. Irgendwie hatte sich sein Geist zuvor von der Zeit losgelöst – und in jenen Momenten drang sein Talent an die Oberfläche.

»Kommen Sie schon!«, rief Marion. »Wir müssen Hilfe holen. Wir werden nie hineingelangen!«

»Nein!«, schrie er. »Nein!«

Ein weiterer, einzelner Hilferuf drang durch die kalte Metallbarriere.

Plötzlich war er zornig auf Marion, weil sie nicht glaubte, weil sie Dan im Moment seiner Not im Stich lassen wollte. Zornig, weil ihn die verdammte Tür hier draußen hielt. Er verspürte den jähen Drang, Marion an der Kehle zu packen und ihr Verständnis einzubleuen, lehnte sich stattdessen aber nur gegen die Tür.

Ein blauer Lichtblitz strahlte von dem Metall ab, als Knauf und Riegel und eine komplette Seite der Stahlplatte bei einer Überhitzungsexplosion nach innen geschleudert wurden. Die restliche Tür schwang heftig in den Scharnieren, und Peter landete ausgestreckt im Raum. Schwerer Rauch hing überall wie Wäsche auf der Leine. Er konnte nichts erkennen, während er sich aufrappelte.

Dans gedämpfte Stimme durchschnitt den Dunst wie ein Warnsignal. Peter drang in den Rauch vor, zerteilte ihn durch wedelnde Handbewegungen.

Wie ein groteskes Ungeheuer, das sich aus dem Dunst materialisierte, nahm er die stark veränderte Gestalt Daniel Ellingtons wahr. Peters Blick verschränkte sich mit dem seines Freundes und verband sie einen Augenblick lang. Hinter ihm stolperte Marion in den Raum, kämpfte gegen den Rauch an.

Peter hörte ihren Schrei, während er fassungslos betrachtete, was seinem Freund angetan worden war, der zusammengesunken, gefesselt und nackt auf einem Küchenstuhl saß. Das langsame Heben und Senken von Dans Brust und ein gelegentliches Stöhnen waren die einzigen Anzeichen dafür, dass er noch lebte. Ein Arm war wie ein vom Knochen befreites Stück Fleisch aufgeschlitzt worden. Seine Hände und Finger waren bis auf die Knochen verbrannt. Seine Lippen waren zusammengeheftet und seine Lider abgeschnitten worden, und die Hornhäute waren überkrustet. Ein Eispfriem war in seine Harnröhre gestoßen worden.

Diese Bastarde!

Tränen strömten aus Peters Augen. Er spürte Marions Hände auf den Schultern. Sie zitterte und schluchzte in einer Mischung aus Angst, Qual und Abscheu.

»Helfen Sie mir«, sagte er leise. »Wir müssen ihn von diesem Stuhl schaffen. Kommen Sie, jetzt!«

Marion klammerte sich zitternd und von Schluchzen geschüttelt an ihn. »O mein Gott … O mein Gott«, stieß sie immer wieder hervor. »Was ist mit ihm passiert?«

»Sie suchen *mich*, Marion. So wollen sie mich finden.« Peter zog das Telefonkabel von Dans Beinen und löste vorsichtig seine Handgelenke. Er betrachtete das Gesicht seines Freundes, die Muskeln und die Haut schlaff und geprellt, die Augen verdreht.

»Ist er …«

»Ja, er ist noch am Leben. Helfen Sie mir, ihn auf den Teppich zu legen.« Peter liefen beim Sprechen heiße Tränen über die Wangen. »Mein Gott, Dan, wer hat dir das angetan?«

Sein Freund zwang sich zu einem Stöhnen durch die zusammengehefteten Lippen, und seine Augen zuckten von einer Seite zur anderen. Marion half, ihn auf den Boden zu legen, wobei sie offensichtlich gegen Hysterie ankämpfen musste.

»Ich rufe einen Krankenwagen«, sagte sie stockend.

Peter nickte. Sie entfernte sich rasch, suchte das Telefon.

»Wir werden dir helfen, Dan«, flüsterte er seinem Freund zu, während er ihn in den Armen barg. Obwohl er ein Schluchzen unterdrückte, flossen ihm noch immer Tränen übers Gesicht. »Es wird gut werden, alles wird gut werden.«

»Das Telefon ist herausgerissen worden!«, sagte Marion in Panik. Peter wollte ihr gerade sagen, sie sollte es in einer anderen Wohnung versuchen, als Tränen von seinen Wangen auf die zerstörte Haut von Dan Ellingtons Arm fielen. Peter war wie gebannt von dem, was als Nächstes geschah.

»Ich sagte, das Telefon funktioniert nicht!«, schrie Marion, als sie in den Raum zurückkam.

»Marion, sehen Sie!«, rief er.

Sie kniete sich neben ihn und sah die freigelegten Muskeln und Knochen von Dans Arm in eine sanfte, blaue Aura gehüllt.

»Was geht hier vor?«

Peter berührte seine Wange und presste seine nassen Finger dann auf ihre Wange. »Meine Tränen – sie haben ihn dort berührt.«

»O Peter – mein Gott, was geht hier vor?«

Peter strich mit seinen nassen Fingern langsam Dan Ellingtons Arm entlang. Die Aura wurde bei seiner Berührung intensiver, und als er die Wunde langsam mit den Fingern kreuzte, begann sie zu heilen.

»Oh …«, hörte er sich flüstern. »Ich glaube das nicht …«

Marion begann zu wimmern. Dan Ellingtons Arm war innerhalb weniger Sekunden geheilt, die Haut rosig und neu wie ein Babypo. Peter rieb mit den Fingern über sein Gesicht und versuchte, die restliche Feuchtigkeit seiner Tränen aufzunehmen. Er ergriff die Stümpfe von Dans verkohlten Fingern und strich sanft darüber, als die blaue Aura erneut aufbrach und die Heilung begann.

Marion weinte. Sie sank unter heftigem Schluchzen vornüber.

»Ich glaube das nicht! Ich glaube das nicht …!«

Dans gedämpftes Stöhnen schien jetzt sanfter, als empfände er eine Art Freude. Als Peter mit einer Fingerspitze die zusammengehefteten Lippen seines Freundes berührte, lösten sich die Metallklammern aus der versehrten Haut und fielen einfach ab. Dann stellte Peters Hand, die er sanft auf Dans Augenhöhlen legte, seine Sicht und die flackernden Lider mit den langen Wimpern wieder her. Als Dan zu weinen begann, zog Peter so vorsichtig wie möglich den Eispfriem heraus.

Inzwischen hatte sich die Aura über Dans ganzen Körper ausgebreitet. Sie schimmerte mit der Intensität eines Neonlichts nur Zentimeter über seiner Haut wie ein Elmsfeuer.

Marion sah auf Dan hinab und flüsterte Peter dann ins Ohr: »Peter, er sieht wunderschön aus. Oh, Gott, sehen Sie ihn sich an! Er ist wunderschön!«

»Peter ...?« Dan sah ihn vollkommen verwirrt an. Seine Stimme klang belegt.

»Ja, ich bin es.«

»Was geschieht mit mir?« Dans Stimme zeugte von Angst und Verwunderung gleichermaßen.

»Du wirst wieder gesund. Keine Angst.«

Marion schaute auf und sah sich hastig in der vollgestopften Wohnung um, bis sie einen Schrank fand. Sie nahm einen Mantel vom Bügel, kam zurück und legte ihn Dan Ellington über. Peter lächelte. Sittsamkeit war derzeit die geringste Sorge seines Freundes.

»Habe ich geträumt?«, fragte Dan. »Was ist mit mir passiert?«

»Wer hat Ihnen das angetan?« Marions Stimme schwankte, aber sie bemühte sich um Kontrolle.

Dan sah sie verständnislos an.

»Eh, dies ist eine Freundin, Marion Windsor«, sagte Peter. »Sie hat mir geholfen.«

Dan nickte. Er war noch gänzlich in dem gewaltigen körperlichen und geistigen Schrecken gefangen. Er berührte vorsichtig sein Gesicht und betrachtete seine Fingerspitzen, als könne er nicht glauben, dass die weiche, rosige Haut real war.

»Ich weiß nicht, wer der Hurensohn war …« Dan schüttelte den Kopf. »Behauptete, er wäre ein Cop und hätte Neuigkeiten über dich. Peter, was ist geschehen?« Er hielt inne und atmete zitternd ein. »Wie hast du das gemacht? Dieser Kerl hat mich aufgeschnitten wie einen Geburtstagskuchen! O Jesus … ich glaube das nicht!«

Peter begann erneut zu weinen. »Es tut mir Leid, Dan. O Gott, es ist meine Schuld, dass dir das überhaupt passiert ist …«

Daniel streckte die Arme aus, umarmte seinen Freund und zog ihn an sich.

»Wann ist das passiert, Dan?«, fragte Marion.

»Spät in der letzten Nacht.« Er ließ Peter wieder los.

»Hat niemand gehört, was vor sich ging?«

Dan zuckte die Achseln. »Es ist ein kleines Gebäude, und es ist Sommer. Die anderen drei Bewohner sind in Urlaub. Ich war als Einziger dumm genug, einen Sommerkurs zu geben ...«

»Können Sie den Kerl beschreiben?«, fragte Marion.

»Ich glaube nicht, dass ich ihn jemals vergessen werde.« Er betrachtete seine Hände. »Peter, der Kerl hat mich verstümmelt! Und nun sieh! Was geht hier vor?«

Peter nickte.

»Wir müssen die Polizei benachrichtigen«, sagte Marion und erhob sich, wusste aber nicht, wo sie nun hingehen sollte.

»Nein«, sagte Peter.

»Warum nicht?« Marion sah ihn vollkommen überrascht an.

»Was könnten wir ihnen erzählen?«, fragte Peter. »Dass Dan gefoltert wurde, dass es ihm jetzt aber wieder besser geht? Welchen Beweis könnten wir ihnen bieten? Und wenn sie uns zufällig glaubten – was dann? Der Mann, der dies getan hat, war ein Profi, vom Vatikan geschickt. Die

Cops würden ihn niemals finden, und wir stünden wie Narren da – oder wie Verrückte.«

»Sie haben Recht«, sagte Marion.

Dan erhob sich langsam und schlang den langen Mantel um seinen Körper. Er inspizierte die zerstörte Tür.

»Konntest keinen Schlosser finden, hm?« Er grinste, schüttelte den Kopf, trat dann langsam zur Couch und sank in die vertrauten Polster. Er sah Peter aufmerksam an. Seine Augen offenbarten eine Vielzahl von Empfindungen – Angst, Unglauben, Erschütterung, sogar einen Hauch Bewunderung. »Du wirst mir erzählen müssen, was, zum Teufel, vor sich geht.«

»Ich weiß«, sagte Peter.

»Es ist eine lange Geschichte«, sagte Marion.

Daniel lächelte versuchsweise unsicher. »Ich denke, ich schulde dir zumindest die Zeit, die du brauchen wirst, sie mir zu erzählen«, sagte er. »Glaube mir, ich höre zu.«

Zweiundzwanzig

Brooklyn, New York – Windsor
28. August 1998

Marion konnte auf dem Rückweg zu Suzettes Wohnung an nichts anderes denken, als dass sie verfolgt würden. Der Mann, der Dan gefoltert hatte, folgte ihnen, würde sie töten.

»Da hinten ist nichts«, sagte Peter, der forschend in die Dunkelheit blickte. »Sie können sich entspannen.«

»Es sei denn, er hat eine Wanze im Wagen deponiert. Dann könnte er uns elektronisch verfolgen«, sagte Dan, der auf dem engen Rücksitz des schnittigen Wagens kauerte.

»Das ist ein erfreulicher Gedanke«, sagte Marion.

»Nun, wir könnten den Wagen über Nacht in einer Garage lassen und den restlichen Weg mit der U-Bahn zurücklegen«, sagte Dan. »Vielleicht könnte morgen jemand vom Fernsehsender den Wagen überprüfen.«

»Keine schlechte Idee«, sagte sie. Dans Stimme klang erschreckend normal. Die Erinnerung an die *Heilung* Dans durch Peter tauchte blitzartig vor ihrem geistigen Auge auf. Möglicherweise konnte Peter noch immer nicht akzeptieren, wer er vielleicht war, aber er tat gewiss eine ganze Menge, um sie zu einer wahren Gläubigen zu bekehren!

Es war die wundervollste Erfahrung ihres Lebens gewesen, diesen Schimmer um Dans Körper zu sehen und zu beobachten, wie all das Blut und zerstörte Fleisch einfach … *verschwand*. Zeuge einer solchen Begebenheit zu sein! Wenn sie nur daran dachte, hatte sie bereits wieder einen Kloß im Hals und Tränen in den Augen. Während Peter Dan seine einzigartige Geschichte erzählt hatte, hatte Marion angesichts der erlebten Macht die ganze Zeit geweint. Sie hatte beobachtet, wie der Jesuit jedem Detail ruhig zuhörte, niemals unterbrach, keinerlei Bemerkungen machte. Sie konnte fast sehen, dass der Mann im Geiste jedes Wort, jeden Aspekt der Geschichte abwog und analysierte.

»Wissen Sie«, hatte Daniel Ellington ruhig gesagt, »für mich klingt das nicht verrückt. Wenn man darüber nachdenkt, ergibt alles einen recht schlüssigen Sinn, wirklich.«

Der junge Jesuit hatte von der Glaubwürdigkeit der betreffenden Wissenschaft gesprochen und dann die ›Talente‹ des Heilens und Zerstörens angeführt, die Peter gezeigt hatte. Während Marion zuhörte, wie Dan mit vollkommen ruhiger, logischer Stimme fortfuhr, kam in ihr der Gedanke auf, dass sie das Undenkbare vielleicht glauben könnte.

Dan hatte es hervorragend zusammengefasst. »Stellen wir uns den Tatsachen, Peter«, hatte er gesagt. »Nach dem, was du heute Nacht für mich getan hast, könnte ich mühelos glauben, dass du der Sohn Gottes bist.«

Und Peter hatte recht heftig darauf reagiert. Er beharrte darauf, nur ein Instrument zu sein, dass Gott aus einem unbestimmten Grund *durch* ihn handelte, dass Gott ihn nur benutzte.

Aber wofür benutzte?

Sie wussten keine Antwort.

Je länger Marion über den Vorschlag nachdachte, den Wagen stehen zu lassen und von einem der Techniker des Senders auf Wanzen untersuchen zu lassen, desto besser gefiel ihr dieser Gedanke. Sie sprach es aus, während sie vom Highway abbog und auf die große Parkgarage in der Nähe der Queens Center Mall zuhielt. Der Wagen wäre dort über Nacht ausreichend sicher.

»Klingt für mich gut«, sagte Peter. Er sah sie an und lächelte halbherzig. Er wirkte verängstigt und verloren, als hätte er nicht die leiseste Vorstellung davon, was er als Nächstes tun könnte. Sie würden einige Zeit darauf verwenden müssen, die nächsten Züge zu planen.

Ein paar Minuten später saßen die drei Gefährten in der U-Bahn nach Westen. Die Linie führte im Bogen südwärts, an Greenpoint vorbei ins Herz Brooklyns. Marion war noch nie gerne nachts mit dem Zug gefahren und tat es aus Prinzip auch nie. Aber als sie nun an der schmutzigen, bemalten Tür des Waggons stand, mit Peter Carenza neben sich, wusste sie, dass sie sicher war.

»Ich glaube nicht, dass du eine große Wahl hast, Peter«, sagte Daniel, der eine Flasche Bier in der frisch verheilten rechten Hand hielt. »Du musst aussteigen, Junge.«

Peter wirkte äußerst besorgt. »Aber wohin soll ich gehen? Ich kann nicht ewig davonlaufen.«

»Nein, aber da ist jemand, der dich in diesem Augenblick sucht und der wahrscheinlich das Schlimmste diesseits von King Kong ist.«

Peter zwang sich zu einem Lächeln. »Wohin soll ich gehen?«, wiederholte er.

»Es ist mir ernst – ich glaube nicht, dass du eine andere Wahl hast, als nach Westen zu gehen.« Daniel nahm einen langen Schluck aus der grünen Flasche. »New Jersey ist für den Anfang ein guter Ort.«

»Ich habe nicht viel Geld. Ich habe nicht einmal ein Auto.«

Daniel tat die Einwände mit einer Handbewegung ab. »Ich habe Geld.«

»Und ich habe ein Auto«, sagte Marion, von ihren impulsiven Worten selbst überrascht. Anscheinend hatte ihr Unterbewusstsein bereits eine Entscheidung getroffen. Das Angebot war ohne Zögern erfolgt.

»Ihr Wagen? Sie würden mir Ihren Wagen geben?« Peter wirkte vollkommen benommen.

»Nicht wirklich«, sagte Marion lächelnd. »Ich werde fahren.«

»Ich kann das nicht glauben! Sie meinen, Sie würden mit mir kommen? Wie? Warum?«

»Ich hatte seit drei Jahren keinen Urlaub. Mein Boss schuldet ihn mir«, sagte sie und fragte sich, ob das die vollkommene Wahrheit war. Sie würde wahrscheinlich um freie Zeit betteln müssen, für das Versprechen einer vollkommen unvergleichlichen Story bei ihrer Rückkehr. Dieser letzte Gedanke bewegte sie zutiefst – sie tat dies alles doch nicht nur, um die Story des Jahrhunderts zu bekommen, oder?

Nein. Da war mehr dran als das.

Aber es war eine ausreichende Erklärung für jeden, der fragen würde.

»Auf mich könnt ihr auch zählen«, sagte Dan gerade. »Ich kann euch doch nicht allein vor diesem Kerl davonlaufen lassen, das bin ich euch schuldig.«

»Du bist mir gar nichts schuldig.«

Daniel lächelte. »Sagst *du*. Ich komme mit, okay?«

»Aber wir haben keinen Plan …«

»Wir werden einen ersinnen«, sagte Daniel.

»Und wir werden dafür sorgen, dass er funktioniert«, fügte Marion hinzu.

Jähe Abenteuerlust und Aufregung durchströmten sie, wie sie es nie zuvor gekannt hatte. Diese Empfindungen waren seltsam berauschend. Sie spürte keine Gefahr, nur die Sicherheit des Wissens, dass sie das Richtige tat.

Marion Windsor blickte durch den Raum zu Peter Carenza und trug sich zum ersten Mal mit dem Gedanken, sich vielleicht gerade wahrhaft in ihn zu verlieben …

Dreiundzwanzig

Du Bois, Pennsylvania – Carenza
29. August 1998

Alles geschah so rasch, dass es Peter schwer fiel, sich all den Veränderungen in seinem Leben anzupassen. Das Pfarrhaus von St. Sebastian schien bereits fern und fremdartig. Es war, als gehöre seine Identität als Gemeindepfarrer zu einer anderen Person. Seine Selbstsicht hatte sich allmählich verändert. Vielleicht war er *tatsächlich* jemand Besonderes. Wenn Gott ihn für eine spezielle Aufgabe auserwählt hatte, dann sollte er sich vielleicht allmählich an den Gedanken gewöhnen. Er musste zugeben, dass er sich mit seinen … speziellen Fähigkeiten wohler zu fühlen begann. Er fühlte sich schon seit der Heilung besser, seit dem Wissen, dass er nicht nur zur Zerstörung ausersehen war. Er könnte mit seinen neuen

Fähigkeiten leben und sie kontrollieren lernen. Er war nun zuversichtlicher, dass er letztendlich sozusagen die Macht über seine Macht behielt.

Er sah das grüne, leicht bergige Gebiet des nördlichen Pennsylvania vorüberziehen. Nun saß *er* auf dem beengten Rücksitz des Mazda, während sie auf der Interstate 80 westwärts fuhren.

Nachdem sich seine beiden Freunde entschlossen hatten, ihn zu beschützen, hatten sie rasch und einvernehmlich gehandelt. Nachdem ein Sicherheitsfachmann des Senders – der murrte, weil man ihn aus dem Bett geholt hatte – ihren Wagen für sauber erklärte, hatte Marion Vorräte und Ausrüstung für eine Camping-Tour quer durchs Land besorgt. Obwohl Dan viel Camping-Zubehör besaß, hatten sie beschlossen, die Fahrt zurück zu seiner Wohnung nicht zu riskieren, falls der Agent des Vatikans sie mit Wanzen versehen hätte. Sie mieteten bei WPIX einen kleinen Wohnwagen und hielten dann nordwestlich auf die George Washington Bridge zu, während im Radio laut Rock'n'Roll lief. Als sie New Jersey erreichten, hielten sie an einem K-Mart an, um die wenigen Dinge zu kaufen, die sie im Herman's in Queens nicht bekommen hatten.

Dan und Marion schienen in der Ungezwungenheit des Augenblicks gefangen. Sie waren wie zwei kleine Kinder, die von zu Hause fortgelaufen waren, wie Huck und Tom auf der Suche nach Abenteuern auf dem Mississippi. Peter wünschte, er könnte ebenso unbekümmert sein.

Für ihn war es eine zwar belebende, aber auch bedrohliche Erfahrung. Sein bisheriges Leben war überwiegend geplant, festgelegt und geordnet gewesen. Er hatte stets gewusst, was er tun würde. Er war diese Art Freiheit nicht gewohnt – tatsächlich fühlte er sich fast schuldig, weil er aller Verbindlichkeiten, Pflichten und Erwartungen enthoben war. Er befürchtete, dass er ohne eine von außen auferlegte Struktur nicht zurechtkommen würde.

Städte glitten an ihnen vorüber, und als Peter die Namen auf den Ortsschildern las, fragte er sich, welche kleinen Dramen sich wohl in den Tausenden von kleinen Wohnungen abspielten. Stroudsburg, Fenridge, White Haven, Mooresburg, New Columbia, Clintondale. So viele Orte, die er noch nie gesehen hatte, voller Menschen, die er niemals kennen lernen würde. Diese Reise öffnete seinen Geist bereits jetzt für ein völlig neues Erfahrungsspektrum. Vielleicht würde er es nicht bereuen, vor dem einzigen Leben davongelaufen zu sein, das er bis jetzt gekannt hatte.

»Ich hatte vergessen, wie hübsch alles ist, wenn man diese lächerliche Stadt hinter sich gelassen hat«, rief Marion über den Bass eines alten Rolling-Stones-Songs hinweg.

Daniel drehte die Lautstärke herunter und sagte: »Gleich gelangen wir aus den Appalachen heraus. Wunderschön, nicht?«

»Wir werden tanken müssen«, sagte Marion. »Gleich kommt eine Ausfahrt, okay?«

»Von mir aus ja«, sagte Peter. »Es wird spät. Vielleicht sollten wir allmählich auch nach einem Schlafplatz Ausschau halten.«

Marion fuhr südlich auf die Route 219 und hielt auf einen alten, aus roten Ziegelsteinen erbauten Lebensmittelladen mit zwei Chevron-Tanksäulen davor zu. Eine große, einsame Harley-Touringmaschine war in der Nähe der Tür aufgebockt, und ein junges, blondes Mädchen in Lederkleidung lehnte dagegen. Sie sah Peter und die anderen merkwürdig an, als sie aus dem Wagen stiegen, ging einen Schritt auf die Tür des Lebensmittelladens zu, zögerte und kehrte dann zur Maschine zurück. Die Reisenden betraten an ihr vorbei den Laden.

Sie alle nahmen den Jungen mit der Pistole nicht sofort wahr.

»Können wir etwas Benzin bekommen?«, fragte Marion eine Frau hinter der Ladentheke, die mittleren Alters war und eine weiße Schürze trug. Die Frau leerte gerade die Geldschublade in eine kleine braune Papiertüte. Sie schaute erschreckt auf, als Marion herankam.

»Ich ....«

»He, was zum Teufel soll das!?« Die etwas schrille Stimme gehörte einem Jungen Anfang Zwanzig. Er trug Motorradkleidung und hielt eine Automatik in der einen und eine große Einkaufstüte mit Lebensmitteln in der anderen Hand. Seine eigentlich ansprechenden Züge waren unter einem Drei-Tage-Bart, Straßenstaub und Schweiß verborgen. Seine Augen waren geweitet und das Kinn fest angespannt. Die Hand mit der Pistole fuchtelte ziellos umher.

»O Scheiße«, sagte Daniel. »Ich glaube das nicht ...«

»Glaub es, Mann«, sagte der Junge, der hektisch von einem zum anderen sah. »Okay, alle Mann! Leert eure Taschen und legt das Zeug auf die Theke. Los!«

»Tut einfach, was er sagt«, riet Daniel und griff langsam in seine Jeans nach der Brieftasche und dem Papiergeld.

»Okay, ganz ruhig«, sagte Marion und öffnete ihre Umhängetasche. Peter hatte sich nicht gerührt. Er sah den Jungen nur unentwegt an und versuchte, in ihn hineinzuschauen. Peter glaubte trotz seiner Erscheinung und den hektischen Bewegungen nicht, dass er auf Drogen war. Angst und Verwirrung, Verzweiflung und Not tobten hinter den Augen des Jungen.

»Hören Sie«, sagte Peter. »Wenn Sie in Schwierigkeiten sind, können wir Ihnen vielleicht helfen. Sie müssen dies nicht tun.«

Der Junge sah ihn an und lachte gezwungen. »Mann, halt mir keine Predigt. Du *wirst* mir helfen – du wirst mir sofort dein ganzes Geld geben!«

»Das glaube ich nicht«, erwiderte Peter.

Er sagte es mit solch tonloser, ungerührter Stimme, dass der junge Dieb verzögert reagierte.

»Was? Was hast du gesagt?«

»Ich sagte, dass wir Ihnen unser Geld nicht geben.«

»Und warum nicht?«

Der Junge wurde unruhig, wollte höhnisch werden, scheiterte aber kläglich. Er richtete die Pistole auf Peters Gesicht, aber die Bewegung erfolgte zögerlich, als wüsste er, dass er den großen, sehnigen Mann damit nicht beeindrucken konnte.

»Weil … weil ich Sie vernichten kann – wenn ich es will.«

Peter spürte aller Blicke auf sich, wie Scheinwerfer, die Wild auf dem dunklen Asphalt einer nächtlichen Straße bannen. Er konnte das lastende Echo seiner eigenen Stimme hören. »Sie wissen, dass ich die Wahrheit sage, oder?«

Der Junge wollte antworten, hielt dann inne. Sein Blick begegnete Peters.

Peter sah unverwandt in ihn hinein. Er konnte spüren, wie sein Körper zu kribbeln begann. Das Sommerluft-vor-einem-Blitz-Gefühl sagte ihm, dass sich die Macht sammelte. Wenn der Junge etwas versuchte, könnte er ihn braten wie eine Motte in einem elektrischen Insektenvernichter. Nein, das war nicht ganz richtig. So wie er sich jetzt fühlte, so wie die Kräfte in ihm brodelten und sich wanden, war es nicht nötig, dass der Junge den Anlass bot. Er brauchte keinen Katalysator mehr, um die Furcht einflößende Energie zu verströmen.

Peter erkannte mit betäubender Plötzlichkeit, dass er die Macht, was auch immer sie war, nun unter Kontrolle hatte. Er akzeptierte dieses Wissen fraglos und angstfrei.

»Wer *bist* du, Mann?« Der Junge schien die Veränderung in Peters Seele zu bemerken.

»Ich bin, wer auch immer es ist, den Sie brauchen«, sagte Peter. »Legen Sie die Waffe weg, und lassen Sie sich von uns helfen.«

Der Junge zwang sich, den Augenkontakt abzubrechen. Er wirbelte die Automatik herum und richtete sie zuerst auf Marion, dann auf Dan und dann auf die Verkäuferin.

»Ich werde sie alle töten, Mann! Wenn du mich verscheißerst, schwöre ich, dass ich sie alle töten werde!«

Die Eingangstür wurde aufgerissen, und die langhaarige Blondine schrie:

»Komm schon, Billy! Worauf wartest du? Die ganze Stadt wird noch hier auftauchen, bevor du fertig bist.«

»Halt den Mund, du Schlampe! Halt einfach den Mund, Laureen!«

»Legen Sie die Pistole weg, Billy«, sagte Peter.

»Schnauze, Mann.«

Billy sah Peter widerwillig in die Augen.

»Ich kann Sie das nicht tun lassen, Billy.«

Die Pistole begann tief kirschrot zu glühen. Ihre metallene Oberfläche versengte mit lautem, schlangenartigen Zischen und einer weißen Rauchwolke die Haut von Billys Hand. Der Junge ließ die Waffe fallen. Noch bevor sie auf dem Boden auftraf, hatte sie ihre Form bereits verloren, war zu einem glanzlosen Klumpen brodelnder Lava zerschmolzen.

Billy stolperte, wie ein Baby schreiend, auf Peter zu, seine noch immer rauchende Handfläche so schwarz wie ein verbranntes Steak. »Meine Hand! Meine verdammte Hand!«

Er wiederholte die Worte wie eine Litanei. Die Blondine hatte sich umgewandt und wollte zur Tür, aber Marion packte sie. Sie keifte wie ein kleiner Hund, bis Marion ihr ins Gesicht schlug. Die rothaarige Verkäuferin hatte zu weinen begonnen, während sie in eine Ecke zurückwich.

Billy versuchte, Peter mit seiner heilen Hand einen Schwinger zu versetzen, aber dieser blockte den Angriff mühelos ab und ergriff das Gelenk der verbrannten Hand des Jungen. Er führte einen Zeigefinger langsam an die verbrannte Haut heran. Billy wollte sich ihm entsetzt entziehen, aber Peters Bewegung erfolgte unerbittlich, entschlossen.

Als er die verbrannte Handfläche des Jungen berührte, schimmerte die nun schon vertraute Aura wie blaues Neonlicht. Tränen lösten sich von den Augen des Jungen, während er hinsah und spürte, wie seine Verbrennungen heilten. Kurz darauf zog Peter den Finger wieder zurück. Die Haut war heil und rosig. Er blickte zu Daniel und Marion hinüber. Das Gesicht des Jesuiten war eine Maske unerschütterlicher Akzeptanz. Marion wirkte, als wollte sie weinen.

»Meine Hand!« Billy brachte die Worte zwischen Tränen schluchzend hervor. Er sank auf die Knie, ohne den Blick von seiner verjüngten Haut abwenden zu können. »Meine Hand …! Jesus,

Mister, wer *sind* Sie?« Jetzt war kein Zorn mehr in seiner Stimme, nur Ehrfurcht.

»Gelobt sei Jesus!«, rief die Verkäuferin, während sie hinter der Theke hervorhastete und die Hand des Jungen ergriff. »Gelobt sei der Herr Jesu! Wir haben ein Wunder erlebt!«

Billys Freundin entzog sich Marion und kniete sich neben ihn. Sie packte seine Hand, und als sie das heilende Glühen sah, begann sie zu wimmern.

»Wie haben Sie das gemacht, Mann?«

»Es ist ein Wunder!«, rief die Verkäuferin, während sie sich nervös die Hände an der Schürze abwischte. »Es ist ein Zeichen des Herrn!«

Billy und Laureen erhoben sich langsam. Der Junge räusperte sich und wischte sich die Nase am Ärmel seiner Lederjacke. Er betrachtete zunächst den noch immer abkühlenden Klumpen Stahl und dann Peter und lächelte schüchtern. »Tut mir Leid, Mann. Das, was ich vorhin getan habe. Ich habe es nicht so gemeint. Tut mir Leid.«

Peter nickte. »Ich weiß. Aber warum haben Sie es getan?«

»Ich habe gerade geheiratet«, antwortete Billy, den Blick auf seine Schuhe gesenkt.

»Billy, halt den Mund!«, zischte seine Frau.

»Und ich habe meinen Job verloren. Wir brauchen Geld. Dringend.«

»Dringend genug, um jemanden zu erschießen?«

Billy lächelte befangen. Er wirkte auf raue Art anziehend. »Himmel, sie war nicht einmal geladen ... Ich wusste einfach nicht, wohin ich mich noch wenden sollte, verstehen Sie?«

Peter nickte. »Ich verstehe.«

Billy sah ihn erneut offen an. »Ich hatte gleich ein komisches Gefühl, als ich Sie sah. Was sind Sie, so was wie Superman oder so?«

Peter lächelte und legte eine Hand auf die Schulter des Jungen. Er war grundsätzlich ein guter Junge, der nur von Verzweiflung getrieben war. Peter hatte schon viele Menschen mit dem gleichen Ausdruck in den Augen erlebt.

»Billy«, sagte er weich, »ich weiß noch nicht, wer oder was ich bin. Aber ich habe vor, es herauszufinden.«

»Sie sind jemand, der Wunder bewirkt, das sind Sie, Mister«, sagte die Verkäuferin. »Sowas habe ich noch nie gesehen. Unser Pfarrer sagt, zum Millenium wären Zeichen und Omen zu erkennen – genau wie das, was Sie getan haben. Sie sind ein *Zeichen*, Mister!«

Peter schaute zu Billy und lächelte. »Warum bringen Sie nicht in Ordnung, was Sie angerichtet haben?«

Billy nickte, wandte sich um, hob die Tüte mit den gestohlenen Waren auf und sah Peter wieder an. »Was soll ich tun? Wir haben kein Geld. Keine Wohnung.«

Peter hörte sich, ohne nachzudenken, sagen: »Sie können mit uns kommen.«

»Wohin gehen Sie?«

Peter zuckte die Achseln. »Das weiß ich nicht.«

Daniel trat an ihn heran und flüsterte: »Bist du sicher, dass du das tun willst?«

Peter sah ihn an und zuckte die Achseln. Dann wandte er sich zu der Verkäuferin um und fragte: »Kann man hier irgendwo campen?«

»Fahren Sie auf der 219 nach Treasure Lake. Dort gibt es viele Campingplätze«, sagte die Frau. Er empfand das Leuchten in ihren Augen als ein wenig fanatisch.

Peter schaute zu Billy und Laureen. »Kennen Sie die Gegend, die sie meint?«

Billy nickte zögernd.

»Wollen Sie uns dort hinführen?«

»Ja, gut«, sagte der Junge achselzuckend.

»In Ordnung«, sagte Peter. »Räumen Sie hier für die Lady auf, und dann treffen wir uns draußen.«

»Ja, Sir«, sagte Billy.

Marion und Daniel folgten Peter hinaus zu den Tanksäulen.

»Ich weiß nicht, ob das eine gute Idee ist«, sagte Marion, während sie den Zapfhahn nahm und in den Tankstutzen des Mazda steckte. Sie schob sich das lange Haar aus dem Gesicht. Peter dachte, dass sie gequält und verwirrt wirkte. »Sind Sie sicher, dass wir ihnen trauen können?«

»Nein, aber sie scheinen in Ordnung zu sein. Nur verängstigt und verrückt. Tatsächlich ein bisschen wie wir.«

»Ja, aber wir haben niemanden mit einer Pistole auszurauben versucht«, sagte Daniel.

Peter lächelte. »He, wer weiß, was wir vielleicht noch alles tun müssen, bevor wir dies überstanden haben.«

»Sagen Sie so etwas nicht«, rügte Marion. »Das macht mir Angst.«

»Tut mir Leid ...« Peter berührte einen Moment ihre Schulter. Er fühlte sich wohl in ihrer Nähe. Es war eine neue Erfahrung für ihn.

»Anscheinend hast du eine gewisse Kontrolle über ... über deine Fähigkeiten erlangt«, stellte Daniel fest.

»Ja«, sagte Peter. »Ich denke schon. Aber darüber darf ich nicht weiter nachdenken. Ich muss es gewissermaßen geschehen lassen.«

Daniel nickte. »Das glaube ich dir.«

Marion schloss den Tankdeckel und ging zum Bezahlen in den Laden zurück, als Billy und Laureen herauskamen. Sie stiegen auf ihre Harley, und Billy schaltete die Zündung ein.

»Sie kommen hinterher!?«, rief er über das kaum gedämpfte Knattern der beiden Nocken hinweg.

Peter nickte und winkte. Marion kam mit der rothaarigen Verkäuferin zurück. Die große Frau mit der Schürze trat zu Peter und reichte ihm die Hand. »Mister, ich möchte Ihnen für das danken, was Sie getan haben. Es war ein Zeichen Gottes, das weiß ich. Ich wusste schon immer, dass ich vor meinem Tod Zeuge eines Wunders würde, und ich möchte Ihnen dafür danken – wer auch immer Sie sind.«

»Mein Name ist Peter«, sagte er, lächelte und schüttelte sanft ihre Hand.

»Ich bin Gretta Stowe. Vielen Dank, Peter.« Sie sah ihn mit einem Blick an, den man nur als Verehrung deuten konnte. Er fühlte sich verdammt unbehaglich.

Marion schaltete die Zündung des Mazda ein, und Peter nutzte das Geräusch als Vorwand, den Kontakt abzubrechen. »Auf Wiedersehen, Miss Stowe.«

Billy ließ die Harley an, und das kastanienbraune Motorrad schoss vom kiesbedeckten Parkplatz auf die Route 219.

Gretta Stowe sah zu, während sich Peter auf dem Beifahrersitz niederließ und Marion einkuppelte. Die rothaarige Frau wölbte die Hände vor den Mund und rief. »Gelobt sei der Herr!«

Vierundzwanzig

Du Bois, Pennsylvania – Ellington
29. August 1998

Dan hatte das Gefühl, Zeuge eines historischen Ereignisses zu sein. Er hatte über eine Stunde an der Rückseite der Grace Pentecostal Church of God gestanden – ursprünglich ein Futter- und Getreidelager – und beobachtet und zugehört, wie sein engster Freund zu ungefähr dreißig ländlichen Seelen sprach.

Es sah nach nichts Besonderem aus. Peter stand vor der Gruppe, in Jeans und Polohemd, und bezauberte sie mit seinen großen, dunklen Augen und seiner natürlichen Rednerstimme. Er sprach im richtigen Tonfall und mit perfektem Timbre. Einige Leute hatten eben das Zeug dazu, andere nicht. Peter hatte es entschieden. Wenn er sprach, hörte man unwillkürlich zu.

Daniel regte sich auf seinem metallenen Klappstuhl und schaute zu Marion, die sich auf einem Journalistenblock Notizen machte. Ihr kleiner Sony-Audiorekorder war eingeschaltet. Sie blickte zu Dan und lächelte leicht – als wollte sie sagen: In was sind wir nur hineingeraten?

Daniel erwiderte ihr Lächeln und schaute dann wieder zu Peter, der an der Seite der Kanzel lehnte, den linken Arm beiläufig darüber gelegt. Er hätte an einer Straßenecke stehen und den neuesten Song darbieten können. Aber sein kleines Publikum, einschließlich Billy Clemmons und der hitzigen, langhaarigen Laureen, hing wie gebannt an seinen Lippen. Daniel schüttelte langsam den Kopf. Er fragte sich, ob die Katholiken an entlegenen Orten wie Du Bois noch immer ›Papisten‹ genannt würden …

Peters Predigt war allgemein genug gehalten, um jeglichen Verdacht auf Katholizität auszuräumen. Er hatte die ›Versammlung‹ damit begonnen, dass er Billy Clemmons und die rothaarige Frau aus dem Lebensmittelladen die wundersamen Ereignisse des Nachmittags bezeugen ließ. Obwohl Peter jegliche Verantwortung für die Geschehnisse ablehnte und stets betonte, er sei nur ein Instrument in Gottes fester Hand, konnte Daniel erkennen, dass die Leute etwas Anderes hören wollten. Sie liebten ihn, daran bestand kein Zweifel. Seine Vortragsweise und die ungezwungene, ehrliche Art, mit der er jedes Mitglied seines Publikums einbezog, bewirkten, dass die Menschen ihm vertrauten. Er erzählte ihnen, was sie über Liebe und Glaube und die Angst vor Gott hören wollten, während sich das Ende des Milleniums näherte.

Während der letzten ein oder zwei Jahre hatte sich der religiöse Tenor des Landes gewandelt. Die Menschen verfielen in etwas, was Dan als *apokalyptische Stimmung* bezeichnete. Die Mehrheit der amerikanischen Bevölkerung glaubte, dass sich die Welt mit dem Ende des Jahrhunderts unwiderruflich verändern würde. Die Medien hatten im Verlauf der letzten Jahre bei allen organisierten Religionen einen stetigen Anstieg der Kirchen- oder Tempelbesuche registriert. Diese Zunahme konnte teilweise dem demographischen Anstieg der Baby-Boomer-Generation der Nachkriegszeit zugeschrieben werden, die jetzt ins mittlere Alter bzw. ins Rentenalter kamen und zu ihren verschiedenen Glaubensrichtungen zurückkehrten. Aber sie war teilweise auch durch Aberglauben bedingt. Obwohl die Welt an der Schwelle zum einundzwanzigsten Jahrhundert stand, waren die meisten Menschen noch ebenso abergläubisch und unsicher wie schon tausend Jahre zuvor.

Zusätzlich zu dem üblichen Durcheinander entstanden explosionsartig Randorganisationen, ›neue‹ Kirchen und apokalyptische Bewegungen, die plötzlich auftauchten wie Pilze nach einem Regen. Viele waren eindeutig fingiert, nur aus dem Grund gegründet, an den natürlichen Ängsten der Menschen zu verdienen, aber einigen war es ernst – und einige waren gefährlich instabil.

Dan hielt den bevorstehenden Jahrtausendwechsel für die vielleicht bizarrste und peinlichste Veranstaltung, die den Menschen der Welt jemals aufgehalst wurde.

Während Dan den Freund bei seiner Ansprache beobachtete, hoffte er, dass Peter nicht dazu verdammt sei, ein Teil des Nebenschauplatzes zu werden.

Er hatte nicht gewollt, dass sich Peter in diese kleine Landkirche einbringen würde. Aber es wäre schwierig gewesen, die Abordnung abzuweisen, die vor mehreren Stunden auf dem Camping-Platz bei Treasure Lake aufgetaucht war. Die Verkäuferin des Lebensmittelladens war eilig zum Pfarrer der Grace Church und zum Sheriff der Stadt gelaufen und hatte sie davon überzeugt, den Fremden am See einen Besuch abzustatten.

Peter hatte keine andere Wahl, als den Ortsansässigen entgegenzukommen.

Dan sah auf seine Uhr und verließ den Raum, um eine Zigarette zu rauchen. Er versuchte seit ungefähr einem Jahr aufzuhören – ohne Erfolg, auch wenn er begonnen hatte, die nikotinfreien Sorten zu bevorzugen. Es war offensichtlich eher eine psychische als eine körperliche oder chemische Abhängigkeit. Er lächelte in sich hinein … vielleicht könnte er Peter einfach bitten, ihn mit einer Heilbehandlung davon abzubringen.

»Nun, was halten Sie von alledem?« Marions Stimme wehte zu ihm wie eine duftige Brise. Sie war so leise neben ihn getreten, dass er sie nicht bemerkt hatte.

Er schaute in den Nachthimmel hinauf und staunte wie immer über die Vielzahl der Sterne in diesem Teil der Galaxie. Es war weitaus besser, sich dies hier oben in den Ausläufern der Appalachen anzusehen anstatt an einer Straßenecke in der Bronx. Dort, sann Dan, hatte man Glück, wenn man nachts beim Hinaufschauen eine Straßenlaterne sah.

»Nun«, sagte er, »es verschafft mir einiges gutes Material für meinen Was-ich-in-meinen-Sommerferien-gemacht-habe-Aufsatz.«

»Ja, mir auch. Aber ernsthaft …«

»Okay. Was halte ich von alledem? Ich persönlich bin der Meinung, dass wir nichts tun sollten, was Aufmerksamkeit auf uns zieht.« Er nahm einen langen Zug an seiner Zigarette. Sie schmeckte nicht wesentlich anders als die mit dem guten, alten St. Nick versetzten.

»Genau so empfinde ich es auch«, sagte Marion. Sie blickte in den Himmel hinauf und kreuzte die Arme unter der Brust. Ein kurzes Schweigen entstand zwischen ihnen, und dann: »Haben Sie ihm zugehört?«

Dan lächelte. »Ja, er ist ziemlich überzeugend. Dieser Junge ist wirklich redegewandt, oder?«

Sie lachte. »Warum sind Sie Priester geworden, Dan?«

»Themenwechsel?«

Sie zuckte die Achseln. »Das tue ich ständig. Ich bin Reporterin, erinnern Sie sich?«

»Warum fragen Sie? Weil ich nicht wie ein Priester wirke? Nicht wie ein Priester handle?«

Sie grinste. »Ja, vermutlich teilweise.«

Er atmete langsam aus und sah dem dünnen Rauchfaden nach, der in die raue Abendluft stieg. »Okay, warum Priester? Ich weiß es wirklich nicht, nicht mehr. Ich komme aus einer streng katholischen Familie in Syracuse. Der Bruder meiner Mutter war Priester, ein Jesuit, und ich habe ihn immer gemocht. Wirklich intelligent, voller Neugier und eine Persönlichkeit.«

»Und Sie wollten so werden wie er?«

»Gewissermaßen. Mein Vater starb bei Arbeiten für die Eisenbahn, als ich erst fünf war – es heißt, er sei dem falschen Güterwagen in den Weg geraten. Danach war mein Onkel so ziemlich mein einziges männliches Vorbild. Es wurde vermutlich von Anfang an erwartet, dass ich Priester würde. Es gilt in einem streng katholischen Haus als Ehre, einen Sohn zu haben, der berufen ist.«

»Berufen?«

»Ein katholisches Schlagwort. Es bedeutet vermutlich eine heilige Aufforderung von Gott, Priester zu werden.«

»›Vermutlich‹? Warum, Pater Ellington, entdecke ich eine Spur Zynismus in Ihrem Herzen?«

Dan lächelte und schnippte seine Zigarette auf den Parkplatz. »Nun, wenn nicht in meinem Herzen, dann zumindest in meiner Stimme.«

»Wollen Sie mir das erklären?«

Er atmete tief durch. Die Luft war frisch und unglaublich klar. »Nun, bei den Jesuiten durchläuft man zusätzlich zu dem Seminar und dem theologischen Zeug ein akademisches Programm. Ich habe einen Ph.D. in Englisch und Vergleichender Literaturwissenschaft. Sie wissen, wie das ist

– man bekommt diese ganze Ausbildung und lernt irgendwann währenddessen zu denken. Ich meine, wirklich zu denken – selbständig.«

»Sicher«, sagte sie lächelnd. »Und dann kann einem eine Weile lang verdammt niemand mehr etwas vormachen.«

»Richtig«, sagte Dan. »Aber wichtig ist, dass man lernt, immer die nächste Frage zu stellen. Wissen Sie, was ich meine?«

»Ich glaube schon. Niemals mit vorgefassten Antworten zufrieden sein, mit programmierten Reaktionen … In meinem Beruf ist es sehr ähnlich.«

»Genau. Die Jesuiten betrachten sich als sehr fortschrittlich und wissenschaftlich gebildet. Daher gaben sie mir alle diese intellektuellen Werkzeuge an die Hand und sagten mir, ich solle mir damit eine mittelalterliche, dogmatische Weltsicht aneignen. Marion, ich sage Ihnen – das ist hart.«

»Das glaube ich.«

»Und ich will ehrlich zu Ihnen sein. Bevor mir diese Geschichte mit Peter zufiel, hatte ich bereits begonnen, meinen Sinn für Perspektiven vollkommen zu verlieren.«

»Was meinen Sie?«

Dan schüttelte eine weitere Zigarette aus der Packung und zündete sie an. »Ich meine, dass ich eine wahrhafte, psychische Krise hatte. Im Seminar wird das ›Syndrom des Glaubensverlusts‹ genannt, und es wird versucht zu vermitteln, wie man sich davor schützt oder damit umgeht.«

»Und das ist Ihnen passiert?«

»Ja. Eine schlimme Zeit. Ich möchte keine langwierige, theologische Diskussion beginnen, aber ich hege erhebliche Zweifel an allem. Manchmal verwirrt mich der Gedanke an ein höchstes Wesen, es scheint mir regelrecht töricht. Der Gedanke daran, dass unser Bewusstsein den Tod überlebt – ja, das klingt großartig, aber ...«

»Ich weiß«, sagte sie. »Ich hege dieselben Gedanken. Meistens versuche ich sie auszuschalten.«

»Ja, Sie sollten sich besser über den nächsten Einkauf bei Macy's Gedanken machen.« Seine Stimme klang schneidend.

»He, habe ich das wirklich verdient?« Ihre großen, grünen Augen fixierten ihn.

»Nein, das haben Sie nicht. Tut mir Leid.« Er seufzte beinahe.

»Es sei Ihnen verziehen.« Marion Windsor lächelte auf natürliche Art, voller Anmut und Schönheit. Sie war eine faszinierende Frau. »Sie sagten etwas über Peter ...?«, fragte sie.

»Ja, richtig. Peter. Ich meine, sehen Sie sich nur an, was mit ihm geschieht – einen Straßenräuber abfackeln? Einem Jungen den Arm verbrennen? Ich höre das alles und versuche, meinem Geist gemäß, rationale Erklärungen dafür zu finden, wissenschaftliche Gründe, damit das alles plausibel wird. Ich meine, Wunder und direkte Intervention geschehen nicht jeden Tag. Wir sind nicht darauf vorbereitet, solche Dinge zu akzeptieren.«

»Je mehr wir lernen, desto mehr erkennen wir, dass wir nichts wissen.«

»Ja, das gehört mit Sicherheit dazu. Aber Peter hat mich berührt und alle Wunderheiler wie dressierte Tiernummern aussehen lassen! Kommen Sie schon, Marion – ich weiß nicht, wie es mit Ihnen ist, aber ich werde nie wieder derselbe sein, nachdem ich das durchgemacht habe. Nachdem ich es gesehen habe, es *gefühlt* habe!«

»Es *ist* übernatürlich, nicht wahr?«

»Wie kann man es sonst nennen?« Dan zog an seiner Zigarette und stieß dann erneut einen dünnen Rauchfaden aus.

»Denken Sie, er ist Christus?«

Dan grinste nervös. »Allein der Gedanke beunruhigt mich. Ich weiß nicht, wer oder was er ist. Aber wenn sie ihn wirklich aus dem Blut vom Grabtuch geklont haben, dann, ja – dann ist er genetisch der Typ, der gekreuzigt und in dieses Tuch gehüllt wurde. Wenn der Kerl in dem Leichentuch Christus war, dann ist auch Peter Christus.«

»Wann immer ich Gedanken darüber zulasse, fühle ich mich einfach wie benommen.«

»Ich weiß – als könnte es nicht wirklich geschehen.«

»Aber es geschieht«, sagte Marion.

»Und doch sagt Peter uns ständig, er fühle sich nicht wie Gott ...«

Marion nickte. »Vielleicht, aber ich spüre, dass er sich ... irgendwie verändert. Ich kenne ihn noch nicht lange, sodass es mir vielleicht nicht zusteht, das zu sagen, aber so empfinde ich es.«

»Ich hatte dieselben Empfindungen«, sagte Dan, »und ich kenne ihn schon sehr lange – wenn jemand bemerkt, dass er sich anders verhält, dann sollte ich das sein.«

»Wie heute, als er bei Billy so selbstsicher schien.«

»Ja«, sagte Dan. »Er lernt, seine Macht zu gebrauchen.«

»Haben Sie sich jemals gefragt, was er vielleicht noch tun könnte?«

Dan lächelte leicht, zog ein letztes Mal an seiner Zigarette und schnippte sie dann auf den Kies. »Sie meinen Dinge, die er noch nicht entdeckt hat?«

Marion schluckte und nickte.

»Oh, ja«, sagte Dan. »Und ich sage Ihnen ehrlich – es ist ziemlich unheimlich.«

Peter saß auf dem Rücksitz des Mazda, während sie zum Campingplatz zurückfuhren. Als er sprach, bemerkte Dan in seiner Stimme einen Enthusiasmus und eine Erregung, wie er sie nie zuvor gehört hatte. Dan war sich nicht sicher, ob das gut oder schlecht war.

»So vieles ist in letzter Zeit geschehen, dass ich fast vergessen hatte, wie gut es tut, eine Messe zu lesen«, sagte Peter, während sie auf der 219 nordwärts fuhren. Der dichte Laubwald war in den Strahlen der Autoscheinwerfer nur andeutungsweise erkennbar.

»Wirklich?«, fragte Marion. Sie konnte den einzelnen Scheinwerfer von Billys Harley dicht hinter ihnen sehen.

»Ich habe mich so eins mit diesen Menschen gefühlt, habt ihr das nicht gemerkt? Sie haben mich heute Abend wirklich gebraucht. Sie wollen, dass ich wiederkomme, wenn auch die übrige Gemeinde da sein kann.«

»Sollten wir nicht weiterziehen?«, fragte Dan. »Uns bedeckt halten?«

»Ich weiß«, sagte Peter. »Es ist schwer zu erklären, Dan, aber ich habe das Gefühl, dass ich zu diesen Leuten sprechen *muss*. Sie hungern so sehr nach Führung. Sie sind verängstigt, unsicher. Verwirrt.«

»Ungefähr so wie wir, hm?«, bemerkte Marion.

Peter ignorierte ihre Bemerkung und fuhr überschwänglich fort. »Vielleicht wurde ich *dazu* auserwählt – in die Welt zu den Menschen hinauszugehen, mir die Hände schmutzig zu machen und allen auf jede mir mögliche Weise zu helfen.«

»Da sagst du was. Vielleicht.«

»Hier draußen auf der Straße erscheint der Gedanke töricht, den Rest meines Lebens in diesem Pfarrhaus vergraben zu sein. *Hier* gehöre ich hin.«

»Was ist mit dem Vatikan?«, fragte Marion. »Was ist mit dem Kerl im schwarzen Anzug, der Daniel fast getötet hätte?«

»Ich weiß, ich weiß«, sagte Peter, »aber …«

Dan sah seinen Freund an. Peters Augen waren wie Leuchtfeuer, so energiegeladen wirkte er. Seine Seele schien zu strahlen. Marion hatte Recht. Peter veränderte sich *tatsächlich*.

Dan erwiderte: »Aber *was*? Willst du erwischt werden?«

»Ja«, sagte Marion, »ich dachte, das sei der eigentliche Grund, warum wir mit Ihnen davongelaufen sind – um Ihnen zu helfen, verborgen zu bleiben, um Sie zu beschützen.«

»Ich weiß«, sagte Peter. »Das ist mir alles klar. Ich habe es nicht vergessen. Aber ich habe nachgedacht, und sich bedeckt zu halten, ist vielleicht nicht die beste Art, das Spiel zu spielen.«

»Was meinst du?«, fragte Dan.

»Ich meine, wenn ich mich unter die Leute begebe und mich allen zeige, dann wird der Vatikan vielleicht Angst haben, gegen mich vorzugehen.«

»Hmm«, sagte Marion. »Da sagt er was. Vielleicht.«

»Gewiss! Seht mal, wenn wir uns bedeckt halten, wenn uns niemand kennt oder sieht, und der ›Man in Black‹ findet uns – was meint ihr, was dann passieren wird?«

»Er könnte den Vatikan auf dich ansetzen und Marion und mich töten«, sagte Dan. »Und niemand würde es jemals erfahren.«

»Richtig. Unsere Anonymität kann ebenso gegen uns wie für uns arbeiten. Denkt darüber nach.«

»Ich weiß nicht«, sagte Dan. »Ich denke, wir gehen ein schreckliches Risiko ein. Du hast diesen Kerl nicht gesehen. Du kennst ihn nicht so wie ich.«

»Nun«, sagte Peter, »ich habe auch ein paar eigene ›Talente‹, vergiss das nicht. Ich glaube nicht, dass wir von irgendjemandem etwas zu befürchten haben.«

»Außer vielleicht von uns selbst«, sagte Marion. Sie wandte den Blick nicht von der dunklen Straße vor ihr. Dan konnte die Anspannung ihrer Züge sehen.

»Was?« Peter sah sie an. »Warum sagen Sie das?«

Marion sah zunächst ihn an und dann Dan. »Ich weiß nicht, wie es Ihnen beiden geht, aber ich habe immer noch Angst.«

Fünfundzwanzig

Clearfield, Pennsylvania – Targeno
30. August 1998

»Das ist richtig – Clearfield«, sagte er. »Ein winziges Dorf in Pennsylvania.«

Dieser Anruf in den Vatikan war sein erster Bericht, seit er nach Amerika gekommen war. Targeno war erschüttert über das, was er erfahren hatte, aber seine Ausbildung und jahrelange Erfahrung verhinderten, dass seine Leistung davon beeinträchtigt wurde. Nur gefiel ihm nicht, was dieses Wissen beinhaltete …

»War es schwierig für Sie, ihnen zu folgen?«

»Natürlich nicht. Die Wanze in ihrem Wagen überträgt alles, was ich wissen muss.«

»Ausgezeichnet. Wann werden Sie ihn herbringen?«

»Nicht so bald«, sagte Targeno. »Es gibt viel zu tun. Und einiges Interessantes, was Sie zuvor wissen sollten.«

»Ich warte«, sagte Francesco.

Und warten sollst du auch, dachte Targeno. Bis ich bereit bin, es dir zu geben.

»Sie haben für die Nacht Halt gemacht. Morgen werde ich einige der Dorfbewohner befragen.«

»Wozu?« Der Jesuit klang ungeduldig.

»Weil ich wissen muss, was er gemacht hat. Ich habe, seit er New York verlassen hat, keine nähere Überprüfung gewagt. Er reist mit noch zwei anderen Leuten. Ich muss mehr über ihre Abmachungen wissen.«

»Ihre ›Abmachungen‹ kümmern mich nicht im Geringsten! Ich will ihn nur zurückhaben«, sagte Pater Francesco. Seine Stimme klang so klar, dass er im Nebenraum hätte sein können anstatt Tausende von Meilen entfernt. Trotz der Klagen der Amerikaner über ihre Telefongesellschaften war ihre Technologie jeder anderen auf der Welt überlegen.

»Ich weiß, ich weiß«, sagte Targeno.

»Gut. Sagen Sie mir … wer sind diese Leute, mit denen er reist?« In der Stimme des Jesuiten klang Sorge mit, aber er tat sein Bestes, dies zu verbergen.

Targeno atmete gemächlich aus. »Sein Freund vom Seminar, Ellington. Es sollte Ihnen bereits eine Akte über ihn vorliegen.«

»Stimmt. Wer ist der andere?«

»Marion Windsor. Lokale Fernsehreporterin in New York. Es gibt keine Unterlagen darüber, dass Carenza sie kannte. Entweder war er aus einem unbestimmten Grund diesbezüglich sehr vorsichtig, oder ihre Bekanntschaft besteht erst seit kurzem.«

»Was denken Sie?«

Targeno zündete sich eine türkische Zigarette an. Der Rauch entschwebte in die kühle Luft. Auf der Straße donnerte ein Neunachser durch die Nachtstille. Verdammt laut. »Ich glaube«, sagte er und hielt inne, um an seiner Zigarette zu ziehen, »sie sind sich erst kürzlich begegnet. Die offensichtlichste Schlussfolgerung ist, dass sie den Vorfall mit dem Straßenräuber recherchiert hat.«

Francescos Maske der Kontrolle und Gleichgültigkeit begann sich zu heben. »Sie glauben doch nicht, dass er sie fickt?«

Targeno kicherte. Er wusste, dass diese Vorstellung seinen Vorgesetzten ärgerte. »Ein solcher Ausdruck von einem Prälaten!«

»Treiben Sie keine Spielchen mit mir«, sagte Francesco. »Beantworten Sie einfach meine Fragen.«

»Ich habe im Moment noch keine Ahnung. Aber ich sage Ihnen – wenn man sie sieht, wäre er wirklich ein Narr, wenn er es nicht täte …«

»Sie wagen sich so beiläufig an Blasphemie?« Francescos Stimme troff vor Sarkasmus.

»Ist es denn Blasphemie, wenn ich nicht glaube, dass er ist, wer zu sein Sie behaupten?«

»Sie glauben es nicht?«

Targeno atmete den schweren, beißenden Rauch ein und wieder aus. »Ich weiß nicht, was ich glaube. Ich habe Ihre Geschichte gehört, und ich habe den Vorfall am Flughafen bestätigt gefunden, aber ich weiß nicht, was ich glauben soll.«

»Sie pragmatischer Dummkopf!«, sagte Francesco. »Wie können Sie die Fakten bezweifeln?«

Targeno grinste erneut. »Und ich habe Ihnen noch nicht einmal das Neueste berichtet.«

»Was meinen Sie?«

»Ich habe seinen Freund befragt, Ellington. Er hat meine Injektionsnadel zerbrochen – also eine Befragung ohne Betäubung.«

»Was bedeutet …?« Francescos Stimme nahm einen besorgten Tonfall an.

»Was bedeutet, dass ich zum Werkzeugkasten greifen musste.«

»Sie widern mich an.«

»Und doch kommen Sie immer wieder auf mich zurück. Ich muss etwas richtig machen.«

»Das reicht!«, sagte der Jesuit. »Berichten Sie!«

Targeno zählte die Maßnahmen auf, denen er Ellington unterzogen hatte. Er berichtete Francesco, dass er die Wohnung des Priesters nach der Folterung beobachtet hatte, bis Carenza und die Frau eintrafen.

»Nachdem ich die Wanzen im Wagen der Frau deponiert hatte, wartete ich. Als sie wieder gingen, war Ellington bei ihnen.«

»Was sagen Sie da?«

Targeno sagte lächelnd: »Er war vollkommen geheilt.«

»*Geheilt*?«

»Er hatte keinerlei Verletzung. Es war, als hätte ich ihn nie berührt.«

»Also hat Carenza ihn wiederhergestellt!?«

»Was könnte sonst passiert sein? Ich sage Ihnen, Vanni, ich habe ihn aufgeschnitten wie eine Weihnachtsgans!«

»Das Lamm Gottes«, sagte Francesco. »Wir haben es tatsächlich geschafft!«

»Also wollen Sie sagen …«

»Sie sind ein Narr«, sagte der Jesuit. »Er verbrennt Ihrem kleinen Verbrecher den Arm, er heilt eines Ihrer Opfer, und Sie glauben noch immer nicht!«

»Ich glaube nur an mich selbst«, sagte Targeno. »Dieser Mann ist für mich einfach ein Spinner.«

»Ein Spinner mit einer Macht, die Sie nicht begreifen können. Eine Macht, der Sie nichts entgegenzusetzen haben.« Nun triumphierte Francesco. »Ich glaube, Sie haben Angst vor diesem Mann.«

»Vielleicht. Wer keine Angst kennt, wird gewöhnlich nicht alt.«

»Richtig«, sagte Francesco. »Was noch?«

»Ich werde ihn weiterhin elektronisch überwachen. Ich kann seine Aktivitäten verfolgen, indem ich die richtigen Fragen stelle. Ich muss mehr über meine Beute erfahren, bevor ich ihn mir schnappe. Gewohnheiten. Bedürfnisse. Pläne. Alles das wird meine Strategie entscheiden. Ich kann nicht einfach auf ihn zumarschieren und ihn nach Rom zurückbeordern. Und wir wissen bereits, dass Gewalt nicht funktioniert.«

»Was auch immer Sie tun, Targeno – es darf ihm nichts geschehen.«

»Das habe ich begriffen. Beleidigen Sie mich nicht.«

Francesco lachte leise auf. »Ich hätte nicht gedacht, dass das möglich ist. Dennoch muss ich Ihnen sagen – wenn Sie die Ware beschädigen, werden Sie mit dem gestraft werden, was Sie ›extremen Schaden‹ nennen würden.«

»Ist das ein Versprechen?«

»Leider ja.«

»Auf Wiedersehen, Pater«, sagte Targeno. »Sie werden erst wieder von mir hören, wenn ich etwas Neues zu berichten habe.«

Er legte den Hörer auf und kehrte zu seinem Leihwagen zurück, einem tiefer gelegten, schwarzen Flitzer mit verdunkelten Fenstern und einem Hochleistungsmotor. Auf dem Vordersitz lag seine geöffnete Aktentasche mit seinem KU-Band-Scanner. Der blinkende Cursor auf dem Landkartenraster des Bildschirms zeigte die Position von Windsors Fahrzeug an. Er hatte zwei Wanzen daran platziert, als sie auf dem Fordham-Campus geparkt hatte – eine davon eine schlechte Fälschung. Er wusste, dass derjenige, wer auch immer sie fände, annehmen würde, er hätte den Wagen erfolgreich entwanzt. Nur ein hochrangiger Profi würde daran denken, nach einer hauchdünnen, keramischen Lichterkennung zu suchen, die nur ein Schmutzfleck auf dem Zulassungsschild zu sein schien.

Targeno lehnte sich in den zurückgelegten Sitz hinter dem Lenkrad, um sich eine weitere Zigarette anzuzünden. Während er den scharfen, schweren Geschmack des Latakia-Tabaks genoss, piepte der Scanner. Der Cursor pulsierte, als sich die Markierung im Koordinatenraster zu bewegen und zu verändern begann.

Sie fuhren weiter, aber sie würden in der Wildnis nicht verloren gehen.

Targenos Gedanken verliefen in ruhigen Bahnen, aber seine Empfindungen waren unwillkommen heftig. Etwas, was der Jesuit gesagt hatte, ging ihm ständig durch den Sinn. Es war zweifellos richtig – Targeno hatte Angst vor seiner Beute. Das war eine gesunde Einstellung, wenn man es mit Unbekanntem zu tun hatte. Aber kümmerte ihn Carenzas wahre Natur wirklich nicht?

Konnte dieser Mann wirklich Christus sein?

Wenn dem so war, dann war dieses ganze Katz-und-Maus-Spiel reine Torheit. Es gab ein altes, amerikanisches Sprichwort: Man treibt keine Spielchen mit King Kong. Eine logische Folgerung wäre, dass man auch keine Spielchen mit dem Sohn Gottes trieb …

Sechsundzwanzig

Warrenton, Indiana – Windsor
14. Oktober 1998

Nach dem »Wunder von Evansville« war die Geschichte nicht mehr geheim zu halten. Die Ereignisse folgten Schlag auf Schlag, und Marion hatte mit dem Gefühl zu kämpfen, vom Geschehen überrollt zu werden.

Es war kaum zu glauben, dass die kleine Gruppe Reisende bereits über sechs Wochen in Pennsylvania unterwegs war, wo sie in einer kleinen Stadt nach der anderen Halt gemacht hatte. Daniel hatte nur von New York fort wollen, aber Peter hatte sich für sein jeweiliges Publikum erwärmt. Schließlich zogen sie weiter nach Westen. Marion fuhr mit ihrem Mazda auf der Interstate 80 bei Youngstown nach Ohio hinein. Billy und Laureen folgten ihnen auf ihrer Harley westlich durch Akron und dann auf die I-71 südwärts nach Columbus. Der Herbst zeigte sich von seiner schönsten Seite, und die College-Stadt sah in ihrem Orange und Braun sehr schön aus.

Marion und ihre Gefährten hielten zum Essen und Tanken an einem Speiselokal unmittelbar südlich des Stadtzentrums an und fuhren dann auf der I-71 weiter. Für diesen Tag war geplant, so viel Entfernung wie möglich zwischen sich und New York zu legen. Sie durchquerten Cincinnati und fuhren anschließend weiter nach Kentucky hinein, hielten sich entlang der Westgrenze und dann am Flussbett des Ohio, bis sie Louisville erreichten. Marion war noch nie in diesem Teil des Staates gewesen. Das Gras wirkte wahrhaftig blau.

Nun musste eine Entscheidung getroffen werden – westlich nach St. Louis oder südlich nach Nashville. Billy und Laureen wollten das Weltzentrum der Country-Musik sehen. Daniel war beides Recht. Peter war den größten Teil des Tages seltsam still gewesen, hatte stundenlang aus dem Fenster gestarrt. Nun stimmte er mit recht wenig Begeisterung für St. Louis.

Marion ließ sich – als Schiedsrichter – von Vorurteilen leiten. Sie stimmte nur aufgrund ihrer absoluten Abneigung gegen Country-Musik für das

Tor zum Westen und lenkte den Wagen auf die Interstate 64, die nach Indiana führte.

Der Süden Indianas wirkte flach wie ein Pooltisch und, anders als der Hoosier National Forest, fast ebenso öde. Als die Sonne hinter dem Horizont versank, war es im Handumdrehen dunkel, wie Marion feststellte. Als sich der Abend über sie herabsenkte, wandten sich die Gespräche Themen wie Essen oder Schlaf zu. Eine großartige Idee. Marion liebte ihren Wagen, aber der lange Tag bei hoher Geschwindigkeit und unter Anspannung und Müdigkeit hatte sie an ihre Grenzen geführt. Es war an der Zeit anzuhalten.

Sie hatte vor, ein Tagebuch über diese Reise zu führen und hatte im Geiste bereits einige Einträge formuliert, während sie den endlosen Highway entlangfuhren. Sie hatte sich bei ihrem Aufenthalt in Pennsylvania zwar bereits einige Notizen gemacht, aber sie musste ernsthaft an die Sache herangehen, um einige ihrer Eindrücke, Erinnerungen und vielleicht sogar einige ihrer Besorgnisse zu Papier zu bringen.

Als sie die Interstate bei einem leicht zu vergessenden Ort namens Warrenton verließ, brachten die Abendnachrichten des lokalen Radiosenders gerade einen Beitrag über die neuesten Entwicklungen bei einem Arbeiteraufstand in der Nähe von Evansville. Seit drei Tagen herrschten unter den Fabrikarbeitern des Werkes eines großen, koreanischen Autoherstellers Unruhen – als Folge einer Ankündigung der Yusang Motor Corporation, alle Angestellten des Werkes müssten sich eine geistig und körperlich gesunde Lebensweise aneignen. In den Kurznachrichten des Lokalsenders wurde über blutige Gewalt zwischen Staatspolizei, Yusang-Sicherheitsleuten und mehreren Tausend Angestellten berichtet, die vor dem Werk demonstrierten. Ein Arbeiter war von Sicherheitsleuten getötet worden, und seitdem wurde die Fabrik verstärkt belagert. Marion war schon auf solche Pulverfass-Szenen angesetzt worden, und sie fühlte augenblicklich mit ihren Kollegen unten in Evansville.

»Klingt ziemlich schlimm«, sagte sie, während sie auf ein Po-Folks-Restaurant direkt hinter der Abfahrt zufuhren. Das tiefe Knattern von Billys Motorrad hallte durch den Wageninnenraum wider, als er neben ihnen auf dem Parkplatz anhielt. Marion stieg aus dem Wagen, während Billy und Laureen das Motorrad abstellten.

»Ja«, sagte Daniel, während er ihren Sitz nach vorne schob und ausstieg. »Ich verhungere. Und wenn ihr nichts dagegen habt, dass ich Billy zitiere: ›Ich muss schiffen wie ein Rennpferd‹.«

Billy lachte und schlug Dan auf die Schulter.

Marion schloss lächelnd die Wagentür. Sie fragte sich, ob alle Jesuiten wie Dan waren. Sie wandten sich dem Eingang des Restaurants zu – außer Peter, der auf dem Beifahrersitz des Mazda sitzen blieb und strikt geradeaus blickte.

»Peter, stimmt etwas nicht?«, fragte Marion und beugte sich herab, um ihn anzusehen. Er wirkte entspannt, gut ausgeruht und, wie immer, auf unaufdringliche, Gregory-Peck-hafte Art anziehend.

»Nein, nicht wirklich. Ich dachte nur gerade über diesen Aufstand nach. Vielleicht sollten wir dorthin fahren und helfen.«

»Helfen? Was könnten *wir* schon tun?« Marions Pulsschlag beschleunigte sich um ungefähr zwanzig Schläge pro Minute.

»Ihre asiatische Kampfsportart einsetzen?« Er sah sie an und lächelte.

»Oh, Peter, wirklich …« Sie lachte kurz und humorlos. »Alle haben Hunger«, sagte sie bewusst ungezwungen. »Kommen Sie mit?« Niemand sonst hatte seine Bemerkung gehört, und dabei wollte sie es auch belassen. Peter war schon den ganzen Tag so still gewesen … Es war zermürbend, und sein Interesse an dem Arbeiteraufstand beunruhigte sie aus einem unbestimmten Grund zutiefst – obwohl sie nicht wusste, warum.

»Sicher, ich bin gleich da. Geht schon hinein.«

Er machte keinerlei Anstalten auszusteigen, sondern blickte noch immer zu einem fernen Horizont, als sähe er etwas, was sie nicht sehen konnte. Nun, vielleicht war dem so. Sie erwog, auf ihn zu warten, wollte aber nicht aufdringlich sein. Schließlich ließ sie ihn entgegen ihrer Absicht zurück und betrat das Restaurant.

Daniel, Billy und Laureen saßen an einem Tisch in der Nähe der Tür und studierten die Speisekarte.

»Wo ist Peter?«, fragte Daniel und strich sich eine blonde Haarsträhne aus der Stirn. Er wirkte wie ein ewiger Surfer.

»Noch im Auto. Er kommt gleich.« Sie nahm ihre Speisekarte hoch, betrachtete sie, konnte sich aber nicht darauf konzentrieren. »Dan, kam er Ihnen heute irgendwie seltsam vor?«

»Ich weiß nicht. Ein wenig still. Vielleicht launisch.«

»Soweit es mich betrifft, kann Peter tun, was er will«, sagte Laureen. Sie sprach so ehrfürchtig, dass es fast komisch wirkte, besonders da ihre Worte so gar nicht dem Typ »Bikerbraut« entsprachen.

»Ja«, sagte Billy und hob wie zum Beweis seiner neu entdeckten Ergebenheit seine Hand.

Marion sah Daniel an. »Sie kennen ihn besser als wir anderen. Würden Sie sagen, er ist launisch, unberechenbar?«

»He!« Daniel schüttelte den Kopf. »Ich würde sagen, dass er normalerweise genau das Gegenteil ist.«

Die Kellnerin erschien, in einem blauen Kattunkleid und mit weißer Schürze. Sie lächelte durch ihre unzähligen Sommersprossen hindurch. Nachdem Marion das absolut greuliche gebratene Hähnchensteak bestellt hatte, schaute sie zum Eingang nach Peter.

Was machte er dort draußen?

»Ich werde ihn holen«, sagte sie zu den anderen und eilte zur Tür.

Als sie den Wagen verschlossen und leer vorfand, war sie nicht überrascht. Sie hatte es erwartet, seit sie das Restaurant betreten hatte.

Die Route 41 war ein vierspuriger Highway durch nichts als dunkles, trostloses Ackerland. Sie fanden einen Campingplatz und stellten den Wohnwagen ab, bevor sie nach Süden weiterfuhren, um Peter zu suchen. Zwischen Warrenton und Evansville gab es nur wenige, praktisch unsichtbare Städte. Billy und Laureen trieben ihr Motorrad bis auf Neunzig hoch, so dass ihr Rücklicht in der Nacht verschwand. Da Marion nun mehr auf Staatspolizisten achtete, besonders da sie den Aufständen näher kamen, hielt sie den aerodynamischen RX-7 kurz unter der Geschwindigkeitsbegrenzung. Daniel saß neben ihr und beobachtete die Straße, während er auf einem McDonald's-Burger kaute. Die Kellnerin im Po Folks war verdutzt gewesen, als sie das Restaurant so übereilt verlassen hatten.

Sie fuhren fast zehn Minuten schweigend, beide in Gedanken verloren. Marion fragte sich, was sie wohl an der Fabrik vorfänden – und was sie damit anfangen würden. Sie fragte sich, ob Daniel ähnliche Gedanken hegte. Ein leuchtend grünes Highway-Schild zeigte die Stadtgrenze Evansvilles an. Sie fuhren am städtischen Flughafen und vielen kleineren Querstraßen vorbei. Billy und Laureen warteten an einer Union-76-Tankstelle an der Kreuzung der St. George Road auf sie. Marion bog in die Tankstelle ein und fragte den Tankwart nach dem Weg zum Yusang-Werk.

»Da wollen Sie nicht hin, Lady. Es sei denn, Sie sind Reporterin.«

»Ich bin Reporterin.«

»Das passt …« Der Bursche grinste sie einfältig an und schaute dann zu Billy und Laureen auf dem Motorrad. »Okay, bleiben Sie noch ungefähr eine Meile bis zur Division Street auf der Route 41, dann biegen Sie links ab. Fahren sie die Division entlang, am Krankenhaus vorbei und weiter, bis Sie das Werk sehen. Und glauben Sie mir, Sie können es nicht verfehlen.«

Marion dankte dem Mann, bedeutete Billy, ihr zu folgen und verließ die Tankstelle.

Sie fuhr schweigend, während sie mehrere Male zu Daniel hinüberschaute. Er blickte strikt geradeaus, die Lippen fest zusammengepresst, als suche er auf den düsteren Straßen etwas. Ein Panorama blitzender Lichter von Feuerwehrwagen, Kastenwagen der Polizei und Medien-Fahrzeugen bezeichneten den Beginn der Schwierigkeiten. Cops und andere Uniformierte schwärmten über das Gelände aus. Rauchbomben und der Gestank von Tränengas trübten den Himmel. Der Lärm der gewaltigen Menschenmenge hallte in der Luft wider, stieg auf und ab wie ein unendlicher Chor von Sommerzikaden. Das ferne Echo eines Lautsprechers trug eine entschieden feindselige Stimme heran, vielleicht die eines Arbeiterführers.

Bei den Eingangstoren war mit einem Gabelstapler eine große Palette angehoben worden. Hinter dem Stapler ragten hohe, stahlverstärkte Tore auf. Die Silhouette eines Wasserturms, auf dessen abgeflachter Rundung das Wort YUSANG eingelassen war, überragte wie eine futuristische Maschine aus *Der Krieg der Welten* alles andere. Auf der von dem Gabelstapler gehaltenen Palette standen hoch über der Menge zwei Männer und feuerten die Menschen an. Polizei in Schutzkleidung und Feuerwehrmänner mit Wasserwerfern gingen gegen die vorderen Reihen der gewaltigen, brodelnden Masse von Körpern vor, die den Eingang zum Autowerk umlagerten. Menschen schrien und brüllten die Cops an. Gelegentlich brachen Faustkämpfe aus. Sanitäter rollten eine Trage am Rand der Menge entlang, von der ein blutüberströmter Mann halb herunterhing.

»O Mann, das sieht nicht gut aus«, sagte Daniel.

»Ich habe schon Schlimmeres gesehen«, erwiderte Marion. »Erinnern Sie sich an die Versorgungs-Aufstände in der Bronx?«

Daniel verdrehte die Augen. »Wer nicht?«

»Kommen Sie. Wenn Peter dort draußen ist, müssen wir ihn finden.« Marion entriegelte die Kofferraumhaube und öffnete ihre Tür.

»Sind Sie sicher, dass Sie wissen, was Sie tun?«

»Nein.« Sie trat zum Kofferraum und nahm ihren Mini-Camcorder aus dem stoßfesten Koffer. Sie befestigte den Presseausweis an ihrem Revers und reichte Dan dann eine tragbare Quartzlichtleiste. »Sie sind gerade zu meinem Nachrichten-Kollegen ernannt worden«, sagte sie.

Er lächelte und betrachtete kurz die Schalter und Kontrolllampen für die Lichter. »Ziemlich wagemutig, Marion.«

»Danke«, sagte sie grinsend. »Also, gehen wir.«

Billy fuhr neben den Mazda und schob seine Schutzbrille hoch. »Woooww!«, rief er. »Das sieht nach einer Riesenparty aus!«

»Vergiss es, Billy«, sagte Marion. »Wir sind hier, um Peter zu finden und wieder zu verschwinden. Hast du gehört?« Sie sprach streng.

»He, ich habe nur Spaß gemacht, Marion«, erwiderte er. »Ich bin bekehrt, erinnerst du dich?«

»Das behauptest du. Hör zu, Billy, finde einfach Peter, okay?«

»Ich werde mein Bestes tun«, sagte er und wendete sein Bike, um es an den nächststehenden Laternenpfahl zu lehnen.

»Laureen, du bleibst besser hier beim Wagen, wo es sicher ist.«

»Verdammt, Billy! Ich werde nichts verpassen, nur weil du es sagst.«

Billy zuckte die Achseln und ging ihr voraus auf die Menge zu. Soviel zu Galanterie, dachte Marion.

»Okay, dringen wir zum Kern des Geschehens vor«, sagte sie zu Dan. »Halten Sie die Lichter in geringer Stärke. Wir tun so, als würden wir drehen.«

»Wir drehen nicht?«

»Nicht nötig. Wir müssen nur genau hinsehen.«

Während sie sich den Toren näherten, nahm Marion immer mehr Verheerung wahr. Die Polizeischwadrone hatten viele Menschen niedergeschlagen und Waffen eingesetzt. Obwohl die Gewalt im Moment nachgelassen hatte, konnte sie die Menge jeden Moment wieder wie eine Meereswoge ergreifen. Die TV-Ausrüstung machte Dan und Marion für Cops und Demonstranten praktisch gleichermaßen unsichtbar. Es war ein bekanntes Phänomen. Die Kamera war ihre uneingeschränkte Vollmacht. Jeder wollte im Fernsehen erscheinen – aus welchem Grund auch immer …

Der Mann mit dem Lautsprecher stachelte die Protestler auf, die Eingangstore zu stürmen. Hohle Phrasen über Macht und Kontrolle verbreiteten sich durch die Menge wie flüssiger Grillanzünder über heiße Kohlen. Die Luft knisterte fast vor Anspannung. Die Lage drohte sich unangenehm hochzuschaukeln, und Marion hoffte, dass die Kamera ihr und Dan ausreichenden Schutz böte, während sie in die Menge der Fabrikarbeiter eintauchten. Als sie einige der Gesichter um sich herum betrachtete und sie zu typisieren, einzelne aus der verschwommenen Masse hervorzuheben versuchte, war sie überrascht, so viele Frauen in dem Gedränge zu entdecken.

Dann trafen sie jäh auf Billy und Laureen. Ein Arm unbekannten Ursprungs packte Laureens Schulter und hielt sie fest, während ein anderer Mann nach ihrer Brust griff. Sie fuhr herum, spuckte den Grapscher an und trat ihm zwischen die Beine. Sein Schrei ging im allgemeinen Lärm unter, während er in die wogende Menge zurückgezerrt wurde. Laureen hielt stand und sah sich finster und herausfordernd um.

»Wir haben ihn gefunden!«, schrie Billy.

»Wo?« Marions Stimme klang inmitten all des Lärms schwach und dünn.

»Gleich da vorne. Er diskutiert mit einigen der Männer mit dem Megaphon.«

Wie war Peter so schnell hierher gelangt? Später würde sie erfahren, dass er sich die Mitfahrt in einem Polizeiwagen erschmeichelt hatte, aber im Moment konnte sie sich nicht vorstellen, wie er so schnell mitten ins Zentrum des Geschehens hineingeraten war.

»Großartig. Einfach großartig«, sagte Dan. »Wie sollen wir ihn dort herausbekommen?«

»Wir müssen es versuchen«, sagte Marion. »Schalten Sie die Lichter und das Mikrofon auf höchste Stufe und folgen Sie mir.«

Während sie sich durch die Arbeiter drängten, nahmen sie mit dem Mikrofon Peters Worte und die des Anführers der Arbeiter auf.

»... und wer, zum Teufel, sind *Sie* überhaupt?«, sagte ein Mann mit einem weißen Schutzhelm gerade.

»Ich bin Ihr Freund«, sagte Peter lächelnd.

»Ja, darauf wette ich«, sagte der zweite Anführer der Proteste. Er schob seine Beech-Nut-Baseballkappe zurück, sprang von der Palette auf dem Gabelstapler und stellte sich Peter gegenüber. »Zehn Piepen darauf, dass du einer der Abwiegler der Fed bist. Also verpiss dich, Freundchen, bevor du einige deiner hübschen Zähne verlierst.«

Die Menge tobte um Marion herum, aber sie konzentrierte sich auf das in ihren Kopfhörern widerhallende Gespräch.

Peter legte eine Hand auf die Schulter von Beech-Nut. »Aber ich bin Ihr Freund. Sie glauben mir doch, oder?«

Es war die Berührung. Oder vielleicht war es einfach Peters Tonfall. Aus welchem Grund auch immer, bemerkte Marion eine jähe Veränderung im Verhalten seines Widersachers.

»Ja, okay. Was, eh, kann ich für Sie tun?«

»Helfen Sie mir mit Ihrem Kumpel dort hinauf.« Kurz darauf kletterte Peter zu dem Burschen mit dem weißen Schutzhelm hinauf.

Marion und Dan hatten sich durch das Rudel Arbeiter manövriert, die meistenteils zurücktraten, um die Kamera so nahe wie möglich herankommen zu lassen. Die meisten von ihnen bemühten sich, direkt in die Linse und die Lichter zu schauen. Manche Dinge ändern sich nie, dachte sie. Eine neue Stimme dröhnte über einen der Lautsprecher – Peters.

Es war komisch. Sie hatte noch nie viel von Kirchen, Gottesdiensten oder Predigten gehalten, aber es war etwas an Peters Stimme, an seiner Art zu sprechen oder am Tonfall – sie war sich nicht sicher, was es war –, was die Leute zur Aufmerksamkeit zwang. Was er sagte, schien weniger wichtig als die Art, wie er es sagte. Obwohl Marions Aufmerksamkeit darauf gerichtet war, weiter nach vorne durch die Menge zu gelangen, hörte ein Teil von ihr ihm weiterhin zu, als sei sie automatisch, von Natur aus, auf seine Stimme eingestellt.

Er sagte den Arbeitern Dinge, die sie nicht hören wollten, aber sie konnten nicht aufhören, ihm zu lauschen. Marion beschloss, die Kamera einzuschalten. Sie hatte das Gefühl, dass etwas Interessantes vor sich ging. Peter beeinflusste die aufgebrachte Menschenmenge eindeutig. In dem Moment, als er den Mund öffnete, begann die allgemeine Unruhe der Menge fast augenblicklich nachzulassen. Innerhalb von sechzig Sekunden hörten alle gebannt zu.

Wie machte er das?

»Jeder von euch weiß es ebenso gut wie ich: Gewalt wird keines unserer Probleme lösen«, sagte er nachdrücklich genug, dass seine Worte Bedeutung bekamen.

Anfänglich, als die Menschen erkannten, dass Peter nicht dort oben stand, um sie dazu aufzustacheln, das Yusang-Werk und seine Manager niederzumachen, hatte die Menge ihm zugebrüllt, er solle den Mund halten und gehen. Aber ihr Brüllen stoppte fast augenblicklich ... weil Peter zu ihnen sprach. Seine Wirkung auf Menschen hatte etwas Unheimliches. Marion dachte darüber nach, während sie ihren Camcorder laufen ließ. Seine Macht war hypnotisch, durchdringend und äußerst zwingend.

»Ihr müsst euch fragen, was ihr hier wirklich tut. Die Sicherheit eurer Familien und eure eigene Gesundheit und Sicherheit riskieren? Wozu? Weil ihr nicht an einem gemeinsamen Fitness-Programm teilnehmen wollt? Wovor habt ihr Angst?

Euch besser zu fühlen? Länger zu leben? Produktiver zu sein?«

Marion hörte zu und beobachtete die Reaktion der Menschen. Sie waren verwirrt. Peter sagte nichts Weltbewegendes, seine Logik war, wenn auch stichhaltig, so doch weder unangreifbar noch überwältigend. Und doch waren sie hingerissen. Marion spürte während seiner Rede eine gewisse *Kontrolle* unmittelbar unter der Oberfläche seiner Worte. Es war ebenso unheimlich wie beeindruckend. Die Menschen beruhigten sich und senkten die Fäuste und Transparente.

Alles verlief gut, bis die Autobombe explodierte.

Später erfuhr Marion von Billy, dass die Bombenleger, nachdem sie Peters Worte gehört hatten, beschlossen, die Vorrichtung zu entschärfen und vom Yusang-Sicherheitswagen zu entfernen. Aber jemand hatte am falschen Draht gezogen …

Wie eine in der Nacht erblühende Wüstenblume brach der Streifenwagen in orangefarbene, zitternde Blüten auf. Die Explosion lähmte alle. Körperteile regneten auf die Menge nieder.

Die Cops und der Werkssicherheitsdienst versuchten, die Kontrolle zu bewahren. Während die Menge im Augenblick des Entsetzens wie versteinert war, schwärmte hinter den letzten Reihen ein taktisches Polizeikommando aus. Der Werkssicherheitsdienst übte in den vorderen Reihen der Menge das bei ihrer Ausbildung bezüglich Aufständen Gelernte aus, und die Feuerwehrleute brachen ihnen mit ihren Pferden Bahn. Es war eine abgestimmte Operation, wie ein Blitzkrieg.

Eine Salve Gummigeschosse bombardierte die Menge. Wasserwerfer warfen die Arbeiter zu Boden. Es war, als wäre man am Neujahrsabend am Times Square in einem Hurrikan gefangen.

»O nein!«, schrie Dan. »Die Bastarde!« Er rief Peters Namen, aber seine Stimme ging im erschreckten Lärm und der Verwirrung über den Überraschungsangriff unter.

»Wir müssen ihn holen!«, schrie Marion und wollte voran drängen. Die geballten Körper um sie herum ließen jedoch keinerlei Bewegung zu.

Sicherheitskräfte des Werkes eröffneten eine zweite, schwere Salve von Gummigeschossen, richteten sie besinnungslos auf die vorderste Front der Arbeiter. Peter und der Mann mit dem weißen Schutzhelm sahen von oben offensichtlich hilflos auf das Gemetzel hinab.

Inmitten der Menge gefangen, waren Marion und Daniel von den schwersten Wasser- und Gummigeschossangriffen gewissermaßen abgeschirmt, aber es gab keine Chance auf Entkommen. Das gewaltige Meer von Körpern wogte und wirbelte in alle Richtungen. Sie und Dan hatten keine andere Wahl, als sich von den ständig wechselnden Strömungen treiben zu lassen. Sie hatte Billy und Laureen aus den Augen verloren, und nun wurde auch Dan von ihr getrennt.

Zorn peitschte durch die Menge wie ein Waldbrand. Sie stürmten die Tore. Waffen tauchten in den Händen der Arbeiter auf. Die Menge drängte wie eine riesige Amöbe auf die Tore zu – und auf Peter. Es war, als machten sie ihn für die Wendung der Ereignisse verantwortlich. Er war zum obersten Ziel ihres Angriffs geworden. Marion erkannte, dass sie ihn töten würden.

Sie schaute durch das Objektiv ihres Camcorders und sah Peter mit ausgestreckten Händen auf der angehobenen Palette stehen. Er rief etwas – und obwohl er kein Megaphon hatte, konnte sie seine Worte irgendwie hören.

Alle konnten sie hören.

»*Nein! Ihr müsst damit aufhören*!«

Seine Stimme schallte über die Menge wie ein Donnerhall über ein Kornfeld in Indiana. Cops, Wächter, Arbeiter – alle wandten sich diesem einzelnen Mann zu, als er ihnen befahl innezuhalten.

Und sie *waren* ruhig.

Es war einen Moment lang so still, so äußerst und totenähnlich still, dass Marion spürte, wie ihre Haut erkaltete.

Dann hob Peter die Arme, und Blitze zuckten. Ein heftiger Regenguss fegte herab wie ein Angriff der Walküren. Alles war im Handumdrehen durchweicht. Die Feuerwehrschläuche spritzten noch immer, aber es kümmerte niemanden mehr. Die Menschen gerieten in Verzückung. In Peters Nähe wurde ein Schuss in die Luft abgegeben. Weitere folgten. Ziegelbrocken flogen auf die Plattform zu, wo Peter herausfordernd über der Menge stand.

Lichtblitze froren die Szene weiterhin als harte Schwarz-Weiß-Bilder für die Sensationspresse ein. Marion wurde fast von den Füßen gerissen, als sich das Gedränge der Körper gemeinschaftlich auf die Tore des Werks zu bewegte. Es gelang ihr irgendwie, den Camcorder weiterlaufen zu lassen. Ein Lichtblitz schlug am Wasserturm in die Erde ein und entfaltete ein spektakuläres Schauspiel gelb-weißer Funken.

Donner dröhnten in Wellen. Die Menge hielt einen Moment inne, taumelte von den vereinten Kräften von Regen und Wind fort.

»*Ihr werdet damit aufhören*!« Peters dröhnende Stimme hallte über die Aufständischen hinweg wie ein Präriefeuer. »*Jetzt*!«

Dan hatte sich wieder an Marions Seite gekämpft. Er rang mit der Lichtleiste, versuchte, sie in dem Aufruhr zu schützen. Blitze krachten erneut. Eine Hand griff nach der Kamera, und Marion wirbelte herum, um sie abzuwehren. Jemand schrie und deutete auf das Tor. Die Menschen um sie herum blickten allmählich aufwärts – und ihre Gesichter zeigten einen Ausdruck zwischen Angst und Ehrfurcht.

»O mein Gott ...«, hörte sie Dan neben sich murmeln.

Ein Elmsfeuer tanzte um den Wasserturm, als wäre es der Mast eines sturmgepeitschten Klippers. Als Marion sich umwandte, sah sie Peter, der noch immer mit gespreizten Beinen auf dem Gabelstapler stand. Blitze umrahmten ihn in starkem Kontrast zu der regengepeitschten Nacht.

Obwohl die Blitze schließlich erloschen, blieb Peter unheimlicherweise von Licht umsäumt. Er glühte unter einem Feuer, das wild um seinen Körper züngelte. Er stand starr, die Arme in Kreuzhaltung ausgestreckt, über der Menge. Das Glühen wurde stärker, und Marion dachte einen Moment, er würde sich von der Plattform erheben. Die Menge keuchte vereint. Es war ein Laut der Ehrfurcht und der ansatzweisen Panik.

»*Verlasst diesen Ort*«, sagte Peter, leise jetzt, aber trotz des tosenden Sturms und des Lärms der Menge deutlich hörbar. Er hob eine Hand und deutete auf den Wasserturm, der dann wie unter einem Raketeneinschlag explodierte. Aber anstatt überhitzten Wassers und zischender Metallstücke regneten rötliche Rosenblätter herab. Marion beobachtete, wie ein zarter, rötlicher Fleck aus unmöglicher Höhe herabsegelte, verfolgte seinen Abstieg, bis er leicht ihre Wange streifte. Ein Hauch von Duft lag in der Luft und dann nichts mehr, als er auf den nassen, schimmernden Asphalt fiel und verschwand.

Der Sturm war gewichen. Der Himmel war wieder klar. Marion blinzelte verblüfft, schaute erneut zu Peter – und alles hatte sich verändert. Das Licht, die Aura, die Rosenblütenblätter – fort.

Niemand sagte etwas. Niemand schien zu etwas anderem fähig als davonzuwandern wie Zombies in einem Film, in geheimnisvollen Gedanken verloren. Die gewaltige Masse der Protestler wandte sich von den Fabriktoren ab, stieß unkontolliert gegeneinander, stolperte weiter.

Marion fühlte sich ausgelaugt. Was war gerade geschehen? Ihr Herz pochte heftig in ihrer Brust. Hätte sie den Camcorder nicht fest umklammert, hätten ihre Hände gezittert. Die Nacht schien plötzlich schwer und bedrückend wie eine modrige Decke. Peter war in der Dunkelheit verschwunden.

»Haben Sie das gesehen?«, fragte Dan leise und brach so das Schweigen.

»Ich glaube schon«, sagte sie ebenso leise.

»Rosenblütenblätter. Ich sah Rosenblütenblätter.« Sie konnte seiner Stimme die Erschütterung anhören.

Marion wandte sich kopfschüttelnd zum Wagen zurück. Wo Augenblicke zuvor noch eine Menschenmenge gewütet hatte, schimmerte nur nasser Asphalt.

Billy und Laureen liefen auf sie zu.

»Er ist Gott!«, rief Billy. »Er ist Gott!«

»Sei still, Billy«, sagte Marion rau.

»Aber es ist wahr! Und Sie wissen es.« Dann verfiel er jäh in Schweigen.

Rund um sie herum entschwanden PKWs und Lieferwagen in die Nacht. Feuerwehrwagen rumpelten vom Rande des Parkplatzes davon. Als Marion ihren Mazda erreichte, schloss sie den Kofferraum auf und verstaute ihre Geräte. Dan half ihr und legte ihr dann einen Arm um die Schulter.

»Wo geraten wir da hinein?«, fragte er.

»Ich weiß es nicht«, sagte sie, »ich weiß es einfach nicht.«

Als sie sich umwandte, sah sie Peter an der Motorhaube des Wagens stehen. Er schien sich dort gerade materialisiert zu haben, und Marion spürte eine kalte Berührung zwischen ihren Schulterblättern.

Peter betrachtete seine Freunde mit einem leichten Lächeln, das man nur als verlegen bezeichnen konnte.

»Seht ihr«, sagte er. »Ich wusste, dass ich helfen konnte.«

»Ja, Kumpel!«, sagte Billy.

»Sollten wir nicht fahren?«, fragte Marion, während sie auf den sich rapide leerenden Parkplatz deutete. Ein Streifenwagen der Polizei verhaftete Nachzügler.

Peter zuckte die Achseln. »Warum nicht?«

Sie setzten sich ohne ein weiteres Wort in den Wagen. Billy und Laureen stiegen auf ihre Harley und fuhren nordwärts voraus. Peter schlief auf dem Notsitz des Mazda augenblicklich ein, und überließ Dan und Marion ihren Gedanken. Marion war zu benommen, verwirrt und aufgewühlt, um viel zu reden. Dan schien vieles loswerden zu wollen, aber er sah sie nur an und schwieg dann.

Später am Abend, nachdem sie zum Campingplatz zurückgekehrt waren und sich für den Rest der Nacht zur Ruhe begeben hatten, wachte Marion auf. Sie stand auf, setzte sich auf die vordere Stoßstange ihres Wagens und betrachtete nachdenklich die unendlich vielen Sterne am nun klaren Himmel.

Sie begriff allmählich, wohin ihr Abenteuer führte. Sie wusste, dass es nur immer schwerer werden würde, die Zeichen und Parallelen zu ignorieren. Vergleiche wären unvermeidbar und berechtigt. Sie erkannte auch, dass sie Teil der explosivsten Story des Jahrzehnts, vielleicht aller Zeiten war.

Sie fragte sich, ob sie die Kraft und den Mut hatte, durchzuhalten.

Buch Drei

»Wiederum führte ihn der Teufel mit sich auf einen sehr hohen Berg und zeigte ihm alle Reiche der Welt und ihre Herrlichkeit und sprach zu ihm: Das alles will ich dir geben, so du niederfällst und mich anbetest.«

Matthäus, Kapitel 4, Vers 8–9

Siebenundzwanzig

Bessemer, Alabama – Cooper
15. Oktober 1998

»Okay, Jungs und Mädels!«, rief der wahre Reverend Freemason Cooper. Er stellte seinen Kopfhörer ein, wobei er genau darauf achtete, seinen sorgfältig frisierten und mit Haarspray versehenen Helm silberfarbenen Haars nicht in Unordnung zu bringen. »Sehen wir mal, was es heute Abend Böses auf der Welt gibt!«

Der Zeitpunkt abends um sieben Uhr war in dem Südstaaten-Herrenhaus des Reverend stets eine besondere Gelegenheit, denn jeden Abend versammelten sich Cooper und seine Helfer in seinem in Leder und Eiche eingerichteten Arbeitszimmer, um sich die Abendnachrichten anzusehen. In einem angrenzenden Raum, durch eine Glaswand abgetrennt, aber von den Versammelten dennoch vollkommen einsehbar, befanden sich vier an der Wand montierte Großbild-Fernseher. Jedes Gerät war auf ein anderes Sendernetz eingestellt und wurde von einem ›Medien-Falken‹ kontrolliert, wie er seine vier mit Kopfhörern ausgerüsteten Assistenten nannte. Die Szenerie wirkte wie ein NASA-Kontrollraum in Miniatur.

Cooper rollte seinen Stuhl von einem Schreibtisch fort, der so groß war, dass er einen Hubschrauberlandeplatz hätte abgeben können, und auf eine elektronische Konsole zu, die bei Berührung einer Taste aus dem Boden hochfuhr. Sie wies mehr Schalter, Regler und Touch-pads auf als ein Mischpult, sowie einen extrem hochauflösenden NEC-Monitor. Damit hatte er die vollkommene Kontrolle über die gesamte Ausstattung beider Räume. Ein spezieller Comm-Link verband Cooper mit seinen Falken. Hinter ihm und ihn flankierend, wie Mitglieder einer Hochzeitsgesellschaft, wartete eine Schar Helfer. Einige von ihnen saßen an Tischen, bereit, Notizen in Laptops mit Funkkarte einzugeben, die zu einem nahe gelegenen Großrechner übermittelt würden. Andere standen herum, bemüht, Bereitschaft zu zeigen, sich in jeder Beziehung nützlich zu machen.

Jawollmeinherr. Es machte Spaß, viel Geld zu besitzen.

Freemason nahm eine dünne, in der Hülle gereifte El-Cajón-Zigarre hoch, extra aus Kuba ›importiert‹, und hielt inne, um ihr Aroma zu genießen. In einem Kognakschwenker neben seiner rechten Hand schmolz ein einzelner Eiswürfel in drei Fingerbreit Marker's Mark Bourbon. Freemasons Vater hatte ihn schon vor vielen Jahren über die medizinischen Eigenschaften des Bourbon belehrt. Daddy war mit einundneunzig noch immer neugierig, sodass er vielleicht etwas wusste, was Ärzte nicht wussten, dachte Freemason.

Einer seiner Helfer, ein junger Bursche namens Addison, der wie ein FBI-Agent aussah, hielt Freemason ein Butanfeuerzeug hin, noch bevor er die Zigarre an die Lippen geführt hatte. Auf den Bildschirmen schwanden die Senderlogos, und dann blickten die Köpfe der großen alten Anchormen auf die Welt. Ihre Lippen bewegten sich, aber kein Laut drang durch die Glaswand – Freemason hatte die Lautstärke gedrosselt. In Wahrheit gab er keinen Pfifferling auf das, was sie sagten – das abzuhören, bezahlte er seinen Mitarbeiterstab. Sie sahen sich die Tagesereignisse genau an, trennten die Spreu vom Weizen und lieferten dem Reverend dann das Material für seine abendlichen Satellitenübertragungen. Es gab stets viele kontroverse Themen und immer etwas, was man für seine Zwecke drehen und wenden und aufpolieren konnte. Alles wirklich Ungewöhnliche wurde ihm sofort zugetragen.

Er nahm seinen ersten Zug an der El Cajón. Sie schmeckte so süß wie die Möse eines jungen Mädchens. Ein Schluck des gekühlten Mark offenbarte ein leichtes, waldartiges Bouquet. Gott, war das Leben gut. Cooper betrachtete müßig die Bildschirme, während die Moderatoren ihre Aufmacher des Abends von sich gaben – Geplänkel in Südafrika, während der Bürgerkrieg weiterhin wütete. Die Story schien, oberflächlich betrachtet, keine Botschaft von Gott zu sein, aber was wusste der Reverend schon von solchen Dingen?

Freemason machte sich nicht die Mühe, die Nachrichten zu interpretieren. Dafür beschäftigte er Schreiber. Zehn der scharfsinnigsten Bibelgelehrten des Südens arbeiteten wie die Berserker, indem sie Bezüge von der Heiligen Schrift zu allem herstellten, was auf der Welt vor sich ging. Und, he – diese gescheiten jungen Menschen waren gut! Sie verschafften dem Reverend die boshaftesten, einwandfreiesten Predigten in diesem Gewerbe. Es gab sonst keinen Fernsehpriester auf den Satellitensendern, der nur halb so viele Zuschauer hatte. Seine Church of the Holy Satellite Tabernacle verspeiste die gesamte übrige Fernsehgeistlichkeit zum Frühstück.

Freemason war mächtig stolz darauf. Sein Publikum sah ihn weltweit, und das Geld, das sie ihm schickten, hatte einen Monolith der Macht und des Einflusses sowie schlicht reinen Überfluss für Freemason und seinen Klüngel geschaffen. Er ritt auf einer neuen Woge des Tele-Evangelismus, weil sich seine Programmgestaltung direkt auf gegenwärtige Ereignisse bezog – und weil er das, wie er es nannte, ›apokalyptische Denken‹ eingeleitet hatte. Alle seine Shows waren, wie subtil oder offenkundig auch immer, mit dem bevorstehenden Millenium und dem möglichen Ende der Welt verknüpft.

Viele Leute empfanden dies aus einem unbestimmten Grund als ein äußerst bedeutendes Ereignis.

Die Aufmacher verschwanden von den Bildschirmen, während die Sender zum nächsten Segment überblendeten. Die einheitliche Berichterstattung wurde beendet, als die Nachrichtenabteilungen ihre jeweiligen Prioritäten, ihre verschiedenen politischen/sozialen Neigungen zu bedienen begannen. Es war kein Geheimnis, dachte Freemason, dass die Medien seit dem Zweiten

Weltkrieg von einem Haufen Schönlingen und Homosexuellen kontrolliert wurden.

Als er seinen Kognakschwenker an die Lippen hob, nahm er eine Veränderung in der Stille in seinen Kopfhörern wahr. Jemand hatte Verbindung aufgenommen.

»Reverend«, sagte Nummer Drei, der unter dem CBS-Bildschirm saß, »ich glaube, wir haben hier was. Ich überspiele es Ihnen.«

»Was ist es?«

»Sie werden die ganze Sache selbst sehen wollen. Es ist ein Exklusivbeitrag des Senders.«

»Nun, dann schieß los, Junge!«

»Wir haben jetzt alles beisammen – hier kommt es ...«

Freemason schaute auf seinen Privatmonitor, während das Bild einer Frau erschien. Sie strahlte Gesundheit und erotische Anziehungskraft aus. Ihre Augen waren groß und weit und grün wie das Meer. Ihr Gesicht wurde von einer Mähne kastanienbraunen Haars umrahmt. Sie schaute in die Kamera, als flirte sie mit ihr, und Freemason Cooper gelüstete es augenblicklich nach ihr. Sie trug, wie jeder andere Reporter vor Ort, einen Overall und eine Fotografenweste, aber diese uniformartige Aufmachung konnte ihre sinnlichen Körperformen nicht verbergen. Wer auch immer sie war – sie war ganz Frau. Genau so, wie der Reverend es mochte.

Wie als Antwort auf seine Gebete erschien am unteren Rand des Bildschirms ihr Name:

Marion Windsor –
Courtesy WEVN-TV und WPIX-TV

»Die Gewalt und das Blutvergießen, die während der letzten beiden Tage bei der Yusang Motor Corporation in Evansville, Indiana, vorherrschten, wurden abrupt beendet. Letzte Nacht, unmittelbar nach Mitternacht der Zeitzone, in der Chicago und St. Louis liegen, plante eine Versammlung aufgebrachter Arbeiter einen endgültigen Angriff auf die Tore Yusangs. Von Polizei und Einheiten der Feuerwehr zur Kontrolle des Aufruhrs zermürbt, eskalierte das, was als friedliche Demonstration gegen eine neue Firmenpolitik begonnen hatte, zu einer gefährlichen Belagerung ...«

Während Marion Windsor sprach, war auf dem Bildschirm in einer Nahaufnahme zu sehen, wie sich das taktische Polizeikommando unter eine gewaltige Menge Arbeiter mischte. Wasserwerfer schossen kreuz und quer in die Menge und schleuderten die Streikenden wie Bowlingkegel zu Boden. Es war ein vertrautes Bild – was war Besonderes daran? Freemason wollte gerade Nummer Drei anrufen und ihm gehörig die Meinung sagen, als Marion Windsor zum Kern ihrer Story kam:

»… und es hätte gewiss weitere Tote gegeben, wenn das plötzliche Erscheinen eines jungen Mannes namens Peter Carenza, eines Gemeindepriesters aus Brooklyn, New York, nicht alles geändert hätte …«

Das Video zeigte einen großen, kraftvollen Mann mit dunklem Haar und dunklen Augen, der auf einer von einem Gabelstapler angehobenen Palette stand. Das war ein Priester!? Er wirkte wie ein Streckenarbeiter einer Telefongesellschaft. Die Menge wogte unter ihm wie ein bedrohliches Meer. Er sprach, aber seine Worte wurden von dem Bericht übertönt. Der Ausdruck kühler Entschlossenheit in den Augen des jungen Mannes beunruhigte Freemason zutiefst.

Windsor beschrieb die Gewalt, die auf eine irrtümlich entzündete Autobombe folgte. Das Video, das die Umstände erstaunlich klar wiedergab, zeigte Leuchtfeuer, Geschosse und einen höllisch heftigen Regenguss. Blitze zuckten und tanzten vor dem im Hintergrund liegenden Werk.

Freemason beobachtete, wie der junge Priester von dem eingehüllt wurde, was man nur als Glorienschein bezeichnen konnte. Grünes Feuer tanzte den Metallzaun und den Wasserturm hinter ihm entlang. Benommene Stille erfasste die Menge, und ein Gefühl der Ehrfurcht und Angst drang aus dem flachen Bildschirm des Videomonitors. Eiseskälte legte sich um Freemasons Eingeweide.

»... etwas Wundersames ist in Evansville geschehen ...«

Eine kurze Kindheitserinnerung flackerte herauf. Cooper, im Alter von fünf oder sechs Jahren, der auf dem Notsitz des Chevrolet De Luxe seines Vaters dahinholperte. Regen sprenkelte die Windschutzscheibe, während sie eine ausgefahrene Landstraße entlangfuhren. Die kleine Plastikstatue von Jesus auf dem Armaturenbrett schimmerte in einem unheimlichen, grünen Licht. Blitze zuckten, und Freemason erinnerte sich, dass die kleine Statue ihn geängstigt hatte. Er sagte es seinem Daddy, aber der alte Mann hatte nur laut gelacht, während er mit dem Lenkrad kämpfte. Dann wurde die Erinnerung unterbrochen und schwand. Aber sie war einen Augenblick schmerzhaft deutlich gewesen.

Freemason rieb sich mit dem Handrücken über die Lippen. Das Verlangen nach einem Schluck Bourbon war überwältigend, aber er konnte seine Aufmerksamkeit nicht vom Bildschirm lösen. Carenza hob einen Arm zum Wasserturm, und Blitze sprengten ihn!

Gottverdammt, unglaublich!

Freemasons zitternde Finger fanden den Kognakschwenker und ergriffen ihn. Er führte ihn an die Lippen, die plötzlich aufgesprungen und wüstentrocken waren, und trank von dem brennenden Alkohol.

»… und die Gewalt, die diese kleine Industriestadt erschüttert hat, ist vorbei. Hier ist Marion Windsor, vom Schauplatz in Evansville, Indiana.«

Cooper legte den Kopf zurück, trank den restlichen Bourbon, drehte jäh seinen Stuhl und griff nach der Karaffe an der Ecke seines flugplatzgroßen Schreibtischs. Gottverdammtes Höllenfeuer, worum ging es hier? Warum zitterten seine Hände? Warum hämmerte sein Herz?

Ganz ruhig, dachte er.

Er wandte sich langsam um und schaute zu seinen Helfern. Sie zeigten alle denselben Was-habe-ich-da-gerade-gesehen-Ausdruck. Niemand sagte etwas. »Wollen Sie eine Kopie fürs Archiv davon, Reverend?« Die Stimme von Nummer Drei erfüllte seine Kopfhörer.

»Ja«, sagte Freemason, »das wäre gut.«

»Ich habe einen Folgebericht der Geschichte von Evansville!«, meldete sich Nummer Eins. »Wollen Sie ihn sehen?«

»Spulen Sie das Band ab«, sagte Freemason.

Normalerweise leitete er die ganze Mediensitzung. Er liebte es, all die Unternehmer-Modeworte zu benutzen und so zu tun, als sei er ein Direktor oder Ähnliches. Aber plötzlich handelte er rein mechanisch. Das Bild dieses jungen Burschen, der im Dunkeln leuchtete, ging ihm nicht aus dem Kopf.

Nun lief das hastig aufgenommene Video eines Streikenden auf dem Bildschirm ab. Der Arbeiter sprach in ein Mikrofon, das von einem unsichtbaren Interviewer gehalten wurde.

»... nichts dergleichen, Mann, wissen Sie ... Ich meine, da ist dieser etwas mickerige Kerl, und er steht da oben, und ich seh' ihn diesen Wasserturm sprengen, Mann!«

»Was meinen Sie mit – ›sprengen‹?«, fragte der unsichtbare Reporter.

»Ich meine, wissen Sie, er hat ihn *in die Luft gejagt*! Wissen Sie, wie ein Zauberer, Mann. Wie diese Kerle in den Cartoons.«

Das Bild wich dem einer jungen Frau in Feuerwehrkleidung.

»Es war eine erstaunliche Erfahrung. Wie in einer Kirche. So etwas habe ich noch nie erlebt. Ein unglaublicher Typ.«

»Haben Sie gesehen, wo er hingegangen ist? Und haben Sie herausgefunden, wer er war?«

»Nein, das habe ich nicht ..., aber ich würde ihn gerne wiedersehen.«

»Wenn Sie wüssten, wo er wäre – würden Sie ihm dann folgen? Ihn aufsuchen?«

»Ja ... ich denke, das würde ich.«

Ein weiterer laienhafter Videomitschnitt und ein weiteres, breites Gesicht des Mittleren Westens nahm den Bildschirm ein. Dasselbe Handmikrofon und derselbe anonyme Interviewer.

»... wie eine religiöse Erfahrung. Als wenn ich erlöst würde. So ungefähr war es. Es war das erste Mal, dass ich genau das Gefühl hatte.«

Ein weiterer eiliger Mitschnitt. Das Video zeigte die jung-alten Gesichter eines Bikerpaares. Der Junge war wettergegerbt, langhaarig und trug Lederkleidung. Seine Begleiterin war eine schmächtige Blondine, deren Züge herbe Schönheit aufwiesen.

»... ich kenne ihn«, sagte der Junge. »Er hat mich und Laureen hier gerettet.«

»Sie gerettet?«

»Aber sicher. Ich hatte mir die Hand verletzt, als ich einen Raub begehen wollte, und Peter hat mich geheilt – sehen Sie!«

Der Junge hielt eine vollkommen normale Hand in die Kamera.

»Sie können sagen, was Sie wollen, aber ich versichere Ihnen allen – dieser Bursche ist *echt*.«

»Was bedeutet?«

Der Junge blickte in die Kamera, und sein ständiges Grinsen schwand. »Was bedeutet, dass er das ist, worauf wir alle gewartet haben. Sie haben erlebt, was er hier heute Nacht getan hat. Nur einer kann so etwas tun – und das ist *Jesus*!«

Freemason drückte eine Taste an seiner Hauptkonsole und der NEC wurde schwarz. Er hatte genug von diesem Mist gesehen. Verdammte Medien, die diesen Priester wie eine Art Erlöser aussehen lassen wollten. Er musste die Bänder erst überprüfen, aber es klang so sicher wie die Hölle nach diesem Glanzstück an Publicity. Natürlich war es unwahrscheinlich, dass die Katholiken in so etwas verwickelt wären. Die Papisten hatten die Jahrhundertwende und die ganze Millenium-Bewegung aus einem verdammt guten Grund heruntergespielt – sie wollten nicht mit den überwiegend fundamentalistischen Kirchen gleichgestellt werden, die das Ganze unterstützten.

Er konnte es ihnen nicht vorwerfen. Die Römische Kirche hatte ihre Investitionen und ihre politischen und technologischen Verbindungen gut eingesetzt, obwohl sie genauso korrupt war wie alle anderen. Die Papisten waren eine starke Macht in der religiösen Welt. So sehr Freemason sie auch hasste, musste er ihre beständige Macht doch respektieren.

Aber wenn dieses Zirkus-Glanzstück in Evansville eine neue vatikanische Strategie war – etwas, was die Schäflein aufrütteln und ihre Aufmerksamkeit von der Satellitengeistlichkeit ablenken sollte –, nun, das konnte er, verflucht noch mal, nicht zulassen.

Er hob einen Finger, und zwei Helfer traten neben ihn.

»Ich will weitere Recherchen über diese Evansville-Story«, sagte er. »Findet alles heraus, was euch möglich ist.«

»Sie bekommen es, Reverend«, sagte eine Frau im Straßenanzug. Sie hieß Melody, und obwohl sie für Freemasons Geschmack ein wenig zu natürlich aussah, dachte er daran, sich kurzzeitig mit ihr einzulassen.

Er lächelte und blinzelte ihr zu. Sie erwiderte das Lächeln und ging zu ihrem Laptop zurück. Der zweite Mitarbeiter, ein toller Kerl namens Billingsly, wartete weiterhin auf seine Befehle.

»Ich werde einen guten Bericht über diese Evansville-Sache brauchen«, sagte Cooper. »Holen Sie sich von Melody alle Hilfe, die Sie brauchen, und schreiben Sie mir einen wahren Reißer. Haben Sie verstanden? Ich will diesem Kerl ein paar Breitseiten verpassen, bevor er überhaupt richtig anfängt.«

»Sie können darauf zählen, Reverend.« Der Helfer nickte und ging davon.

Freemason wandte seine Aufmerksamkeit wieder dem Überblick über die Mediennachrichten zu. Seine Falken hatten jetzt auf allen vier Bildschirmen verschiedene Berichte aufgerufen, die um neue, pikante Teile dessen kreisten, was die Schäflein »Nachrichten« nannten. Das einzig Interessante war das Erdbeben, das Beijing erschüttert und zehntausend Chinesen getötet hatte. Geschieht den Heiden recht, dachte er.

Während sich die Nation auf einen weiteren Abend mit einschläferndem Prime-Time-Programm vorbereitete, schickte Freemason seinen Kader fort. Sie ließen geschäftig bewegliche Paneele aus polierter Eiche vor die elektronischen Geräte, Bücherregale auf Boden- und Deckenschienen vor die Glaswand und das Kontrollpaneel in den Boden gleiten. Dann verließen die Mitarbeiter seines Stabs nacheinander den Raum und ließen ihn allein zurück. Er goss sich weitere drei Fingerbreit Maker's Mark aus seiner Schreibtischkaraffe ein, gab einen einzelnen Eiswürfel hinein, hob den Kognakschwenker an seine Adlernase und inhalierte das Aroma lange und genussvoll. Er gestattete sich normalerweise nur drei Zigarren am Tag und hatte die letzte bereits während der Mediensitzung geraucht. Aber verdammt, heute Abend wollte er sich eine weitere gönnen!

Er wurde das Bild des Priesters nicht los, der von Licht umgeben war. Es war wahrscheinlich großer Unsinn, aber aus einem unbestimmten Grund ging Freemason die ganze Sache gegen den Strich.

Ein kleiner, dicklicher Mann betrat durch eine Seitentür den Raum. Er trug ein gelbbraunes Westernhemd und eine gut sitzende Jeans, ein Outfit, das noch durch teure Schlangenleder-Dingos unterstrichen wurde. Dieser Kleidungsstil schmeichelte seinem wie ein Bowlingkegel geformten Körper nicht eben, aber er bewegte sich mit dem Selbstvertrauen eines Mannes, den seine Erscheinung nicht kümmerte. Obwohl sein Gesicht teigig wirkte, waren seine Züge ein wenig verkniffen. Er wäre kahlköpfig gewesen, hätte er seine letzten Haarsträhnen nicht quer über seinen Schädel drapiert. Preston J. Pierce war Freemasons rechte Hand. Sein offizieller Titel lautete Vorsitzender des Board of CHST, Inc., aber tatsächlich war er, angefangen vom Chefprokurist bis zum Finanzberater, ein wenig von allem.

»'n Abend, Mason … wie war die Sitzung?«

»Vermutlich okay.«

Preston sah ihn schief an, goss sich einen Schuss Bourbon über viel Eis und spritzte dann noch etwas Cola aus einem Spender hinein.

»Das klingt nicht gerade vielversprechend. Was ist los, Reverend?«

Freemason berichtete rasch über den Vorfall in Evansville und die Reaktionen der Schäflein.

Preston trank seinen schwachen Drink und nickte. »Ich würde sagen, das ist eine Entwicklung, die der Beobachtung bedarf.«

»Ja, ich weiß. Setzen Sie einige unserer Jungs auf diesen Kerl an. Sehen Sie zu, ob sie ihn finden können, und behalten Sie ihn eine Weile im Auge.«

Preston erklärte sich mit einer Handbewegung einverstanden.

»Ihr Dampfbad ist bereit.«

Freemason seufzte schwer. »O ja, wer ist es heute Abend?«

»Stephanie June.«

»Der Rotschopf mit den vielen Sommersprossen?«

»Sie haben ein gutes Gedächtnis«, sagte Preston mit wissendem Lächeln.

Freemason trank sein Glas aus, erhob sich hinter dem Schreibtisch und streckte seine große Gestalt. Er fühlte sich seltsam angespannt, wachsam. Selbst das Versprechen Stephanie Junes konnte seine Gedanken nicht von dem Video über den Rosenblütenblätter-Schneesturm und diesen Priester ablenken, der wie ein gottverdammter, im Dunkeln leuchtender Jesus dort oben stand. Er konnte den widerlichen Geruch nach Nikotin in der Fahrerkabine von Daddys altem Pick-up fast riechen.

Achtundzwanzig

Rom, Italien – Etienne
15. Oktober 1998

Warum sollte die Äbtissin ihr so etwas antun?!

Die Bilder von dem Video, das man ihr zeigte, hatten ihre Sicht befleckt. Gleichgültig wohin Etienne in dem weißen Krankenzimmer blickte, nahm das Gespenst eines Mannes namens Peter Carenza Gestalt und vage Substanz an. Es war, als betrachte man einen Geist. Sie sah ihn überall und wusste doch, dass sie nicht verrückt war.

Sie sank in die Sicherheit und Weichheit ihrer Kissen zurück und schloss fest die Augen … doch noch immer konnte sie ihn sehen. Ein Mann, schwarz gekleidet –, aber wo sein Kopf hätte sein sollen, befand sich ein dunkler Wirbel, wie die schwarze Rose, die sie im Garten gesehen hatte.

Heilige Maria! Was geschah mit ihr?!

Sie hatte ihre Äbtissin gebeten, ihr eine Audienz beim Heiligen Vater zu gewähren. Nur Gottes Autorität auf Erden konnte verstehen, was sie gesehen hatte. Etienne *wusste* in den Tiefen ihrer Seele, dass Gott zu ihr sprach, ihr eine Botschaft vermittelte, die überbracht werden musste.

Warum wollte Victorianna ihr nicht zuhören?

Etienne blinzelte und sah etwas Neues vor der starren, weißen Wand gegenüber ihrem Bett Gestalt annehmen, wie ein durch eine hauchdünne Linse projizierter Film. Ein verschwommenes Bild der Chinesischen Mauer, die sich durch hügeliges Terrain schlängelte, von Zinnen und Türmen unterbrochen. Plötzlich erbebten die Hügel unter der Mauer, wurden fast flüssig. Wogen der Macht pulsierten durch die Erde, die Chinesische Mauer bekam Risse und zerfiel wie die zerbrechliche Schale eines Taubeneis. Die Schockwellen besaßen solche Macht, dass die Mauer zu explodieren schien. Ein Hagelschauer von Bruchstücken regnete auf das Land herab, während die Erde weiterhin schwankte und bebte. Der Himmel verdunkelte sich vom in die Luft geschleuderten Staub und Schutt.

Etienne konnte die Schreie der Tiere und Menschen in einem Chor der Qual und des Entsetzens aufsteigen hören.

Neunundzwanzig

Vatikanstadt – Lareggia
1. November 1998

Paolo Kardinal Lareggia stand an seinem Bürofenster, das zur Via della Fondamenta hinausführte. Es hatte den ganzen Morgen geregnet, und die Steingebäude wirkten fleckig und trist. Aber das schlechte Wetter hielt die Gruppen von Touristen nicht davon ab, ihre gebuchten Führungen zu unternehmen. Ihre Regenschirme und Regenkleidung sprenkelten das graue Pflaster mit Klecksen bunter Farben. Die Kontraste spiegelten Lareggias Gefühle wieder …

Verdammnis …

Das leise Summen der Sprechanlage auf seinem Schreibtisch unterbrach seine Gedanken. Er wandte sich vom Fenster ab, ging schwerfällig zum Schreibtisch und drückte eine Taste.

»Ja?«

»Pater Francesco für Sie, Euer Gnaden …«

Die Doppeltüren zu Paolos Sanctum Sanctorum schwangen nach innen auf, noch bevor er »schicken Sie ihn herein« sagen konnte. Giovanni Francesco blieb einen Moment in theatralischer Pose auf der Schwelle stehen, hielt mit ausgestreckten Armen die Türen auf. Der Jesuit wirkte dünner als gewöhnlich, und Paolo fragte sich, ob ihm der Stress durch die jüngsten Entwicklungen zu schaffen machte.

»Ist das zu glauben?!«, rief Francesco aus, wandte sich dann um und schloss die Türen hinter sich.

»Setzen Sie sich, Vanni …«

»Ich *kann nicht* stillsitzen! Haben Sie die Reportagen gesehen?!«

Paolo ließ seine massige Gestalt in den großen Schreibtischsessel sinken und legte die Fingerspitzen über dem Tintenlöscher zusammen. »Ja, natürlich. Das wissen Sie.«

»Was versucht Er zu beweisen?!«

»Vielleicht versucht Er zu beweisen, dass Er ist, was zu sein wir behauptet haben?«

»Öffentlich?!«

Paolo lächelte. »Können Sie sich einen besseren Ort vorstellen?«

»Woher wissen wir, dass Krieger Peter nicht hat entkommen *lassen*?«

»Das wissen wir nicht. Aber ich glaube, der alte Mann wollte Ihn wirklich nur untersuchen. Ihn testen.« Paolo zuckte die Achseln. »Krieger ist Wissenschaftler, vergessen Sie das nicht. Die Gelegenheit, eine Nachstudie für ein Experiment zu erstellen, das dreißig Jahre zurück liegt, ist wirklich selten.«

Giovanni Francesco nickte. »Das ist wahr. Kommt er zu dem Treffen?«

»Ich hielt es nicht für nötig. Aber ich behalte ihn im Moment noch in Rom.«

Francesco runzelte die Stirn, als sei ihm gerade ein außergewöhnlich bedrückender Gedanke gekommen. »Ich kann nicht glauben, dass wir Ihn nicht zurückbringen können. Er gehört hierhin.«

»Ich dachte, Ihr ›Superagent‹ sollte ihn zu uns zurückbringen?«

»Er ist für Targeno eine Nummer zu groß geworden«, sagte Francesco.

»Denkt Targeno das?«

»Ha! Selbst wenn, würde er es niemals zugeben.« Francesco begann, langsam auf und ab zu gehen. »Wo ist Victorianna? Verspätet sie sich?«

»Nein«, sagte Paolo. »Sie sind zu früh. Ich erwarte sie jeden Moment.«

Der Jesuit setzte seine gemächliche Wanderung von einem Ende des großen Raums zum anderen fort. Er wirkte wie ein hagerer Wolf. »Seit ich diese lächerliche Sendung sah, habe ich darüber nachgedacht, was wir tun sollten.«

»Es ist nicht so lächerlich«, sagte Paolo, »tatsächlich eher beeindruckend.«

»Was kommt als Nächstes – die Speisung mit Brot und Fischen?« Francesco wurde lauter, während er weiterhin auf und ab lief.

Paolo Lareggia lächelte. »Es heißt, die Geschichte neige dazu, sich zu wiederholen ...« Die Sprechanlage summte. Paolo sagte: »Ja?«

»Äbtissin Victorianna ist hier, Euer Gnaden.«

»Sehr gut«, sagte er. »Schicken Sie sie herein.«

Nur eine der Doppeltüren öffnete sich, als Paolos Sekretär die stattliche Nonne ins Zimmer führte. Ihr langer, blauer Habit berührte fast den mit spanischen Fliesen ausgelegten Boden und verbarg ihre Füße, sodass der Eindruck erweckt wurde, sie gleite durch den Raum.

Paolo hatte Victorianna stets bewundert – nicht aus Wollust, sondern nur in Anerkennung ihrer Schönheit und natürlichen Eleganz. Sein sexuelles Verlangen nahm schon seit langer Zeit beständig ab, von Alter und Fettleibigkeit erstickt.

Beim alten Giovanni war es jedoch höchstwahrscheinlich eine andere Geschichte. Lareggia beobachtete, wie der Blick des Jesuiten der Äbtissin folgte. Pure Lust tanzte hinter seinen Augen.

Schlank und hager wie er war, hielt sich Francesco wohl für sexuell leistungsfähig.

»Sie sehen gut aus, Anna«, sagte Paolo und geleitete sie zu einem kleinen Bibliothekstisch und -stuhl zur Linken seines Schreibtischs. »Nehmen Sie Platz. Wollen Sie sich zu uns setzen, Vanni?«

Francesco zog sich einen Stuhl heran und ließ sich unwirsch nieder. Das Trio sah einander einen Moment an. Sie hofften wohl, in den Augen ihrer Partner eine Lösung des Problems zu finden. Lareggias Sekretär betrat das Büro mit dampfenden Kaffee- und Teekännchen auf einem mit kunstvollen Schnitzereien versehenen Kirschholz-Teewagen. Der junge Priester servierte ihnen schweigend die ihm schon lange vertrauten Vorlieben. Er brachte Giovanni Francesco sogar eine kleine Phiole Montecusano-Brandy für seinen Earl Grey.

Nachdem der Sekretär wieder gegangen war, wurde das Schweigen unangenehm. Paolo räusperte sich. Victorianna nippte an ihrem Tee. Francesco fügte seinem Tee etwas Brandy hinzu.

»In Ordnung«, sagte der Jesuit schließlich. »Unsere Pläne sind vollkommen gescheitert. Was tun wir jetzt?«

»Ich dachte, dass wir gar nichts tun«, sagte Paolo. Er trank von seinem Kaffee, der nach einer Art süßen Brötchens verlangte.

»Was?« Giovanni sah ihn mit geweiteten Augen an. »Er macht sich zum öffentlichen Spektakel – ausgerechnet in Amerika! Er wird zum Hanswurst werden! Zum Fernsehstar!«

»Vielleicht ist Amerika der Ort, an dem er sein *sollte*«, gab Victorianna zu bedenken. »Die Prophezeiung des Nostradamus besagt, der Messias würde aus der Neuen Welt kommen.«

»Interessant«, sagte Lareggia nachdenklich.

»Wen kümmert schon Nostradamus!«, rief Francesco.

Die Äbtissin sah ihn verstohlen an. »Wissen Sie, Pater, ich denke, was Sie am meisten aufregt, ist die Tatsache, dass Ihnen dieser großartige Plan außer Kontrolle geraten ist …«

»Was?« Francesco sah sie wachsam an.

»Haben Sie jemals *wirklich* geglaubt, sie könnten den Herrn Jesu kontrollieren?«

»›Kontrollieren‹ ist wohl kaum das richtige Wort«, sagte Francesco.

Lareggia grinste. »So? Wie würden Sie es dann nennen, wenn man zwei sizilianische Gangster losschickt, um Ihn zu kidnappen?«

»Ich bin noch immer entsetzt darüber, dass Sie so etwas getan haben!«, sagte Victorianna. »Wie konnten Sie, Vanni? Manchmal denke ich, Sie haben unserer Sache nie vertraut.«

Francesco zuckte gleichmütig die Achseln.

Lareggia sah seine Kohorte stirnrunzelnd an und seufzte dann. »Wir können Ihn nicht zurückbringen. Die Prophezeiungen sagen, dass Er letztendlich zurückkehren wird. Vielleicht sollten wir einfach auf diesen Tag warten?«

»Haben wir eine Wahl?« Francesco sah ihn finster an.

Paolo streckte eine Hand aus und legte sie auf Victoriannas. »Irgendwelche Ideen?«

Sie lächelte huldvoll, wenn auch ein wenig steif. »Jetzt weiß ich, wie sich Victor Frankenstein gefühlt haben muss.«

Paolo schüttelte den Kopf. »Nein. Ich denke, Er lernt gerade, Seine Identität zu akzeptieren.«

»Er sollte zu diesem Zweck *hier* sein! Wir waren uns alle einig, dass Er eine spezielle Beratung und Ausbildung brauchen würde«, sagte der Jesuit.

»Ja«, erwiderte Victorianna. »Aber vielleicht haben wir uns der *Hybris* schuldig gemacht? Wie vermessen von uns anzunehmen, wir könnten Ihn lehren, der Messias zu werden.« Lareggia nickte.

Giovanni zündete sich eine stark duftende Zigarette an und inhalierte den Rauch tief. »Es gefällt mir nicht. Er sollte in Rom sein.«

»Das mag wohl sein«, sagte Paolo. »Aber Sie müssen zugeben, dass wir recht machtlos sind.«

Francesco stieß den Rauch aus und schüttelte angewidert den Kopf. »Wie konnten wir die Dinge so falsch einschätzen?«

Lareggia seufzte. »Dann sind wir uns einig? Wir werden Seinem Wunsch, in Amerika zu bleiben, nicht zuwiderhandeln?«

Francesco und die Äbtissin nickten.

»Ich denke, wir sollten versuchen, jemanden in Seiner Nähe zu haben«, sagte Paolo. »Der Gedanke daran, dass die amerikanischen Medien unsere hauptsächliche Informationsquelle sein werden, gefällt mir nicht. Vielleicht kann uns Ihr Mann Targeno noch ein wenig von Nutzen sein.«

Francesco stimmte zu und sagte: »Die Medien färben alles ihrer eigenen Politik gemäß. Haben sie gesehen, wie sie den alten Sobieski in St. Sebastian bestürmt haben?«

»Ja, aber er hat sich gut gegen sie behauptet. Er hat praktisch nichts gesagt«, erklärte Victorianna.

Francesco schnaubte. »Nur weil er nichts weiß.«

Lareggia hob eine Hand, um ihrer beider Aufmerksamkeit zu erlangen. »Wo ist Targeno?«

»Er folgt noch immer Peters kleinem Wohnwagen. Sie haben in Indiana ein paar Gefolgsleute aufgelesen und sind noch auf den Interstate Highways unterwegs.«

»Kann Targeno sie weiterhin diskret überwachen?«

»Sicher!« Francesco drückte seine Zigarette aus und zündete sich dann augenblicklich eine neue an.

»Sehr gut. Lassen wir ihn diese Aufgabe weiterhin erfüllen.« Paolo lehnte sich auf seinem Stuhl zurück. Schwester Victorianna, die ihm gegenüber saß, war in Schweigen verfallen und blickte auf ihre Hände hinab. »Was ist los, Anna?«

Der sanfte Blick der Nonne begegnete Lareggias Besorgnis. »Es ist Etienne ...«

Paolo trommelte mit seinen dicklichen Fingern auf die Tischplatte. Er hatte Peters Mutter fast vergessen. »Ah, ja«, murmelte er. »Sie sagten, sie mache Fortschritte.«

Schwester Etienne kümmerte Paolo, trotz seiner zur Schau gestellten Sorge, nicht im Geringsten. Sie hatte ihre Aufgabe bereits vor dreißig Jahren erfüllt. Nun war sie für das Projekt nicht mehr von Nutzen. Ihre ›Vision‹ war wertlos, weil sie sich geweigert hatte, sie mit ihnen zu teilen. Francescos Ärzte hatten mit einer medikamentösen Behandlung begonnen, die anscheinend anschlug. Die Nonne setzte sich auf, aß etwas, sprach ein wenig. Aber sie beharrte weiterhin darauf, ihre religiöse Erfahrung nur dem Papst mitzuteilen.

»Gestern nach dem Abendessen beschloss ich, ein Experiment durchzuführen«, sagte Victorianna.

»Was haben Sie getan?« Paolo goss sich eine weitere Tasse Kaffee ein und sah die Äbtissin geduldig an. Sie sprach wohl abgewogen, sodass es nichts nützen würde, sie zu drängen.

»Ich dachte, es könnte vielleicht interessant sein, sie ihren Sohn sehen zu lassen. Ich zeigte ihr eine Aufzeichnung der Übertragung aus Evansville.«

Francesco lehnte sich auf seinem Stuhl weit zurück, die dichten Augenbrauen hochgezogen. »Und …?«

Victoriannas Verlegenheit war offensichtlich. »Ich fürchte, sie hat sehr heftig reagiert.«

Beide Männer beugten sich vor, während die Äbtissin fortfuhr. »Sobald sie Peters Gesicht in einer Nahaufnahme sah, begann sie unkontrolliert zu schreien. Sie phantasierte, sie sähe ein Erdbeben, und forderte, den Papst zu sehen. Wir mussten sie ruhig stellen.«

Francesco verzog das Gesicht. »Das Erdbeben in China.«

Victorianna nickte. »Sie hat es offensichtlich gesehen. Sie hat das Zweite Gesicht.«

Francesco hob angewidert die Hände. »Das bedeutet absolut gar nichts! Sie kann einfach die Wahrheit dessen nicht ertragen, dass ihr Baby inzwischen dreißig Jahre alt ist – dass sie dreißig Jahre älter ist.«

»Das ist das Lächerlichste, was Sie je geäußert haben!«, wies Victorianna ihn zurecht. »Ich glaube, Etienne hat sich schon vor langer Zeit mit der Geburt auseinandergesetzt. Ich glaube, da ist etwas anderes.«

»Fürchtet sie sich vor ihrem Sohn?«, fragte der Kardinal.

»Ich weiß nicht, ob das die richtige Frage ist«, antwortete Victorianna. »Vielleicht sind *wir* es, die sich fürchten sollten.«

Dreißig

Bessemer, Alabama – Cooper
21. November 1998

An der Kontrollkonsole hinter seinem Wasserbett erklang ein digitalisiertes Signal. Es war als Käfig voller lieblich singender Kanarienvögel programmiert. Freemason hatte, wie der Heilige Franziskus von Assisi, eine Vorliebe für Vögel.

»Oh, das klingt hübsch, Liebling«, sagte Stephanie June, während sie von ihrer Arbeit unter den Laken aufsah. »Was ist das?«

»Die Sprechanlage«, sagte er, wandte sich um, suchte nach der richtigen Taste, fand sie und drückte sie. »Ja?«

»Mason …?« Preston J. Pierces Stimme klang dünn, quäkend.

»Wen haben Sie erwartet – Oral Roberts? Press, ich habe Ihnen gesagt, Sie sollten mich nie hier anrufen, es sei denn, es handelt sich um einen Notfall …«

»Haben Sie die Elf-Uhr-Nachrichten gesehen?«

»Was glauben Sie?«, sagte Freemason mit allem ihm zur Verfügung stehenden Sarkasmus. Was angesichts Stephanie Junes intensiven Bemühungen schwer zu bewerkstelligen war. Ihr rot-goldenes Haar breitete sich auf seinem Bauch aus, halb von den Seidenlaken verdeckt.

»Ich meine es ernst, Reverend. Es gibt da etwas, was Sie meiner Meinung nach sehen sollten.«

»Ich hoffe, das ist es wert, Press«, erwiderte er.

Pierce räusperte sich. »Vertrauen Sie mir, Mason. Gehen Sie einfach so schnell wie möglich ins Studio.«

»Ich komme«, sagte Francesco.

»Oh, Reverend«, sagte Stephanie June. »Es ist mächtig nett von Ihnen, es mir so zu sagen. Sie würden nicht glauben, wie rücksichtslos die meisten Männer sind …«

»Das haben wir den Elf-Uhr-Nachrichten entnommen«, sagte ein bebrillter, mit einem weißen Hemd bekleideter Techniker namens Ames.

»Lokalnachrichten?«, fragte Freemason.

»Montgomery«, sagte Pierce nickend. »Aber sie haben es national ausgestrahlt.«

Freemason sank in einen gepolsterten Ledersessel und konzentrierte sich auf einen großen Flachbild-Monitor. Er befand sich mit den Jungs im Ostflügel des Herrenhauses, der zu einer technisch auf dem neuesten Stand befindlichen Aufzeichnungs- und Sendeanlage umgestaltet worden war. Der Bildschirm flackerte und offenbarte dann die junge Frau mit dem kastanienbraunen Haar, die er schon zuvor gesehen hatte – und sie sah wirklich zum Anbeißen aus. Sie stand an einem Highway, unter einem dunklen, vom sanften Schein fernen Feuers getönten Himmel. Der Name »Marion Windsor« und ihr Senderlogo blitzten einen Moment am unteren Rand des Bildschirms auf.

Die Worte ›New York‹ erregten Freemasons Aufmerksamkeit. Was, zum Teufel, tat eine New Yorker Reporterin draußen in Illinois? Da stimmte etwas nicht, dachte er, als die Frau ihren Bericht begann.

»Die Interstate 64, unmittelbar östlich von Saint Louis, in der Nähe des Richview, Ausfahrt Illinois, bezeichnet den Ort einer der entsetzlichsten Highway-Katastrophen in der Geschichte von Illinois …«

Marion Windsor blieb links im Vordergrund, aber das Bild dahinter wechselte, holte ein in die gespenstische Wirklichkeit von Blaulicht getauchtes Panorama eines Blutbades und der Zerstörung heran. Verbeulte, ausgebrannte Gehäuse aller Arten von Fahrzeugen lagen auf dem sechsspurigen Abschnitt der Straße verstreut, wie vom Regal eines Spielzimmers herabgefallene Spielzeuge. Feuerwehrfahrzeuge und Rettungswagen jagten ziellos über die Szene. Mannschaften mit Totensäcken eilten mit ihrer grausamen Fracht in die Dunkelheit. Beamte der Staatspolizei gingen mit ausdruckslosen Gesichtern umher.

»Achtunddreißig Fahrzeuge verkeilten sich bei einer Massenkarambolage, was bisher vierundsechzig Leben gefordert hat. Augenzeugen behaupten, Ursache dieses gewaltigen Unfalls sei die Tatsache, dass ein Tanklastzug, der Flugbenzin geladen hatte, zur Stoßzeit in ein Verkehrschaos geschlittert ist.«

Das Bild wechselte erneut. Vor dem Hintergrund einer brennenden Ansammlung von Wracks zeichnete sich als dunkles Relief die Silhouette einer einsamen Gestalt ab. Ein Mann lief auf die Flammen zu, scheinbar in den sicheren Tod.

»Was, zum Teufel, geht da vor?«, murrte Freemason. Er hatte schon ein ungutes Gefühl, seit er diese verdammte Windsor den Filmausschnitt hatte beginnen sehen. Er fühlte sich vom Magen her äußerst unwohl.

»Sehen Sie einfach hin«, sagte Ames.

Preston J. Pierce räusperte sich und hüstelte nervös. Er wusste offensichtlich, was käme. Cooper nahm etwas merkwürdig Ehrfürchtiges in seiner Stimme wahr. »Ah, Jesus …«, flüsterte er.

Die Kamera folgte dem laufenden Mann, der Flammen und Schutt leichtfüßig wie eine Zeichentrickfigur auswich. Er näherte sich einem in Flammen gehüllten Urlauberwohnwagen und riss die rückwärtige Tür auf, während ihm Flammen entgegenzüngelten. Er schien von dem Inferno vollkommen unbeeinträchtigt, als er in das Fahrzeug stieg.

»Sie werden Zeuge eines der mutigsten und unglaublichsten Rettungsversuche, die jemals aufgezeichnet wurden. Ein Mann riskiert trotz des Flugzeugbenzin-Infernos seine eigene Sicherheit, um Überlebende zu finden.«

Der Mann erschien wieder im Eingang, einen kleinen Jungen in den Armen, und wurde im Handumdrehen von hungrigen Flammen verdeckt. Das Fahrzeug verlor seine Form und sackte unter der ofengleichen Hitze zusammen. Feuer umhüllte alles, entzündete die Reifen, verbrannte die Farbe, bildete eine tosende Hölle, in der nichts überleben konnte. Freemasons Magen drehte sich, als er sich vorstellte, so sterben zu müssen – alle Nervenenden sich kurzschließen zu spüren, das Haar bis auf die Schädelknochen heruntergesengt, die Flüssigkeit in den Augäpfeln wie Eier kochend. Wie viele Sekunden dauerte es, bis man nichts mehr spürte?

»Sehen Sie sich das an!«, rief Ames. »Können Sie diesen Mist glauben?«

Freemason betrachtete aufmerksam den Bildschirm und konnte dann in der Choreografie der Flammen Bewegung erkennen. Der Mann drang daraus hervor, über seine Last gebeugt, und entfernte sich langsam von dem Wrack.

»Nein …«, hörte Freemason sich flüstern.

Die kleine, schmale Gestalt noch immer in den Armen, zeichnete sich der Mann noch größer ab, als er *durch* die Flammen lief. Freemason glaubte einen Moment zu sehen, wie sich das Feuer von dem Mann zurückzog, aber das war unmöglich. Er musste das bei einer erneuten Wiedergabe überprüfen. Als sich der Mann der Kamera näherte, konnte Freemason erkennen, dass der Körper in seinen Armen wie etwas aus einem Cajun-Restaurant aussah.

»Dieser Mann, der als Pater Peter Carenza aus New York City identifiziert wurde, hat persönlich das Leben von sieben Menschen gerettet. Das kleine Mädchen auf diesem Filmausschnitt, die neunjährige Amanda Becker, wurde von den Sanitätern vor Ort für tot erklärt. Aber Peter Carenzas Wunder war noch nicht beendet.«

»Das ist es«, sagte Preston. Seine raue Stimme zitterte vor Ehrfurcht.

Carenza beugte sich über die stille, geschwärzte Gestalt des kleinen Mädchens. Er war ein schlanker, gut aussehender Mann, nicht älter als dreißig. In seinen Augen brannte das Leuchten eines Menschen mit einer Mission. Freemason hatte diesen Ausdruck schon früher gesehen, in den Augen anderer entschlossener, junger Männer, und er hatte ihn stets geängstigt.

Dieses Mal war es nicht anders. Orangefarbenes Licht flackerte und wogte und verlieh der ganzen Szene eine unheimliche, weltfremde Erscheinung. Carenza legte seine Hände auf die verkohlte Haut des Mädchens. Er schloss die Augen, als die Kamera sein Gesicht kurz in Nahaufnahme einfing. Einen Moment geschah nichts.

»Und?«, fragte Cooper, der eine Art Sensation roch. Gott wusste, dass er in seinem Leben genug gesehen hatte.

»Warten Sie!«, rief Ames. »Sie werden es nicht glauben!«

Die geschwärzte Haut des Mädchens hatte sich wie ein Panzer verhärtet, aber als der Mann die Schale berührte, bekam sie Risse, die sich spinnwebartig fortsetzten. Die Risse erweiterten sich langsam. Lebhaftes, blaues Licht brach daraus hervor wie durch halb herabgelassene Jalousien dringendes Scheinwerferlicht.

Cooper atmete geräuschvoll ein.

Carenza ließ seine schlanken Finger über die Bruchstücke der Schale wandern. Sie zerbrach vollständig und fiel von dem Körper ab, sodass vollkommen unversehrte Haut sichtbar wurde. Das Bild erbebte kurz, als die Kamera heranfuhr, um das Gesicht des Mädchens einzufangen, engelsgleich und vollkommen ruhig, die Augen geschlossen, die Andeutung eines Lächelns in den Mundwinkeln. Carenza berührte mit drei Fingern die Mitte ihrer Stirn. Das blaue Licht, das aus ihrem Körper hervorzudringen schien, verblasste, und sie öffnete blinzelnd die Augen. Ein Keuchen stieg von der umstehenden Menge auf, das rasch zu wahrem Jubel anstieg. Carenza, der abgezehrt und erschöpft wirkte, gelang ein flüchtiges, einnehmendes Lächeln, bevor er von Menschen umringt und von den jubelnden Massen davongetragen wurde.

»Hier ist Marion Windsor, vor Ort in Richview, Illinois.«

Der Bildschirm wurde schwarz.

Freemason wollte schlucken, aber seine Kehle war zu trocken. Als er sich umwandte, sah er Preston bereits Bourbon in einen Kognakschwenker gießen.

»Hier, Reverend ...«, sagte Pierce und reichte ihn ihm.

»In Ordnung, wie hat er das gemacht?«, fragte Freemason, nachdem er die Hälfte des Glasinhalts geleert hatte.

Ames und Pierce sahen ihn beide an, als hätte er gerade eine Eidechse ausgespien.

»Reverend Cooper«, sagte Ames, während er mit einer geübten Geste der Ehrerbietung und Demut seine Brille abnahm und sie dann umständlich wieder aufsetzte, »Reverend, das war kein Trick.« Er sprach mit Überzeugung, obwohl seine Stimme bebte.

»Bullshit, Junge! Das war filmreif!«

»Ich habe das Band durch das digitale Prüfgerät laufen lassen, Reverend«, sagte Ames.

»Sie wollen mir erzählen, das wäre *real*?« Freemason trank den Rest Marker's Mark aus.

»Das will er, Mason«, bestätigte Pierce. »Und ich habe hier gesessen und zugesehen, wie er dieses Band überprüft hat. Glauben sie mir, es ist so sauber wie das Band am neuen Hut eines Niggers.«

Freemason lachte. »Das ist lächerlich! Niemand spaziert so durch Feuer! Es ist ein mieser Yankeetrick, das sage ich Ihnen!«

»Sie haben gesehen, wie er dieses Mädchen geheilt hat«, sagte Pierce und nahm einen Schluck von seinem eigenen Bourbon. Er lachte rau auf. »Heilen, Himmel! Er hat sie wieder zum Leben erweckt, das hat er getan!«

»Reden Sie in meinem Beisein nicht solchen Unsinn!«, schrie Cooper. »Niemand kommt von den Toten zurück! Und niemand erweckt sie wieder!«

»Eh, Reverend«, sagte Pierce, »ich glaube, es gab *einen* Zeitgenossen, der in beiden Fällen recht gute Arbeit geleistet hat …«

»Belehren Sie mich nicht«, sagte Freemason. »Dies ist ein Publicity-Kunststück, irgendein Gag …«

»Sah für mich ziemlich gut aus«, sagte Ames. »Tatsächlich sah es *verdammt* gut aus.«

»Für mich sah es so aus«, sagte Cooper, »als versuchte jemand unbedingt, sich in die Nachrichten zu bringen.«

»Wozu?«, fragte Pierce.

»Um bekannt zu werden! Warum, zum Teufel, tut jemand sonst so etwas?!« Freemason griff nach der Flasche, goss sich einige weitere Fingerbreit

Whisky ein und trank die Hälfte davon in einem Zug. »Ruhm! Gottverdammter Ruhm ist es, wonach es diesen Jungen aus New York gelüstet!«

»Woher wollen Sie das wissen?«, fragte Ames.

»Weil«, sagte Preston J. Pierce, der sich nervös die Hände rieb, »Ruhm Macht bedeutet. Und Macht erzeugt Reichtum.«

Cooper lächelte. »Amen dafür, Bruder.« Er sprach seine Gedanken laut aus. »Ich habe mich gefragt, warum jedes Mal, wenn eine Story über diesen Carenza erscheint, zufällig Miss Marion Windsor darüber berichtet. Und wenn sie Lokalreporterin in New York City ist – was in aller Welt tut sie dann mitten in der Nacht in Illinois?«

Pierce fuhr sich mit einer Handfläche über seinen fast kahlen Schädel. Es war eine alte, nervöse Angewohnheit. »Das lässt das alles ein wenig faul erscheinen …«

»Verdammt richtig.« Dieses Mal nippte Freemason nur an seinem Bourbon. Er sollte nicht betrunken sein, wenn er ernsthaft nachdenken musste. »Wir sollten herausfinden, wer dieser Junge ist.«

Coopers jahrelanger Umgang mit Scharlatanen und schmierigen Vertretern hatte ihn betrügerischen Tricks gegenüber sehr empfindlich werden lassen. Obwohl alles, was er bisher gesehen hatte, bestätigte, dass etwas äußerst Seltsames vor sich ging, war er sich nicht sicher, ob es tatsächlich nur fauler Zauber war, wie er seine Leute glauben machen wollte.

In der Tat fühlte sich Freemason recht unbehaglich, wenn er über Carenzas Handlungen nachdachte, ähnlich dem Gefühl, das er gehabt hatte, wenn er als Kind in den Brunnen auf der Farm seiner Tante Daisy hinabblickte, an Winde und Eimer vorbei in die dumpfe, kreisrunde Dunkelheit, und sich fragte, welches heilige Entsetzen wohl unter dem schwarzen Wasser wohnte. Er wusste, dass etwas Schreckliches auf ihn wartete, und hoffte, dass er in den Brunnen fallen würde. Er hatte sich während seiner ganzen Kindheit als Schlimmstes, was ihm passieren könnte, vorgestellt, dass er tatsächlich in diesen Brunnen fiele.

Die Erinnerung ließ ihn leicht erschaudern. Er konnte diese schreckliche Schwärze fast vor sich sehen.

»Was geht Ihnen durch den Kopf?«, fragte Pierce.

Freemason lehnte sich auf seinem Stuhl zurück und schaute zur Decke. »Rufen Sie Freddie Bevins. Sagen Sie ihm, ich hätte einen Auftrag für ihn.«

Pierce nickte. »Soll er herkommen und persönlich mit Ihnen darüber reden?«

»Absolut. Dies ist keine Scheidungsklage. Dies ist eine ernsthafte Angelegenheit.«

»Wann soll er hier sein?«

»Gleich morgen früh – und sagen Sie ihm, er soll seinen Terminkalender freihalten. Er gehört bis auf weiteres mir.« Freemason erhob sich, und die jähe Bewegung trieb ihm kurzzeitig das Blut ins Gesicht. Er wartete, bis die flüchtige Benommenheit verging, und schritt dann zur Tür.

»Gute Arbeit, Jungs«, sagte er beiläufig. »Besonders Ihre, Ames.«

Der Videotechniker lächelte und rückte seine Brille zurecht. »Aber sicher, Reverend. Danke.«

Als Freemason den Raum verließ, kehrte seine Benommenheit zurück. Er wusste nicht, ob sie physisch oder mental bedingt war, aber er fühlte sich von allem Vertrauten und Wichtigen in seinem Leben abgetrennt. Komisch, wie schnell sich die Dinge ändern konnten. Noch vor weniger als einer Stunde hatte er mit dem jungen Rotschopf seine persönliche Art von Aerobic betrieben, aber jetzt hätte er ihn selbst dann nicht mehr hochbekommen, wenn man ihm Druckluft in den Arsch geblasen hätte.

Er ging den Flur hinab, der den Ostflügel mit den Wohnbereichen des Herrenhauses verband. Goldgerahmte Gemälde schmückten die Wände. Kristalllüster hingen von den hohen Decken herab. Das Herrenhaus war ein zu seinem Vergnügen erbauter Palast, und normalerweise zog er große Befriedigung aus dem Gedanken daran, wie weit er im Leben gekommen war.

Aber dieser New Yorker Junge war für ihn eine Heimsuchung – das war nicht zu leugnen.

Vielleicht sollte er hinuntergehen und seinen Daddy besuchen. Der alte Mann wurde schon ein wenig zittrig, aber er war noch immer bei klarem Verstand und hatte Freemason nie schlecht beraten.

Zachary Stewart Cooper bewohnte eine Zimmerflucht im ersten Stock des Herrenhauses. Freemason hatte ihm seine eigene Dienerschaft zugeteilt und eine Rund-um-die-Uhr-Betreuung durch Pflegerinnen und jeglichen Komfort ermöglicht, den ein Mensch sich wünschen konnte. Freemason sah es als Ehre an, sich so gut um seinen Vater kümmern zu können. Alle Kinder, so glaubte er, waren es ihren Eltern schuldig und verpflichtet, sich um die alten Leute zu kümmern. Und das war kein Satellite-Tabernacle-Quatsch – Freemason glaubte wirklich daran, im tiefsten Herzen. Dieser Sozialhilfe-Blödsinn sollte nicht nötig sein. Das war doch ohnehin nur ein albernes Klischee.

Er klopfte an die Tür von Daddys Suite. Eine Videokamera überprüfte ihn, und dann ertönte die verzerrte Stimme seines Vaters aus einem verborgenen Lautsprecher.

»Bist du das, Sohn?«

»Sicher, Daddy. Ich muss dich sehen.«

Ein sanfter Digitalgong spielte die ersten Takte von ›Dixie‹, und die Tür öffnete sich elektronisch. Freemason betrat das Foyer, durchquerte das Wohnzimmer, wo eine schwarze Pflegerin saß und eine Zeitschrift las, und ging dann einen kurzen Flur zu dem großen Schlafzimmer hinab, wo Zachary Cooper überwiegend lebte.

Der alte Mann hatte ein leidenschaftliches Interesse an Videotechnologie entwickelt. Sein Schlafzimmer war mit allen vorstellbaren Geräten der Welt ausgestattet. Daddy Cooper konnte aus der Bequemlichkeit und Wärme seines Wasserbettes heraus analysieren, digitalisieren und weiterbearbeiten. Er konnte Audio-Zusammenschnitte, Videos, Toneffekte, Montagen oder was immer ihm einfiel herstellen. Er vergnügte sich stundenlang damit, seine eigenen Video-Zusammenschnitte zu gestalten. Wie vorherzusehen, hatten sich seine letzten Bemühungen mit Sex befasst, aber nun strebte er danach, wahre Kunst zu schaffen, und seine Arbeiten wurden allmählich abstrakter, persönlicher und unzugänglicher.

Und das bei einem Mann, der vierzig Jahre auf der Straße verbracht hatte, als ultimativer Handelsreisender. Zachary Stewart Cooper konnte jedem alles verkaufen. Freemasons früheste Erinnerung an seinen Vater war die an einen Mann mit hängenden Schultern in schlecht sitzenden Anzügen und mit breiten, bunten Krawatten. Das charakteristische Bild seines Daddys war, wie er einen Musterkoffer schleppte, der nur unwesentlich kleiner war als der Kofferraum eines '54 Chevrolet De Luxe Coupé. Der alte Mann hatte bei der Fuller Brush Company zu arbeiten begonnen und war wochenlang durch Tennessee, Kentucky, Mississippi, Alabama und Louisiana gereist. Hin und wieder, an bestimmten Sonntagen, rollte der Chevy die Auffahrt hinauf, und ein Bursche in einem zu weiten Anzug sprang heraus und brachte Geschenke für seine Frau und seinen kleinen Jungen.

Er schleppte immer diese großen Lollipops an, die wie ein wirbelnder Regenbogen aussahen, und Testors Balsaholz-Flugzeuge, und einmal schenkte er Freemason zwei Spielzeugpistolen aus Chrom mit Perlmuttgriffen und richtigen Pistolenhalftern aus Leder. Für Mama gab es Seidenstrümpfe und Unterkleider, Parfüm aus dem Warenhaus und Schachteln mit kandierten Erdnüssen von Stuckey's.

Freemason hatte diese Sonntage immer geliebt, besonders während der Sommer in Alabama, wenn die Bäume grün waren und die gelbe Limonade auf der Veranda kühl schmeckte. Wenn er sah, dass die Tür dieses alten Chevy aufschwang, hüpfte sein Herz wie eine Jukebox. Mama hatte es jedoch anders empfunden. Ständig halb betrunken, freute sie sich anscheinend nie, wenn Daddy nach Hause kam.

Seine Eltern schienen immer nur zu streiten, und als Freemason älter wurde, begriff er allmählich, warum Daddy die meiste Zeit unterwegs war. Darum und natürlich wegen des Geldes. Daddy arbeitete hart, und er arbeitete lange. Er hatte ein anständiges Einkommen. Aber erst als er sich selbständig machte und die Bibeln seiner eigenen Gesellschaft von Haus zu Haus zu verkaufen begann, machte er *richtiges* Geld. Er schleppte diese Bibel im ganzen Süden von einer kleinen Stadt zur anderen.

Eine Million Städte und eine Million Dollar.

Daddy wurde reich, Mama starb an Zirrhose, und Freemason erkannte, dass im religiösen Gewerbe viel Geld zu machen war.

Als der junge Cooper zum Mann herangewachsen war, hatte die Bibelgesellschaft eine Kirche gegründet. Freemason wusste, dass der beste Weg, das Wort zu verbreiten und neue Kirchenmitglieder zu gewinnen, in der Werbung lag. Er schloss einen Vertrag mit einem lokalen Radiosender in Bessemet ab, und die Church of the Holy Radio Tabernacle ging auf Sendung.

Diese Entscheidung sowie sein Redetalent (sein Vater hatte stets damit geprahlt, Freemason könne ›einem Bullen die Eier abschwatzen‹) machten den selbsternannten Reverend Freemason Cooper zu einem regionalen Stern am religiösen Firmament. Die natürliche Weiterentwicklung zum Fernsehen, zuerst lokal begrenzt und anschließend national auf dem Indie-Syndie-Netz, hatte Zacharys erste Million wie Wechselgeld wirken lassen. Dann kamen das Satellitenfernsehen und die Supersender. Als die Satellitenkirchen den Skandalen der späten Achtziger ausgesetzt waren, wurden diejenigen, die überlebten, stärker denn je, da die Welt sich dem Ende des Jahrhunderts zuneigte. Und an der Spitze stand keine andere als die Church of the Holy Satellite Tabernacle, hallelujah, gepriesen sei Gott und amen, Bruder.

Freemason sah den alten Mann inmitten eines kreisrunden Bettes blinzelnd an. Wie ein Gandhi im Pyjama war Daddy von Fernbedienungen, Konsolen und Tastaturen umgeben. Die gegenüberliegende Wand sah aus, als gehöre sie zum Bildregieraum eines Fernsehsenders. Monitore zeigten eine Vielzahl von beweglichen und eingefrorenen Bildern. Es war eine riesige, elektronische Palette, aus der Daddy wählen und gestalten konnte.

»Hallo, Sohn«, sagte der alte Mann, der kaum von seinen Spielzeugen aufsah. »Was steht an? Das heißt, außer deinem Schwanz.«

Daddy lachte über seinen eigenen Scherz, hielt aber inne, als er den ernsten Ausdruck auf Freemasons Gesicht bemerkte.

»Ich brauche deinen Rat, Daddy. Mir geht einiges durch den Kopf.«

Der alte Mann schob seine Spielzeuge auf eine Seite des Bettes und ließ sich in die Kissen sinken. Er atmete tief durch und sah seinen Sohn an. »Schieß los, Sohn. Ich bin bereit.«

»Hast du in letzter Zeit die Nachrichten gesehen?«

Zachary Cooper lächelte. »Peter Carenza.«

Freemason konnte seine Überraschung nicht verbergen. Einundneunzig, und noch immer kein Moos unterm Hintern. »Woher weißt du?«

»Nur ein Gefühl.« Das Lächeln wurde zu einem Grinsen.

»Nun, Daddy, was hältst du von alledem?«

Der alte Mann zuckte die Achseln. Es war eine lange geübte, wundervoll inszenierte Geste. »Es ist noch zu früh, um etwas zu sagen.«

»Meine Frage ist: *Wer* ist dieser Bursche?«

Daddy lachte. »Weißt du das nicht?«

»Komm schon, Daddy!«

»Nun, entweder er *ist* es, oder er *ist* es *nicht*, richtig?«

Freemason antwortete nicht sofort. Seinen Vater die einzige Angst aussprechen zu hören, die in seinem Kopf kreiste wie eine Roulettekugel, hatte ihn einen Moment wie betäubt.

»Ja«, sagte Freemason schließlich. »Aber was von beidem auch immer, Daddy – ich würde sagen, dass wir einiges planen müssen.«

Daddy lachte. »Darauf kannst du deinen Arsch verwetten, Söhnchen.«

Einunddreißig

Richview, Illinois – Carenza
25. November 1998

»Peter, dieses Mal hast du es wirklich geschafft«, sagte Daniel Ellington. Er saß am Küchentisch eines Winnebago. Herman Becker, der Vater der wieder zum Leben erweckten Amanda und Besitzer mehrerer Autohäuser in St. Louis, hatte ihm den geräumigen RV geschenkt. Der Winnebago stand auf dem Weideland von George Affholter, einem Farmer, dessen tödliche Verletzungen heilten, als Peter sich auf dem harten Asphalt der Interstate 64 über ihn beugte.

Peter saß Daniel am Tisch gegenüber und trank eine Tasse Kaffee.

»Ja, vermutlich«, sagte er mit jungenhaftem Grinsen auf dem Gesicht.

»Wie lange willst du das noch aufrechterhalten?«, fragte Daniel. »Diese unstete, partisanenhafte Geistlichkeit?«

»So habe ich es nie betrachtet«, sagte Peter lächelnd, »aber weißt du, es klingt gut. Partisanenhafte Geistlichkeit – das gefällt mir.«

Er spähte durch die Rippen der Fensterjalousien und war überrascht über das, was er da sah.

Tausende von Menschen umringten den Winnebago in allen Richtungen. Einige hatten Zelte errichtet, andere saßen im Freien, auf Decken, während weitere einfach dastanden. Ihre Autos und anderen Fahrzeuge parkten wie achtlos hingeworfene Spielzeuge auf Affholters Grundstück verstreut. Es sah aus wie vor Beginn eines riesigen Rock-Konzerts oder einer Demonstration auf der Mall in Washington, D.C.

Der Lärm der begeisterten Menge war zum beständigen Hintergrundgeräusch geworden. Sie waren schon seit Stunden dort draußen. Die meisten von ihnen stammten aus den kleinen Städten außerhalb von St. Louis und einige aus der Stadt selbst. Dazwischen hielten sich Medien-Crews von verschiedenen Radio- und Fernsehsendern auf. Marion war irgendwo dort draußen und versuchte, mit ihnen und den Zeitungs- und Zeitschriftenjournalisten zu verhandeln, die ebenfalls auszuschwärmen begannen. Trotz der Herbstkühle in der Luft entstand allmählich eine volksfestähnliche Stimmung.

»Sieh dir das an, Daniel«, sagte Peter. »Noch mehr Krämerseelen. Vermutlich unvermeidlich.«

Sein Freund spähte vorsichtig durch die Jalousien und sah einen Imbisswagen soeben die Seitenteile herunterklappen. Er stand in Konkurrenz zu einem zweirädrigen Hot-dog-Stand, einem Softeis-Wagen und den Erdnuss- und Popcorn-Händlern, die sich wie Verkäufer bei einem Ballspiel durch die Menge bewegten.

»Nun«, sagte Daniel, »entweder das, oder wir hätten Brot und Fische vom Himmel regnen lassen müssen, richtig?«

Peter lächelte. »Bring mich nicht in Versuchung, Daniel.«

Es war scherzhaft gemeint, aber sein Freund lachte nicht. Tatsächlich sah Daniel ihn ernster an, als Peter es jemals zuvor erlebt hatte.

»Weißt du«, sagte Daniel, »das ist nicht wirklich spaßig. Nichts davon.«

Peter war klar, was sein Freund meinte. »Spaßig?«, fragte er, blickte Daniel einen Moment in die Augen und dann in die schwarzen Tiefen seines Kaffeebechers. »Vermutlich nicht. Manchmal habe ich das Gefühl, als folgte ich einer Art Drehbuch, einer Art vorherbestimmtem Plan.«

»Das ist verrückt, Peter.«

Er zuckte die Achseln. »Vielleicht. Ich weiß nicht, was ich glauben soll.«

Daniel verließ den Tisch, um sich frischen Kaffee einzugießen, und Peter nutzte den Moment, um über ihre Zeit auf der Straße nachzudenken. Obwohl er und Daniel und Marion Strategiebesprechungen abgehalten hatten (manchmal auch mit leicht anrüchigen Anstößen von Billy und Laureen), fühlte sich Peter mit seinem neuen, öffentlichen Image nicht ganz wohl.

Vor Wochen, als Pater Francesco und seine Busenfreunde ihm die ganze Geschichte erzählt hatten, war er zornig gewesen. Sein ganzes Leben hatte in Scherben gelegen, auf einer Vergangenheit basierend, die eine Lüge war.

Aber nachdem sie versucht hatten, ihn gewaltsam nach Rom zurückzuholen, nachdem sie Dan gefoltert hatten, hatte Peter beschlossen, dass die einzige Möglichkeit zur Verteidigung der Angriff wäre, und geplant, sie auf offener Straße zu bezwingen. High-noon und so weiter. Und das bedeutete Öffentlichkeit.

Nach dem Aufruhr in der Autofabrik hatte Peter sich mit Dan und Marion beraten. Sie stimmten ihm zu, dass er in die Öffentlichkeit gehen sollte – und die Ereignisse beschleunigten sich rascher, als sich jemand von ihnen vorgestellt hatte.

»Weißt du, es gibt da eine Sache, über die wir anscheinend nie reden«, sagte Dan, als er zum Tisch zurückkehrte.

»Und was ist das?«

»Wer bist du, Peter? Bist du Christus? Bist du der Sohn Gottes?« Dans verwirrte Empfindungen brachen sich Bahn. »Ich meine, sollte ich vor dir auf den Knien liegen? Bist du der Eine, zu dem ich mein ganzes Leben lang gebetet habe?«

»Daniel ...« Er wusste nicht, was er sagen sollte.

Daniel legte die Hände um seinen Kopf, als wolle er entsetzliche Kopfschmerzen unterdrücken. Er wandte den Blick von Peter zum beschichteten Holzimitat der Küchenschränke.

»Ich denke, das ist das, was ich auch selbst herauszufinden versuche, Dan.« Peter erhob sich, trat von seinem Freund fort. »Ich meine, ich fühle mich nicht wie Gott, weißt du? Ich fühle mich nicht anders als bisher. Ich fühle mich wie der einfache, alte Peter Carenza.«

»Aber ...?«, drängte Daniel.

»Aber mein Leben hat sich vollkommen verändert. Weißt du, dass ich keine *einzige* Messe gelesen habe, seit wir New York verlassen haben? Nicht eine? Es fühlt sich immer noch unnatürlich an, dieses tägliche Ritual nicht zu vollziehen.«

Daniel grinste traurig. »Ich weiß. Ich habe dasselbe Problem.«

»Wirklich?« Peter fühlte sich schon besser, weil er nun wusste, dass seine mangelnde Aufmerksamkeit seinen Schwüren gegenüber keine solch einmalige Angelegenheit war. »Wir waren so beschäftigt … Es ist, als wäre da ein kleiner Raum, tief unten, inmitten meiner Seele, der mein ganzes Leben lang verschlossen war. Was ich in Rom erfuhr, hat den Riegel gesprengt – und jetzt ist die Tür aufgeschwungen, und ich weiß, dass ich sie nie wieder schließen kann. Das aus diesem Raum dringende Licht wird meinen Weg mein restliches Leben lang erleuchten.«

»Hast du das Gefühl, dass du diesem kleinen Raum näher kommst?«, fragte Daniel. »Wirst du durch die Tür blicken und sehen können, woher das Licht kommt?«

»Das hoffe ich. Ich habe das Gefühl, mich unausweichlich darauf zu zu bewegen. Die ganze Zeit.«

Daniel atmete tief ein und hielt den Atem dann einen Moment an. »In Ordnung, wie wäre es damit? Was wäre, wenn du beschließen oder erkennen oder akzeptieren – oder was auch immer – würdest, dass du *tatsächlich* der Sohn Gottes bist? Was dann? Hast du darüber einmal nachgedacht?«

»Vermutlich nicht so viel, wie ich sollte.« Peter hielt inne, um seinen inzwischen abgekühlten Kaffee zu trinken. »Es bereitet mir Unbehagen.«

Daniel nickte. »Das kann ich mir vorstellen. Aber wo führt uns dies alles hin?«

»Nun, wir waren uns einig, dass wir hier draußen etwas Wichtiges begonnen haben. Ich war stets sehr beliebt bei den Menschen. Die Gemeinden haben mich immer gemocht. Also machen wir weiter, und ich tue weiterhin die Arbeit, die ich schon immer getan habe.«

»Okay, aber was ist mit alledem, was man dich und mich gelehrt hat? Was wir glauben?« Daniel begann, in der Enge des Fahrzeugs auf und ab zu gehen, seine Miene besorgt und ängstlich.

»Du meinst wegen Christus?«

»Das und die Wiederkunft Christi. Wenn du der Messias bist, was soll dann als Nächstes geschehen? Das Ende der Welt?«

»Daniel, ich weiß es nicht. Ich schwöre es dir.«

Sein Freund lächelte ironisch. »Du bist mir ein schöner Messias.«

»Ich dachte, du hättest gesagt, dies sei kein Spaß.«

»Das ist es auch nicht, aber ich fühle mich allmählich *tatsächlich* ein wenig albern.«

Peter schaute durch die Jalousien auf die um den Winnebago versammelte Menschenmenge. Er fühlte sich für sie alle verantwortlich. Er wollte sie führen, wie sie geführt werden wollten.

»Was denkst du gerade?«, fragte Daniel.

»Dass ich, obwohl ich mir über vieles nicht sicher bin, doch weiß, dass die Menschen dort draußen etwas brauchen. Und dass ich dieses Etwas bin, zumindest im Moment.«

»Bist du sicher, Peter? Das ist eine große Verantwortung – mehr als du in Brooklyn hattest.«

Peter zuckte die Achseln. »Ich habe keine andere Wahl. Ich spüre ihre Bedürftigkeit, Daniel, verstehst du das nicht?«

»Vermutlich schon …«

Peter sah durch die Jalousien Marion Windsor, die mit einer kleinen Gruppe lässig, aber stilvoll gekleideter Leute sprach – offensichtlich von den Medien. Marion hatte seinen Durchbruch auf nationaler Ebene mit seinem Einverständnis orchestriert. Sie war eine erstaunliche Frau, die ihn auf vollkommen neue Art berührte. Nachdem er sein ganzes Erwachsenenleben mit der Verleugnung eines der grundlegendsten, natürlichsten Triebe verbracht hatte, war es schwer, seine Gefühle und

Sehnsüchte anzuerkennen und noch schwerer, sie zu rechtfertigen.

Aber er wollte es versuchen.

»Hör zu«, sagte Daniel und unterbrach damit seine Gedanken, »es tut mir Leid, wenn es so klingt, als würde ich dich angreifen, Peter, aber dieses ganze Abenteuer wird allmählich zu viel für mich. Ich meine, manchmal fühle ich mich wie in einem Schnellzug.«

»Ich auch, Daniel. Glaube mir.«

Es klopfte an der Tür.

»Wer ist da?«, fragte Daniel.

»Billy! Lassen Sie mich rein!«

Daniel entriegelte die Tür und öffnete sie gerade weit genug, dass Billy hereingelangen konnte. Hinter ihm drängten Körper heran, und Menschen riefen Peters Namen und winkten. Die Eindringlichkeit ihrer kollektiven Stimmen war spürbar. Peter wusste, dass er bald hinausgehen und zu ihnen sprechen müsste.

Billy schlüpfte herein und warf sich dann gegen die Tür, um Daniel zu helfen, sie zu schließen.

»Mann«, sagte Billy, »das ist unglaublich! Sehen Sie sich das an!« Er wedelte mit einem dicken Stapel Umschlägen. »Noch mehr Geld! Wir werden reich sein, Mann!«

»Gib es mir, Billy«, sagte Peter. »Ich habe dir schon einmal gesagt: Wir behalten nur, was wir brauchen, um weiterzumachen. Alles andere geben wir den Armen. Alles.«

»Mann, sie *lieben* Sie dort draußen, Peter.« Billy war sehr lebhaft, während er seine Ladung auf dem Tisch stapelte. »Ich habe so etwas noch nie erlebt.«

Peter sah Daniel an und seufzte. »Ich werde zu ihnen sprechen müssen.«

»Wieder?«

»Das wollen sie. Das brauchen sie.«

Peter öffnete die Tür. Eine frühe Herbstbrise berührte seine Wange. Die Menge brach in Jubel aus und applaudierte. Sie streckten die Hände aus, versuchten, ihn zu berühren, und er reagierte, indem er lächelte und so viele Hände schüttelte wie möglich. Dies war nicht die geistlose Schmeichelei von Fans – diese Menschen verströmten Wärme und Liebe, die in wirbelnden, aufbrandenden Wogen von ihnen ausstrahlten. Aber ihre Augen spiegelten dennoch reines, brennendes Bedürfnis wider.

Der Druck der Menge hob Peter fast vom Boden hoch, während er sich seinen Weg zu einem Pickup bahnte und auf die Ladefläche des Trucks kletterte. Als er zu sprechen begann, bemerkte er

Marion bei den Medien-Typen am Rande der Menge. Sie beobachtete ihn ebenso aufmerksam wie alle anderen, obwohl sie seine Botschaft schon kannte. Die Empfindungen, die Peter von ihr spürte, waren jedoch andere als die der Erstzuhörer.

Seine Botschaft war einfach, grundlegend. Er sprach von der gemeinschaftlichen Bruderschaft der Menschheit, ihrem Bedürfnis, einander zu lieben, sich zu verbinden und auf ihre gemeinschaftliche Bestimmung hinzuarbeiten, dem einen wahren Gott zu begegnen. Peter behauptete, er sei nur ein Bote, ein Instrument, durch das zu wirken Gott ihn erwählt habe. Er wollte ihre Aufmerksamkeit, ihre Geschenke oder ihr Geld nicht. Er würde nur nehmen, was er brauchte, um weiter durch das Land ziehen und der Welt helfen zu können, Zeuge des Ruhmes und der Macht Gottes zu werden. Er versuchte seine Predigt trotz seiner römisch-katholischen Ausbildung so konfessionsungebunden wie möglich zu halten, durch die Reaktionen seiner Zuhörer angeleitet.

Tatsächlich erkannte Peter, dass er während dieser Ansprache auf die mögliche Auflösung aller organisierten Religionen verwies. Es war ein untergeordneter Akkord, der in einer großen, symphonischen Bewegung erklang, und Peter war fast überrascht darüber, sich so reden zu hören, aber er widerrief die Worte nicht. Und wenn auch vielen in der Menge der versteckte Hinweis auf die Notwendigkeit einer einzigen, vereinten Kirche entging, so griffen andere die Idee jedoch begierig auf.

Peter gelangte allmählich zu dem Glauben, dass es völlig unwichtig war, was er seinen Zuhörern erzählte. Sie waren stets sehr empfänglich, sehr bereit zu akzeptieren, was auch immer er ihnen sagen wollte. Er hatte bei seinen ersten Reden sorgfältig darauf geachtet, nichts Anstoß Erregendes zu äußern. Aber als er gewandter wurde, selbstsicherer, erkannte er, dass er ihnen erzählen konnte, was immer er wollte. Die Menschen waren bereit, seine Vorstellungen zumindest zu bedenken, wenn auch nicht sofort zu glauben.

Während er weiterhin zu den Menschenmassen des Mittleren Westens sprach, die seinen Wohnwagen umlagerten, in Pullover und Holzfällerjacken gehüllt und mit Baseballkappen der Cardinals auf dem Kopf, konnte er Einzelne in der Menge ausmachen, die vor Skepsis, Zweifeln und sogar regelrechter Feindseligkeit nur so strotzten. Peter musste innerlich lächeln. Es war wohltuend zu erkennen, dass sein Einfluss nicht absolut war.

Auch faszinierten ihn die allmählichen Veränderungen bei einigen seiner anderen Fähigkeiten – oder Talente, wie Daniel es beharrlich nannte. Er konnte inzwischen erkennen, wenn sich ihm jemand oder etwas näherte, auch wenn er ihm den Rücken zuwandte oder ein physisches Hindernis wie eine Mauer oder ein Haus dazwischen war. Es war so, als arbeite in seinem Kopf jederzeit eine persönliche Radarstation. Zusätzlich wurde er sich immer deutlicher der *Gefühle* der Menschen bewusst, als besäße er ein inneres Thermometer, das Empfindungen maß. Wenn er sich darauf konzentrierte, wies sein Geist den emotionalen oder psychologischen Geisteszuständen anderer Farben und Töne zu.

Es war ihm klar, obwohl er mit seinen Freunden nicht darüber sprach, dass er noch im Werden begriffen war.

Was wurde er?

Peter lächelte in sich hinein. Nun, das war eine interessante Frage, nicht wahr?

Zweiunddreißig

Richview, Illinois – Windsor
26. November 1998

»Er wirkt auf Menschen, oder?«, bemerkte Marion phrasenhaft.

Sie stand am Rande der Menge, Ellbogen an Ellbogen mit Charles Branford, dem ehrwürdigen Anchorman der CBS News. Auf der anderen Seite stand Mary Chin, die Nummer Zwei bei NBC. Marion hatte gerade ihre Interviews mit den Bossen von CNN und ABC beendet und war sehr zuversichtlich. Ihre anfänglichen Videoausschnitte über Peter waren von allen Sendern extrem gut aufgenommen worden. Sie alle mochten ihr Aussehen und ihren Stil – und natürlich war der Inhalt ihrer Storys einfach sensationell.

Von einigen der größten Medien-Persönlichkeiten der Welt umringt zu sein, war ein Beweis dafür, was Peter bereits für sie getan hatte. Und das

Wunderbarste war, dachte sie bei sich, dass alle davon profitierten, dass sie an die Öffentlichkeit gegangen waren – ihre Karriere, sein Wohlergehen, die Menschen, die ihn offensichtlich so verzweifelt brauchten.

»Es ist eine unglaubliche Situation«, sagte Charles Branford, während er, mit einem Gefolge von Helfern und Speichelleckern, einen sanften Hang hinab zu seiner Limousine ging. »Wir werden die ganze Geschichte von jetzt an genauer verfolgen.«

»Solange Peter bereit ist mitzuspielen«, sagte sie und gönnte ihm ihr gelungenstes Lächeln.

Branford hielt inne und fuhr sich mit einer Hand durch sein perfekt geschnittenes, bereits ergrauendes Haar. Er besaß die klassischen kantigen Gesichtszüge eines New-England-Fischers. Marion war unwillkürlich allein durch seine reine Anwesenheit beeindruckt. Seine Kleidung war perfekt geschneidert, das Benehmen tadellos. Mit seiner Baritonstimme und der ein wenig langweiligen Aussprache, die dem Fernsehstandard des Mittleren Westens entsprach, war er die Verkörperung von allem, was in Amerika mit Stil in Verbindung gebracht wurde. Ein Fernsehkritiker sagte einst über Charles Branford: »Wenn er die Stirn runzelt, weiß man, dass die Lage verdammt ernst ist. Wenn er lächelt, fühlt man sich so, als würde der Großvater gleich in seine Tasche greifen und ein Zehn-Dollar-Goldstück herausnehmen.«

Marion musste ihm Recht geben. Charles Branford war der Walter Cronkite seines Zeitalters. Er flößte fast jedermann Respekt ein, und er hatte sich den Ruf verdient, in einem Geschäft fair und ehrlich zu sein, das sich ansonsten nicht gerade durch Fairness und Ehrlichkeit auszeichnete.

»Ja ... wenn Peter weiterhin mitspielt«, sagte Branford wissend. »Und bestimmt haben Sie in dieser Beziehung einen gewissen Einfluss auf ihn, Miss Windsor.«

Sie lächelte. »Das hoffe ich, Charles.«

Er erreichte seine Limousine, wollte einsteigen, hielt dann aber inne und schaute zu ihr zurück. »Sie sind sehr gescheit, Marion. Ich könnte mir vorstellen, dass Sie auf eine Stelle bei einem der Sender spekulieren ...?«

Marion erkannte, dass jetzt nicht der richtige Zeitpunkt für Bescheidenheit war. Sie sah ihm direkt in die Augen, und ihr Lächeln wich. »Würden Sie das in meiner Lage nicht tun?«

Branford nickte. Er wandte den Blick einen Moment ab, nahm dann eine Visitenkarte aus seiner Brusttasche und reichte sie ihr. »Gute Antwort«, sagte er. »Wir sollten in Verbindung bleiben.«

»Ich werde mich bald bei Ihnen melden«, sagte sie.

»Guten Tag, Miss Windsor.« Branford und seine Begleiter stiegen in den Wagen, und die Tür schloss sie hinter verdunkelten Fenstern ein. Marion lächelte der Schwärze zu, wohl wissend, dass Branford sie noch immer ansah.

Als die Limousine davonfuhr, dachte Marion über Branford nach. Gewöhnlich erkannte sie, wenn es einen Mann nach ihr gelüstete, aber in letzter Zeit ließ sie ihr Frühwarnsystem im Stich. Bei Peter Carenza konnte sie absolut nichts ablesen, und Charles Branford war so kühl, so unerschütterlich, dass sie das Gefühl hatte, sie könnte nackt vor seinen Augen tanzen, ohne dass sich seine Miene verändern würde.

Nun, es war kaum wichtig. So weit es Marion betraf, stand sie in dieser Angelegenheit definitiv in der ersten Reihe. Sie wäre extrem überrascht, wenn sie nach Aufdeckung dieses ganzen Zirkus' nicht einen Senderauftritt erwarten könnte. Sie alle – Branford inbegriffen – konnten über Peters *öffentliche* Auftritte berichten. Aber wenn sie die Insider-Story haben wollten, wenn sie den Mann hinter den Wundern wollten, würden sie zu ihr kommen müssen.

Und was war mit *ihr* …? Wollte sie Peter Carenza, den Mann?

Sie ertappte sich dabei, dass sie lächelte, während sie zum Winnebago zurückging. Das war eine gute Frage. Nun, Journalisten sollten eindringliche Fragen stellen …

Sie musste über ihr kleines, privates Wortspiel beinahe laut lachen. Peter sprach noch immer. Das Wort *predigen* hatte für Marion von jeher einen abschätzigen Beigeschmack. Es fiel ihr schwer, Peter als einen *Prediger* anzusehen. Etwas an seiner Art und die enge, persönliche Beziehung zu seinem Publikum erhoben das, was er tat, zu einer Kunst. Es war wirklich eine besondere Chemie, die er zwischen sich und seinen Zuhörern aufbaute. Man brauchte kein Soziologie- oder Theologie-Student zu sein, um die tiefe Wirkung zu spüren, die Peter auf sein Publikum hatte. Er schien sie zu seiner Art, die Welt wahrzunehmen, zu bekehren, und Marion war sich sicher, dass die meisten von ihnen bekehrt bleiben würden.

Das Licht und die Wärme der Sonne waren kaum mehr eine Erinnerung, als sich die Lage auf Affholters Farm beruhigte. Die Menschenmengen, auch wenn es jetzt nachts weniger waren und sie nicht mehr so laut lärmten, blieben beharrlich. Peter hatte alle nach Hause geschickt, aber immer mehr Zelte und Lager waren auf einer nahe gelegenen Wiese aufgetaucht. Wie Billy und Laureen, wollten sich viele Peters Konvoi anschließen.

Marion hatte noch nie zuvor einen solchen Überschwang an Liebe und Verehrung erlebt. Peter ging ebenso gut damit um wie jeder Politiker, den sie je erlebt hatte, und besser als die meisten Film- und Rockstars.

Es war fast Mitternacht, als Marion am Küchentisch saß und ihre Notizen in einen Laptop eingab. Sie war zu dem Glauben gelangt, ihr Tagebuch könnte eines Tages die Grundlage für ein Buch bilden. Natürlich schreckte sie der Gedanke, etwas im Umfang eines Buches zu schreiben. Dennoch hielt sie ihre Notizen auf dem Laufenden. Zur Not konnte sie einen Ghostwriter anheuern.

Daniel Ellington hatte nach einem mit Lesen verbrachten Abend schließlich das Licht am Bett ausgeschaltet und war eingeschlafen. Peter hielt sich draußen am Lagerfeuer auf, seit sie ihre letzte Mahlzeit beendet hatten. Es war solch ein geschäftiger Tag gewesen, dass Marion kaum mit ihm gesprochen hatte. Vielleicht wäre jetzt ein guter Zeitpunkt, dachte sie, als sie ihren Laptop schloss und in den ledernen Aktenkoffer zurückstellte.

Sie verließ das Fahrzeug und fand Peter in einem Gartenstuhl am Feuer sitzend vor. Die Intensität seines Blickes war, obwohl er ins Feuer sah, fast erschreckend.

»Guten Abend, Pater Carenza«, sagte Marion sanft und zog sich einen Stuhl heran.

Er sah zu ihr hoch, nachdem er einen Moment gezögert hatte, als hätte sie ihn aus einer Trance gerissen. Sein Teint wirkte im warmen Feuerschein tief braun. In Jeans, einem karierten Flanellhemd und einer Fischerweste von L. L. Bean wirkte er auf modische Art bodenständig.

»Komisch«, sagte er und blickte wieder ins Feuer, »aber ich fühle mich stets wohl, wenn jemand ›Pater‹ zu mir sagt – außer bei Ihnen.«

»Wirklich?«

»Ja. Bei Ihnen klingt es … unangemessen.« Peter warf ihr einen raschen Blick zu. Seine Augen waren so dunkel wie Kastanien.

»Tut mir Leid. Es war nur Spaß«, erwiderte sie. »Kommt nicht wieder vor.«

»Sie brauchen sich nicht zu entschuldigen. Es hat mich nicht gekränkt – es ist nur so, dass eine Barriere zwischen uns entsteht, wenn Sie mich ›Pater‹ nennen. Eine künstliche Barriere. Das mag ich nicht.«

Sie lächelte und griff nach seiner Hand, als wollte sie jegliche Barrieren niederreißen, die sich vielleicht zwischen ihnen aufgebaut haben mochten. Er zuckte bei ihrer Berührung leicht zusammen, eher eine Nerven- als eine Muskelreaktion, zog die Hand aber nicht zurück.

Sie saßen einen Moment schweigend da. Marion schaute, vom Glanz der Sterne begeistert, in den Herbsthimmel. Wenn sie in New York lebte, vergaß sie leicht, wie sehr der Himmel *strahlte*. Manchmal, angesichts des Smogs und der umgebenden Stadtlichter, war sie schon froh, wenn sie nur den Mond sah.

»So viele Sterne …«, sagte sie leise.

»Und jeder eine Sonne, möglicherweise von Welten umgeben. Einige Wissenschaftler behaupten, es könnte eine Million Orte genau wie diesen geben«, sagte er. »Schwer vorstellbar, oder?«

Sie seufzte. »Sicher – besonders wenn das Leben so kompliziert ist, dass man kaum eine Gelegenheit zum Nachdenken hat.«

»Ich weiß, was Sie meinen.« Peter verließ seinen Stuhl und hockte sich ans Feuer. Er nahm einen Stock auf und schob ein paar Kohlen unter die verbliebenen Holzscheite. »Ich hoffe, ich trage meinen Teil dazu bei, die Dinge für die meisten Leute ein wenig zu erleichtern.«

»Sie lieben es, Sie reden zu hören«, sagte sie.

»Sie scheinen …« Er sah sie an. Ihre Augen

wirkten so weit und tief, dass sie wie in die Erde getriebene Brunnen wirkten.

Marion hatte noch nie einen eindrucksvolleren Mann als Peter gekannt. Er entsprach dem stilisierten Heldentypus vom Cover eines historischen Romans. Er war einfach zu verdammt gut, um wahr zu sein, aber hier kniete er zu ihren Füßen und spielte mit dem Feuer wie ein zwölfjähriger Junge.

»Sie lieben Sie. Und ich kann es ihnen nicht vorwerfen«, sagte sie, die Worte ausgesprochen, bevor sie sie zurückhalten konnte.

Er sah sie mit recht undeutbarer Miene an. »Marion, was versuchen Sie mir zu sagen?«

Sie errötete. Ihr Puls raste. Es war an der Zeit, über ihren Schatten zu springen – oder sich für immer zurückzuziehen.

»Ich will vermutlich sagen, dass ich dich auch liebe … dass ich mich in dich verliebt habe.«

Die Worte hallten in ihrem Geist wieder, und je länger er schwieg und sie ansah, desto verlegener wurde sie. Sie verspürte einen Moment den schulmädchenhaften Drang aufzuspringen und vor ihm davonzulaufen.

Sein Blick blieb unerschütterlich, während er ihren suchte, ihre Seele suchte. »Meinst du das ehrlich?«, fragte er schließlich.

Sie nickte mit verengter Kehle.

Er wandte den Blick ab, in die Flammen. »Es überrascht mich nicht wirklich, was du mir da sagst, weißt du.«

»War es so offensichtlich?« Sie lächelte und strich sich, wie abwesend, durch ihr Haar.

Er zuckte die Achseln. »Vielleicht nicht für alle anderen, aber ich habe es ziemlich stark gespürt.«

»Es tut mir Leid«, sagte sie hastig.

»Es braucht dir nicht Leid zu tun«, erwiderte er, nahm jäh ihre Hand in seine und hielt sie fest.

Marion wusste seine Miene und seine Worte nicht zu deuten. Wie konnte ein Mensch, der so offen schien, plötzlich so undurchsichtig, so unergründlich werden?

Er sah ihr weiterhin in die Augen, hielt weiterhin ihre Hand. Eine zarte Erinnerung durchströmte sie, und sie war einen kurzen Moment wieder fünfzehn und saß mit Jamie Falcone im Oldsmobile seines Vaters. Jamie hatte sie angesehen, ihre Hand gehalten – genau wie Peter es jetzt tat. Es lag Unschuld in seinen Handlungen, eine so seltene Süße … Marion konnte spüren, wie sich ihr Herz emporschwang.

Es war verrückt. Unwirklich. Sie kam gegen das Gefühl nicht an.

»Peter«, sagte sie nach scheinbar sehr langer Zeit, »was sollen wir tun?«

»Ich weiß es nicht«, erwiderte er mit sanftem Lächeln. »Ich bin in diesen Dingen absolut kein Experte. Ich habe seit der High School nicht mehr die Hand eines Mädchens gehalten.«

»O Peter …«

Bevor sie weiter über ihr Handeln nachdenken konnte, zog sie ihn an sich und küsste ihn. Es war ein unbeholfener Moment. Er umarmte sie linkisch und zog sie mit sich zu Boden. Sie neckte ihn mit der Zunge, leckte leicht über seine Unterlippe, aber er reagierte nicht.

»Ich weiß nicht, was ich tun soll!« Seine Worte sprudelten hervor, und sein Erschrecken und seine Aufregung wurden deutlich.

»Liebe mich einfach«, sagte sie. Er drückte sie an sich. Sie konnte Hitzewellen von ihm ausströmen spüren. Sein Geruch, seine Pheromone … sie hatte noch nie einen Mann so sehr gewollt wie ihn in diesem Moment.

»Marion«, sagte er und zog sich etwas zurück, um ihr ins Gesicht zu sehen. Seine Lippen bewegten sich erneut, aber er brachte keinen Ton hervor.

Sie schwieg, küsste ihn nur, jetzt genüsslicher, vertrauensvoller. Dieses Mal reagierte er. Seine Zunge berührte ihre, bewirkte beinahe einen elektrischen Schock. Verlangen brannte in ihr. Sie wollte, dass er ihr die Kleider vom Leib riss, ihre nackte Haut an seine presste. Sie *wollte* ihn ganz einfach.

Sie drängte sich näher an ihn, schöpfte Kraft aus seiner Hitze und konnte seinen Penis unter der Jeans sich steif aufrichten spüren. Seine Hände lagen fest auf ihrem Rücken.

»Was tun wir?«, flüsterte er drängend.

»Bleib hier!«, sagte sie und entzog sich ihm sanft. »Ich bin gleich zurück.«

Bevor er etwas erwidern konnte, lief sie über das Feld zu ihrem Mazda, kramte die Schlüssel aus der Tasche und öffnete den Kofferraum. Sie zog einen Schlafsack aus der Ansammlung von Campingzubehör hervor, schloss den Kofferraumdeckel wieder und kehrte zum Lagerfeuer zurück.

»Komm«, sagte sie, nahm seine Hand und zog ihn hoch.

Sie trat aus dem Feuerschein heraus und entrollte den Schlafsack. Er beobachtete sie mit zweifelnder Miene.

»Hier?«, fragte er.

»Warum nicht? Es ist niemand in der Nähe. Es ist eine wundervolle Nacht …«

Er saß auf der Innenseite des Schlafsacks und zog seine Wanderstiefel aus. Marion folgte seinem

Beispiel und rückte dann zu ihm. Dieses Mal geriet ihre Umarmung geschmeidiger – ungeübt, aber Lichtjahre von ihrem vorherigen Versuch entfernt. Er lernte schnell, aber das hatte sie nicht anders erwartet.

Wieder zog eine frühe Herbstbrise über die Farmlandschaft. Aber als sie ihn küsste, ihre Hände über seine Schultern, seinen Rücken hinab und seine Oberschenkel entlang führte, hätten sie sich an einem tropischen Strand befinden können, so stark war die Hitze ihres gegenseitigen Verlangens.

Langsam, als folge sie einem sorgfältig zu beachtenden Ritual, entkleidete sie ihn. Sie kostete jedes neu enthüllte Körperteil aus. Peters Haut schimmerte im flackernden Feuerschein – warm gebräunt, makellos. Sein Körper war sehnig, schlank, leicht muskulös. Es gab keine Extreme an ihm. Alles war ausgewogen, Geometrie und Symmetrie seines Körpers einfach wunderschön.

Marion half ihm, sie zu entkleiden. Seine Bewegungen wiesen etwas Jungenhaftes auf, eine nervöse Unsicherheit, die sie als äußerst charmant empfand. Er schien dankbar für ihre Hilfe, ihr Verständnis – wodurch sie ihn nur noch mehr wollte. Sie dachte beständig, wie neu und verstörend dies alles für ihn sein musste. Für Marion wurde die weit verbreitete Phantasievorstellung, einen heranwachsenden Jungen in die Kunst der Liebe einzuführen, traumhafte Realität.

Er erkundete sie, langsam, vorsichtig, mit seinen Händen, seiner Zunge und dem Körper, so übervoll an Empfindungen und Gefühl, dass er nicht sprechen konnte, nur hin und wieder ihren Namen flüsterte. Seinen Erkundungen wohnte eine atemlose, unendliche Freude inne, und sie versuchte, jedes Vergnügen, das er ihr so selbstlos bereitete, gleichermaßen zurückzugeben.

Sie hätte ewig so bei ihm bleiben können. Es wäre vollkommen in Ordnung gewesen, wenn sie in seinen Armen gestorben wäre. Er schien so voll grenzenloser Energie und Enthusiasmus, und sie fürchtete, nicht mit ihm Schritt halten zu können.

Schließlich sanken sie in die Weichheit des Daunenschlafsacks zurück. Das weiße Licht der Sterne leuchtete auf ihre Nacktheit herab. Sie schienen in den Armen des jeweils anderen zu schweben, schweigend, kaum atmend.

Dann brach er ohne Vorwarnung zitternd zusammen, barg sein Gesicht in ihrem Haar und weinte.

Sie wollte ihn fragen, was los sei, aber sie kannte die Antwort bereits.

Es war nichts.

Und das war das Problem.

Dreiunddreißig

St. Louis, Missouri – Targeno
29. November 1998

Er fuhr in seinem Mietwagen, einem zweckmäßigen, aber hässlichen Ford, auf der Interstate 64 nach Westen. Das Autoradio war auf einen Sender mit klassischer Musik eingestellt. Das Baltimore Symphony Orchestra spielte gerade majestätisch die letzten Takte von Rachmaninoffs Drittem Klavierkonzert. Targeno genoss einen Moment den Luxus, sich entspannen zu können.

Er beobachtete den Horizont, wo der leuchtende Brückenbogen von St. Louis allmählich heller und deutlicher wurde. Der Bogen verlieh der ansonsten durchschnittlichen Skyline der Stadt einen Hauch von Klasse. Das war ein weiteres Beispiel für die weit reichenden Visionen der Amerikaner – es gab einfach keine andere Nation auf der Welt, die sich die Mühe machen würde, ein solches Gebilde zu errichten.

Es herrschte relativ wenig Verkehr. Die Stoßzeit war bereits seit zwei Stunden vorüber. Das Rachmaninoff-Stück endete, und der unaufdringliche Sprecher kündigte die stündlichen Kurznachrichten des schamloserweise linksgerichteten National Public Radio an.

Targeno streckte eine Hand aus, um einen anderen Sender einzustellen, hielt aber inne, als die Topstory mit dem beständigen Phänomen des katholischen Priesters Peter Carenza eröffnet wurde. Targeno lehnte sich in seinen Sitz zurück und lachte laut. Es war wirklich absurd. Seine Bosse ließen ihn ein Objekt überwachen, das längst weltweites Medieninteresse erweckt hatte. Francesco brauchte seine Berichte vermutlich ebenso dringend wie einen bösartigen Lungentumor. Scheiße, Journalisten konnten näher an ihm dranbleiben, und ihr Material war neuer und sauberer als alles, was Targeno in seiner Position des diskreten Abstands sammeln konnte.

Aber er konnte dem Vatikan vielleicht zumindest eines liefern, was ansonsten nicht verfügbar war: Deutungen, Folgerungen und Vermutungen über Carenzas nächste Züge. Targenos langjährige

Erfahrung im Beobachten und Deuten menschlichen Verhaltens qualifizierte ihn als Experten zum Thema Menschen unter Druck.

Es blieb jedoch die Frage: Wie lange würden Francesco und die übrigen seine Leistungen noch für nötig halten?

Die Nachrichten wurden mit Berichten über die neuesten Entwicklungen von Peter Carenzas Geschichte fortgeführt – wovon Targeno bereits einiges wusste. Peter und sein Klüngel waren in St. Louis eingetroffen, wo sie neuerlich reichliche Unterstützung durch die Bürgerschaft erfuhren. Der Bürgermeister begrüßte ihn, und es fand ihm zu Ehren eine halbwegs spontane Parade statt. Wo auch immer er erschien, liebten ihn die Menschen. Er hatte von jeder großen und von Tausenden kleiner Städte im Land Einladungen als Redner erhalten.

Einer der wohlhabendsten Landbesitzer von St. Louis hatte Peter ein Stück seines Besitzes und Geldmittel angeboten, damit er seine eigene Kirche errichten könnte. Peter lehnte ab. Er betrachtete es als seine Mission, weiterhin zu reisen, den Menschen zu helfen. Er leugnete wiederholt jegliche Verbindungen mit organisierten Religionen, trotz seiner Identität als katholischer Priester. Der Vatikan schwieg weiterhin. Versuche, entweder den Papst oder Vertreter des Kardinalskollegs zu befragen, scheiterten an der Standardantwort »kein Kommentar«.

Targeno lächelte im Weiterfahren. Was, zum Teufel, taten diese Narren in Rom? Ihr kleiner Junge lief durch ganz Amerika und spielte Gott, und sie sagten nur »kein Kommentar«! Wäre er Journalist, würde ihn diese verschwiegene Haltung des Vatikans sehr misstrauisch machen. Und doch wurde, wie Targeno festgestellt hatte, in den Zeitungsberichten, Zeitschriftenartikeln und Fernsehberichten nur sehr wenig Aufmerksamkeit auf das merkwürdige Schweigen aus Rom verwendet.

Targeno verließ die Interstate und fuhr durch die Straßen der Stadt, bis er zum Holiday Inn kam. Er meldete sich an, ungeachtet der unerbittlichen Übereinstimmung der Zimmer in Hotelketten. Die Designer waren offenbar bewusst bemüht, jegliche Spur von Originalität, Charakter und Charme bei der Gestaltung dieser Räume zu vermeiden. Was würden sie wohl empfinden, wenn sie die Gasthäuser Europas bereisten? Die vielfältigen Erfahrungen könnten sich als fatal erweisen.

Targeno griff zum Telefon, gab die entsprechenden Codes ein und wählte schließlich den unglückseligen Jesuiten in Rom an. Das Telefon klingelte mehrmals, bevor er abnahm.

»Targeno, was wollen Sie?«

Er lachte. »Woher wussten Sie, dass ich es bin?«

»Wer sonst würde zu einer solch unzivilisierten Stunde anrufen?« Francescos Stimme klang barsch und reizbar.

Targeno grinste. »Ich dachte, das wäre für einen unzivilisierten Mann wie mich angemessen.«

»In Ordnung, was wollen Sie?«

»Was ich will? Das fragen Sie, der mich angeheuert hat, um Sie mit Informationen zu versorgen?«

»Sie haben einen Bericht abzugeben – dann tun Sie es.« Francesco räusperte sich und hustete. »Und lassen Sie mich wieder zu Bett gehen.«

»Mit Schmeichelei kommt man überall durch – wie immer«, sagte Targeno, »also hören wir mit den Spielchen auf. Carenza ist in St. Louis und wird gefeiert. Alle lieben ihn. Ihm folgen mehr Leute als dem Rattenfänger von Hameln. Und ich glaube, er und Marion Windsor schlafen miteinander.«

»Warum sagen Sie das?« Francesco bemühte sich, unbeteiligt zu klingen, aber Targeno wusste, dass der Gedanke daran, dass Peter Carenza mit irgendeinem Rotschopf schlief, Giovanni zur Weißglut trieb.

»Ich habe gesehen, wie sie miteinander umgehen. Ich überlebe dadurch, dass ich andere Leute beobachte, dass ich weiß, was sie denken und tun.«

»Und …?« Francesco klang jetzt wacher.

»Und da ist etwas in der Art, wie sie einander ansehen, wie sie sich in der Nähe des jeweils anderen verhalten. Diese Art nehmen Menschen unbewusst an, wenn sie miteinander intim sind.« Targeno hielt inne, um sich eine Zigarette anzuzünden. »Ich gebe Ihnen mein Wort darauf.«

Francesco hustete trocken. »Wir haben uns gefragt, ob wir Sie von der Aufgabe abziehen sollen oder nicht.«

»Das dachte ich mir schon. Wozu brauchen Sie mich bei all der Aufmerksamkeit der Medien noch?«

»Würde ich der Integrität der amerikanischen Medien trauen, würde ich Sie sofort fallen lassen. Aber ich bin in dieser Hinsicht zwiegespalten. Die anderen meinen, Sie sollten Ihre Aufgabe weiterhin erfüllen.«

»Und? Was soll ich tun?«

»Wenn Sie aussteigen wollen, können Sie sofort nach Hause kommen. Bringen Sie mir einen vollständigen Bericht, und holen Sie sich ihren Lohn ab. Wir haben beschlossen, dass wir ihn nicht nach Rom zurückholen wollen – zumindest im Moment noch nicht!«

»Das ist offensichtlich –, aber warum?«

»Laut einer Prophezeiung wird der letzte Papst über ein großes Meer kommen.«

»Oh, ja«, sagte Targeno grinsend. »Dann passt alles, oder?«

»Ja, es passt alles.« Francesco klang selbstzufrieden. Targeno beschloss, den Vorteil der guten Stimmung zu nutzen. Seine Nachforschungen hatten einige Fragen aufgeworfen.

»Wenn Peter Carenza aus dem Blut des *Sindone,* des Grabtuchs, geklont wurde – wie erklären Sie dann die Ergebnisse der unabhängigen Tests von 1988?«

»Sie meinen die päpstliche Autorisation?«

»Wie auch immer Sie es nennen wollen. Vanni, man hat sieben unabhängige Behörden das Leinen mit der Radiokarbonmethode untersuchen lassen. Sie gaben – mit Billigung des Papstes – bekannt, dass das Tuch nur bis zum vierzehnten Jahrhundert zurückdatiert. Das Grabtuch ist eine Fälschung.«

Giovanni Francesco lachte leise. »Sie überraschen mich. Sie, der sich doch rühmt, auch die kleinsten Details zu bemerken.«

»Fahren Sie fort. Belehren Sie mich. Machen Sie mich zum Narren – wenn Sie es können.«

Francesco räusperte sich und verfiel dann in hässliches Husten. Targeno konnte hören, wie er Schleim auswarf. Wirklich stilvoll.

»In Ordnung. Hören Sie zu«, sagte der Priester. »Die Wissenschaftler hatten Recht – das Leinen ist erst siebenhundert Jahre alt. Aber sie nahmen an, dass das auf den Stoff geprägte Gesicht gleichen Datums ist.«

»Aber das ist es nicht«, sagte Targeno.

Der Priester lachte leise. Ein übertrieben theatralisches und übel klingendes *Heh-heh.* »Sie müssen wissen, dass das Original-Grabtuch mehr war als eine Reliquie. Es war eine physische Manifestation von Christi Körper und Blut. Es war das wahr gewordene Symbol des Heiligen Sakraments der Eucharistie! Das Heilige Grabtuch war und ist der Körper und das Blut Christi. Das Leinen enthält die molekularen Elemente von beidem.«

»Aber wenn das Leinen erst aus dem vierzehnten Jahrhundert datiert, dann muss das Bild vom originalen Grabtuch auf das gegenwärtige übertragen worden sein …«

»Ah, Targeno, Sie sind solch ein kluger Kopf. Kein Wunder, dass Sie so lange überlebt haben.«

»Aber wie und durch wen? Der Gedanke, ein solch zartes Bild zu übertragen, klingt nach einer gewaltigen Herausforderung – selbst für die heutige Technologie.«

Francesco lachte offen. »Ist die heutige Technologie auch nur einen Deut besser als die Großtaten der Maschinenbaukunst oder die gekonnte Mumifizierung der Ägypter? Als die Astronomie der Druiden oder der Azteken?«

»Ich verstehe, was Sie meinen. Fahren Sie fort.«

»Tatsächlich gibt es nicht viel zu erklären. Der erste Papst schuf *Il Ordine della Sindone* – den Grabtuch-Orden –, eine Geheimgesellschaft von Priestern, die der Bewahrung des Heiligen Grabtuchs geweiht war. Anfang des vierzehnten Jahrhunderts begann das originale Leinen ernstlich zu verfallen. Die Mönche des Klosters Belle Castro in Padua, die für ihre erfolgreiche Alchimie wohlbekannt waren, hatten die Geheimnisse der alten Ägypter studiert und eine Technik zum Übertragen der Substanz und des Bildes des Grabtuchs auf ein neues Stück Leinen ersonnen.«

»So einfach, hm?«

»In der Tat. Obwohl ›einfach‹ eigentlich nicht das richtige Wort ist.«

»Und Sie und Ihre Busenfreunde sind zweifellos Mitglieder des *L'Ordine*?«

»Targeno, wie konnten Sie nur jemals darauf kommen?« Der Priester lachte erneut.

Was der alte Jesuit enthüllt hatte, war eigentlich keine Überraschung. Der Vatikan und die katholische Kirche im Allgemeinen hatten schon immer viele Geheimorden und -organisationen besessen.

»Noch etwas – warum hat der Papst die Behauptung von 1988, dass das Grabtuch aus dem vierzehnten Jahrhundert datiert, gebilligt? Warum sollte die Kirche etwas zulassen, das eine derart bekannte Reliquie in Misskredit bringt?«

»Warum?«, echote Francesco.

»Dieses Grabtuch ist wie eine eidesstattliche Erklärung. Es ist ein physischer Beweis für die Existenz Christi. Warum sollte die Kirche zulassen, dass ein derart wesentlicher Beweis entlarvt wird?«

»Weil *L'Ordine* seine Gnaden angewiesen hat, das zu tun ...«

»Oh, das erklärt alles«, sagte Targeno sarkastisch. »Sie hatten vermutlich gute Gründe.«

»Gewiss«, erwiderte Francesco. »Falls jemand die Spur von Peter zu Krieger entdeckte, würde man die letztendliche Verbindung zum Grabtuch nicht herstellen können – weil es ›nachweislich‹ eine Fälschung war. Unser Geheimnis wäre noch immer sicher. Außerdem hat die Kirche das Grabtuch vor 1988 nie offiziell als authentisch anerkannt.«

»Aber die Priester des Doms in Turin haben sich darum gekümmert«, sagte Targeno. »Das scheint mir ziemlich offiziell.«

»Offiziell war dies ein Gefallen für die Familie des Hauses Savoyen – sie ist noch immer der tatsächliche Besitzer des Grabtuchs. Wichtig ist nur, dass unser Geheimnis sicher bleibt.«

Targeno sagte: »Ich denke, Sie und Ihre Freunde sind ziemlich verrückt.«

»Die Welt macht uns so.«

»Oh, ja, dieses ›Tal der Tränen‹, richtig. Wenn diese Welt solch ein entsetzlicher Ort ist, wie kommt es dann, dass Sie es anscheinend gar nicht so eilig haben, sie loszuwerden? Ich trage Ihren Erlöserengel in der Tasche, Vanni. Er ist nur neun Millimeter weit, aber ein Wort von Ihnen genügt, und er gehört Ihnen.«

»Ich habe noch einiges zu erledigen. Darum hat Gott mir diese vielen Jahre gewährt.«

»Ja, natürlich. Tut mir Leid. Ich vergaß.«

»Kommen Sie nach Hause, und holen Sie sich Ihr Blutgeld ab, Targeno. Oder führen Sie Ihre Berichte fort. Es ist Ihre Entscheidung. Was mich betrifft, so werde ich jetzt weiterschlafen.«

Der alte Mann legte auf, bevor Targeno antworten konnte. Er fühlte sich in seinem kargen Hotelzimmer plötzlich sehr allein. Das neue Wissen über das Grabtuch hatte ihn mit einem seltsamen Gefühl der Leere zurückgelassen. Als er auf das viel zu weiche Bett sank, erkannte er, dass er zutiefst erschöpft war. Vielleicht wurde er langsam zu alt für sein Gewerbe. Er hatte derartige Gedanken bisher stets augenblicklich verbannt, aber vielleicht waren seine Ängste zum Teil berechtigt. Er war zweifellos nicht mehr so kräftig und schnell wie als junger Mann, aber er war entschieden klüger als früher. War das kein Ausgleich?

Ja. Eine Weile lang. Aber dann würde eine Waagschale unvermeidlich sinken.

Er gestattete sich einen Moment die Frage, ob sich das Gleichgewicht wohl bereits jetzt verlagerte. Aber derlei Gedanken wohnte kein Nutzen, kein Sinn und gewiss kein Vergnügen inne. Er wandte sich anderen Dingen zu. Was sollte er als Nächstes tun?

Er war es leid, Carenza quer durch die Staaten zu folgen, und musste deshalb eine Entscheidung treffen. Trotzdem faszinierte ihn dieses ganze Peter-Carenza-Phänomen. Der Entwicklung der Ereignisse so nahe zu sein, konnte sich als ganz besonderes Privileg erweisen. War es klug, allem den Rücken zuzuwenden und erneut in die Teergrube internationaler Spionage hinabzusteigen?

Spion gegen Spion. Stehlen oder bestohlen werden. Töten oder getötet werden.

Es war ein beschwerliches Spiel, das er schon so viele, viele Male gespielt hatte. Gewiss war in seinem Leben noch Raum für mehr. Targeno schaltete, um sich abzulenken, den Fernseher ein und zappte wie abwesend durch die vorhandenen Kabelkanäle – eine Collage aus alten und neuen Filmen, Sport, Nachrichten, Kindernahrung, Moderatoren und religiösem Mist. Das amerikanische Fernsehen bot zweifellos die verschiedenartigste, albernste, aber auch faszinierendste Mischung aus Unterhaltung und Information auf der ganzen Welt.

Targeno wusste, dass er zu dieser Jahreszeit viele American-Football-Übertragungen finden konnte. Obwohl er die Feinheiten des Spiels nicht wirklich verstand, konnte er diesen Übertragungen lange Zeit zusehen, weil es ein äußerst strukturiertes Spiel war. Er mochte den hohen Grad an Organisation, die allen Spielern jeder Gruppe abverlangt wurde. Und er genoss das choreographierte Spektakel des ballettähnlichen Ungestüms. Football war, was die reine Wildheit in endlos wechselnder Zurschaustellung von Kombinationen und Permutationen anbetraf, unvergleichlich.

Er sah, auf dem Bett ausgestreckt, einem Teil der Halbzeit eines Spiels zwischen Teams aus Baltimore und Chicago zu. Vom Gewäsch des Reporters und der hektischen Werbung gelangweilt, zappte er weiter und hielt dann auf einem der ›Televangelisten‹-Satellitenkanäle inne. Diese Programme waren im Grunde auf der ganzen Welt gleich – eine üppig ausgestattete Kulisse mit viel Dekoration und Goldverzierung, ein Chor sauber geschrubbter, jugendlicher Getreuer und ein begeistertes Publikum aus zumeist älteren Menschen. Die Starprediger wirkten normalerweise, trotz ihrer offensichtlich teuren, maßgeschneiderten Kleidung, recht spießig. Targeno sah sich häufig Ausschnitte aus solchen Sendungen an, weil dort der meiste echte und unverdorbene Humor im ganzen Fernsehen zu sehen war.

Aber diese Show war entschieden anders. Die Kulisse war voll hochtechnisiertem Zubehör – alles mit blanken Metalloberflächen, Laserlicht und postmoderner Kunst ausgestattet. Die Show wirkte glanzvoll, energiegeladen, machtvoll und, wie Targeno zugeben musste, irgendwie ansprechend und geschmackvoll.

Er legte sich auf dem an eine Hängematte erinnernden Bett zurück und sah zu.

Der Mittelpunkt der Sendung war ein Mann, dessen Namen Targeno schon einmal gehört, den er aber nie zuvor gesehen hatte – Freemason Cooper. Er war groß und breitschultrig, mit dichtem, silberfarbenem, nach der neuesten Mode geschnittenem Haar. Er trug eine stilvolle Brille und einen eleganten Anzug. Der Mann strahlte buchstäblich Lebensart aus. Sein Verhalten wirkte selbstsicher, geschliffen, überaus professionell. Er blickte auf eine Art kühn in die Kamera, die den Zuschauer beinahe herausforderte, nicht jedes Wort zu glauben, was er sagte.

Targeno lächelte, während Cooper eine Standard-Lesung und die Interpretation eines Kapitels aus der Bibel darbot. Für gläubige Menschen war es wahrscheinlich recht bewegend. Für Targeno war es das übliche frömmelnde Geschwätz.

Viel interessanter fand er dagegen die außergewöhnliche Art, wie Freemason Cooper seine Predigt in eine phantastische Video- und Audio-Show integrierte. Drei große Bildschirme schlossen ihn und sein Podium halbkreisförmig ein, umgaben ihn mit einem Triptychon ständig wechselnder Bilder. Wer auch immer die drei Bilder orchestrierte, war ein wahrer Video-Virtuose. Nicht nur stimmten die Bilder mit den Kommentaren des Reverend überein, sondern sie wechselten auch in perfektem Gleichklang mit dem Rhythmus von Coopers Stimme.

Das Ergebnis war ein faszinierender, fast hypnotischer Angriff auf die optischen und akustischen Sinne der Zuschauer. Targeno bewunderte die Fähigkeit des Mannes, so viele gegenwärtige Ereignisse zur Veranschaulichung biblischer Szenen und Lehren einzusetzen. Es war der gekonnteste Einsatz einer hochtechnisierten Werbe-Maschinerie, den er je erlebt hatte. Kein Wunder, dass dieser Cooper beliebt war. Auch geringere Geister als Targeno hätten wohl kaum eine andere Wahl, als auf die Mattscheibe wie auf eine Brust zu starren und die Botschaft wie hilflose Säuglinge einzusaugen.

Targeno sah der Show noch einige Minuten zu, bis ihn die unaufhörliche Hardline-Übermittlung christlicher Dogmen schließlich langweilte. Aber gerade als er zu dem Football-Spiel zurückschalten wollte, nahm das Bild Peter Carenzas den Bildschirm ein. Reverend Freemason Cooper war plötzlich von dessen dreifachem Bildnis umrahmt. Die gewohnten Nachrichten-Videos waren sorgfältig bearbeitet und zusammengestellt worden, damit sie im Takt von Coopers Worten abliefen.

Targeno beugte sich vor und verfolgte die Darbietung aufmerksam. Reverend Cooper war sehr bemüht, die offensichtlich guten Taten Peter Carenzas nicht öffentlich zu verurteilen, aber er war ebenso bemüht, den Mann auch nicht zu rühmen. Er versuchte eher, die Rolle eines unvoreingenommenen Beobachters einzunehmen, der seine Gefolgsleute lediglich wissen ließ, dass er sich des Neuankömmlings in der religiösen Szene durchaus bewusst war.

Aber es wurde noch eine weitere Botschaft übermittelt – eine, deren sich Cooper wahrscheinlich selbst nicht bewusst war. Targeno lächelte, während er zusah und lauschte.

Reverend Freemason Cooper fürchtete sich mit verzweifeltem Entsetzen vor Peter Carenza. Und Targeno war schon immer klug genug gewesen, sich seinerseits vor verzweifelten Menschen zu fürchten.

Danke, Reverend Cooper, dachte er. Sie haben mir gerade geholfen, eine Entscheidung zu treffen.

Vierunddreißig

Richview, Illinois – Carenza
29. November 1998

Es war die beste Zeit, es war die schlechteste Zeit.

Die vertrauten Anfangssätze von Dickens' *Eine Geschichte zweier Städte* hatten für ihn eine neue Bedeutung gewonnen. Er hatte sich nie vorstellen können, dass ein solches Feuerwerk an freudiger Erregung mit solch äußerster, abgrundtiefer Verzweiflung einhergehen konnte.

Peter Carenza lehnte an einem Wiesenzaun und blickte in die Ehrfurcht gebietende Magie des Nachthimmels hinauf. Die Kraft und Schönheit der die Galaxie säumenden Sterne senkten sich auf ihn, während er mit seinem Dilemma kämpfte. Gefühl und Verstand rangen von einem Moment zum anderen um die Oberhand. Wie hatte er seinen Enthaltsamkeitsschwur brechen können? Würde Gott ihm jemals vergeben, jemals die Gnade aufbringen, ihm die Absolution für eine solch schreckliche Sünde zu erteilen? Aber war es überhaupt eine Sünde? Er hatte sich schon lange gefragt, ob einige der radikaleren Theologen, die gegen das Zölibat argumentierten, vielleicht gar nicht so Unrecht hatten.

Vollkommene, immerwährende sexuelle Abstinenz war unnatürlich, das wusste er, aber er hatte sie stets als eine der Forderungen seines Glaubens akzeptiert. Die Macht des Geistes sollte das Fleisch beherrschen.

Und doch wurde der Gedanke, keusch zu bleiben, lächerlich, wenn er an Marion, an ihre reine Kraft, ihre *Weiblichkeit,* ihre sexuelle Energie dachte. Wie konnte jemand die Intimität erleben, die er mit ihr geteilt hatte, und doch gegenüber etwas so wenig Greifbarem wie einem *Schwur* noch dieselben Gefühle hegen? Vielleicht waren einige Menschen dazu im Stande, den bei einer solchen Begegnung entstehenden emotionalen Strömungen zu widerstehen, aber nicht Peter.

Und dafür sollte er verdammt werden? Es schien ein ungerechtes Schicksal, und doch musste er auch an die Verdammung glauben, wenn er wahrhaft an die Gesetze seiner Kirche und an das Dogma seiner Religion glaubte.

Verdammung. Immer währender Schmerz, und schlimmer noch – die metaphysische Qual, zu wissen, dass man nie Gottes Gesicht ansichtig würde.

Nie. Das Wort kreiste in seinen Gedanken, bis es allen Sinn verlor und nur noch zu einem endlosen Ablauf wurde.

Peters Geist kehrte jäh in die klare Nacht auf der Farm in Illinois zurück. Die reale Frage blieb: Glaubte er, tief im Herzen, dass er eine Todsünde gegen Gott begangen hatte? Wenn er seine Beweggründe zum Zeitpunkt der Vereinigung mit Marion überprüfte, konnte er nicht ernsthaft daran glauben, ein verderbter Sünder zu sein. Er hatte keine Sekunde lang eine Sünde darin gesehen.

Aber es bestand dennoch die Tatsache, dass er Priester war, von Gott auserwählt – und die weiterführende Frage, wer Peter Carenza wirklich sei. Peter hatte ernsthaftes Nachdenken über seine Identität und seinen Ursprung vermieden, seit er die Einzelheiten seiner Geburt erfahren hatte. Aber alles, was seit seiner Rückkehr nach Amerika geschehen war, zwang ihn dazu, anzuerkennen, dass er vielleicht mehr als nur Gottes Werkzeug oder Sein Vertreter war. Vielleicht trug er tatsächlich einen Funken von etwas wahrhaft Göttlichem in sich.

Das waren gefährliche Gedanken, das wusste er. Sie konnten zum Wahnsinn führen.

Während Peter in die Sterne hinaufschaute, fragte er sich, ob er in Gottes Angesicht blickte. Er seufzte und hätte, wie im Gebet, fast laut gesprochen.

Wenn ich nur wüsste, was das alles bedeutet … Wenn du es mir nur sagen würdest …

Das Universum erwiderte seinen Blick mit sternenhafter Gleichgültigkeit.

Fünfunddreißig

St. Louis, Missouri – Ellington
14. April 1999

Peter und sein Gefolge hatten die Affholter-Farm schon vor vielen Monaten verlassen. Die Dinge hatten sich so rasch verkompliziert, dass Daniel keine andere Wahl hatte, als den Vorschlag zu machen, einen geräumigeren, offizielleren Hauptsitz in St. Louis zu errichten. Obwohl nicht speziell dazu ernannt, war Daniel de facto zum ›Manager‹ ihrer Tour geworden. Alles wuchs nach dem Muster einer geometrischen Reihe an – der Druck der Medien, das Geld, der Stress durch Peters Gefolgsleute – und mit jedem vergehenden Tag fiel die Organisation anscheinend doppelt schwer.

Schließlich hatten sie die Einladung eines Immobilien-Moguls aus St. Louis angenommen, für die ständig wachsende Organisation eines seiner

Bürogebäude zu nutzen. Daniels Bürofenster führten auf einen tiefer gelegenen Bereich mit zwölf Workstations hinab, die fast alle besetzt waren. Es hätte der Arbeitsplatz jeder kleinen Firma oder Gesellschaft sein können.

Seine Sprechanlage summte, und der neu eingestellte Sekretär teilte ihm mit, es sei ein weiterer Jobbewerber in der Leitung.

»Stellen Sie ihn durch, danke«, sagte Dan seufzend und betrachtete das Telefon. Als es schließlich klingelte, nahm er den Hörer ab. »Carenza Foundation of Caring«, sagte er sanft.

»Oh, mein Gott«, sagte eine weibliche Stimme, »ist da Pater Peter?!«

»Nun, nein«, sagte Dan und musste, trotz seiner Müdigkeit, lächeln. »Pater Peter« war das Peter von einem Journalisten angehängte Medien-Etikett, und der Name hatte sich leider durchgesetzt. »Aber ich arbeite für Pater Carenza, und die Stiftung benutzt seinen Namen.«

»Oh, verstehe«, sagte die junge Frau mit enttäuschter Stimme. »Vermutlich so wie bei Calvin Klein.«

»Ja, genau.«

Am anderen Ende der Leitung entstand eine Pause. »Madam?« fragte Daniel. »Kann ich Ihnen behilflich sein?«

»Oh, ja, entschuldigen Sie. Ich rufe wegen Ihres Stellenangebots in der Zeitung als leitende Bürokraft an. Ist die Stellung schon vergeben?«

»Wir führen heute und morgen die Vorstellungsgespräche durch.«

»Ich habe für Mayflower Van Lines fünf Jahre in einer solchen Position gearbeitet.«

»Nun, Sie werden hierher kommen und einen Bewerbungsbogen ausfüllen müssen.« Dan nannte ihr die Adresse.

»In Ordnung«, sagte sie. »Ich komme heute Nachmittag. Aber hören Sie, würden Sie mir etwas sagen?«

»Ich kann es gewiss versuchen …«

»Wird mich dieser Job Pater Peter näher bringen? Werde ich ihn jemals sehen? Mit ihm sprechen?«

»Um ehrlich zu sein – ich weiß es nicht. Wir sind noch im Aufbau begriffen, und ich habe keine Ahnung, wie viel Zeit Pater Carenza hier verbringen wird.«

»Aber er könnte hin und wieder da sein?«

»Das denke ich schon.«

»Oh, das ist wundervoll. In Ordnung, ich werde noch vor der Mittagszeit da sein. Vielen, vielen Dank!«

Dan dankte ihr ebenfalls und legte auf. Er blickte kopfschüttelnd zur unteren Ebene des Büros, wo Angestellte Anrufe entgegennahmen und Eingaben in Computer vornahmen. Postsäcke wurden auf Sortiertische entladen. Briefe, Berichte, Anfragen und viele Spenden stürzten in unglaublichen Mengen kaskadenartig auf den neuen Hauptsitz ein. Trotz Peters häufiger Bitten, kein Geld zu schicken, taten Millionen von Menschen dies weiterhin. Die Carenza-Foundation of Caring wuchs rasch. Es war schwer, sich vorzustellen, wie das alles in so kurzer Zeit geschehen konnte.

Ein Teil des Tumults war, wie Dan wusste, ihm selbst zuzuschreiben. Er hatte die Notwendigkeit von mehr Organisation angesprochen, hatte Peter geraten, eine dauerhaftere Zentrale zu suchen, als es ein Wohnwagen war, sowie weitere Leute außer Billy und Laureen zu finden, die sich um die Verbuchung und die Auszahlung des ständig anwachsenden Stroms von Geldern kümmern konnten. Nun fragte er sich, ob das richtig gewesen war.

Richtig.

Er musste fast laut lachen, als er über diesen Ausdruck nachdachte. Nach all den bizarren und wunderbaren Dingen, deren Zeuge er in den letzten Monaten gewesen war, angefangen von seiner eigenen Heilung durch Peters Hände bis hin zu den neuesten Wundern, hatte Dan keine Ahnung mehr, was richtig sein könnte.

Er merkte plötzlich, dass er ins Leere starrte und blinzelte sich wieder ins Bewusstsein. ›Spintisieren‹ hatte seine Mutter das immer genannt.

Er blickte über die tiefer liegende Ebene hinweg zu dem Bereich, wo die neuen Angestellten unsicher umherliefen und die Aufgaben erlernten, die sie erfüllen sollten. Marion Windsor betrat gerade mit einer dünnen, gebrechlich wirkenden Frau den Raum, die ein Modell für Norman Rockwells stereotype Bibliothekswissenschaftlerin hätte abgeben können. Sie führte sie zu einem Schreibtisch in der Nähe des Fensters.

Marion hob sich selbst aus der Ferne von den übrigen ab wie ein Leuchtfeuer in der Nacht. Sie trug einen modischen Rock mit Bluse und wirkte wie ein Modemodel. Ihr langes, kastanienbraunes Haar fiel nachlässig auf ihre Schultern. Ihr Lächeln, der Ausdruck in ihren Augen, ihre Gesten ... verdammt alles an ihr war so charakteristisch und reizvoll.

Dan lehnte sich in seinem Sessel zurück und beobachtete, wie Marion Miss Bibliothekswissenschaftlerin Anweisungen gab. Was ging hier vor? fragte er sich. Solcherlei Gedanken hatte er seit Jahren nicht gehegt.

Dan hatte das Thema Zölibat stets eher als ein psychologisches denn als ein physisches empfunden. Einer seiner Jesuitenprofessoren pflegte zu sagen, das größte Sexualorgan sei dasjenige zwischen den Ohren, nicht das zwischen den Beinen, und Dan hatte dem zugestimmt. Aber er war sich dennoch sicher, dass junge Männer, die sich noch jungfräulich ins Seminar stürzten, es leichter hatten, als Jungen, die bereits verschwitzte, leidenschaftliche Nächte erlebt hatten. Die luftige Weite des Büros schwand und Dan fiel in ein Rattenloch der Erinnerung …

Er war siebzehn und lag mit Judy Bournewell ausgestreckt auf einer Chaiselongue. Ihre Eltern waren bei einer politischen Veranstaltung zur Erhebung von Geldmitteln, ihr jüngerer Bruder schlief, und Judy hatte beschlossen, dies sei die Nacht, in der sie zur Frau würde.

Die Erinnerung nahm feste Form an, wurde so konkret und real, dass es erst vor wenigen Minuten passiert zu sein schien.

Sie nahm seine Hand, legte sie auf ihr Knie und führte sie langsam die Innenseite ihres Oberschenkels entlang zu dem sanften Hügel unter ihrem weißen Baumwollslip. Ein Teil seines Bewusstseins blieb gelassen – obwohl seine Hormone wüteten und er eine starre Erektion bekam – und brannte die Szene auf seiner mentalen Festplatte ein, sodass sie im Lauf der Jahre nie schwächer wurde.

Als seine Finger ihre innere Weichheit berührten, stieß Judy einen halb wie ein Schnurren und halb wie ein Stöhnen klingenden Laut aus. Der erwachsene Mann erinnerte sich, dass er gedacht hatte, wie sehr eine Frau einen Mann kontrollieren konnte und wie äußerst verschieden die Geschlechter waren.

Dan erinnerte sich auch, Groll gegenüber Judy empfunden zu haben – weil sie verdammt die Macht hatte, den richtigen Zeitpunkt zu wählen, aber das hatte ihn nicht davon abgehalten, sich Hals über Kopf in die Situation zu stürzen. Wie rasch es geschehen war – das Umhertasten, das ungeschickte Eindringen, der Hitzeschwall. Dans Reaktion war nicht das erwartete Schuldgefühl, sondern Verlegenheit, weil er es nicht so getan hatte, wie es in Büchern und Filmen beschrieben wurde. Judy war jedoch erleichtert und froh. Sie lächelte, lachte sogar und sagte ihm, er solle sich keine Sorgen machen, alles sei gut.

Ihr Frohsinn verwirrte ihn in jener Nacht, aber die darauffolgenden Wochen gaben ihr Recht. Sie wurden bald geschickter und vollzogen den Akt schließlich, als hätten sie ihn erfunden.

Judy Bournewell.

Seine eine und einzige Liebe. Seine einzige Geliebte. Dan fragte sich häufig, wie es wohl wäre, Sex mit einer Frau anstatt mit einem Mädchen zu haben …

»Dan, alles in Ordnung?«

Ihre melodische Stimme erschreckte ihn so, dass sich sein ganzer Körper anspannte und sein Sessel vorwärts kippte. Er griff nach der Schreibtischkante und schaute zu Marion hoch, als sähe er sie zum ersten Mal.

»Entschuldige«, sagte er, während er spürte, wie er errötete. »Ich hatte vermutlich gerade einen Tagtraum.«

Marion lächelte und trat beiseite, um die dünne, steif wirkende Frau vorzulassen. »Dan, dies ist Mrs. Keating. Sie war Buchhalterin bei Harrison Lloyd, solange die Firma bestand.«

»Oh, richtig«, sagte er, erhob sich höflich und schüttelte der Frau die Hand. »Mr. Lloyd hat uns Ihre Dienste angeboten, um uns beim Aufbau zu helfen.«

Mrs. Keating nickte und lächelte offen. »Glauben Sie mir, Pater, es ist mir ein Vergnügen, Ihnen auszuhelfen. Ich habe mein ganzes Leben lang gearbeitet, um meine Jungs auf Konfessionsschulen schicken zu können. Sie und Pater Peter dort draußen zu erleben, macht das alles wieder wett!«

»Nun, ich danke Ihnen …«

»Und dass Mr. Lloyd eines seiner Bürogebäude einfach so zur Verfügung stellt! Dafür wird der Herr ihm einen Platz im Himmel reservieren!«

»Oh, ja«, sagte Dan. »Dessen bin ich mir sicher.«

»Nun, ich sollte wohl mit der Arbeit beginnen. Ich bin dort unten, falls Sie mich brauchen, Pater.«

Dan nickte und lächelte mechanisch. Mrs. Keating ging, und Marion setzte sich auf den Stuhl vor seinem Schreibtisch.

»Es wird ein ziemlicher Wahnsinn, oder?«

»Darauf kannst du wetten.« Warum war er so verdammt verlegen? Sie konnte keine Gedanken lesen!

»Wenn mir vor sechs Monaten jemand erzählt hätte, wir würden einmal eine Firma führen – mit Rechnungsführern und Buchhaltern und Sekretären –, dann hätte ich ihn ausgelacht.« Marion strich sich die Haare aus dem Gesicht und grinste befangen.

»Wir hatten keine große Wahl. Es wuchs eben …« Dans Blick begegnete ihrem, aber er brach den Kontakt augenblicklich wieder ab. Er fühlte sich in ihrer Nähe plötzlich nervös wie ein Schuljunge.

»Ich weiß, dass es notwendig war, aber es hört nicht auf! Heute Morgen bekam Peter einen Anruf von einer Buchungsagentur in Los Angeles. Ist das zu glauben? Sie wollen ihm helfen, seine ›Auftritte‹ zu planen.«

»Oh, Mann, das ist verrückt.« Dan erhob sich, trat zum verglasten Fenster und blickte auf die bienenstockähnliche Geschäftigkeit hinab.

Warum war er so nervös? War es Marion? War es sein Schuldgefühl, seine Verlegenheit wegen der Erinnerungen, die er genossen hatte? War es falsch, solche Gedanken zu hegen?

»Nun, wir können jetzt nicht aufhören. Wir und der südafrikanische Bürgerkrieg – wir sind ständig ›Stoff‹ für die Nachrichten. Unglaublich, hm?«

»Unglaublich. Ja.«

Marion regte sich auf ihrem Stuhl, streckte sich ein wenig. Sie sah entspannt so verdammt hübsch aus. Er hatte einen Moment die irrsinnige Idee, ihr zu sagen, wie sehr sie ihn anzog, ihr zu sagen, dass er sie wollte.

Nein. Das konnte er nicht tun. Er war sich seiner Gefühle nicht einmal sicher. Vielleicht war es nur ihre Nähe, der tägliche Kontakt, den sie hatten, was ihn so empfinden ließ.

Marion sprach weiterhin über die Angestellten und Peters Pläne für die nächste Woche. Dan hörte nur mit halbem Ohr zu und wurde sich erst verspätet der Tatsache bewusst, dass sie ihm eine Frage gestellt hatte.

»Nun, Dan, was meinst du?«

Er spürte, wie er erneut errötete. »Entschuldige, Marion. Ich habe in letzter Zeit nicht genug geschlafen. Ich war im Moment vermutlich nicht so ganz bei der Sache.«

Sie lachte, erhob sich und trat zu ihm. Sie streckte die Hand aus und kniff ihn wie einen kleinen Jungen in die Wange. »Weißt du, du kannst manchmal wirklich süß sein.«

Ihre Worte trafen ihn wie Kugeln. Wie meinte sie das? Er lächelte hilflos.

»Ich wollte nur wissen, ob wir diesem Reporter vom *The New Yorker* sagen sollen, er könnte in einem oder zwei Monaten zurückrufen?«

»Ja. Dann herrscht vielleicht etwas weniger Hektik.«

»Okay, ich werde Peter deine Empfehlung weitergeben.« Sie wandte sich zum Gehen, und Dan streckte, jäh verärgert, eine Hand aus, um sie aufzuhalten. Das Gefühl ihrer Haut unter der Bluse, unter seinen Fingern, war äußerst sinnlich, erregend.

»Du stehst ihm sehr nahe, oder?« fragte er sanft und zwang sich, in ihre grünen Augen zu schauen. »Du dienst als Puffer zwischen ihm und dem Rest der Welt. Alles gelangt zu dir, bevor es ihn erreicht.«

Marion lächelte unbehaglich, als erwäge sie seine Worte ernsthaft. »Wird es allmählich wirklich so?«

Er nickte. »Du beschützt ihn sehr, Marion.«

»Ja, das stimmt vermutlich.«

»Ich meine, ich bin schon sehr lange Zeit mit ihm befreundet. Ich kann ihm selbst sagen, was ich von einem verdammten Zeitschriftenreporter halte.«

»Ich weiß, Dan. Es tut mir Leid.« Sie berührte seine Hand.

Die Wirkung war elektrisierend. Keine Frau hatte je solche Dinge bei ihm bewirkt. »Es braucht dir nicht Leid zu tun«, sagte er rasch und zog sich zurück. »So habe ich es nicht gemeint. Ich dachte nur, ich sollte dich darauf aufmerksam machen. Einige Leute könnten anfangen, es dir übel zu nehmen.«

Sie lächelte. »Du hast Recht. Ich vergesse immer, wie klug du bist, Daniel.«

Er lächelte und setzte sich wieder hinter seinen Schreibtisch. Wenn er Abstand zwischen sich und Marion brachte, konnte er klarer denken. »Wo *ist* Peter überhaupt? Ich habe ihn den ganzen Morgen noch nicht gesehen.«

»Er ist oben in der Suite – spricht mit den Herausgebern von Simon und Schuster. Du weißt schon, das Buchprojekt.«

Dan nickte. Vor acht Monaten war Peter noch vollkommen unbekannt. Nun wurde er wie ein Star behandelt. War es da ein Wunder, wenn der *Playboy* ihn interviewen wollte? »Okay, ich werde versuchen, später am Nachmittag hinaufzugehen und mit ihm zu reden.«

»Bis später«, sagte sie und verließ das Büro.

Ja, sie würden sich später wiedersehen –, aber Dan würde sie nie so sehen, wie in dieser Nacht vor einigen Wochen. Hatte sein Unterbewusstsein gespürt, was vor sich ging? Der Feuerschein war nur schwach gewesen, aber er hatte mehr als genug von der Szene erkennen können.

Seine Sprechanlage summte erneut.

»Ja?«

»Pater Ellington, da ist ein Mr. Bevins, der Sie sprechen möchte.«

»Wer?«

»Frederick Bevins. Er sagt, er hätte einen Termin.«

Dan fuhr sich mit den Fingern durch sein langes, blondes Haar. Bevins. Richtig. Das war der Bursche mit den hervorragenden Zeugnissen, der sich für eine Stelle im Sicherheitsdienst beworben hatte. Dan sah den Stapel Akten auf seinem Schreibtisch durch und zog diejenige hervor, auf der Bevins' Name stand.

»In Ordnung«, sagte er. »Schicken Sie ihn bitte herein.«

»Ja, Pater.«

Die Sprechanlage wurde jäh abgeschaltet. Draußen im tiefer gelegenen Arbeitsbereich hatte sich Marion an einem freien Schreibtisch niedergelassen und telefonierte gerade. Dan betrachtete sie, studierte jede ihrer Bewegungen, jeden Gesichtsausdruck. Marion Windsor sprach jedermann an. Frauen respektierten sie, obwohl sie sie häufig wohl nicht mochten. Die meisten Männer grinsten sie offen anzüglich an und gierten nach ihr wie Hunde nach einer läufigen Hündin. Andere versuchten, kühl zu bleiben, unbeeindruckt. Wie Branford, der Haupt-Nachrichtensprecher des Senders. Aber Dan kannte sich gut in Körpersprache aus, und er konnte die Anspannung und das Verlangen hinter der Fassade seines kühlen Gesichtsausdrucks erkennen.

Er schloss die Augen und massierte mit den Fingerspitzen leicht seine Lider. Ein Teil von ihm wünschte sich, dass sie fort wäre, wenn er die Augen wieder öffnete. Nun, zumindest stellte er sich seiner zunehmenden Besessenheit, anstatt vorzugeben, es gäbe sie gar nicht.

Er wünschte, er könnte mit Peter über seine Gefühle reden. Aber wie? Was konnte Dan sagen, wo er doch wusste, wie intim Marion und Peter inzwischen miteinander waren?

Es klopfte am Türrahmen seiner geöffneten Bürotür.

Dan schaute von der Akte auf, die er in der Hand gehalten hatte, ohne darin zu lesen, und sah seine Sekretärin neben einem kleinen, gedrungenen Mann in einem einfachen, grauen Anzug. Er wirkte wie ein Fänger in einem Baseball-Team der High School. Ein gestutzter Schnurrbart beherrschte sein Gesicht mit den dünnen Lippen und der Nase, die anscheinend mindestens einmal gebrochen gewesen war. Seine kleinen Augen standen weit auseinander, von buschigen Augenbrauen betont, die selbst Groucho mit Stolz erfüllt hätten. Obwohl er kaum älter als Vierzig war, hatte er bereits starken Haarausfall. Dass er das Haar kurz geschnitten und strikt zurückgekämmt hielt, zeigte, dass es ihn nicht wirklich kümmerte. Der Bursche vermittelte den Eindruck, dass man sich besser nicht mit ihm anlegte, obwohl seine Erscheinung nicht einschüchternd wirkte.

»Pater Ellington«, sagte die junge Frau in seiner Begleitung, »dies ist Mr. Bevins.«

Dan erhob sich und schüttelte dem Mann die Hand. Er hatte einen festen Händedruck. Schwielen zeigten an, dass er keine Angst vor harter Arbeit hatte. »Setzen Sie sich, Mr. Bevins.«

»Danke, Pater«, sagte er und warf einen raschen Blick durchs Büro.

Dan machte sich mit Hilfe der Akte erneut mit Bevins' Hintergrund vertraut. Hochschulabschluss in Forensischer Psychologie der Universität von Missouri; zwei Jahre in der Army; drei Jahre Deputy im nahe gelegenen Washington County's Sheriff's Office und zehn Jahre bei Wells Fargo als Sicherheitsbeamter mit dem abschließenden Dienstgrad eines Sergeants sowie drei weitere Jahre als Vizepräsident von Secure Systems Ltd.

»Können Sie mir etwas über diese letzte Anstellung sagen, Mr. Bevins?«

»Sie können mich Fred nennen, wenn Sie wollen.«

»In Ordnung«, sagte Dan. »Was ist Secure Systems Ltd.?«

»Die Firma meines Schwagers. Ich wollte schon immer mein eigener Chef sein, wissen Sie? Also überredete ich den Bruder meiner Frau, Harry, diese Sache zu unterstützen. Ich wollte im hochtechnisierten Bereich des Sicherheitsgeschäfts arbeiten. Sie wissen schon – uplink und downlink, Informationsübermittlung, Speicherung und Wiederherstellung – alles rund um den Computer.«

Dan nickte, obwohl er nur sehr wenig über ›alles rund um den Computer‹ wusste. »Was ist passiert? Warum bewerben Sie sich für diesen Posten?«

Fred Bevins lächelte und zuckte leicht die Achseln. »Nun es ist so – die Firma gedieh, und mein Schwager wurde gierig. Er hat einige Leute eingestellt, die meinen Job erledigen sollen – zahlt ihnen nur die Hälfte meines Gehalts – und hat mich abgefunden. Hat mich entlassen.«

»Ich verstehe«, sagte Dan, der sich stets darüber wunderte, wie sehr Geld die Menschen veränderte. »Also suchen sie einen anderen Job im Sicherheitsbereich ...«

»Nun, das ist so ungefähr das Einzige, was ich kann. Ich brauche das Geld nicht, aber es ist wichtig für mich, etwas mit meinem Leben *anzufangen*.«

Dan lächelte. Frederick Bevins war, trotz seiner Erscheinung und seinen etwas rauen Kanten, ein unterhaltsamer, einnehmender Mensch. »Ich verstehe ... Sie wollen in Ihrer Freizeit etwas zu tun haben.«

»Ja, aber es ist nicht so, wie Sie denken – ich würde gute, ernsthafte Arbeit leisten. Das ist für mich kein Spaß. Und ich bin Katholik und war, was meine ... meine Kirchenbesuche im Verlauf der Jahre angeht, vermutlich ein wenig nachlässig. Ich könnte mir denken, dass dieser Job vielleicht eine gute Möglichkeit wäre, wieder in Gottes Gnaden aufgenommen zu werden.«

Dan nickte. Das war eine vertraute Erklärung. Er führte schon seit Monaten Bewerbungsgespräche mit Leuten, und es war überraschend, wie viele von ihnen ähnliche Gründe für den Wunsch einbrachten, für Pater Peter arbeiten zu wollen.

»Ihr Chef – Pater Peter – ich meine, er tut so viel Gutes für jedermann. Das hat mich gewissermaßen zum Nachdenken gebracht. In der Richtung, dass ich einigen der Menschen, die es nicht so gut hatten wie ich, vielleicht etwas schulde.«

»Ja«, sagte Dan. »Das verstehe ich.«

»Haben sich viele Leute für die Posten als Sicherheitsbeamte beworben?«

Dan nickte. »O ja –, aber nicht allzu viele mit einem solch soliden Hintergrund wie Sie. Möchten Sie hören, wie wir uns den Job gedacht haben, Mr. Bevins?«

»Sicher! Aber nennen Sie mich Fred, okay?« Er lehnte sich auf seinem Stuhl zurück.

Dan erklärte während der nächsten Minuten so gut wie möglich die Anforderungen und

Pflichten der angebotenen Stelle. Peter Carenza brauchte persönliche Sicherheitsleute, während er im Land umherreiste. Die Kontrolle der Menschenmengen war zunehmend schwierig geworden, und er zog die Aufmerksamkeit von immer mehr extremistischen Randgruppen und Möchtegern-Attentätern auf sich. Auch das Gebäude der Zentrale benötigte einen Standard-Sicherheitsstab sowie einige technische Schutzmaßnahmen gegen Hacker und andere Arten von Betriebsspionage. Dan zählte seine Besorgnisse auf und hörte zu, als Bevins zu allen überzeugende Kommentare abgab und Ergänzungen vorschlug. Es wurde im Verlauf der weiteren Unterhaltung offensichtlich, dass Fred Bevins genügend Kenntnisse besaß, um die neue Sicherheitsabteilung zu bereichern. Ein Police-Captain im Ruhestand hatte sich freiwillig bereit erklärt, den Aufbau in die Hand zu nehmen, aber Bevins gab vielleicht einen guten Sergeant ab, sogar als Stellvertreter. Dan würde ihn an den Leiter des Sicherheitsdienstes verweisen.

Er wollte jeden neuen Angestellten persönlich kennen lernen. Er vergaß nie, dass jeder Bewerber vom Vatikan geschickt worden sein könnte, um die Organisation zu sabotieren oder in Peters Nähe zu gelangen.

»He, sind Sie okay, Pater?« Fred sah ihn fragend an.

Verdammt. Wieder Tagträumereien ...

»Oh, ja, alles in Ordnung, Fred«, sagte er lächelnd. »Ich habe nur gerade über einiges nachgedacht.«

»Nun, bekomme ich den Job?«

»Ich habe heute noch mehrere andere Vorstellungsgespräche zu führen. Wir geben Ihnen morgen Bescheid.«

Bevins erhob sich. »He, ich werde am Telefon warten. Danke, Pater. Es war wirklich nett.«

Dan schüttelte die dicke Hand des Mannes und geleitete ihn aus dem Büro zum tiefer liegenden Arbeitsbereich. Marion war nirgendwo zu sehen. Auch gut. Er brauchte diese Ablenkung nicht.

Als Dan zu seinem Schreibtisch und Sessel zurückgekehrt war, blätterte er wie abwesend Fred Bevins' persönliche Akte durch. Der Mann war recht freundlich und kundig. Er besaß hervorragende Zeugnisse – weitaus bessere als alle anderen in dem Stapel. Dan seufzte hörbar. Musste er wirklich noch mit den anderen sprechen? Er war kein organisationsbegeisterter Mensch und genoss es nicht wirklich, eine leitende Stellung innezuhaben, selbst wenn es einen guten Grund dafür gab.

Er wünschte, Peter würde sich weitaus mehr um das Geschäft kümmern, das er der Welt präsentierte.

»Ihr Jungs könnt euch darum kümmern«, hatte Peter gesagt. »Ich muss mich um andere Dinge sorgen.«

Dan blickte zur Decke hinauf. Andere Dinge. Ja, damit hatte sein Freund Peter gewiss Recht.

Ein Bild brannte im Zentrum von Dans Geist. Ein Bild, das nicht in die Schatten der Erinnerung entschwinden würde: Marions perfekter Körper, der sich vor dem blauschwarzen Zwielicht der Mitternacht abhob, ein dunklerer Umriss vor der Dunkelheit, der sich aufbäumte und im ältesten aller Rhythmen schwang.

In jenen Augenblicken, wenn das Bild in ihm brannte wie ein neugeborener Stern, war nichts anderes mehr wichtig. Er wollte sie.

Er wollte sie.

Sechsunddreißig

Bessemer, Alabama – Cooper
16. April 1999

Die warme, an einen Mutterleib erinnernde Umarmung des Wassers beruhigte ihn. Reverend Freemason Cooper tat einen letzten Schwimmzug im Freistil und ließ sich dann die restliche Distanz zum Beckenrand treiben.

Zwanzig Runden. Jeden Morgen. Vor dem Frühstück.

Jawoll.

Kein Wunder, dass seine Ärzte ihm sagten, er habe die Kondition eines fünfzehn Jahre jüngeren Mannes. Er fühlte sich gesünder als zu jedem anderen Zeitpunkt seines Lebens. Kein Wunder, dass Frauen ihn anziehend fanden – besonders seit er seinen Schwengel stundenlang steif halten konnte.

Freemason lächelte, während er am Beckenrand durchatmete. Er schaute durch das Glasdach seines Innenpools und suchte im grauen Morgennebel die Sonne. Diese Art dünner, früher Frühlingshimmel prophezeite, wie er wusste, jahreszeitlich bedingten Kummer, Schuldgefühle und erhebliche Spenden. Coopers Kirche trat ins geschäftigste, profitabelste Quartal ein, das zu Ostern stets seinen Höhepunkt erreichte. Obwohl die Aussicht ihn nicht mehr so begeisterte wie früher, freute sich Cooper doch über das Wissen, dass der Geldfluss in den kommenden Wochen um einiges anwachsen würde.

Er stieg aus dem Wasser, und noch bevor er es sich am Rande des Pools bequem machen konnte, trat Lindstrom, sein schwedischer Diener und Masseur, neben ihn, ein flauschiges, weißes Handtuch mit Monogramm bereithaltend.

»Danke, Linnie«, sagte Freemason, rieb seinen nackten Körper ab und hüllte sich dann in flaumige Weichheit.

»Soll ich Frieda Bescheid sagen, dass Sie fertig sind?«

»Ja, und sagen Sie ihr, sie soll die Kunstwurst weglassen – ich bin diesen ständigen Sojabohnen-Mist leid.«

»Ja, Reverend.«

»Tatsächlich sollten Sie ihr sagen, dass ich heute Morgen etwas Jimmy-Dean-Wurst essen möchte!« Jawoll, er hatte das Gefühl, dass dies eine Art Jimmy-Dean-Tag würde.

Lindstrom nickte und zog sich in Richtung Küche zurück. Freemason sah dem großen, muskulösen, blonden Mann nach, während er im Haus verschwand. Er hielt den Kerl für schwul, war sich aber nicht sicher. Lindstrom war sehr ruhig, sehr diskret.

Er hasst mich wahrscheinlich wie die Pest, dachte Freemason mit verzerrtem Lächeln.

Er erhob sich, streckte die Arme weit über den Kopf und genoss die Mattigkeit der Ruhe nach einem ausgiebigen Workout. Der Morgengesang der Vögel drang aus den tropischen Bäumen zu ihm herab, die in den klimatisierten Räumen der geräumigen Pool-Anlage gediehen. Er lauschte dem Vogelgesang gerne. Es war solch ein unschuldiger, wunderschöner Klang.

Die Welt könnte ein wenig mehr Unschuld, ein wenig mehr Schönheit gebrauchen, dachte er ironisch.

Eine Tür wurde geöffnet, und Lindstrom kam zurück. »Das Frühstück wird sofort serviert, Sir. Und auf Leitung vier ist ein Anruf für Sie.«

Freemason nickte, entließ den Diener mit einer Handbewegung und trat zu einer Sitzgruppe mit einer raffinierten Telefonkonsole. Er gab die entsprechende Zahlenreihe ein – sein persönlicher Sicherheitscode – und nahm den Hörer ab.

»Reden Sie.«

»Reverend Cooper, hier ist Freddie Bevins ...«

Freemasons Pulsschlag beschleunigte sich um einiges, als sich sein Privatdetektiv zu erkennen gab.

»Ich warte, Freddie.«

»Ich wollte Sie nur darüber informieren, dass alles so verlaufen ist, wie Sie es vorausgesagt haben. Sie haben sich auf die Liste der Empfehlungsschreiben gestürzt wie ein Barsch auf einen Ochsenfrosch!« Bevins klang überschwänglich und selbstzufrieden.

Freemason lächelte. »Der Reverend kennt sich mit so was aus, Freddie, das sagte ich Ihnen.«

Bevins kicherte. »Ich habe sie so eingewickelt, dass sie garantiert nichts merken werden.«

»Wie auch immer. Ich habe Leute, die alles erhärten werden, was Sie vorgebracht haben. Ich habe mich darum gekümmert, Freddie – Sie sind vollkommen sicher.«

»Himmel, ich habe ihnen sogar erzählt, ich wäre Katholik, können Sie sich das vorstellen?«

»Bei Ihnen? Sicher.« Freemason räusperte sich. Er verspürte jäh ein Verlangen nach Pflaumensaft. »In Ordnung – was können Sie mir sonst sagen?«

»Nicht viel, noch nicht, Reverend. Ich fange erst Montagmorgen offiziell mit der Arbeit an. Aber ich habe die Augen offen gehalten, wissen Sie. Ich denke, ich werde praktisch zu allem dort freien Zugang haben – sie werden nichts erahnen.«

»Was ist mit den Telefonen? Können Sie die Leitungen für mich anzapfen?«

Bevis grinste. »Wahrscheinlich. In dem Gebäude gibt es bereits ein eigenes Netzwerk. Ich werde sehen müssen, wie sicher es beim vorigen Inhaber war. Anscheinend will sich Ellington nicht die Mühe machen, es zu ändern oder auch nur zu überprüfen.«

»Ellington?«

»Carenzas rechte Hand. Sie sind schon seit dem Seminar Kumpel.«

»In Ordnung, Freddie, Sie wissen, was Sie zu tun haben. Ich bezahle Sie gut. Also leisten Sie gute Arbeit. Versuchen Sie, wenn Sie Fuß gefasst haben, alles Ihnen Mögliche über Carenza herauszufinden. Und damit meine ich *alles*.«

»Ich habe verstanden, Reverend. Ich werde viel Schmutz für Sie ausgraben. Garantiert.«

»Ich verlasse mich auf Sie, Freddie.«

»Alles klar, Reverend. Ich melde mich in regelmäßigen Abständen.«

»Tun Sie das.«

»Oh, eines noch. Hier sind ein paar Telefonnummern, unter denen Sie mich erreichen können, wenn nötig. Vom Büro und vom Hotel.« Bevins gab die Nummern durch, und Freemason schrieb sie auf den Block neben der Konsole.

»Danke, Freddie. Wiederhören.«

Er legte auf, bevor der Privatdetektiv noch etwas sagen konnte, und schüttelte gemächlich den Kopf. Bevins war ein schmieriges Aas, aber er verstand seinen Job. Der Mann bearbeitete Fälle besser als ein Köter einen Schinkenknochen.

Lindstrom kehrte mit einer silbernen Platte mit Glaskuppel auf einem Servierwagen zurück. Dann hielt der Diener seinem Chef den Frotteebademantel hin, den er über dem linken Arm getragen hatte. Während Freemason hineinschlüpfte, deckte Lindstrom die Servierplatte ab und richtete einen Platz am Tisch her. Als alles bereit war, ging er unaufgefordert.

Während Freemason jeden Bissen seines entschieden ungesunden Frühstücks genoss, begann er, seine Strategien zu planen. Ob er es sich eingestehen mochte oder nicht – Tatsache war einfach, dass dieser Bursche Carenza so lange eine Hauptsorge in seinem Leben bliebe, bis sich eine Lösung abzeichnete.

Er war froh, seinen Daddy in der Nähe zu haben, den er um Rat fragen konnte. Der alte Mann wurde vielleicht in mancher Beziehung allmählich ein wenig komisch, hatte aber seinen gesunden Menschenverstand noch beisammen und war auch körperlich noch soweit fit.

Du musst dich mit diesem Burschen auseinandersetzen, Sohn, hatte der alte Mann gesagt. *Es hat keinen Sinn, sich vorzumachen, es gäbe ihn nicht.*

Als Erstes galt: Erkenne deinen Feind. Freemason hatte das schon immer als Vorteil angesehen. Wenn Carenza tatsächlich sein Feind war …

Freemason trank den frisch gemahlenen und gebrühten Jambala-Kaffee und dachte an die neuen Aufzeichnungen der Wunder. Wenn es ein Trick war, hatte noch niemand herausgefunden, wie Carenza es machte. Himmel, wahrscheinlich *versuchte* niemand es herauszufinden.

Außer vielleicht Reverend Freemason Cooper.

Wenn er so direkt darüber nachdachte, wusste Freemason einfach nicht, was er davon halten sollte. Nicht, wenn man diese Magier im Fernsehen die Freiheitsstatue verschwinden und Elefanten über Schluchten schweben lassen sah und ähnlichen Mist.

Selbst wenn man nicht immer glauben konnte, was man im Fernsehen sah.

Siebenunddreißig

Colorado Springs, Colorado – Carenza
20. Oktober, 1999

Er veränderte sich.

Er spürte es jeden Tag. War mehr bei sich selbst, fühlte sich aber auch abgetrennter, losgelöster – zumindest von dem Selbst, das er vor seinem merkwürdigen Erwachen gewesen war.

Manchmal, wenn er nachts im Bett lag und nicht schlafen konnte, versuchte er zu beten, aber es war, als spräche er in einen toten Hörer. Irgendein Aspekt der Stille in seinem Kopf vermittelte ihm, dass niemand wirklich zuhörte.

Warum?

Hörte niemand zu, weil er nicht wirklich *redete*? Weil er sich selbst nicht ins Gesicht sehen konnte? Und wann hatte er zum letzten Mal eine Messe gelesen?

Dann war da die Frage seiner Talente.

Manchmal fühlte er sich durch ihren Einsatz so belebt, so berauscht, fühlte sich grenzenlos und ungebunden wie die Energie der Sonne. Und zu anderen Zeiten war er so ausgelaugt und schwach, dass er das Gefühl hatte, sterben zu müssen. Es war, als lebte ein Parasit in ihm, der mit seinem Geist und Körper spielte, ohne Sinn und Verstand, ohne Logik oder Zweck.

Er fühlte sich ständig getrieben, die Grenzen seiner Kräfte auszutesten. Die Presse und seine Gefolgsleute nannten seine Großtaten Wunder, und Peter glaubte ihnen allmählich. Wenn er Menschen heilte, wenn er sie wiederherstellte, konnte er eine Macht durch sich hindurchströmen spüren wie sanfte, angenehme Elektrizität. Nein, das war nicht ganz richtig – die Macht durchströmte ihn nicht, sondern kam vielmehr *aus* ihm. Es war ein Geysir unbeständiger Energie.

Und später, wenn er sich dem Tode so nahe fühlte, fragte er sich, was zum Teufel wirklich vor sich ging, und war nach den ersten Offenbarungen, als er um göttliche Führung gebeten und in seinem Geist nichts als kaltes Schweigen gespürt hatte, in einen Abgrund der Verzweiflung und tiefsten Angst gestürzt.

Aber in letzter Zeit war die Angst durch etwas anderes ersetzt worden, etwas für Qualen und Zweifel Unempfindlicheres. So wie ein Tumor zu einem harten, verkapselten Klumpen verkalken kann – so verspürte er nur noch ein versteinertes Monument anstelle des Entsetzens, das dort bestanden hatte.

Ein Teil von ihm fühlte sich jetzt, als hätte die Angst keine Bedeutung mehr. Es gab Arbeit zu tun, und es war unwichtig, wie das geschah oder wie er sich dabei fühlte. Das einzig Wichtige war, dass er es tat. Peter glaubte nicht, eine Mission zu erfüllen, aber sein Dasein erfuhr eine neue Erfüllung. Wenn er von einer äußeren Präsenz geführt wurde, war er sich dessen nicht bewusst, und diese Möglichkeit kümmerte ihn – was vielleicht noch schlimmer war – nicht im Geringsten.

Es wäre ein Lüge gewesen zu behaupten, er hätte seine Berühmtheit der letzten Zeit nicht genossen. Die Aufmerksamkeit und der Rummel sowie der äußerste Wiedererkennungswert in der Öffentlichkeit wurden von einem schlagartigen Anstieg des Selbstwertgefühls begleitet. Aber Peter bemühte sich, die richtige Perspektive für den Glamour zu bewahren. Er wollte die Menschen keinesfalls glauben machen, er wäre zu einer Art Starschauspieler verkommen.

Manchmal träumte er davon, inmitten einer gewaltigen Menschenmenge zu stehen – eine Menge, die sich in allen Richtungen endlos von ihm fort erstreckte –, und alle lachten ihn aus.

Er erwachte von der warmen Berührung des Sonnenlichts von Colorado, das durch die Jalousien des Hotelfensters fiel. Er öffnete die flatternden Lider und versuchte, sich an das Licht zu gewöhnen und einen Moment völliger Desorientierung zu überstehen. Welcher Tag war heute? Wo war er?

Als er sich umdrehte, streifte sein Knie Marions nackten Oberschenkel, und er erschrak. Sie lag, noch immer schlafend, auf dem Rücken, das Gesicht vom hellen Fenster abgewandt. Die Erinnerung daran, wie sie mitten in der Nacht in sein Zimmer gekommen war, überschwemmte ihn erneut wie eine anbrandende Flut. Das sowie die Berührung ihrer Haut bewirkten eine anfängliche Erektion. Er empfand, anders als früher, keine Schuldgefühle und kein Bedürfnis mehr, seine Sexualität zu unterdrücken. Tatsächlich sagte er sich – wenn er sich die Mühe machte, überhaupt darüber nachzudenken –, es sei eine höchst natürliche Reaktion.

Marions physische Schönheit und ihre einfache, überwältigende Wirkung auf Männer waren unleugbar. Die Minuten vergingen, während er sie in Ruhe betrachtete. Ihr Haar lag als rot-brauner Farbfleck auf dem Kissen, ihr Körper war eine Andeutung gerundeter Kanten unter dem Laken. Die langen Lider ruhten auf den hohen Wangenknochen, und die Mundwinkel waren leicht hochgezogen.

Plötzlich flatterten ihre Lider, und sie öffnete die Augen. Zwei bodenlose Portale eröffneten sich ihm, meergrüne Tiefen, welche die Geheimnisse ihrer Seele beherbergten.

»Guten Morgen«, sagte er und beugte sich über sie, um sie zu küssen.

»Ich hätte ewig weiterschlafen können.«

»Eines Tages wirst du das.«

»Ach, was sind wir heute Morgen fröhlich.« Marion setzte sich auf, und das Laken rutschte von ihren kleinen Brüsten mit den hellen rötlichen Brustwarzen. »Wie spät ist es?«

»Zeit, dass ich unter die Dusche gehe.«

Sie ignorierte ihn, streckte die Hand zum Nachttisch aus und nahm ihre Armbanduhr hoch. »Oh, Peter, wir haben keine Zeit zum Herumalbern!«

»Was? Warum?«

»Es ist bereits zehn Uhr«, rief Marion, glitt aus dem Bett und zog den Morgenmantel über, der auf einem Kleiderstapel auf dem Boden neben ihrem Bett lag. »Du sollst Larry um elf im Kontrollraum-Trailer treffen.«

»Ist es wirklich schon so spät?«

»Würde ich dich veralbern? Komm schon, wir müssen uns beeilen – selbst wenn der Hubschrauber auf uns wartet!«

Peter setzte sich widerwillig auf und schwang sich aus dem Bett. Bevor seine Füße den Teppich berührten, war Marion schon im Bad verschwunden.

Larry. Larry Melmanik.

Der Name ließ einen kleinen, fetten, öligen Charakter vermuten, der Typ Mann, der bevorzugt Hosen mit Gummizug und Sportjackets von Purina trug. Ein Mann, der Stumpenzigarren oder pastellfarbene Zigaretten von Nat Sherman's rauchte. Tatsächlich war er vollkommen anders. Larry Melmanik wirkte mit seinen fünfunddreißig Jahren, als würde er bei IBM oder einer guten Rechtsanwaltskanzlei in L.A. an der K Street arbeiten. Klein, gut frisiertes, sandfarbenes Haar, aufrichtige Hundeaugen und einen Hang zu traditionellen Tweed- und Navy-Blazern, bot Peters Manager insgesamt eine Erscheinung, die auf den Seiten von GQ nicht fehl am Platz gewesen wäre.

Melmaniks Zeugnisse waren gleichermaßen beeindruckend. Er hatte innerhalb kurzer Zeit einige der begehrtesten ›Nachrichtennummern‹ in der Unterhaltungsindustrie an Land gezogen. Manche sagten, er habe Glück gehabt, andere dagegen, er sei scharfsichtig gewesen. Was auch immer die Quelle seines Erfolges war, Melmanik hatte sich den Respekt fast aller Mächtigen und Einflussreichen verdient. War man sein Klient, dann konnte er fast jeden zur Arbeit bewegen. Peter brauchte natürlich niemanden, der ihn vermarktet hätte. Er brauchte jemanden, der organisieren und planen und die unzähligen Anfragen sichten konnte, die von Einladungen und Predigten über Interviews, Fototermine, Videos, Fernsehauftritte und Filmangebote bis hin zu Werbeangeboten reichten.

Weshalb bin ich hier, dachte Peter, während er sich wie abwesend mit den Fingern durchs Haar strich. Westlich von Colorado Springs, auf einer in die Jahre gekommenen Hippie-Ranch, sollte ›Mountain Rock Neunundneunzig‹, das größte Musikkonzert des Jahrzehnts zugunsten einer Hilfsorganisation gestartet werden. Peter sollte die Festlichkeiten dieses groß angelegten Medien-Events eröffnen, von dem Larry Melmanik behauptete, es werde die erwartete Teilnehmerzahl von 200.000 bei weitem übersteigen.

Peter lächelte bei dem Gedanken daran, vor einer solch großen Menschenmenge zu stehen. Bei keinem seiner bisherigen Auftritte war er an diese Anzahl auch nur annähernd herangekommen – außer in seinen Albträumen. Es würde eine großartige Erfahrung werden.

Marion trat aus dem Badezimmer. »Ich muss in mein Zimmer zurück und duschen. Wir sehen uns in einer halben Stunde.«

»Das könntest du auch hier tun«, sagte er.

»Ich muss meine Haare zurechtmachen und mich umziehen. Es geht schneller, wenn ich das allein tue.« Sie lächelte wissend, öffnete die Tür und ging.

Er musste ihr insgeheim Recht geben, als er in die Dusche stieg. Während der heiße Strahl ihn belebte, dachte er an den Mann, Tim Vernon, dem die Ranch westlich von Colorado Springs gehörte und der zugestimmt hatte, das Mountain Rock Festival auf seinem Besitz durchzuführen. »Er war in Woodstock«, hatte Larry etwas abfällig gesagt. »Er will seine Vergangenheit wieder aufleben lassen.«

Was dem alten Mann wahrscheinlich gar nicht schlecht gelang. Die amerikanische Kultur unterlag in Mode, Ökonomie und politischer Philosophie offenbar zyklischen Veränderungen. Nach den supermaterialistischen Achtzigern wurde die Endlichkeit natürlicher und industrieller Ressourcen in den frühen Neunzigern allmählich offensichtlicher. Mehrere Marktzusammenbrüche und einige Grenzkriege später war die jüngere Generation für eine Veränderung bereit. Die ersten Anzeichen dieser Veränderung waren, wie üblich, in den Künsten zu verzeichnen. Musik, Literatur und Theater wurden zunehmend ›bilderstürmerisch‹ und bewegungsorientierter. Und sie lagen, wie viele Kunstbewegungen im Lauf der Geschichte, bewusst oder zufällig in einer Linie mit politischen oder ökonomischen Haltungen etwas links von der Mitte. Begriffe wie radikal oder subversiv wurden in den Medien zunehmend benutzt, und der kulturelle Aufruhr schlug zu etwas um, was mehr als eine Modetorheit war. Junge Leute verliehen ihm Form, auch wenn er kaum eine Funktion hatte. Für einige Mitglieder der Studentengeneration wurde das neue Bewusstsein, die neue Bewusstheit zu einem Jux, zu etwas, womit man Spaß haben konnte. Für andere wurde sie eine Lebensart, sogar ein Lebenssinn.

Der Zeitpunkt war richtig. Die Dinge waren schon zu lange festgefahren. Die Kultur war schal geworden. Stillstand hing darüber wie eine Wolke. Dies, zusammen mit dem bevorstehenden Millenium und dem damit verbundenen Mystizismus, lieferte alle erforderlichen Elemente für ein neues Zeitalter des Wassermanns. Die erst kürzlich sichergestellte Verfügbarkeit von Impfstoffen gegen ansteckende Geschlechtskrankheiten hatte den Menschen ihre Hemmungen wieder genommen. Man brauchte kein Toynbee-Schüler zu sein, um zu erkennen, dass viele Amerikaner bestrebt waren, die Sechziger neu zu erfinden.

Aber so wie die Sechziger eine unvollkommene Wiedergeburt der Zwanziger waren, waren die Neunziger den Sechzigern bestenfalls ähnlich, ausgestattet mit einer Reihe von Unterschieden, bedingt im Wesentlichen durch die Technologie. Wie auch durch die sich wandelnde Weltökonomie und Politik sowie einige sehr reale Umweltprobleme wie das Loch in der Ozonschicht und der sterbende Regenwald in Südamerika. Es gab genug Elemente, die verhinderten, dass sich die Geschichte vollkommen wiederholte.

Also beschäftigten sich die Medien anstatt mit den Hippies nun mit den Possen der ›Rads‹, die, während sie die Haare lang trugen und die nicht süchtig machenden, wahrnehmungssteigernden Drogen der pharmazeutischen Labors der Jahrhundertwende bevorzugten, unaufhaltsam eine Identität, eine äußere Erscheinung, sowie ein weitgehend einheitliches ethisches System gewonnen hatten.

Und das waren die Menschen, die er von der monströsen Plattform mitten im Weideland Colorados ansprechen würde – die Kinder und Enkel der Beatniks und Hippies, jene, die das amerikanische Erbe eines gesunden Skeptizismus' und eines auf den Wechsel gerichteten Blicks weitertrugen. Peter dachte zum ersten Mal, dass er es nicht mit den Bedürfnissen und Werten des einfachen Volkes des mittleren Amerika zu tun haben würde. Er betrachtete dies als Herausforderung, als notwendige Prüfung seines Grades an Akzeptanz und Bekanntheit.

Er trat erfrischt aus der Dusche, kleidete sich rasch an und traf Marion dann im Hubschrauber vor dem Clarion.

»Peter, sie werden Sie dort draußen *lieben*!«, sagte Larry Melmanik. Er trug, wie gewohnt, einen blauen Blazer, ein blaues Oxfordhemd, aber ohne Krawatte, und eine lässige Khaki-Freizeithose.

»Das hoffe ich«, sagte Peter. Er war, trotz der seit Monaten andauernden öffentlichen Auftritte, ein wenig nervös bei dem Gedanken, vor solch eine große Menschenmenge zu treten. Aber die Zweifel vergingen rasch. Er würde sie unter Kontrolle haben.

»He, machen Sie sich darüber keine Sorgen, Pater«, sagte Tim Vernon. Er wirkte wie ungefähr sechzig, sein bärtiges Gesicht von einer südwestlichen Sonne verwittert wie altes Holz. »Sie werden das schon machen.«

»Sicher«, sagte Sammy Eisenglass, der einer der Organisatoren und Gründer des Mountain Rock war. »Sie werden Sie umhauen. Ihretwegen kommen zweifellos doppelt so viele Leute hier heraus, als es sonst der Fall wäre.«

Sammy, ein auffälliger Kostümierer aus Los Angeles, war aufgrund der vielen spektakulären Veranstaltungen, die er während des letzten Jahrzehnts ›geschaffen‹ hatte, recht bekannt geworden.

Tatsächlich hieß es auf seiner Visitenkarte:

SAMUEL EISENGLASS
CREATOR

Seine Spezialität waren Rockkonzerte und Championships, aber er hatte auch mit religiösen Versammlungen und Fortbildungsseminaren Erfolg gehabt. Und Sammy war auch nicht dumm, wenn es um die Eigenvermarktung ging. Er hielt sich nie im Hintergrund, sondern eröffnete stets jedes neue Event selbst. Sein Markenzeichen vor Scheinwerfer und Kamera war es, an jedem Arm eine wundervolle Prostituierte sowie eine auffällige Spiegel-Sonnenbrille auf der Nase zu haben.

Er hatte den Ruf eines gnadenlosen Geschäftsmannes, der auf dem Weg zu außergewöhnlichem Erfolg viele Feinde zurückgelassen hatte. Aber diese Beschreibung passte auf viele Ehrgeizige in Hollywood.

Seltsamerweise, dachte Peter, mochte er Sammy. Er bewunderte den Mann nicht, aber er verstand Eisenglass' Motive. Obwohl er Sammys Methoden und seinen offensichtlichen Mangel an Mitgefühl nicht gutheißen konnte, akzeptierte er die Notwendigkeit, dass es in jeder Sparte der Gesellschaft Geier geben musste. Es gab immerhin auch im Ozean eine ökologische Nische für Haie, dachte Peter, eine Nische, die bereits Millionen von Jahren Bestand hatte. Er war sich sicher, dass es schon immer Menschen wie Sammy Eisenglass gegeben hatte und immer geben würde.

Tim Vernon fühlte sich in Sammys Gegenwart eindeutig unbehaglich, und die Atmosphäre in dem Kontrollraum-Trailer war bestenfalls angespannte Herzlichkeit. Tim Vernon tolerierte Sammy nur wegen der unentwegten Versprechen des Eventschöpfers, alle Gewinne aus dem Mountain Rock den Millionen von verschleppten Flüchtlingen aus dem letzten endlosen Bürgerkrieg Mittelamerikas und den Millionen von Opfern der Kämpfe in Südafrika zu spenden.

Peter wusste, dass Sammy kein Interesse an verschleppten Flüchtlingen hatte. Leidenschaftslosigkeit drang aus jeder seiner Poren wie schmutziger Schweiß. Aber was zählte das, wenn einer seines Kalibers letztendlich zu einem umfassenderen Nutzen beitrug – und Peter seinen bisher größten Auftritt ermöglichte?

Der Gedanke verweilte in seinem Geist, und Peter fragte sich einen Moment, warum es für ihn so wichtig war, eine immer größere Präsenz und Bekanntheit in der Öffentlichkeit zu erlangen. Dieses unausgesprochene Ziel durchdrang allmählich alle seine Handlungen, alle seine Pläne. Er erkannte, dass er seine Motive früher oder später würde genauer betrachten müssen.

Aber nicht jetzt.

Die Tür des Trailers wurde geöffnet. Marion trat ein, in Jeans und einer Journalisten-Feldweste über der weiten, weißen Bluse. Ihr Haar hatte sie mit einem bunten Tuch zurückgebunden, und durch den Wind und die Sonne des prachtvollen Indian Summer in Colorado hatte sie bereits eine gesunde Gesichtsfarbe angenommen. Alle wandten sich um und sahen ihr nach, als sie um die Reihen von Konsolen und die Techniker herumging.

»Wir sollten anfangen«, sagte sie. »Die Menge verlangt bereits nach dir, Peter.«

»Ich sollte besser dort hinausgehen«, sagte Tim Vernon.

»Ich komme mit!« rief Sammy. Während er zum Ausgang eilte, hielt er noch kurz inne, um einem Video-Techniker über die Schulter zu sehen, dessen Monitor eine Aufnahme der Menge von einem Hubschrauber aus zeigte. Hunderttausende von Menschen wogten wie ein tosendes, buntes Meer. Ihre Aufmerksamkeit war vage auf eine große, tempelartige Bühne gerichtet. Schwarze Lautsprechertürme, die die Bühne wie uralte Monumente hoch umschlossen, wurden abwechselnd von Diamond-Vision-Flachbildmonitoren flankiert, die die Größe einer Kinoleinwand hatten. Diese Flachbildmonitore zeigten damebrettartige Collagen, deren jede einen anderen Aspekt der Bühne, der Menge, des Weidelands einfing, ein ständig wechselnder Bildteppich der Videokunst. Der Hubschrauber verharrte, kreiste und erweiterte den Blickwinkel, während er höher stieg. Die Menge nahm beständig zu, wie zusammenwachsende Amöben.

»He, was habe ich Ihnen gesagt?« schrie Sammy, während er auf den Bildschirm des Technikers deutete. »Wenn wir nicht eine halbe Million Zuschauer haben, steige ich aus dem Geschäft aus und werde Rabbi!«

Mehrere von Sammys anwesenden Speichelleckern lachten ein wenig zu laut. Tim Vernon nickte höflich. Alle anderen waren lediglich um ein Lächeln bemüht.

»So viele Menschen«, sagte Marion. »Wie regeln Sie die Versorgung?«

»Dafür sorgt mein Brunnen- und Bewässerungssystem«, sagte Vernon. »Und viele transportable Toiletten. Außerdem sind die meisten Leute schlau genug, ihr eigenes Essen mitzubringen. Die meisten dieser Kids sind recht erfahrene Konzertgänger, wissen Sie …«

»Das hoffe ich«, sagte Marion. »Mit diesem könnten Sie alle Rekorde brechen.«

»Damit rechnen wir, Lady«, sagte Sammy.

»Okay«, meinte Vernon. »Wir sollten besser auf die Bühne gehen. Ich werde den Anfang machen und dann Sammy vorstellen. Dann kommt Pater Peters Eröffnungssegen, okay?«

Alle nickten und verließen dann nacheinander den Trailer. Peter verspürte den Drang, Marions Hand zu nehmen, wusste aber, dass sie vor anderen sehr vorsichtig sein mussten. Niemand sollte jemals vermuten, dass zwischen ihnen etwas war. Seltsam, aber Peter hatte das Gefühl, obwohl er keinen Beweis dafür hatte, dass Dan Ellington von ihrer intimen Verbindung wusste. Dieses Gefühl erinnerte ihn bei näherer Betrachtung daran, wie ausgeprägt sein Sinn für Nähe geworden war. Vielleicht entwickelte er sich im Verlaufe der Ausprägung seiner Talente auch noch zu einer Art Medium?

Das Gefolge betrat die Bühne durch den Hintereingang. Sprechchöre der gewaltigen Menschenmenge rollten über das Weideland wie Donner. Die Erde selbst schien von dem Klang widerzuhallen wie bei einem Nachbeben. Der gesamte hintere Bühnenbereich, einschließlich der Parkplätze für die Flotte von Trailern, Bussen und anderen Fahrzeugen der Darsteller, war durch einen provisorischen Kettengliederzaun abgesperrt worden und wurde von einer privaten Sicherheitstruppe bewacht. Sammy Eisenglass war ein erfahrener Produzent und ließ keinen Organisationsaspekt unbeachtet. Am Hintereingang zum gewaltigen Bühnenbereich standen Fred Bevins und zwei massige Muskelprotze in der Uniform der Sicherheitsleute und mit Sonnenbrillen.

»Wir haben auf Sie gewartet, Pater«, sagte Bevins, der den Drang, vor seinem Chef zu salutieren, anscheinend nur mühsam unterdrücken konnte.

»Wir sind bereit«, sagte Peter. Leibwächter und schwere Sicherheitsvorkehrungen – welch ein Leben. Peter hatte sich noch keine Meinung über Fred Bevins gebildet. Der Mann zeigte sich gesellig, fast schmeichlerisch, aber es klang nicht ehrlich. Wie hatte diese Ratte auf Daniel Ellington gewirkt? Peter hatte das Gefühl, dass an Bevins etwas unterschwellig nicht stimmte. Meldete sich hier sein immer schärfer werdender sechster Sinn, oder handelte es sich einfach um einen Zusammenprall von Persönlichkeiten? Peter notierte sich im Geiste, Fred Bevins zu überprüfen – wenn er ein wenig freie Zeit hätte.

Erst als er die lange Treppenflucht zur Bühne hinaufstieg, dachte er darüber nach, was er der Menschenmenge sagen würde. Er verließ sich stets auf sein Improvisationstalent, das bisher immer funktioniert hatte. Schon damals in St. Sebastian, wenn er nach Lesung des Evangeliums zur Kongregation sprach, wusste er nie, welche Worte aus seinem Mund dringen würden.

St. Sebastian.

Er hatte so lange nicht mehr an seine kleine Brooklyner Gemeindekirche gedacht. Es schien ein Leben vergangen zu sein, auch wenn es kaum mehr als ein Jahr her war. Er fragte sich unwillkürlich, was Pater Sobieski wohl dachte. Lief der alte Mann umher und erzählte jedermann, er habe Peter Carenza damals gekannt?

Peter lächelte bei dem Gedanken. Ja, das klang nach Sobieski.

Er blieb in der Seitenkulisse stehen und beobachtete, wie Sammy die Arme um zwei gut zueinander passende, langbeinige, junge Frauen legte, die nur Stofffetzen trugen, die ihre ebenfalls gut zueinander passenden Brüste nur unzureichend verdecken konnten. Tim Vernon schritt allein auf die Bühne und spulte seine bescheidene Ich-bin-nur-ein-einfacher-Mann-mit-einfachen-Bedürfnissen-Routine ab. Die Menge schluckte es und jubelte ihm zu. In der Seitenkulisse auf der anderen Seite der Bühne lief Lingus umher, der musikalische Eröffnungsakt der Veranstaltung, und rauchte nervös. Sechs Männer in bewusst anstößigen Kostümen bemühten sich, gelangweilt zu wirken, obwohl sie wahrscheinlich völlig aus dem Häuschen waren, weil sie an dieser Veranstaltung teilhatten.

Vernon blendete wahrhaft humorvoll zu Sammy Eisenglass über, dessen Erscheinen bei solchen Mega-Events fast selbst-parodistisch geworden war. Wenn er und seine Prostituierten als Markenzeichen auf die Bühne stolzierten, brach die unendliche Menschenmenge in frenetischen Applaus aus. Sie buhten, höhnten und klatschten. Sie liebten ihn, weil er einfach zu leicht zu verachten war. Peter fragte sich, ob Sammy die grundlegende Wahrheit dessen begriff … und auch, ob es wichtig war. Er stand nur wenige Minuten auf der Bühne, aber er machte das Beste daraus, gab sich großspurig, schnitt Grimassen wie ein alter Varietékünstler, kniff seine Mädchen in den Po und ließ sie sich auf ein Stichwort hin an ihn schmiegen.

Es war eine recht scheußliche Zurschaustellung menschlicher Entwürdigung, wenn man es genauer betrachtete, und daher die entschieden bizarrste und geschmackloseste Einleitung zu einem Auftritt Pater Peters. Peter fragte sich, ob Daniel in St. Louis zusah. Und was war mit jenen Gottesanbetern in Rom? Er lächelte bei der Vorstellung, wie dieses fette Schwein Lareggia einem Rockkonzert zusah.

Die Menge beruhigte sich zum Ende des um Anerkennung buhlenden Auftrittes von Eisenglass allmählich wieder. Sammy ergriff noch einmal das Wort und sagte: »Und jeeeetzt … werden wir dieser Sache hier mit einer kleinen Segnung einer der begehrtesten Attraktionen des Landes ein wenig Starthilfe geben! Durch eine spezielle Vereinbarung mit Gott! Wir haben ihn für Sie mitgebracht! Den ganzen Weg von St. Louis, Missouri! Pater Peterrr!«

Das gewaltige Meer von Gesichtern brach in spontanen Jubel aus. Peter entdeckte in dem Klang nun eine andere Tonqualität, eine andere Botschaft, die übermittelt wurde. Die höhnische Nuance fehlte. Die dröhnende Stimme der Menge sprach jetzt nur von Anerkennung und völliger Akzeptanz. Peter atmete tief ein und langsam wieder aus und ging dann auf die Mitte der Bühne zu. Sammy und seine lebenden Buchstützen traten lächelnd vom Mikrofon zurück.

Peter nickte ihnen höflich zu, wandte sich dann aber an die Menge, als wären sie nie dagewesen. Er lächelte, hob die Hände, die Handflächen nach oben gerichtet, und wartete darauf, dass der Applaus nachließe. Das Publikum war so gewaltig, dass seine Größe die Macht zur Einschüchterung verloren hatte. Er lächelte ihnen zu und konnte ihre Herzlichkeit ihm entgegenströmen spüren. Schließlich war es wieder still auf dem Weideland. Das einzige Geräusch war die sanfte Brise, die vom Sangre de Cristos herabwehte und durch die Anordnung der aufragenden Lautsprecher strich.

»Danke für dieses herzliche Willkommen«, sagte Peter, gemächlich sprechend, damit seine Stimme nicht über jedes vorhergehende Wort hinweg widerhallte. »Ich weiß, ich sehe derzeit nicht sehr nach einem Priester aus ...« Peter deutete auf sein mehrfarbig gemustertes Baumwollhemd. »Aber vielleicht kommt das daher, dass ich nicht mehr so sehr ein Priester *bin*.«

Die gesamte Menge keuchte anscheinend gleichzeitig, als wisse sie nicht, was er meinte, oder als wolle sie so etwas nicht glauben.

»Sehen Sie, ich habe früher den größten Teil meiner Zeit in der Beschränkung einer Kirche, eines Pfarrhauses oder einer Sakristei verbracht – von den Menschen abgeschieden. Gewiss ist ein Heiligtum ein guter Ort für Menschen, die hinkommen und Hilfe erbitten wollen. Aber das genügt nicht. Wenn Gott mir eine besondere Gabe verliehen hat, eine Fähigkeit, Menschen zu erreichen, wirklich mit ihnen zu reden, wenn sie es am meisten brauchen, dann denke ich, dass Gott auch beabsichtigt hat, dass ich das Heiligtum verlasse und dorthin gehe, wo die Menschen sind – wo Sie sind.«

Er hielt einen anscheinend angemessenen Moment inne, und die Menge jubelte erneut. Jetzt, wo sie verstanden, nahmen sie es an. Er hatte gewusst, dass es so sein würde.

Und wenn er sie erst hatte, war der Rest leicht. Die Größe seines Publikums war überhaupt nicht wichtig. Sie waren so aufnahmebereit, dass er unbewusst erkannte, dass er nicht sehr lange sprechen müsste. Es würde nicht lange dauern, ihnen seine besondere Magie vorzuführen.

Er sprach zunächst über die Liebe und ihre Macht. Er sprach von den vielschichtigen Ebenen des Geistes und der Seele und wie sie aufgrund dieser besonderen Macht überlebten. Alles begann mit einer gesunden Selbstliebe, sagte er, weil wir gewiss keine übermäßige Liebe für andere empfinden können, wenn wir uns selbst nicht lieben.

Er sprach von Einigkeit und dass der einzige Weg zum Überleben im kommenden, neuen Millenium in gemeinsamen Bemühungen bestünde – wenn die ganze Menschheit auf dieselben Ziele hinarbeite, dieselben Dinge wolle. Es war eine einfache, wirkungsvolle Botschaft. Keine Mätzchen, keine Schnörkel oder Ausschmückungen. Sie brauchten keinen Zuckerguss und keine Theatralik.

Der interessanteste Aspekt seiner Rede lag in Peter selbst. Er war sich zum ersten Mal vollkommen bewusst, wie sehr er sich von seinen Zuhörern, von seinen Gefolgsleuten herleitete. Was zuvor eine vollkommen im Unterbewusstsein ablaufende Verwandlung gewesen war, wurde nun so offensichtlich, dass er es nicht ignorieren konnte. Die Essenz ihrer Seelen, ihre allerwichtigsten Lebensenergien nährten ihn. Nun wusste er es. Er bezog seine Macht aus den Menschen. Sie strahlten etwas aus. Er nahm es auf. Er war eine Satellitenschüssel, eine Erdstation, die ein Signal auffing und es zurückwarf. Es war die perfekte Symbiose. Er nährte ihre Bedürfnisse, ihre Träume. Sie gaben ihm Energie in einer Form zurück, die er benutzen, neu bearbeiten und wieder ausströmen konnte. Es war wie ein psychischer Stickstoffkreislauf – eine unzerbrechliche Nahrungskette für die Seele.

Als Peter seine Rede beendete, konnte er spüren, wie sich in der Atmosphäre über der Prärie eine mächtige Energie aufbaute. Die Menge war wie eine gewaltige Batterie, die Strom speicherte und darauf wartete, entladen zu werden. Als er mit einem leisen, bescheidenen Segen endete, zerschlugen sie die Stille mit lebhaftem Beifall, aber er wusste, dass das nicht die Erlösung war, nicht das Ausströmen des Potentials, das er in ihnen spürte.

Nein, dachte er, wobei er sich auf seine zunehmend stärkere Intuition verließ. Das würde später kommen.

Buch Vier

»Und wenn die tausend Jahre vollendet sind, wird der Satan losgelassen werden aus seinem Gefängnis und wird ausziehen, zu verführen die Völker an den vier Enden der Erde.«

Offenbarungen, Kapitel 20, Vers 7–8

Achtunddreißig

Colorado Springs, Colorado – Windsor
24. Oktober 1999

Marion saß allein in ihrem Hotelzimmer. Auf dem Nachttisch behauptete sich eine einzelne Lampe gegen die Dunkelheit, beleuchtete eine Flasche kalifornischen Zinfandel und ein zu ihrer Sicherheit sterilisiertes Hotelglas. Die Tür war verschlossen, aber sie wusste, dass *er* hereinkommen könnte, wenn er es wirklich wollte. Sie fragte sich noch immer, ob für ihn etwas unerreichbar sei …

Sie lehnte am Kopfteil des übergroßen Bettes, die Beine ausgestreckt, und bemühte sich, die Ereignisse in Worte zu fassen, von denen sie früher am Tag Zeuge geworden war. Der Laptop wankte auf ihren Knien, während sie sich zum Schreiben zwang. Wenn diese Geschichte gesendet werden sollte, wäre viel Vorbereitung nötig.

Sie durfte dies keinesfalls überstürzen, nicht nach dem, was sie gesehen hatte, nach alledem, was in den letzten vierundzwanzig Stunden geschehen war. Weltereignisse – und persönliche Ereignisse – hatten sie bis ins Mark erschüttert.

Sie trank einen weiteren Schluck Wein, betrachtete den leeren Bildschirm mit dem blinkenden Cursor und versuchte, alles zu rekonstruieren, was sie gesehen und erfahren hatte.

Das Mountain-Rock-99-Flüchtlingshilfe-Konzert hatte fast zweiundsiebzig Stunden gedauert. Einer nach dem anderen hatten die berühmtesten Namen des Musikgeschäfts die Bühne eingenommen und ihre bekanntesten Songs gespielt. Die Zuschauermenge füllte das Weideland aus, überflutete die äußeren Bereiche von Tim Vernons Ranch. Vor dem Konzert hatte man mit einer Beteiligung von rund 200.000 gerechnet, aber als die Show begann, bezweifelte man, dass es weniger als eine halbe Million Menschen waren.

Es heißt, Geschichte würde sich nicht wirklich wiederholen, aber Vergleiche mit dem Phänomen Woodstock waren unvermeidlich. Trotz der großen Medienpräsenz und der stillschweigenden Befürchtung, dass etwas Unerfreuliches unausweichlich wäre, gab es keine Zwischenfälle. Gewiss waren viel Nacktheit und Sex zu sehen, aber es gab weder Gewalt noch Aggressionen, und auch politische Bekundungen hatten einfach keinen Zugang zu der Show. Es war ein wunderschönes Zeugnis für die Integrität und den Zweck des gewaltigen Konzerts. Mountain–Rock-99 war zu einem kleinen Stück Geschichte geworden. Es war die Art Ereignis, von dem noch viele Jahre später Millionen von Leuten behaupten würden, daran teilgehabt zu haben.

Die ersten Anzeichen von Schwierigkeiten zeichneten sich am späten Freitagnachmittag ab, als Gerüchte über Nahrungsknappheit in der Menge wie Wellen in einem ruhigen Teich ihre Kreise zogen. Die Zulieferer waren einfach nicht auf die Größe der Menge vorbereitet gewesen. Das sowie der große Prozentsatz des Publikums, die nicht daran gedacht hatten, sich selbst zu versorgen, bedeuteten, dass Zehntausende Menschen hungrig wurden. Auch Teilen und der gute Wille aller würden nicht alle sättigen.

Tim Vernon machte sich zunehmend Sorgen. Die Konzertgänger würden nicht daran sterben, wenn sie einen oder zwei Tage ohne Nahrung waren, aber sie würden womöglich gereizt und zornig werden, was Schwierigkeiten heraufbeschwören konnte.

»Wie wäre es, wenn wir einen Essenslauf organisierten?«, fragte Vernon Sammy Eisenglass, als sich die beiden Männer im Büro des Kontrollraum-Trailers trafen. Die Sonne näherte sich im Westen dem Horizont, um dann hinter einer Kette niedriger Berggipfel unterzugehen.

Sammy kniff die Augen hinter seinen ständig präsenten Sonnenbrillengläsern zusammen. »Ein ›Essenslauf‹? Wohin? Zum örtlichen Supermarkt oder dem Burger King an der Ecke?«

»Nun, ich …«

»He, Timmy-boy! Wir reden über Nahrung für eine halbe Million Menschen! Wie meine Großeltern immer zu sagen pflegten: Das ist kein Pappenstiel!«

»Ich dachte nur, dass wir vielleicht etwas unternehmen sollten.« Vernon schüttelte eine Marlboro aus einer zerknitterten Packung und zündete sie an.

»Ja, richtig«, sagte Sammy grinsend. »Aber selbst wenn wir einen Hubschrauberflug oder einen Konvoi oder etwas Ähnliches organisieren – wer, zum Teufel, wird das dann bezahlen!?«

»Nun«, sagte Vernon, »vielleicht könnten wir die Leute einfach bitten, ihre Zeit zur Verfügung zu stellen, oder ihre …«

»Oder ihre Hubschrauber?! Richtig, Timmy ... sicher!« Sammy lachte offen. »Ich meine, denk mal darüber nach – wir führen ein Wohltätigkeits-Event durch, um Himmels willen, und wir wollen um weitere verdammte Wohltätigkeit bitten, um zu verhindern, dass es zum größten Nahrungs-Aufstand der Geschichte kommt! Das ist genial, Mann. Das ist wirklich genial.«

Tim Vernon atmete wie abwesend aus. »Nun, was sollen wir tun? Hast du Vorschläge?«

Sammy lächelte. »Sicher habe ich einen Vorschlag – vergiss es! Ein Tag ohne Croissants und Zinfandel wird sie nicht umbringen.«

»Das ist aber noch nicht alles«, fuhr Vernon fort, während er aus dem Fenster des Trailers in die sich herabsenkende Nacht blickte. Er mochte die friedliche Stimmung der Wüste zur Abendzeit. Sie mit einem Blutsauger wie Sammy Eisenglass zu teilen, verdarb das Erlebnis jedoch, so wie ein Diamant Glas verkratzte. »Ich habe mir das Schlimmste wohl bis zuletzt aufgehoben ...«

»Was? Was noch, um Gottes willen?«

»Meine Brunnen sind bis an die Grenzen ausgeschöpft, der Arkansas ist ein wenig zu weit entfernt, um hilfreich zu sein, und die transportablen Toiletten sind bereits voll.«

Sammy zuckte die Achseln. »Also ...«

»Also reden wir nicht mehr über Croissants und Zinfandel.« Eine starke, klare, weibliche Stimme erfüllte den kleinen Raum.

Beide Männer wandten sich Marion zu, die im Eingang des Büros stand. Sie hatten sie beide nicht eintreten hören, und ihre Stimme hatte sie eindeutig erschreckt. Tim Vernon entspannte sich bei ihrem Anblick sichtbar. Sammy bemühte sich, vollkommen gelassen zu wirken. Aber sie hatte den größten Teil ihres Gesprächs gehört.

»He, hören Sie, Lady«, sagte Sammy, »der alte Rancher Tim hier hat nicht gesagt, uns wäre schon das Wasser ausgegangen.«

»Ist es uns denn ausgegangen?« Sie sah Vernon an und registrierte seinen ergrauenden Bart und das schulterlange Haar.

»Noch nicht, aber es ist vermutlich nur noch eine Frage von Stunden.«

Marion trat näher zum Tisch. Sie konnte Sammys streichelnden Blick hinter der Sonnenbrille spüren. Er war solch ein falscher Charakter, dass sie es kaum beachtete. »Mr. Vernon, warum haben Sie das nicht früher kommen sehen?«

Nun zuckte Vernon die Achseln. »Wir haben hier draußen schon einige richtige Dürren erlebt, und das Wasser hat für uns immer gereicht. Ich hatte keine Ahnung, wie viele Menschen kommen würden, und noch weniger, wie viel Wasser sie verbrauchen würden. Mein System ist das beste – ich dachte, es würde den Anforderungen entsprechen. Aber es ist unglaublich, das kann ich Ihnen sagen.«

»Was würde im schlimmsten Fall geschehen?«, fragte sie.

»Wenn uns das Wasser um Mitternacht ausgeht? Ich denke, die Menschen würden beim derzeitigen Klima bis morgen Mittag recht durstig werden.«

»Haben Sie sie vorgewarnt, dass sie das Wasser einteilen sollen?«

»Sicher. Jeder Künstler sagt es ihnen seit dem frühen Nachmittag. Ich glaube dennoch, dass uns das Wasser heute Nacht ausgeht – und noch eher, wenn nicht wirklich stark gespart wird.«

»Großartig. Einfach großartig. Wie gefährlich ist es?« Marion sah Vernon und Eisenglass finster an.

»Gefährlich ist ein relativer Begriff«, sagte Vernon und strich sich nachdenklich über den Bart. »Einigen Leuten wird es nicht allzu schlecht gehen. Anderen könnte recht schnell unwohl werden – besonders den Kindern. Viele Leute haben ihre Kinder mitgebracht – genau wie es die Hippies früher immer gemacht haben ...«

»Was ist mit Peter?«, fragte Marion. »Hat er Vorschläge?«

»Ich habe ihn sofort über alles informiert«, sagte Vernon, »aber er scheint nicht allzu besorgt. Er sagte, wir würden eine Möglichkeit finden, für alles Sorge zu tragen.«

»Jemand muss etwas tun«, fuhr Marion fort. »Möglicherweise können wir Hilfe von der Nationalgarde oder den örtlichen Behörden bekommen.«

»Die guten alten ›örtlichen Behörden‹«, bemerkte Sammy, noch immer lächelnd und höhnend. »Ich liebe eure Journalistensprache.«

»Sie liebt Sie auch«, erwiderte Marion sarkastisch. Und dann an Tim Vernon gewandt: »Viel Glück. Wir reden morgen früh weiter. Wenn heute Nacht etwas passiert, rufen Sie mich im Hotel an.«

Als Marion in die klare, stille Nacht Colorados hinaustrat, tröstete sie das tiefe Blau des Himmels wie eine vertraute Decke. Die Luft schimmerte und bebte unter den Wogen der über das Weideland widerhallenden Musik. Musik, Musik, Musik. Ihr geisterhaftes Echo würde in der Erinnerung der Menschen, die sie gehört hatten, noch lange Zeit weiterleben – und auf den Audio- und Videoaufzeichnungen.

Zu erschöpft, um noch zuzuhören, stieg Marion in ihren RX-7 und fuhr zum Clarion Hotel in Colorado Springs zurück. Sie war müde, aber nicht schläfrig. Sie brauchte etwas Entspannung – vielleicht einen Drink.

Sie wunderte sich über Peter. Er liebte Musik und hielt sich zweifellos ständig hinter der Bühne auf, nahm die ganze Erfahrung in sich auf wie ein verträumtes Kind eine Zaubervorführung. Sie fragte sich, ob er sich der Tatsache bewusst war, wie kritisch die Nahrungs- und Wassersituation werden könnte, und noch wichtiger – ob es tatsächlich etwas geben würde, was er dagegen tun konnte.

Als sie in ihr Zimmer zurückkam, blinkte ihr Anrufbeantworter. Sie drückte die entsprechenden Tasten, um sich in die digitale Vermittlung des Hotels einzuschalten. Es waren die üblichen Anrufe von verschiedenen Fernsehgesellschaften, den Sendern, Charles Branford, aber der letzte Anruf traf sie völlig unvorbereitet: *Überraschung! Hier ist Daniel. Ich bin gegen sechs eingeflogen. Wenn du zurückkommst, bevor die Bar schließt, werde ich dort sein.*

Daniel Ellington war in St. Louis geblieben, um die Stiftung weiterhin zu leiten. Was tat er nun hier?

Marion eilte zur Bar, wo eine müde wirkende Frau in einem Abendkleid auf dem Klavier alte Songs spielte. Der Barbereich wimmelte vor Gästen. Sie bemerkte Daniel in der Menge erst, als er über das allgemeine Getöse hinweg ihren Namen rief.

Er saß in hellgrauem Anzug und Beamtenkrawatte an einem niedrigen Tisch an der Fensterwand. Eine fast leere Flasche Whitbread's Bier stand neben einem halb vollen Pilsglas auf dem Tisch. Sie hatte ihn noch nie ohne seine ›religiöse Arbeitskleidung‹ gesehen, wie er seine grundsätzlich schwarze Ausstattung nannte, und er sah anziehend und stilvoll aus. Niemand hätte in ihm den Priester erkannt.

»Dan, du siehst großartig aus«, sagte sie und setzte sich ihm gegenüber. »Was, um alles in der Welt, tust du hier?«

Dan lächelte und zuckte die Achseln. »Hier schien es mir ein wenig aufregender zu sein als in St. Louis. Ich war noch nie zuvor in Colorado, also dachte ich, warum nicht? Außerdem wollte ich sehen, wie Peter mit der großen Menschenmenge zurechtkommt.«

Marion zuckte die Achseln. »Er scheint okay. Er ist sehr in das Konzert eingebunden. Wie auch Billy und Laureen.«

»Wie geht es mit ihrer Schwangerschaft voran?« Dan lächelte unbeholfen und erinnerte einen Moment sehr an einen kleinen Jungen. Sie sprach auf dieses Phänomen äußerst stark an, eine Schwäche, die sie schon ihr ganzes Leben lang in Schwierigkeiten gebracht hatte. »Scheint so, als hätte ich sie alle eine Weile nicht mehr gesehen.«

»Laureen geht es großartig. Sie ist in den letzten drei Wochen wesentlich runder geworden, aber sie hat keine Probleme damit.« Marion schüttelte den Kopf. »Ich weiß nicht viel über Babys oder schwangere Frauen, aber ich würde sagen, es verläuft planmäßig, und es geht ihr gut.«

»War sie in letzter Zeit beim Arzt?«

Marion schüttelte den Kopf. »Nein. Wir waren so beschäftigt. Peter sagte, es gehe ihr gut, und Laureen vertraut ihm ohnehin mehr als jedem Arzt.«

»Ist er jetzt auch noch Geburtshelfer?«

Sie zuckte die Achseln. »Nein, aber er sagt, er hätte diese ›Empfindungen‹, weißt du?«

Daniel nickte. »Ja, und ich frage mich allmählich, was das alles bedeutet.«

Eine Kellnerin erschien und erkundigte sich nach Marions Wünschen. Nachdem sie ein Glas Hauswein bestellt hatte, sah sie Dan wieder an und bemerkte nun seinen offensichtlich bewundernden Blick. Der Glanz mehrerer Biere erwärmte seine Wangen, und er lächelte recht offen.

Sie war nicht in der Stimmung, über Theologie zu diskutieren. »Warum bist du nicht zum Konzertplatz gekommen?«

»Um die Wahrheit zu sagen«, antwortete Dan, »was mir ohne die Drinks wahrscheinlich schwer fallen würde – tatsächlich bin ich hergekommen, weil ich dich vermisst habe.«

Seine Worte kamen weniger unerwartet, als er vielleicht geglaubt hatte. Marion hatte Dans Anziehungskraft schon vor einiger Zeit bemerkt, etwas, was sie sich nicht eingestehen wollte. Es war nie ein Thema gewesen.

Was sollte sie jetzt tun?

Schließlich sagte sie: »Ich weiß, was du meinst. Ich habe dich auch vermisst.«

Die Kellnerin erschien erneut, stellte das Weinglas ab und verschwand wieder in der Menge.

»Hast du?« Dan beugte sich vor, konnte seine Überraschung nicht verbergen.

»Nun, wir drei waren schon so viele Monate lang zusammen«, sagte sie. »Dies war das erste Mal, dass wir wieder getrennt waren.«

Dan nickte. »Ja, aber das meine ich nicht, Marion.«

Sie trank von ihrem Wein und sah ihn über den Rand des Glases hinweg an. »Ich weiß …«

Dan beugte sich näher zu ihr, und sein Gesicht wirkte jetzt sehr ernst. »Marion, ich weiß nicht, wie ich erklären soll, was ich empfinde. Es ist nur so, dass ich, nun, ich war allein in St. Louis, und ich merkte, dass ich immer mehr an dich dachte. Jeden Tag.«

Marion sagte nichts, sondern nickte nur, als er innehielt.

»… und dann erkannte ich: Es machte mich verrückt, von dir getrennt zu sein. Ich habe mich wirklich daran gewöhnt, dich in der Nähe zu haben.«

»Danke, Dan«, sagte sie und fragte sich, ob das eine angemessene Erwiderung war. Er schüttete ihr sein Herz aus, und sie hatte keine Ahnung, wie sie damit umgehen sollte. Sie trank ihren Wein und wünschte, das Glas würde nachgefüllt.

»Das ist noch nicht alles«, sagte er und leerte sein Whitbread's.

»Das dachte ich mir schon.« Sie brachte eine recht gute Nachahmung eines natürlichen, behaglichen Lächelns zustande, woraufhin sie noch nervöser wurde.

»Ich habe noch nie zuvor bei einer Frau so empfunden«, sagte Dan. Er hielt inne, um sich zu räuspern und der Kellnerin ein Zeichen zu geben, dass sie eine weitere Runde bringen sollte. »Ich weiß nicht einmal, ob du das Gleiche empfindest.«

»Dan ...« Sie wollte ihm sagen, es sei in Ordnung, sie verstehe, was er auszudrücken versuche, aber er fuhr drängend fort.

»Ich weiß ... ich weiß, du willst sagen, dass ich Priester bin und all das, aber ich kann es nicht ändern, Marion, ich bin dabei, mich in dich zu verlieben.«

Sie ergriff, ohne nachzudenken, seine Hand. »O Dan, ich weiß nicht, was ich sagen soll, wirklich.«

Er schüttelte den Kopf und versuchte ein Lächeln, das ihm kläglich misslang.

Die Kellnerin eilte herbei und stellte die Drinks ab, nach denen sie beide griffen, als wären sie ausgedörrt. Ein fast spürbarer Schleier der Unbeholfenheit umgab sie.

»Ich weiß nicht einmal, wie es wirklich ist, sich in jemanden zu verlieben«, sagte er. »Ich weiß nur, was ich in Filmen gesehen und in Büchern gelesen habe.«

»Sich zu verlieben, ist für jeden anders, Dan.«

»Du bist also nicht aufgebracht?«

»Aufgebracht? Nein, ich fühle mich geschmeichelt. Und mehr als das.«

»Mehr?«, fragte er mühsam. »Was meinst du?«

Sie drückte seine Hand, die leicht zu zittern begann. »Du darfst dich deiner Gefühle niemals schämen, Dan. Gefühle kann man nicht kontrollieren. Sie sind ein grundlegender Teil von uns.«

»Ich fühle mich besser, seit ich es herausgelassen habe. Gott, ich kann nicht glauben, wie viel besser ...« Er trank aus seinem Glas. »Marion, es wurde so schlimm, dass ich es nicht ertragen konnte, allein in St. Louis zu sein. Ich entschloss mich, das nächste Flugzeug zu nehmen, betrank mich so stark wie möglich und erzähle dir nun einfach alles ...«

Sie lächelte, dieses Mal ehrlicher. Er hatte keine Ahnung, wie charmant er sein konnte, was wiederum einen Teil seines Charmes ausmachte.

»... und du hast es sehr gut gemacht«, sagte sie.

»Wirklich?«

»Bestimmt.« Marion nahm einen weiteren kleinen Schluck aus ihrem Glas. Der Augenblick der Verzweiflung war vergangen. Sie fühlte sich ruhiger. Nun, wo Dan seinen angestauten Gefühlen Luft gemacht hatte, bestand eine gewisse Freiheit zwischen ihnen. »Tatsächlich, Dan, kann ich mich nicht daran erinnern, dass mir ein Mann solche Dinge jemals netter gesagt hätte.«

»Das sagst du nur, damit ich mich besser fühle.«

»Nein, tue ich nicht. Du kannst dir nicht vorstellen, wie erfrischend es ist, einem Mann zuzuhören, der einem nicht nur einen Haufen Mist erzählt, ohne all die Raffinesse, die Anzüglichkeiten.«

»Davon … davon verstehe ich nichts.«

»Nein, und dafür sei Gott gedankt.«

Er hielt ihre Hand fest. »Das ist das andere, was mich verrückt macht!«, flüsterte er rau. »Meine ganze Identität, mein Platz in der Welt, löst sich auf. Ich weiß, ich sollte nicht so empfinden, aber …«

»Aber was?«, drängte sie ihn. »Es ist okay. Lass es einfach heraus.«

»Ich habe vor langer Zeit geschworen, zölibatär zu leben. So etwas tut man nicht leichthin – zumindest ich nicht. Sicher, es gab viele im Seminar und auch später, während unserer ersten Lehrzeit, die das kaum beachteten, aber verdammt, ich habe es immer beachtet.«

Marion konnte nur nicken, während er mit seinen Gefühlen und Gedanken herausplatzte.

»Ich habe gelernt, dass du, wenn du etwas tun willst, was der Mühe wert ist, es richtig tun musst, oder überhaupt nicht. Du weißt, was ich meine?« Er ließ ihre Finger los und rieb sich mit dem Handrücken nervös über die Unterlippe.

»Natürlich, Dan.« Der Wein durchströmte sie wie ein am Delta hervorbrechender Fluss. Der blonde, muskulöse Mann ihr gegenüber sah immer besser aus.

»Nun, ich habe fast immer geglaubt, das Richtige getan zu haben. Ich habe es beispielsweise nie bereut, in die Priesterschaft eingetreten zu sein.« Er hielt inne, trank sein Bier aus. »Jesuit zu sein, war eine ungeheure Erfahrung für mich, aber …«

»Aber ein Mann zu sein nicht, richtig?« Sie wollte erneut seine Hand ergreifen, widerstand dem Drang aber. Auch wenn sie ihn als immer begehrenswerter empfand, wusste sie doch, dass zwischen ihnen nichts geschehen durfte. Ein Priester genügte im Leben einer Frau.

Er sah ihr in die Augen, schwieg.

Stille – und ein Bund – wuchsen zwischen ihnen. Daniel war solch ein netter, unschuldiger, liebevoller Mann. Marion wollte ihn so sehr, wie sie vor Peter noch nie einen Mann gewollt hatte, aber ein Gefühl, dass etwas grundsätzlich falsch war, erlaubte ihr, die Kontrolle zu bewahren.

»Marion«, sagte Dan schließlich, eine Spur Verzweiflung in der Stimme. »Was werden wir tun?«

Sie lächelte, drückte seine Hand und zog ihre dann zurück. »Wir werden lernen, damit zu leben, damit umzugehen.«

In diesem Moment erschien die Kellnerin, zögerte, als spüre sie, dass sie ein wichtiges Gespräch unterbrach, und sagte dann: »Entschuldigung, Leute, aber wir schließen gleich.«

Marion sah sich in der Bar um und merkte, dass die Klaviermusik aufgehört hatte und alle Gäste gegangen waren.

»Tut mir Leid. Wir waren so in die Unterhaltung vertieft, dass wir es nicht gemerkt haben.«

»Ist schon in Ordnung«, sagte die Kellnerin, während sie ihnen die Rechnung präsentierte.

Marion nickte und unterschrieb auf ihre Zimmernummer. Sie erhob sich und lächelte flüchtig. »Daniel, ich glaube, wir werden das Gespräch später fortsetzen müssen.«

»Marion«, sagte er rasch, während er aufstand und ihr folgte. »Es tut mir Leid, wenn ich etwas gesagt habe, was dich verletzt hat.«

»Daniel, entschuldige dich nicht. Es ist okay«, flüsterte sie mit fester Stimme.

»Ich … ich muss das alles geklärt wissen, Marion. Lass mich nicht so in der Luft hängen …« Er schien sich in der Hotellobby unwohl zu fühlen.

»Daniel, es ist schon ziemlich spät.«

»Aber …«

»Aber du musst trotzdem reden«, sagte sie.

In seiner Stimme klangen Zorn und Verzweiflung mit. »Denk einmal darüber nach: Ich bin durch das halbe Land geflogen, habe zu viel getrunken und umsonst meine Seele vor dir offenbart – Marion, ich weiß nicht, was ich als Nächstes tun soll, und ich habe höllische Angst!«

Das Bild des kleinen, verlorenen Jungen überwältigte sie. Sie konnte ihn nicht einfach im Stich lassen.

»In Ordnung«, sagte sie. »Komm mit, wir können in meinem Zimmer reden.«

Das verwirrte ihn anscheinend ein wenig, aber er ging schweigend mit ihr zu den Fahrstühlen, und sie stiegen zusammen mit noch einem anderen Paar in eine Kabine ein. Er schwieg weiterhin, bis sie an ihrem Zimmer stehen blieb und in ihrer Handtasche nach dem Schlüssel suchte.

»Marion, ich glaube nicht …«

Sie hielt inne und sah ihn direkt an. »Dan, ich bin müde. Ich möchte schlafen gehen, aber ich finde keine Ruhe, wenn ich dir nicht helfe, wenn ich dir nicht zuhöre, bis du mit den Gefühlen zurechtkommst, die du herausgelassen hast.«

Sie schloss die Tür auf und betrat die Suite. Er ging zur Bar, goss sich einen Bourbon mit Soda ein und redete dann.

Sie konnte seinen weitschweifigen Erklärungen unmöglich schweigend zuhören, aber sie wusste, dass er alles herauslassen musste, ein für allemal. Sie äußerte einige Male Meinungen oder Beobachtungen, ließ aber hauptsächlich ihn reden. Schließlich, während er sich an das Wissen gewöhnte, dass sie keine gemeinsamen Gefühle oder Wünsche ausleben würden und dass es in Ordnung war, jemandem seine Gefühle zu offenbaren, dem man vertrauen konnte, wurde er ruhiger, angstfreier.

Schließlich hielt er inne, um sich einen weiteren Drink zu mixen, und sie nutzte die Chance.

»Dan, ich denke, es wird allmählich zu spät für noch mehr. Ich bin erschöpft.«

»Wirklich?« Er klang überrascht und überhaupt nicht müde.

»Und es kam mir gerade in den Sinn, dass wir vielleicht nicht wollen, dass uns jemand so vorfindet.«

Dan setzte sich neben sie auf die Couch und schaute auf die Digitaluhr am Ende des Tisches, die 2:33 nachts anzeigte. »Es ist so spät«, sagte er. »Wer würde uns jetzt noch stören?«

Bevor sie antworten konnte, wurde die Tür langsam geöffnet, lautlos, und offenbarte die hagere, starre Silhouette Peter Carenzas.

»Wie wäre es mit mir …?«, fragte er sanft.

Neununddreißig

Colorado Springs, Colorado – Carenza
24. Oktober 1999

Marion sprang vom Bett auf und hielt sonderbarerweise eine Hand vors Gesicht.

»Peter! Was tust du hier?« Ihre Stimme klang leicht beunruhigt.

»Nun, wenn man vom Teufel spricht, hm?« Daniel Ellington sah verschwommen lächelnd zu Peter hoch.

Peters erste Reaktion, als er sich dem Zimmer näherte und drinnen Stimmen hörte, war Zorn gewesen. Er war hineingegangen, wollte ihnen gegenübertreten, während der süße, heiße Ansturm flammenden Hasses und Zorns noch in ihm tobte.

Aber die beiden vollkommen angezogen zu sehen, hatte ihn beruhigt. Und diese Reaktion störte ihn, und ärgerte ihn dann auch. Hatte er sie im Bett vorfinden *wollen*? Seine Gedanken verwirrten sich, entzündeten Funken des Zweifels, der seinen Groll nicht besänftigte.

Er hob die rechte Hand, deutete zuerst auf Marion und dann auf Daniel. Die unbewusste Macht, die Pfahlwurzel der Kraft, die tief im Kern seines Seins verlief, kribbelte und pochte. Noch vor wenigen Monaten hätte er diese Kraft nicht erkannt, hätte sie nicht nutzbar machen und zügeln und nicht erwählen können, sie zu gebrauchen oder nicht. Seine Hand zitterte. Der Zorn, der in seinem Geist bebte, forderte Befreiung, schrie in einem Moment reinster Wut. Sein Wille bekämpfte sich selbst wie ein Abzug, der gegen den unsichtbaren Hebepunkt angeht, jenseits dessen er ausgelöst würde.

Daniel sah ihm in die Augen, an dem Finger vorbei, der beständig mitten auf seine Brust deutete. Ellington erkannte den Konflikt sofort, der im Kern der Seele seines Freundes stattfand.

»Ich könnte dich töten«, sagte Peter. »Euch beide …« Seine Worte stürzten in den trüben Abgrund des Raumes, und ihr Echo hinterließ in der Erinnerung der Zuhörer ein Gefühl der Kälte.

Daniel erhob sich unsicher. Er schwankte leicht und hatte Mühe, den Blick zu konzentrieren. Er hob in Nachahmung von Peters biblischer Pose einen Arm und deutete wiederum auf Peter. Es wirkte albern, und Peter fragte sich, ob seine eigene Haltung ebenso lächerlich erschien.

»Du hast Recht, Kumpel!«, sagte Daniel mit lauter, schleppender Stimme. »Du willst uns töten – warum? Seit wann verstößt es gegen das göttliche Gesetz, eine Unterhaltung zu führen?«

»Peter«, sagte Marion rasch. »Was ist los mit dir? Siehst du nicht, dass hier nichts passiert ist?«

Er erkannte, dass sie die Wahrheit sagte, und wollte den Arm senken. Der in ihm brodelnde Zorn legte sich allmählich, als Daniel erneut sprach.

»Nur eine gottverdammte Sekunde!« Er sprang vorwärts, während er absurderweise noch immer auf Peter deutete. »Was geht es dich überhaupt an – selbst *wenn* etwas passiert wäre? Gott oder nicht Gott, wir sind beide nicht dein Eigentum!«

»Diese Diskussion haben wir schon früher geführt, Daniel«, sagte Peter und versuchte, ruhig zu bleiben.

»Ja, richtig. Freier Wille und all dieser Quatsch.« Daniel sprach mit abgehacktem, halb betrunkenen, von Verachtung gefärbten Tonfall. »Führt Gott alles an Marionettenfäden – einschließlich mich und *dich* – oder treffen wir wirklich unsere eigenen Wahlen, im Leben und in der Liebe? Wer führt die Welt?«

»Das reicht«, sagte Peter. Plötzlich wurde ihm alles klar. Daniel betrog ihn, schlicht und einfach. Er löste sich von Peters Autorität, verriet das Vertrauen, das sie aufgebaut hatten. In einem hatte Daniel Recht – seine Beziehung zu Marion, wie auch immer sie war, war unwichtig. Es war die *Abkehr* von Peter, die nicht zugelassen werden durfte.

»›Es reicht‹? Oh, hat mein Herr gesprochen? Kannst du mir Befehle erteilen, wann immer du willst?« Daniel lachte. »Das letzte Mal, als ich das überprüfte, war es Mist – und das weißt du ebenso gut wie ich.«

Daniel wies ihn zurück. *Ihn.*

Zurückweisung.

Verrat.

Was dasselbe bedeutete.

Er sah seinen Freund an, und der Zorn flammte wieder auf.

»Vielleicht hättest du es früher überprüfen sollen …«, sagte er durch halb zusammengebissene Zähne.

»Dan, Peter … bitte!« Marions Stimme zitterte nun etwas mehr.

Dan trampelte voran, ein uncharakteristisches, arrogantes Höhnen auf dem Gesicht, den Arm noch immer auf Peter gerichtet, der wiederum seinen Arm mit geballter Faust gesenkt hatte. Dans Gesicht rötete sich, während er seinem Zorn freien Lauf ließ.

»Ich weiß nicht, was mit dir passiert, Peter, aber es ist nicht schön. Wer, zum *Teufel*, glaubst du zu sein?«

»Es reicht, Dan.« Peter hielt Stand, während Dan nahe genug kam, um ihn berühren zu können. Er konnte den heißen Atem seines Freundes spüren, während Dan seine Worte nahezu herausschrie.

»Wir sind nicht dein *Besitz*, Peter! Verstehst du das?«

»Dan! Peter!« Marions Stimme drang anscheinend aus großer Entfernung zu ihm. Alle seine Sinne und Empfindungen waren vollkommen auf Daniel Ellington konzentriert.

Wut tobte durch Peters Geist, führte einen Kriegstanz mit seinem Verstand auf, und er begann Dan als Gegner anzusehen, als Feind. Dans bleiches, frisches Gesicht, finster vor Zorn, schien wie ein Leuchtfeuer zu pulsieren, das Peter auf eine tiefere Ebene des Hasses trieb.

»Dan. Tu dir selbst einen Gefallen: Geh weg von mir. Sofort.« Er stieß jedes Wort mühsam hervor.

»Nein, Peter! Tu *du* dir selbst einen Gefallen und geh *du*. Es hat dich ohnehin niemand gebeten, hier mitten in der verdammten Nacht so hereinzuplatzen!« Er schob Peter mit ausgestreckter Hand von sich. Peter taumelte vor dem Kontakt zurück. Er hatte einen Moment das seltsame Gefühl, *vorwärts* zu fallen, als würde er in einen Mahlstrom gesogen. Um das Gefühl zu bezwingen, richtete er seinen Blick fest auf Daniel, der über ihm aufragte, während er die Fäuste abwechselnd ballte und wieder löste.

Peter streckte sich nach ihm aus, aber nicht mit einer realen, physischen Hand. Wie ein Amputierter vielleicht Myriaden von Empfindungen in einem abgetrennten Körperteil verspürte, so spürte Peter nun Kraft und Stärke in einer unsichtbaren, psychisch befähigten Hand, die sich zu Daniel ausstreckte. Das Licht im Raum nahm ab, und der Klang von Marions und Dans Stimmen wurde zu einem bassartigen Stöhnen verzerrt, so, als hätte sich die Zeit verlangsamt. Peter atmete verzweifelt ein. Er streckte die unsichtbare Hand aus und griff *in* Dans Brust. Ein kalter Schock durchfuhr ihn, als seine Finger den heißen, schmierigen Knoten von Dans Herz berührten, das wie ein Stück nasse, glitschige Maschinerie pulsierte.

Er konnte Dans Herz *fühlen.*

Von diesem ersten Moment der Erkenntnis an hörte er auf darüber nachzudenken, was er tat. Es war um so vieles leichter, einfach *zuzudrücken*, als Dan von sich fortzuschieben, den widerlichen, pochenden Klumpen seines Herzens unter dem jähen Druck rasen zu fühlen, die Herzklappen wie verrückt wild stolpern zu spüren.

Daniel Ellington taumelte rückwärts, das Gesicht jäh in großer Qual verzogen. Er schrie auf und sank auf die Knie. Seine Augen quollen aus den Augenhöhlen hervor, als würde Luft in seinen Kopf gepumpt, er umklammerte seine Brust, und der Arm zuckte wie die Flosse eines erschlagenen Seehunds.

Peter beugte sich vor und drückte fester zu.

Daniels Schrei verklang zu einem Mitleid erregenden Wimmern. Er wand sich auf einem Knie und streckte einen starren, zitterigen Arm nach Marion aus. Er behielt diese Haltung einen Moment bei, bis sich seine Augen verdrehten und er auf dem Boden zusammenbrach.

Das Gefühl des unsichtbaren Armes schwand. Selbst die Erinnerung daran schien nur noch verschwindend gering.

Einen unermesslichen Augenblick lang herrschte absolute Stille und Reglosigkeit. Das Bild Marions, wie sie sich über Daniel Ellingtons gekrümmten Leichnam beugte, brannte sich wie ein Sepiadruck unauslöschlich in Peters Geist ein.

Der Zauber wurde durch den tiefen, klagenden Laut gebrochen, der aus Marion hervorbrach. Es war ein Laut des Entsetzens und der Trauer. Sie sank neben Daniel nieder, berührte seine stille Gestalt und begann zu weinen. »Hilf ihm! Peter, hilf ihm! Tu etwas!«

»Ich kann nicht«, sagte er.

Sie sah ihn an und ahnte, dass er die Wahrheit sagte.

»Daniel, o mein Gott, Daniel! Daniel …« Sie flüsterte seinen Namen und wiegte ihren Körper über seiner stillen Gestalt vor und zurück. Sie glich Peters Vorstellung von mythischen, irischen Sündenfressern, die sich auf ihr schmutziges Geschäft vorbereiteten.

Peter trat fort und erkannte, dass er *nichts* empfand.

Dieser Ort in ihm, wo normalerweise seine Gefühle brodelten, war seltsam dunkel und leer. Die Kälte, die in ihn drang, entsetzte ihn. Er wartete sehnsüchtig auf das, was vermutlich ein scheußlicher, abschaumartiger Ansturm von Reue und Furcht werden würde.

Aber er empfand nichts …

Nach einer scheinbaren Ewigkeit sah Marion zu ihm hoch. »Ruf Hilfe! Beeile dich!«

Er trat wie in Trance zum Telefon, wählte die Zentrale und bat um einen Notarzt. Als er sich zu Marion umwandte, war seine Miene ausdruckslos.

»Hast du das getan?«, fragte sie in abgehacktem Tonfall. »Hast du ihn getötet, Peter?«

»Er muss einen Herzanfall gehabt haben. Er hat sich zu sehr aufgeregt, war zu erregt. Ich bin nicht dafür verantwortlich.«

»Ich kann es nicht glauben … Ich kann es nicht glauben.« Marion wiegte sich weiterhin vor und zurück. Peter beobachtete sie, während er immerzu nach seinen wahren Gefühlen suchte und sich über deren völlige *Abwesenheit* in ihm wunderte.

Hatte er wirklich seinen besten Freund getötet? War es möglich, dass er jemanden so leicht töten konnte?

Nein, das war absurd. Unmöglich. Die Wahnvorstellung, die er gehabt hatte … ein unsichtbarer, mordender Arm …

Nein.

Ein heftiges Pochen an der Tür riss ihn aus seinen Gedanken. Peter schaute auf die Uhr – es waren zehn Minuten vergangen, im nachfolgenden Schock über das Ereignis verloren. Er öffnete die

Tür, und das Sanitäter-Team stürmte an ihm vorbei und verteilte sich um Daniels zusammengesunkene Gestalt.

Peter verließ den Raum ohne ein weiteres Wort und ging den langen Gang zur Lobby hinab. Der Hotelflur war ebenso ruhig und still wie Daniels Herz. Selbst das Geräusch von Peters Schritten wurde vom dicken Flor des Teppichs verschluckt.

Der einsame Nachtportier an der Rezeption des Clarion erkannte ihn sofort und lächelte ihm überrascht, aber dennoch bemüht zu.

»Pater Peter … ist alles in Ordnung?«

»Um die Wahrheit zu sagen, nein«, antwortete er leise.

»Wie können wir Ihnen helfen?«

»Würden Sie bitte den Trailer auf der Vernon-Ranch anrufen? Sagen Sie ihnen, sie sollen einen Hubschrauber schicken.«

»*Jetzt*, Pater? Sie wollen den Hubschrauber jetzt sofort?«

»Ja«, sagte er. »Ich muss eine kleine Reise unternehmen. Sagen Sie ihnen, ich werde auf dem Dach warten.«

Der Hubschrauber tanzte über das raue Gelände des südwestlichen Colorado und stieß dann wie ein hungriges Insekt auf das Buschland hinab. Sie waren über eine Stunde durch die purpurfarbene Nacht geflogen, während die aufsteigende Sonne ihrem rückwärtigen Rotor nachjagte. Peter saß neben dem Piloten, nahm die kühle, dunkle Atmosphäre des Fluges in sich auf. Er lehnte sich zurück, die Augen halb geschlossen und ließ seine Sinne und sein unmittelbares Bewusstsein mit der Metallhülle des Hubschraubers verschmelzen, um das Wunder des Fliegens vielleicht noch vollständiger umfassen zu können. Es war ein erfrischendes Gefühl, aber noch wichtiger war, dass es seinen Geist von Gedanken freihielt.

Er würde noch viel Zeit zum Nachdenken haben.

»Das dort hinten war Dove Creek«, sagte der Pilot, der es sich nicht verkneifen konnte, einige Reiseführer-Anmerkungen einzuwerfen. Wie die meisten Einwohner Colorados liebte er seinen Staat.

Peter nickte, schwieg aber.

»Dort lebte Zane Grey!«, rief der Pilot über das synkopische Dröhnen der Rotoren hinweg. »Er schrieb dort *Riders of the Purple Sage.*«

Peter nickte erneut, während er auf das Gelände hinuntersah, das unter ihnen entlangglitt – ein endloses Puzzle von Schluchten und Becken, Bergketten und gezackten Graten.

»Wie weit möchten Sie noch, Pater?«

Peter atmete langsam aus. »Suchen Sie mir eine Wüste. Ich möchte die Wüste bei Sonnenaufgang sehen.«

Der Pilot schüttelte den Kopf. »Eine Wüste? Wozu?«

»Ich habe es noch nie zuvor erlebt.«

Der Pilot zuckte die Achseln und schrie über den Motorenlärm hinweg. »Sie wissen, dass Sie mir für diesen Flug mitten in der Nacht den dreifachen Überstunden-Lohn zahlen müssen, oder?«

»Kümmern Sie sich einfach um die Wüste«, sagte Peter. »Ich kümmere mich um das Geld.«

»Sie sind der Boss, Pater!« Der Pilot stützte sich auf den Schalthebel und zog den Hubschrauber in eine Linkskurve, sodass er fast in Südrichtung gelangte.

»Irgendwelche Vorschläge?«, fragte Peter.

»Tuba City liegt ungefähr eine halbe Stunde südwestlich. Tuba City und Echo Cliffs. Von dort können Sie die Painted Desert und Marble Canyon sehen.«

Peter nickte, und der Pilot beschleunigte. Der Hubschrauber flog nun mit Höchstgeschwindigkeit, und Peter lehnte sich in seinen Sitz zurück.

Er beobachtete, wie der Hubschrauber abhob, wie ein merkwürdiger Moskito einen Moment schwebte, dann aufwärts schoss und sich nach Norden wandte. Der Pilot hatte Einwände dagegen erhoben, Peter auf dem verlassenen Grat östlich von Echo Cliffs zurückzulassen. Und obwohl Peter ihn angewiesen hatte, in sechs Stunden zurückzukehren, bevor die Sonne zu grausam wurde, hatte der Pilot ihn genötigt, eine Feldflasche voll Wasser dazubehalten.

Südwärts, das abfallende Gelände hinab, schien ihm das geisterhafte, mondbeschienene Meer der Painted Desert zuzuwinken. Im Osten begannen die Gipfel der fernen Chuska Mountains unter den ersten Splittern des neuen Tages zu glühen. Der westliche Nachthimmel zeigte noch immer ein dunkles, unergründliches Blau, aber das würde sich bald ändern. Peter sah sich um und stellte befriedigt fest, dass er vollkommen allein war – es war das erste Mal seit langer Zeit, dass niemand in der Nähe war. Keine Highways, keine Autos, keine Lichter oder andere Ablenkungen. Nichts, was die äußerste Stille der Wüste geschändet hätte. Nicht einmal das Zirpen eines Insekts oder das Rascheln einer nach Nahrung suchenden Eidechse. Die Einsamkeit klärte seinen Geist wie ein kühler Luftzug.

Wer, um alles in der Welt, *war* Peter Carenza überhaupt noch? Während er der Szene im Hotelzimmer nachsann, erkannte er, wie lächerlich dies anderen Klerikern erscheinen würde. Da war er – ein Priester, zornig und bereit, seinen besten Freund zu töten – ebenfalls ein Priester –, weil er Sex haben wollte mit seiner ... seiner was? Seiner Geliebten? Seiner Freundin? Seiner *Hure*?

Hatte er mehr Anrecht auf sie als Daniel? Er lächelte ironisch. Priester hatten keine Geliebten oder Freundinnen.

Also war er vielleicht kein richtiger Priester mehr?

Aber warum? Weil er für solch ein simples Amt zu mächtig geworden war?

Einen Teil von ihm kümmerte das nicht. Er brauchte niemanden von ihnen, oder? Er brauchte gar nichts. Er konnte tun, was immer er wollte – wohin würde ihn diese ganze Seelenerforschung also letztendlich führen? Wozu nützte sie?

Er lächelte ironisch, bittersüß, wenn auch nicht wirklich belustigt darüber, dass er solch harte Gedanken hegen konnte. Und was war mit Daniel? Hatte er wirklich Daniels Herz in einer unsichtbaren Hand schlagen gespürt? Oder war es die Illusion, von der sein Unterbewusstsein beharrlich behauptete, so müsste es sein? Schuld überströmte ihn wie schmutziger Regen. Er zitterte wie im Fieber und schaute in die grenzenlose Nacht hinauf. Manchmal, wenn er von allen Ablenkungen frei war, von allem Tumult und der Aufmerksamkeit, die um ihn wogten, konnte er die in seiner Seele brodelnden Veränderungen beinahe spüren. Tatsächlich konnte er das Zusammentreffen neuer Elemente spüren, erkannte neue Aspekte seiner grundlegenden Natur.

Manchmal war das Gefühl erfrischend. Und manchmal äußerst erschreckend.

Was geschah mit ihm? Vor einem Jahr war er noch ein einfacher Mann, der in seinem kleinen, einfachen Leben glücklich war. Nun schienen die Gemeinde und die Menschen von St. Sebastian Lebensspannen entfernt.

Er hatte keine Ahnung, was vor ihm lag, aber er wusste eines: Er würde niemals nach St. Sebastian zurückkehren.

Die Zeit verlor ihre Bedeutung, während er in das magische Fenster des Universums blickte. Bald verschmolzen seine Gedanken miteinander, und er saß in einem Zustand stiller Nachdenklichkeit da. Er hatte das Gefühl, er könnte ewig so sitzen.

Der Sonnenaufgang überflutete die Becken und die Wüste erschreckend schnell. Fast augenblicklich begannen ferne Felsformationen hinter dicken Linsen erhitzter Luft zu schimmern und zu wanken. Peter wandte sich nach Süden und starrte auf einen fernen Punkt am Rande der Painted Desert – ein schwarzer Fleck, der unbedeutend klein schien, seinen Blick aber unwiderstehlich anzog.

Er hatte fortgelangen müssen. Fort von ihnen allen. Diese Zeit alleine würde ihn läutern, ihn von der Beanspruchung durch ihre Bedürfnisse, ihre Erwartungen säubern …

Der schwarze Fleck schien nun größer.

Peter hatte das Gefühl, er käme näher – näher, ohne deutlicher zu werden. Da war etwas an dem Objekt, was auch immer es war, das beständig seine Aufmerksamkeit forderte. Es war mit Bestimmtheit in *Bewegung*, schwebte unmittelbar über dem felsigen Terrain. Das Ding schien jedes Mal, wenn er hinsah, näher gekommen zu sein.

Aber es hatte keine erkennbare Gestalt. Es schien amorph, veränderlich, wie Rauch oder Nebel, obwohl Peter aus einem unbestimmten Grund wusste, dass es gewissermaßen feste Substanz hatte. Zunächst dachte er, es könnte ein Stück Beifuß oder halb verbrannte Steppenhexe sein, aber nun wurde offensichtlich, dass es etwas weitaus Seltsameres als das war.

Das Wüstenpanorama schwand, verlor seine Farbstoffe und Zusammensetzung wie Wasserfarben, die aus einem Blatt entweichen. Peter konnte sich auf nichts anderes als die Dunkelheit konzentrieren, und er spürte ein vorahnungsvolles Pochen. Was auch immer da rauchartig über den Wüstenboden glitt, kam unmittelbar auf ihn zu.

Er spürte, trotz der trockenen Hitze, Kälte um sich herum wie eine Kirlian-Aura. Wenn Schwarz durch die Abwesenheit von Farbe definiert ist, dann war der Umhang, der das herannahende Objekt umgab, in der Tat schwarz. Aber als Peter es aufmerksam betrachtete, spürte er, dass das Ding noch *dunkler* als schwarz war.

Er empfand allmählich Furcht.

Das Objekt war noch näher gekommen und gewann allmählich eine Art Struktur. Rundlich, oder vielleicht ein Ellipsoid, wies es anscheinend kunstvoll verschachtelte Falten oder Schichten auf, wie die Windungen in einem Gehirn oder die Blütenblätter einer Blume. Anscheinend wurde es desto unbestimmter, je direkter er es betrachtete, aber wenn er es nur aus den Augenwinkeln ansah, war es hart, scharf abgegrenzt. Er gewann in einem überwältigenden Moment, der sich wie ein Schlag ins Gesicht anfühlte, den Eindruck, dass es ein empfindungsfähiges, intelligentes Wesen war.

Nun bestand kein Zweifel mehr, dass sich das Wesen auf ihn konzentrierte. Ein Aufblitzen vollkommener Irrationalität durchschoss ihn. Er wollte davonlaufen, ohne je zurückzublicken.

Aber er hielt stand und wartete. Er blickte in die schwarzen Tiefen und erkannte, dass er ebenso wenig ein *Etwas* wie dessen Abwesenheit betrachtete. In dieses Objekt hineinzublicken, kam einem Blick in ein Loch in der Realität gleich. Die Formen, Falten und Furchen, die Andeutung von sich in der Schwärze Bewegendem, erzeugten in ihm ein Gefühl reinsten Abscheus, aber er wandte den Blick nicht ab.

Sie haben solch gute Werke getan, Pater Peter …

Die Worte berührten seinen Geist – anders konnte man die Erfahrung nicht beschreiben. Die Kälte umgab ihn nicht mehr nur – sie drang durch alle seine Poren.

»Was bist du?«

Du weißt, was ich bin, wer *ich bin …*

Er starrte ins Zentrum der *Abwesenheit* und konzentrierte sich, versuchte, in dem im Kern der Dunkelheit umherwirbelnden Chaos einen Sinn zu erkennen. Ein Teil von ihm reagierte auf eine Art, die ihm nicht gefiel, auf das Wesen vor ihm. Es war eine gewisse Schönheit, eine *Korrektheit*, in seiner Asymmetrie.

Und er wusste *in der Tat*, zu was oder wem er sprach …

»Was willst du von mir?«

Das sollte offensichtlich sein.

»Dessen bin ich mir nicht sicher.« Peter wollte den Blick von dem regungslos vor ihm schwebenden Wesen abwenden. Es war als visuelles Rauschmittel gefährlich und doch auch unendlich anziehend.

Peter, spiel keine Spielchen mit mir …

»Was?«

Bewahre dir die semantischen und philosophischen Spiele für andere auf. Bitte, Peter, beleidige mich nicht. Du hast die Biegung umrundet. Ich dachte, ich sollte es dir sagen, Junge: Du gehörst jetzt mir …

Kälte durchströmte ihn, während die Worte den Kern seines Seins berührten. Peter glaubte, zum ersten Mal in seinem Leben wahre Angst zu empfinden …

»Ich gehöre niemandem«, sagte er und starrte wie hypnotisiert ins Innere der Dunkelheit.

Er spürte die Empfindung von Lachen eher, als dass er den tatsächlichen Klang hörte.

Vielleicht hast du Recht. Vielleicht war ich vermessen. Ja. Du hast mich die Wahrheit dessen erkennen lassen. Außerdem macht es keinen Spaß, dich einfach zu überwältigen, Peter.

»Ich sollte mich dir besser freiwillig anschließen, hm?«

Definitiv. Siehst du, wie diese andere große, mythische Gestalt – der Weihnachtsmann – habe ich zugesehen und zugehört, als du Daniel getötet hast.

»Ich habe ihn nicht getötet.«

Lügner, Lügner und Betrüger.

Weiteres Gelächter.

»Ich habe ihn nicht getötet – er hatte einen Herzanfall.«

Das glaubst du wirklich, oder? Du stehst hier vor mir, starrst in den Abgrund, und du erinnerst dich nicht an das, was geschehen ist.

»Ich erinnere mich, dass ich dachte, ich könnte sein Herz wie verrückt pochen spüren, als wollte es aus seiner Brust ausbrechen.«

Gelächter.

Dann: *Oh, du konntest es ›spüren‹, in Ordnung.*

»Er war mein bester Freund …«

Und du dachtest, er könnte sich von dir abwenden, die nötige Ehrfurcht vermissen lassen. Oh, und vergessen wir nicht – er könnte auch deine Frau ficken. Wie äußerst menschlich von dir.

Peter empfand schlagartig Schuld, ein tiefes Gefühl des Bedauerns. Da Daniel tot war, schienen seine Sorgen über Untreue belanglos. Welchen Unterschied machte es, ob Marion und Daniel miteinander geschlafen hatten? Es war nur ein Zusammentreffen zweier Körper – kurz, letztendlich harmlos. Wie und warum hatten so viele Kulturen eine solch einfache Sache in etwas so Umwälzendes verwandelt?

Du wirst mich brauchen.

Die beharrliche Stimme drang in seine Gedanken ein wie ein aggressiver Virus.

»Ich brauche dich nicht.«

Du wirst mehr Macht brauchen, und ich kann sie dir geben.

»Zu welchem Preis?«

Es kam keine Antwort, stattdessen wurde Peter jäh von einem Gefühl gleichermaßen betäubt, das er nie zuvor empfunden hatte. Das Gefühl überwältigte ihn, drohte ihn vollkommen zu vereinnahmen. Er konnte es nur als undifferenzierten Eindruck menschlichen Leidens beschreiben, von Schmerz und Tod in unvorstellbarem, weltumfassendem Maßstab. Das Gefühl wollte ihn wie ein unmöglich zu ertragendes Gewicht, eine unergründliche Dunkelheit verschlingen. Peter wich vor den auf ihn einstürmenden Gefühlen zurück, hüllte sich in sein Bewusstsein wie in einen Umhang. Er wappnete sich, schüttelte die Gesamtsumme allen menschlichen Schmerzes ab. Der Gedanke daran, etwas Ähnliches noch einmal durchzumachen, erfüllte ihn mit kaltem, dumpfem Entsetzen.

Das kommt auf dich zu, Peter. Es wird dich kriegen. Du bist allein nicht stark genug. Du kannst nichts erschaffen, und um zu überwinden, was du gerade empfunden hast, wirst du weitere Macht benötigen. Du kannst ein Schöpfer sein. Du kannst diese Macht haben. Und mit der Macht der Schöpfung kommt der Rest der Welt. Deine Gedanken an Marion und ihre zarte Haut, Haut, die einmal welken und sterben wird, werden wie die eines Kindes sein. Mit der neuen Macht wirst du die Herrschaft haben … über alles.

Peter lächelte. »Ist das jetzt der Zeitpunkt, an dem ich dich bitten sollte, mich zu unterstützen?«

Du kannst tun, was immer du willst … Das ist das Schöne daran, Peter. Es ist deine Show. Von jetzt an – sage nur das Wort, und du kannst es wahr machen.

»Verpiss dich. Ich brauche dich nicht. Ich habe alles unter Kontrolle.«

Tapfere Worte. Du hast das Selbstbewusstsein, es in diesem Geschäft weit zu bringen. Das gefällt mir.

»Zeig, was du kannst, oder verzieh dich. Du langweilst mich«, sagte Peter

Gelächter. Unhörbar, aber *spürbar.*

Ich werde dir zeigen, wer ich bin, und wenn du mich oder meine Natur verleugnen kannst, nachdem du die Wahrheit gesehen hast, werde ich dich für im-

mer in Ruhe lassen. Kein Titanenkampf, kein metaphysischer Mist, okay?

»Tu dein Schlechtestes.«

Der Dramatik halber werde ich mit einem hübschen AUFGEPASST beginnen!

Er blickte ins Zentrum der Abwesenheit, die vor ihm wogte und ein Loch in die heiße Wüstenluft fraß. Es war eine wirbelnde, galaktische Ansammlung von allem, was jemals sein konnte, was jemals war. Das kreisende Zentrum wurde zum Ganzen, zum Herzschlag des Universums. Gegenläufige Kräfte flossen heran und ebbten wieder ab wie düstere Gezeiten der Angst und freudiger Hochstimmung, der Liebe und des Abscheus, des Stolzes und der Erniedrigung, der Hoffnung und der Verzweiflung, des Traums und des Albtraums, der Heiligkeit und der Verderbtheit sowie jedes anderen emotionalen Blitzes, der jemals ins Sturmzentrum menschlichen Daseins getroffen hatte. Die Ansammlung drehte sich wild, ein Strudel, der ihn einsog. In ihrem düsteren Mittelpunkt konnte er die Windungen und Blütenblätter der schwärzesten Rose sehen, eine Knospe, die sich neuerlicher, entsetzlicher Hitze öffnete. Plötzlich sah er ein Gesicht in den Windungen des Nichts, und das Gesicht war sein eigenes.

Innen und außen wütete kein Krieg. Peter wusste, was es war, dem er gegenüberstand, und er akzeptierte die harte Wahrheit dessen.

Und so ist es …, sagte Seine Stimme, während Es sich von ihm entfernte wie das Pfeifen eines vorüberfahrenden Zuges. Er lauschte Seinem Weggang wie ein trauriger Geliebter auf einem mitternächtlichen Bahnsteig, eine letzte Chance, die Seele zu nähren.

Die Abwesenheit schrumpfte, wich zurück, fiel in sich zusammen. Während er ihr Verschwinden beobachtete, hatte Peter den Eindruck, dass sie auch vor ihm davonlief, durch die Rotverschiebung des Spektrums bis hin zum schwindenden Punkt.

Eine flüchtige Intuition sagte ihm, dass Es etwas von ihm mitnahm, etwas Wertvolles und Unersetzliches.

Er bemerkte, dass er müßig einen schwarzen Fleck in der von einem Trugbild verschleierten Ferne anstarrte, jenseits der sich die Wüste wie eine Landschaft auf einem fremdartigen Mond abzeichnete.

Ein Motorengeräusch zerbrach die absolute Stille, die ihn umgab. Er wandte sich um und sah den Hubschrauber in einer weiten, bogenförmigen

Kehre herannahen. Dann sank er herab und landete auf dem rauen Gelände. Während die Rotoren dröhnend zum Stillstand kamen, stieg Larry Melmanik aus und kam auf ihn zu.

Ein Strudel gegensätzlicher Gefühle brodelte in Peters Seele. Erinnerungen an Daniel und seinen hässlichen Tod brachen in seinem Geist jäh an die Oberfläche. Peter wusste noch immer nicht, wie er empfinden sollte, was er tun sollte.

Vielleicht würde er es niemals wissen.

Was auch immer er getan hatte, bevor der Hubschrauber eintraf, entzog sich ihm nun. Ein Bruchstück der Zeit und der Erinnerung – *fort*. Der Gedanke ließ ihn frösteln. Er schaute auf und versuchte, es abzuschütteln, während sich sein Manager näherte.

Larry wirkte in seinem blauen Oxfordhemd und der lohfarbenen Freizeithose so salopp, wie nur er es sich erlauben konnte. Tim Vernon blieb mit dem Piloten in der Kabine des Hubschraubers und beobachtete die Szenerie.

»Ich war mir nicht sicher, wo ich dich in all dem Tumult finden würde«, sagte Larry.

»Bis du am Empfang gefragt hast.«

»Richtig. Aber ich muss dir sagen, dass ich ein wenig überrascht war, dass du die Air Force bemüht hast.«

»Hast du noch nie etwas Zeit für dich gebraucht, Larry?«

»Sicher, verstehe«, sagte Melmanik und tat die Frage mit einer ungeduldigen Geste ab, was bewies, dass er überhaupt nicht verstand.

»Aber nun bist du hier«, sagte Peter. »Du musst etwas wollen.«

»Ich habe mit Marion gesprochen. Sie hatte keine Ahnung, wo du warst. Sie ist zwischen Daniels Tod und deinem Verschwinden fast verrückt geworden.«

Die Erwähnung von Marions Namen ließ Peter merkwürdig kalt. »Ich denke, ich bin okay.« Er fragte sich, was Vernon und Melmanik hier draußen taten. Und was hatte Marion ihnen über Daniels Tod erzählt?

Larry setzte sich auf einen Felsen neben ihm und berührte vorsichtig seinen Rücken. »Peter, ich weiß, das wird seltsam klingen, aber wir wissen im Moment nicht, was wir sonst tun sollen ...«

»Wovon redest du?«

»Das Wasser geht uns aus, und es gibt nichts mehr zu essen.«

»Genau wie du es dir gedacht hast«, sagte Peter.

»Nun, bei so vielen Menschen dort draußen sagt einem der gesunde Menschenverstand, dass man Probleme bekommen muss, und wir bekommen sie gerade. Eisenglass wird uns nicht helfen, und der Nationalgarde gefällt der Gedanke auch nicht. Wie haben Kontakt zum Gouverneur aufgenommen, aber es wird dauern, bis er eine Entscheidung trifft.«

»Warum erzählst du mir das alles?«

Larry hob einen Kieselstein auf und warf ihn über den Grat. »Ich weiß nicht. Alle haben dich vorgeschlagen. Vielleicht kannst du zumindest dort hinaufsteigen und zu den Menschen sprechen. Sie werden dir zuhören. Vielleicht kannst du sie beschäftigen, bis wir etwas Proviant und Wasser besorgen können.«

»Was ist mit Musik?«

Larry sah ihn ernst an. »Ich denke, sie brauchen jetzt mehr als das, Peter.«

Er war, ehrlich gesagt, nicht in der Stimmung, im Moment auch nur irgendetwas für jemanden zu tun. Er war in die Aufgabe vertieft, mehr über die Dynamik seiner eigenen Seele zu erfahren. Er wollte etwas Zeit, um selbstsüchtige Innenschau zu betreiben, aber der Ruf der altruistischen Aufopferung haftete an ihm und er konnte nirgendwohin umkehren.

Vielleicht würde es immer so sein. Vielleicht würde es niemals eine Zeit oder einen Ort geben, wo er schwach sein konnte, oder bedürftig, oder wo er getröstet würde.

Er nahm einen Stein hoch, warf ihn in die Richtung, in der der schwarze Fleck zuerst aufgetaucht war, und erhob sich dann.

»Okay, gehen wir.« Peter atmete tief ein und wieder aus. Die Luft war warm, aber trocken und duftete nach unbekannten Blüten. »Aber ich kann nichts versprechen.«

Larry nickte. »Kein Problem. Im Moment ist alles besser als nichts, richtig?«

Peter zuckte die Achseln. »Wir werden sehen.«

Er kletterte auf den Rücksitz des Hubschraubers, während er sich verzweifelt zu erinnern versuchte …

Vierzig

Colorado Springs, Colorado – Windsor
24. Oktober 1999

Sie hatte mit zwei Gitarristen von Your Member hinter den Kulissen gestanden, als Peter mit Larry Melmenik und Tim Vernon eintraf. Die Sonne war schon vor über einer Stunde über dem Weideland aufgegangen, und Daniel Ellingtons Körper wurde wahrscheinlich bereits kalt. Sie konnte nicht glauben, dass er wirklich tot war. Sie fühlte sich benommen, selbst wie abgestorben.

Dan tot? Sei nicht albern.

Und Peter stürmte in einem gottverdammten Hubschrauber davon. Es war, als hätten sie sie zurückgelassen, damit sie ihr Chaos beseitigte, und sie war sich nicht sicher, ob sie damit umgehen konnte. Es war schwer sich vorzustellen, dass Peter so … so was wurde? Eifersüchtig? Zornig?

Verrückt? Sie war sich nicht sicher, was in ihn gefahren war, aber seine Reaktion darauf, sie mit Dan vorzufinden, war absolut überzogen gewesen. Aber Dans Reaktion wunderte sie andererseits auch – obwohl es ihr schwer fiel zu akzeptieren, dass Zorn die Ursache seines Herzanfalls war. Sie ließ diese wenigen, traumatischen Minuten immer wieder vor ihrem geistigen Auge ablaufen, bis sie das Gefühl hatte, dass es sie verrückt machte. Sie musste sich ablenken.

Auch wenn sie sich nicht sicher war, was Peter dachte, hatte sie ihm doch nahe sein wollen, um Trost zu spüren. Aber er war fort, in die Nacht entschwunden. Dann hatte sie an das Konzert gedacht, an die Musiker, denen sie begegnet war, und hieß die Ablenkung, die sie boten, dankbar willkommen. Sie war zur Ranch zurückgeeilt.

Die Lage war für die über eine halbe Million Menschen nicht allzu schlimm geworden, aber solche Dinge waren unvorhersagbar. Kein Essen, Wasser oder sanitäre Möglichkeiten – das würde schließlich Folgen haben, aber Eisenglass und die Übrigen hatten es nicht riskieren wollen, das Konzert vorzeitig zu beenden. Die Musik erklang weiterhin, aber die Darbietungen wirkten angespannt. Es bestand eine kaum verhohlene Ahnung, dass etwas geschehen würde – ob gut oder schlecht, das wusste niemand.

»Hier kommt die Hauptperson«, sagte Sammy Eisenglass, der sich aus den Schatten des rückwärtigen Bühnenbereichs zu materialisieren schien. Er kam sehr nahe an ihr vorbei, berührte bewusst ihre Brüste und ging dann zum Landeplatz, wo Peter gerade eingetroffen war.

»Sie warten auf Sie«, schrie Sammy über die hohe Dezibelzahl der Musik hinweg.

Peter nickte und zwang sich zu lächeln. Seine normalerweise ruhigen, makellosen Züge wiesen Spuren von Falten und die graue Blässe des Stresses auf. Er sah Marion direkt an, und sein Lächeln geriet ein wenig ehrlicher. Versuchte er ihr zu sagen, dass alles gut würde?

»Peter …«, sagte sie und unterdrückte den Drang, die Hand nach ihm auszustrecken.

»Nicht jetzt«, sagte er sanft. »Mein Volk braucht mich.«

Sie schwieg, aber ihre Miene musste ihn einen Moment berührt haben.

»Später, Marion … versprochen.«

Er klang ehrlich, und seine Augen verrieten ihn nicht. Marion fühlte sich augenblicklich besser. Sie ärgerte sich darüber, dass er so viel Macht über sie besaß, aber andererseits hatte er großen

Einfluss auf jedermann, nicht wahr? *Mein Volk*, hatte er gesagt. Diese Formulierung störte sie aus einem unbestimmten Grund. Es war etwas Seltsames daran, wie Peter es gesagt hatte, etwas Falsches.

Peter stand im Seitenbereich der Bühne hinter einer zweistöckigen Anordnung von Lautsprechern verborgen, bis Oracle ihren Song beendeten. Sammy Eisenglass zappelte nervös neben ihm herum, bis die letzten Töne und der wenig enthusiastische Applaus verklungen waren. Dann lief er mit einem Remotemikrofon auf die Bühne und schrie in die Menge: »Heeeeee! Iiiiihhhr alleeeee! Hier ist der Bursche, der alles verbeeeesssseeerrn kann … Pater Peeeteerrr!«

Peter näherte sich der Mitte der Bühne, sein eigenes Remotemikrofon in der Hand, und der Applaus wurde allmählich stärker, offener. Trotz des Drucks und des langsamen Wasserentzugs erhob sich die Menge zögernd und rief seinen Namen. Schließlich nahmen die misstönenden Rufe an Kraft und Gleichklang zu, und bald dröhnte das gesamte Weideland unter einer einzigen, gewaltigen Stimme.

»Hilf uns!«, riefen sie. »Hilf uns! Hilf uns! Hilf uns! HILLF-UNSS-HILLF-UNSS-HILLF-UNSS-HILLF-UNSS …«

Der Klang wurde zu einem bedeutungslosen Singsang, der über Peter hinwegrollte wie Worte einer fremden Sprache, wie die geistlose Symphonie einer Million Heuschrecken. Er streckte die Hände aus, bedeutete ihnen, dass sie ihn reden lassen sollten. Sie ignorierten ihn einen Moment, als wollten sie betonen, wie sehr sie ihn brauchten, und dann hielten sie jäh inne. Das Weideland erschauderte kurz unter der plötzlichen Implosion der Stille. Marion konnte die Intensität der konzentrierten Aufmerksamkeit der Menge spüren.

»Okay«, sagte Billy, während er neben sie trat, um zuzusehen. »Jetzt werden wir die Macht eines Herrn am Werk sehen.«

Marion lächelte ihm zu, aber er wandte den Blick nicht von Peter ab. Billys Vertrauen in Peter war wundervoll, und sie wünschte, sie könnte diesen Enthusiasmus noch teilen. Stattdessen konnte sie das Gefühl nicht abschütteln, dass irgendetwas falsch lief.

»Zunächst möchte ich mich dafür entschuldigen, dass ich so lange damit gewartet habe, zu euch zu sprechen«, sagte er. »Glaubt es oder nicht – ich hatte einige eigene Probleme.«

Marion fragte sich einen Moment, ob er ihnen von Daniel erzählen würde. Dann fuhr Peter fort: »Aber verglichen mit euren sind sie nichts.

Wir brauchen *jetzt* Wasser, meine Freunde. Unser Gastgeber, Mr. Vernon, sagte uns, sein Wassersystem funktioniere nicht mehr, weil der Fountain Creek austrocknet – hauptsächlich wegen der Beanspruchung durch unsere Bedürfnisse.

Aber wir müssen etwas tun, bevor alle krank werden. Die Evakuierung würde, selbst wenn wir sofort damit begännen, einige Zeit dauern, und Panik oder Streitereien würden es nicht erleichtern – ich denke, das wisst ihr alle.«

Vereinzelte Stimmen riefen nach Hilfe, flehten für Freunde und Familie. Die Worte schwebten auf gebrochenen Schmetterlingsflügeln auf die Bühne. Marion spürte, wie Verzweiflung in der Menge gärte. Sie sonderten die ersten Spuren des Gestanks verlorenen Glaubens ab.

»Mit Hilfe des Schöpfers können wir uns selbst helfen. Das war viele Monate lang meine Botschaft an euch, und jetzt haben wir die Chance, es zu beweisen, es Realität werden zu lassen.«

Sammy trat im Seitenbereich dicht an Marion heran. »Was geht da vor, Schätzchen? Was wird er tun?«

»Sammy, seien Sie still, okay?«

»Denn wir können alles in unserem Leben Realität werden lassen, wenn wir es nur wirklich stark genug wollen«, sagte Peter. Er stand still vor dem ungeheuren Menschenmeer. Keine Pose oder Herumwandern. Keine Theatralik oder Körpersprache, nur einige direkte Worte. Marion fragte sich, ob das genügen würde.

»In Ordnung, meine Freunde, fangen wir an«, fuhr Peter fort. »Gebt euren Nachbarn die Hände. Es könnte schwierig sein, wenn ihr Kinder an der Hand haltet, aber ich möchte, dass alle ihr Bestes tun. Ich möchte, dass wir alle *verbunden* sind. Ich möchte, dass wir alle Teil von etwas viel Größerem werden.« Er verschränkte die Hände und wartete.

»Sind wir alle verbunden?«, fragte er.

»Ja«, sagte die Menge, wie eine müde Bestie brummend.

»Gut. Jetzt möchte ich, dass ihr alle die Augen schließt. Ich möchte, dass ihr alle an einen Fluss denkt. Einen tosenden Fluss, voller weißer Schaumkronen und sonnengefleckter Wellentäler. Ich möchte, dass ihr euch alle vorstellt, dass dieser Fluss tief ist. Und klar. Und kalt.

Könnt ihr ihn sehen?«

Die gewaltige Masse brummte erneut ihre Zustimmung. Der Klang, für Marion fast beängstigend, erinnerte jetzt an ein massiges, monströses Wesen. Sie betrachtete die Menge. Die Menschen hatten die Augen geschlossen, sie hielten einander bei den Händen und bewegten sich ganz leicht in einem metaphysischen Rhythmus. Der Anblick betäubte sie, das Wissen, dass er solche Macht über sie hatte.

»Der Fluss strömt jetzt auf uns zu«, fuhr Peter fort, seine Stimme ein verführerisches, elektronisch moduliertes Flüstern. »Es gelingt in unserem Leben, weil es in unseren Gedanken gelingt. Und unsere Gedanken sind wie ein gemeinschaftlicher Gedanke. Wir teilen dieses einzige Bild, dieses einzige Bedürfnis. Spürt ihr es?«

»Ja«, zischte die Bestie.

»Bringt den Fluss zu uns«, sagte Peter, während er der Menge seine Arme entgegenstreckte. »Bringt ihn von den eisigen Gipfeln herab. Bringt den kalten Fluss zu den Ufern der Ranch. Holt ihn *herab*!«

Er hielt inne, und die gesamte Menschenmenge schien sich vorzubeugen und sich dann zu fangen, als hätten sie seine Worte als Unterstützung gebraucht. Marion beobachtete die Szene wie durch eine isolierte Glasblase. Was auch immer er mit ihnen tat, hatte sie nicht berührt. Sie fühlte sich seltsam losgelöst von dem, was sie als um sie herumwogendes, mächtiges Phänomen erkannte. Tat er es bewusst? Schloss er sie absichtlich von dem Experiment aus? Bestrafte er sie?

Nein. Sie war sich sicher, dass es nichts dergleichen war. Vielleicht war sie ihm so nahe gekommen, so vertraut mit ihm geworden, dass sie seinem Einfluss gegenüber nun immun war. Es war ein überraschender Gedanke.

»Spürt ihr, wie er kommt?«, flüsterte Peter über das Grasland hinweg. Die Phalanx der Lautsprecher verlieh seiner gedämpften Stimme sanfte Macht. Und dann, während seine Stimme an Volumen und Resonanz zunahm, rief er: »Bringt ihn herab … bringt ihn herab … BRINGT IHN HERAB … BRINGT DEN FLUSS JETZT HERAB!«

Die Luft über dem Weideland schien sich zu krümmen und zu reißen. In weiter Ferne, jenseits der Berggipfel, zerteilte ein rollender Donnerschlag den Himmel, erschütterte die Erde. Als Marion aufblickte, konnte sie nur den tiefblauen, weitgehend unauffälligen Himmel sehen. Aber sie konnte eine Veränderung in der Luft spüren. O ja. Eine entschiedene Veränderung.

Sie spürte ein gewaltiges Dröhnen gerade außerhalb des menschlichen Hörvermögens sich aufbauen. Wie die Luft um Starkstrommasten, fühlte sich die Atmosphäre wie in der Schwebe an, als warte sie …

Aber *worauf*?

Die Menge wogte und regte sich, bewegte sich noch immer wie ein einziges Wesen. Physisch vereint, und wahrscheinlich in gewisser Weise auch mental, wie ein gigantischer Bienenschwarm, näherte sich das Publikum träge seiner kritischen Masse an. Der Himmel senkte und verdunkelte sich. Hitzeblitze zuckten über den Horizont. Ein Sturmwind erhob sich wie aus Rissen in der Erde.

Marion spürte, wie die Bühne zu erzittern begann. Die schwachen, fieberhaften Vibrationen fühlten sich zunächst wie die Herzschläge einer Million Embryonen an, in perfektem Gleichklang miteinander.

Und dann konnte sie es hören.

»Jesus Christus … was ist das?« Sammy Eisenglass trat an ihr vorbei, gemeinsam mit mehreren Musikern und Bühnenarbeitern. Sie blickten nach Norden, zu den Bergausläufern jenseits des Flussbettes.

Das schwache, trommelnde Rollen weit entfernten Donners wich dem herannahenden Galoppiergeräusch einer Million Pferde, dem Brüllen hereinbrechender Geschosse, dem Abstieg eines Kometen durch ein Loch in der Luft. Der Klang stieg in Sekundenschnelle an, als hätte jemand mit einer kurzen Bewegung des Handgelenks einen Verstärker lauter gestellt. Die gewaltige Struktur der Bühne erschauderte heftig, als sich die Erde darunter regte und aufbäumte. Der Arkansas erhob sich wie eine erwachte, wahnsinnige Bestie. Der Lärm seines Ausbruchs war das lauteste Geräusch, das Marion jemals gehört hatte, und die Vibrationen seines Vorüberziehens drohten alles zu Staub zerfallen zu lassen. Die wolkenkratzerähnlichen Türme der Lautsprecher zu beiden Seiten der Bühne stürzten wie Spielzeugtürme ein, brachen in sich zusammen, sprühten Funken und blitzten, als Verankerungen rissen und Starkstromleitungen knisterten.

Peter wich vom Bühnenrand zurück. Die Menge taumelte rückwärts, um dem todbringenden Einsturz zu entgehen. Als der Zauber gebrochen war, flüchteten Tausende von Menschen in verschiedene Richtungen.

Das donnernde Herannahen des Flusses bewirkte in den Nebenflüssen und Bewässerungskanälen einen Gegendruck, der sich in kalten, nassen Springbrunnen und Geysiren Bahn brach. Das gesamte Weideland funkelte im Handumdrehen unter der Gischt und dem Prasseln künstlichen Regens. Die Menschen begannen nun zu tanzen und jubelten laut, was das Geräusch des Flusses dämpfte.

Marion hielt sich an einem Stück des Bühnenaufbaus fest und konnte den Blick nicht von dem Spektakel wenden. Peter trat langsam wieder zum Bühnenrand, wählte sorgfältig seinen Weg durch den Elektroschrott und hob die Hände. Die Menge liebte ihn, schrie seinen Namen. Lächelnd, im heftigen Wogen ihrer Anerkennung strahlend, wandte sich Peter plötzlich um und schaute direkt zu Marion, als sei dieser Schachzug einstudiert gewesen. Die Intensität seines Blickes, sein verkrampftes Lächeln schienen irgendwie bedrohlich. Als sende er ihr eine besondere Botschaft: Komm mir nicht in die Quere. Ich kann alles vollbringen.

Vielleicht hatte sie aufgehört, seinen ›Wundern‹ staunend gegenüberzutreten, aber was sie gerade gesehen hatte, spottete jeglicher Erklärung und jeglichem Glauben. Da gab es nichts zu glauben, nur zu akzeptieren. Eine halbe Million Menschen brauchten Wasser, und er brachte ihnen einen Fluss.

Unglaublich.

Sie fragte sich, ob jemand das zufällig aufgenommen hatte, denn so erschüttert sie physisch und emotional auch war, drängte sich ihre professionelle Seite doch vor. Sie formulierte im Geiste die Story, die sie den Sendern heute Abend übermitteln würde. Es wäre eine Sensation.

»Ich habe es euch gesagt! Ich habe es euch gesagt!«, schrie Billy und strahlte wie ein stolzer Vater.

»Jesus Christus! Jesus Christus …! Habt ihr das gesehen?«, rief Sammy, während er an Marion vorbei auf Peter zulief, der noch immer der Menge zugewandt stand. Alle anderen folgten Sammy. Musiker, Roadies, Bühnenarbeiter und Techniker gerieten im Handumdrehen in Bewegung. Sie umrundeten Peter und hoben ihn auf ihre Schultern wie einen Quarterback nach dem Großen Spiel. Peter begrüßte es, badete darin.

Marion beobachtete, wie er von der Menge über die Bühne getragen wurde, wie ihm das dunkle Haar in die Stirn fiel und seine noch dunkleren Augen im Siegesglanz schimmerten. Das Wort Charisma war für Menschen wie ihn erdacht worden. Der Held aller.

In diesem Moment begegnete Peters Blick ihrem, und in dem kurzen Moment, in dem sie sich ansahen, *erkannte* sie – mit unnatürlicher Klarheit –, dass er *genau* wusste, was sie dachte. Sie konnte sich nur abwenden, den Kontakt abbrechen, versuchen, dem Wissen zu entfliehen, dass er sogar in ihre Gedanken eingedrungen war.

Was konnte er sonst noch mit ihr tun? Was blieb noch übrig?

Sie fühlte sich plötzlich desorientiert, benommen. Was ging hier vor? Sie hielt sich am nächstgelegenen Gerüstpfahl fest und versuchte, sich zu beruhigen. Sie war nie jemand gewesen, dem leicht schwindelig oder der schnell ohnmächtig wurde, aber jetzt fühlte sie sich einem Zusammenbruch nahe. Nachdem sie sich noch einen Moment festgehalten hatte, ging es allmählich wieder besser. Eine Woge vollkommener Schwäche hatte sie durchströmt. Sie konnte sie noch immer spüren, davonwehend wie das Signal eines vorbeifahrenden Zuges.

Ohne darüber nachzudenken warum, ging sie vorsichtig zur Treppe, die auf die hohe Bühne führte. Sie handelte anscheinend in einem Vakuum. Sie schüttelte den Kopf, um das Gefühl abzuwehren. Vielleicht sollte sie zum Trailer zurückgehen und sich ausruhen?

Als sie die unterste Stufe erreichte, wurde sie sich plötzlich eines neuen Geräuschs bewusst, des Hintergrundgetöses von fließendem Wasser, lachenden Menschen, Rufen. Die kollektive Stimme der Menge klang jedoch aus einem unbestimmten Grund nicht mehr so jubelnd wie zuvor.

Langsam, sich versichernd, dass die Benommenheit geschwunden war, ging Marion um die Bühne herum in Richtung Publikum. Als sie den

Haufen Schutt jenseits des Proszeniums umrundete, erkannte sie das Problem sofort. Hunderttausende von Menschen drängten von den Nebenflüssen fort. Sie drängten deshalb fort, weil das Wasser beständig anstieg und die Ufer dessen überflutete, was noch Minuten zuvor nur flache, schlammige Wasserläufe gewesen waren. Gewaltige Lücken entstanden in der Menge, als der Boden vom überfließenden Wasser zu Morast wurde und alle versuchten, vor dem Übermaß zurückzuweichen. Es war keine Feier mehr, das Wasser hatte die Party ausgelöscht und drohte jetzt eine umfassende Panik einzuleiten.

Marion rannte zur Treppe zurück, nahm immer zwei Stufen auf einmal.

»Peter! Peter!« Ihre Stimme klang gegen den Wall aus Lärm brüchig und ohnmächtig.

Er konnte sie nicht hören. Die Backstage-Mannschaft hatte ihn auf die Bühne herabgelassen, und er versuchte, das Lautsprechersystem wieder in Gang zu bringen. Arbeiter liefen um die wirr verstreuten Drähte und Kabel herum und bemühten sich, eine provisorische Verbindung herzustellen. Peter schritt hektisch am Bühnenrand auf und ab, das tote Mikrofon in der Hand. Ohne Megawatt würde er die Menge nie wieder erreichen. Wenn er ihre Aufmerksamkeit und Mitarbeit brauchte, um zu beenden, was sie begonnen hatten, so würde er diese Aufmerksamkeit einfach nicht bekommen.

Marion hatte von der hohen Bühne herab einen besseren Blick auf das Weideland und die Menge. Die Menschen konnten den Auswirkungen des wild gewordenen Flusses trotz ihrer Bemühungen nicht entgehen. Sie konnten nirgendwo hinlaufen. Tausende von Menschen begannen in den sumpfigen Schlamm einzusinken. Die Außenränder der Menge lösten sich allmählich auf, während sich Trauben von Menschen durch den Schlamm auf den rückwärtigen Eingang zur Ranch und auf den State Highway zu mühten. Weitere Splittergruppen drängten an beiden Seiten der Bühne und den Trailern vorbei auf den höhergelegenen Grund in der Nähe von Vernons Haus zu. Die Menge würde sich allmählich, aber sehr langsam, zerstreuen. Vom Morast hinabgezogen, würde das Vorankommen einer halben Million Menschen sehr, sehr lange dauern.

Der Fluss selbst war nun ebenfalls über die Ufer getreten und tobte über das Land wie eine rasende Bestie. Das Weideland verwandelte sich bereits von einer Schlammgrube in einen Sumpf. Bald würde es wie ein Meeresboden sein. Hunderttausende in der Menge spürten die drohenden Auswirkungen der Flut allmählich. Panik flammte auf und breitete sich unter ihnen aus wie statische Elektrizität. Sie drängten voran und rangen miteinander, von Instinkten geleitet, ihre Menschlichkeit abstreifend wie einen schmutzigen Verband. Körper wurden in den Schlamm hinabgedrückt, um nie wieder an die Oberfläche zu gelangen. Wasser schwappte um die Knie aller und bildete durch die Gezeitenkraft Strudel und Wirbel. Marion wollte sich von der zunehmenden Hysterie abwenden, war aber von dem grotesken Spektakel wie gefesselt. Eine perverse Seite ihres Selbst wollte sehen, wie verzweifelte Menschen einander zermürbten und aufeinander einschlugen wie Ratten, die in einem sturmgepeitschten Abwasserkanal ertranken.

Peter gestikulierte vorne an der Bühne krampfartig, während er am Rande des nun baufälligen Gebildes umhersprang. Einige Roadies schafften es, aus dem Gewirr von Kabeln eine Verbindung zu einem P.A. herzustellen. Peters Stimme klirrte durch die wenigen verbliebenen Lautsprecher und klang verzerrt wie beim schlechten Empfang eines Taxisprechfunks.

Marion lauschte seinen bruchstückhaften Worten, während er die hysterischen Massen zu beruhigen, die Menschen aufzumuntern und sie wieder zusammenzubringen versuchte. Wenn er sie erreichte, ihre Symbiose wiederherstellte, konnte der Ausbruch des Flusses noch immer zu einem Wunder werden. Aber seine Kräfte schienen ihn verlassen zu haben. Er bekam keine Verbindung. Er stand still, der Körper gestreckt, die Augen in vollkommener Anspannung geschlossen, und versuchte heraufzubeschwören, was auch immer es war, was ihn mit dem Kosmos verband, aber nichts geschah.

Peter Carenza lernte zum ersten Mal das Scheitern kennen.

Einundvierzig

Rom, Italien – Etienne
24. Oktober 1999

Sie wollte trotz der kalten Luft im Garten des Konvents spazieren gehen. Sie schlang den Umhang fest um ihren Hals, damit der Wind der Wärme unter ihrer Kleidung nichts anhaben konnte. Die Mauern des Hofes beschützten sie, gaben ihr das Gefühl der Sicherheit. Es tat so gut, dem Krankenzimmer und der überbesorgten Neugier der Schwestern zu entrinnen.

Es hatte sie anfänglich bedrückt, den Papst nicht sprechen zu können, auch wenn sie wusste, dass der Wunsch, den Heiligen Vater persönlich zu sehen, einer einfachen, niedrig gestellten, zurückgezogen im Kloster lebenden Nonne absurd erscheinen musste. Aber sie konnte ihre Niederlage allmählich annehmen, sie als den Willen des

Herrn akzeptieren. Schwieriger war es, die Behandlung durch ihre Mitschwestern zu akzeptieren. Die übrigen Nonnen hatten sie isoliert, zu einer Paria gemacht. Auch wenn man sie nicht offen verachtete, so wusste sie doch, dass zumindest über sie gelacht wurde, wenn Türen geschlossen und Stimmen gedämpft wurden.

Egal, dachte sie, während sie unter einem Blätter verlierenden Hartriegelbaum einen gepflasterten Weg hinabging. Sie näherte sich dem Rosenbeet, dem Ort, wo sie die erste Vision gehabt hatte.

Ich kann stark bleiben, solange ich mich in der Gnade von Gottes Liebe sonne. Ich kann …

Sie blieb jäh stehen, als ihre Aufmerksamkeit von einer einzelnen, trotz des fortgeschrittenen Jahres noch blühenden Blume angezogen wurde.

Das Gefühl eines Déjà-vu durchströmte sie wie ein arktischer Luftstrom, schwächte ihre Knie und erschütterte ihren Geist. Etwas zwang sie, sich vorzubeugen und nach der schweren Blüte zu greifen. Wie zuvor brach auch diese ab und fiel in ihre Hand. Als sie ihre Handfläche berührte, konnte sie sie pochen spüren, als besäße sie ein Herz. In dem komplizierten Muster der rosenroten Blütenblätter in Trichterform, in denen Etienne einst die Schönheit und Kraft und Erhabenheit des Herrn erblickt hatte, sah sie jetzt etwas Beunruhigenderes, Erschütternderes.

Während sie in die Tiefen der Blume blickte, erkannte sie die komplexe Gestaltung, die vertraute optische Illusion. Das Bild verlagerte sich, und eine Woge der Übelkeit rollte über sie hinweg – dieselbe scheußliche Übelkeit brannte und brodelte in ihrem Bauch, dasselbe Gefühl, als würde ihr Schädel platzen.

Maria! Mutter Gottes!

Es geschah erneut, und sie konnte es nicht aufhalten.

Sie wusste, dass sie auf die Knie sinken würde. Die Desorientierung und die sich verlagernden Umrisse in ihrer Vision verursachten ihr Schwindel. Ein schriller, durchdringender Laut klang in ihren Ohren, veränderte sich zu einem dumpfen Brummen, das sie zu bannen drohte. Sie konnte nichts anderes tun, als in die Mitte der Blume zu starren, zu beobachten, wie sich ihre Farbe von schwach rötlicher zu blutroter Farbe veränderte und dann langsam schwarz wurde.

Dann kehrte auch der Geruch des Todes und der Verdorbenheit zurück, der Geruch des Endes aller Dinge, des Grauens und des Abscheus. Alles im Garten, im Konvent, alles, was sie sicher und geistig gesund erhalten hatte, begann sich auszuweiten, sie eilig zu verlassen. Etienne wand sich erneut am Rande des Abgrunds. Auch das Wissen, dass sie diese Prüfung schon einmal überlebt hatte, machte die Erfahrung nicht weniger erschreckend, nicht weniger bedrohlich.

Wie gelähmt, von der Macht der kommenden Vision gebannt, hatte Etienne keine andere Wahl, als sich der erdrückenden Gluthitze und dem Gewicht ihres Ansturms zu ergeben.

Die Bilder sammelten Kraft, verdichteten sich in der Dunkelheit und entfalteten sich dann wie blutbefleckte Banner, um ihrem Bewusstsein einen Schlag zu versetzen: die Wassersturmwinde, die weißen Ziegel eines zerbombten Krankenhauses, die in Bergen verstreuten Wrackteile eines Flugzeugs. Die Bruchstücke der Vision entzogen sich, wie eine Collage zerrissener Fotografien, jeglicher Ordnung oder unmittelbaren Bedeutung. Aber das vorherrschende Bild hinterließ in ihrer Erinnerung Brandnarben. Das niederdrückende Gewicht des Schmerzes anderer Menschen prägte ihrer Seele unauslöschliche Male auf.

Alles das entströmte der Schwärze der Rose. Wenn sie nicht mehr dagegen ankämpfte, konnte sie in den Falten und Windungen der Blütenblätter beinahe ein Gesicht ausmachen. Ein vertrautes und doch vollkommen fremdes Gesicht.

Es war das Angesicht all dessen, was böse war oder jemals sein würde. Es war das Angesicht dessen, was auch immer die gesamte Menschheit am Ende der Zeit erwartete.

Zweiundvierzig

Vatikanstadt – Lareggia
26. Oktober 1999

Paolo Kardinal Lareggia stand am Fenster seines Büros. Der Narthex von St. Peter dominierte die Aussicht, aber er wurde der Silhouette des Vatikans niemals müde, der Farbe und der Bewegung der Via della Fondamenta. Der Himmel stand für den Spätherbst hoch, und das durch das Bleiglasfenster gefilterte Licht fühlte sich auf seinem Mondgesicht warm an. Manchmal wünschte er, er könnte den Mantel seines Amtes, seine Schwüre und seine Verpflichtungen einfach ablegen und seine restliche Lebenszeit allein in würdiger Gelassenheit verbringen.

Wie die meisten alten Männer fühlte er sich in seinem alternden, nutzlosen Körper gefangen. Er wurde das Leben leid, trotz seiner Verantwortlichkeiten und Pflichten. Und doch würde ein kleiner Teil von ihm – vielleicht der Teil, der es ihm vor langer Zeit erlaubt hatte, einen türkischen Seemann zu töten – die Reise in jene gute Nacht niemals leichthin antreten. Er ertappte sich, ungeachtet der Tautologie seines Glaubens und der Wunder seines Protégés, manchmal bei der Frage, was wirklich hinter dem Letzten Vorhang lag.

Wie eine Vorahnung, dass er diese Frage bald aus erster Hand beantwortet bekäme, fuhr ein stechender Schmerz durch seine linke Brustseite und verging wieder. War da einen Augenblick ein blitzartiges Zucken seinen linken Arm hinab?

Paolo wandte sich vom Fenster ab und schüttelte den Kopf. Er hatte mit der Schwerkraft zu kämpfen, die seine wuchtige Gestalt auf den Teppich ziehen wollte. Obwohl er im Laufe der Jahre übermäßiges Gewicht zugelegt hatte, waren seine Beine dünn geblieben. Nun protestierte seine Muskulatur gegen die Qual, seine Körperfülle tragen zu müssen. Jeder Schritt war schrecklich mühsam, und früher oder später würde er zu Boden krachen, das wusste er. Könnte er sich auf diese Weise eine Hüfte brechen? Oder würde seine Fettschicht ihn schützen?

Also gut, dachte er. Ich verdiene wahrscheinlich genau solch ein Schicksal. Es hieß, dass jeder

Kleriker, der sich die Freuden des Fleisches tatsächlich versagte, stets mit einem anderen Laster ins Bett sprang. Paolo lächelte bitter. Das Essen war zweifellos schon lange seine Mätresse. Er ließ sich langsam in seinen Schreibtischsessel sinken und spürte, wie sich in seinen geplagten Beinen sofort Erleichterung breit machte. Die verzierte Blattgold-Porzellanuhr an der Ecke seines Schreibtischs tickte an der vollen Stunde vorbei. Francesco verspätete sich.

Das Summen der Sprechanlage und die Ankündigung seines Sekretärs straften ihn Lügen – der Jesuitenschurke kam zur Tür herein.

»Wir müssen reden«, sagte der wölfisch dünne Priester.

»Ich weiß«, erwiderte Paolo und deutete auf den Stuhl vor seinem Schreibtisch. »Setzen Sie sich. Zigarette?«

»Haben Sie wieder mit Rauchen angefangen?« Giovanni sah ihn überrascht an.

Paolo zuckte die Achseln. »Ich sollte es tun – was habe ich jetzt noch zu verlieren, hm? –, aber nein. Ich habe von der Verpflegungsstelle einige für Sie heraufschicken lassen.«

Francesco öffnete die Schachtel, nahm eine Zigarette mit dunklem Deckblatt heraus und zündete sie mit seinem Feuerzeug an. »Grazie. Nun, lassen Sie uns, wie die Amerikaner so gerne sagen, ›mit dem Bullshit aufhören‹, ja?«

Paolo lächelte. »Ich mag Ihren Umgang mit Worten. Das liegt zweifellos an Ihrer Gesellschaft. Wissen Sie, Sie sind wirklich ein Schurke!«

Giovanni rauchte und zuckte die Achseln. Er wirkte hager, erschöpft und dem Zusammenbruch nahe. »Targeno hatte nichts zu kritisieren. Haben Sie die Satellitennachrichten gesehen?«

»O ja.« Paolo faltete die Hände über seinem Bauch und lehnte sich zurück, von dem beißenden, blauen Rauch fort.

»Was bedeutet das?« Der Jesuit betrachtete seine Fingernägel und versuchte, seine aufgestaute Enttäuschung zu verbergen.

»Ich weiß es nicht! Ist er zu solch monumentalen Fehlern fähig? Hat er es absichtlich getan? Ich weiß es nicht, Vanni. Ich habe über die Verwicklungen nachgedacht.«

»In dem Bericht hieß es, er sei über das Unglück sehr bestürzt.«

Paolo schüttelte mit halb geschlossenen Augen den Kopf. »Mehr als zehntausend Tote. Unglaublich.«

»Vielleicht nur die Spitze des Eisbergs«, sagte Francesco.

Paolo wölbte die Augenbrauen, spitzte die Lippen und nickte. Es bestand keine Notwendigkeit zu antworten. Er wusste, auf was sein Kollege anspielte: In den vierundzwanzig Stunden, die dem Unglück beim Mountain-Rock-99 folgten, war der Globus von ähnlichen Katastrophen erschüttert worden – ein Hurrikan in Bermuda, ein Erdbeben in der Mongolei, Terroristenbomben in Soweto, ein Flugzeugabsturz in Buenos Aires. Paolo spürte, dass sich eine unheilvolle Wolke über der Erde zusammenballte.

»Tod und Zerstörung überall«, sagte der Jesuit kopfschüttelnd.

»Nun … noch nicht überall«, sagte Lareggia. »Sie wissen genau, dass in Südafrika alles passieren kann und oft auch passiert. Und Flugzeugabstürze gehören zum modernen Leben.«

»Aber der Zeitpunkt! Es muss einen Grund dafür geben!« Francesco trommelte auf die Ecke des Schreibtischs. »Wie? Warum? Wie konnte er das geschehen lassen?«

»Er hatte offensichtlich keine Kontrolle darüber.« Paolo wedelte die auf ihn zuschwebende blaue Wolke fort.

»Finden Sie das nicht seltsam? Ich meine – er hatte zunächst genug Kontrolle, den Fluss ›heraufzubeschwören‹. Was ist geschehen?«

»Marion Windsor erwähnte in ihrem Exklusivbericht, dass seine enge Verbindung zu der Menschenmenge durch das Erscheinen des Wassers unterbrochen wurde. Sie sagte …«

»Das ist lächerlich!«, rief Giovanni. Er erhob sich und begann, wie ein Raubtier auf und ab zu laufen.

»Vielleicht nicht. Vielleicht muss er nach all diesen Monaten noch immer lernen, seine Kräfte zu benutzen und zu kontrollieren. Vielleicht war dieser Versuch zu viel. Wir wissen es nicht wirklich.« Paolo schüttelte den Kopf. »Es ist schade, dass er nicht hier bei uns ist. Krieger könnte ihn untersuchen. Ihn testen.«

»Er soll Christus sein!«, rief der Jesuit. »Wie reden nicht über irgendeinen Comicbuch-Superhelden. Er sollte nicht lernen müssen, wie man die Macht Gottes benutzt – wenn er ist, wer zu sein wir von ihm behaupten!«

Der Kardinal ignorierte die Zweifel seines Kollegen. »Ah, aber vielleicht tut er das. Er ist eben auch ein Mensch. Und war dreißig Jahre lang nur ein Mensch.«

Francesco winkte angewidert ab. »Vielleicht ist das das größte Problem – er war und ist ein Mensch. Targeno hat mich vor derlei Problemen gewarnt.«

»Wie viel genau weiß Targeno?« Paolo fragte sich, ob ihr Geheimnis noch geheim bleiben würde.

»Targeno ist sehr intelligent, mein dicker Prälat«, sagte Francesco. »Es ist seine Lebensaufgabe, Dinge herauszufinden, erinnern Sie sich?«

»Ich wünschte, Krieger könnte mit Pater Carenza arbeiten. Ich wünschte, er könnte hier sein«, sagte Paolo erneut.

»Peter wird nur allzu bald in Rom sein. Die Prophezeiungen fordern es. Darum sind wir übereingekommen, nicht zu versuchen, ihn zur Rückkehr zu zwingen, erinnern Sie sich?« Francesco drückte seine Zigarette aus und zündete sich sofort eine neue an. »Wenn ich Vertrauen habe, dann muss ich vollkommen vertrauen können!«

»Ah, ja, aber ich frage mich: Haben die Prophezeiungen auch diese Katastrophe gefordert?«

Francesco sah ihn als Antwort nur finster an. Paolo atmete langsam aus und wedelte erneut eine auf ihn zukommende Rauchwolke fort. »Marion Windsor sagte, er wird noch immer von seinen Millionen von Gefolgsleuten geliebt. Sie berichtete in ihrer offiziellen Story, der Zwischenfall habe den Glauben der Menschen an Peter irgendwie sogar noch bestärkt. Sie werfen ihm nicht vor, was geschehen ist – besonders diejenigen nicht, die bei dem Konzert anwesend waren. Ergibt das für Sie Sinn?«

Der Jesuit nickte. »Ja. Er ist eine sehr charismatische Gestalt. Es überrascht mich nicht, dass die Ergebenheit seiner Herde nicht nachlässt.«

Beide Männer schwiegen mehrere Minuten lang. Paolo dachte über ihre Unterhaltung nach. Letztendlich waren ihnen die Hände gebunden. Was hatten sie der Welt aufgebürdet? Schließlich regte sich der Kardinal in seinem Sessel, sah seinen Kollegen an und fragte: »Was ist mit Targeno?«

»Was soll mit ihm sein?« Zigarettenrauch platzte förmlich aus Giovanni Francesco heraus. Er hatte seinen Star-Killer-Agenten stets in Schutz genommen. Auch wenn ein Teil von ihm Targeno verachtete, so betrachtete der Jesuit ihn doch als den Sohn, den er nie gehabt hatte.

»Hat er Ihnen etwas über die Flut erzählt – irgendetwas, was wir nicht bereits wussten?«

»Nein.«

Paolo drehte auf der Wölbung seines Bauches Däumchen. »Nun, dann – ich habe mich gefragt, wie lange Sie ihn Peter noch beschatten lassen wollen. Wir bekommen viele Informationen von den Nachrichtendiensten.«

»Targeno besorgt mir Informationen, die wir über die Medien nicht bekommen.«

»Was? Sie haben nichts erzählt!« Paolo beugte sich ruckartig vor und stützte die Ellbogen auf den Tintenlöscher.

Francesco zuckte die Achseln. »Es ist nichts Gutes.«

»Bitte. Erzählen Sie es mir.« Der Kardinal sprach fast grollend.

»Nun gut. Peter Carenza hat eine sexuelle Beziehung zu Marion Windsor aufgenommen.«

Die Worte trafen Paolo, wie keine Waffe es jemals vermocht hätte, erschütterten den tiefsten Kern seines Seins. *Welche Blasphemie …!*

»Nein. Das glaube ich nicht. So etwas glaube ich nicht.«

»O doch. Es ist definitiv die Wahrheit. Targeno hat keinen Grund, mich anzulügen.«

»Aber warum? *Wie*?«

Francesco zuckte erneut die Achseln. »Wer weiß? Er ist, zusätzlich zu seiner göttlichen Natur, auch ein Mensch. Das Dogma ist wieder Fleisch geworden, und wir müssen mit den biologischen Realitäten zurechtkommen.«

Paolo blieb erregt und ein wenig furchtsam. Wie konnte der Jesuit so unbekümmert sein? »Ich kann einfach nicht … Es ist so schwer zu verstehen.«

»Außerdem«, fuhr Francesco leichthin fort, »können wir keinesfalls wissen, wie Jesus' Beziehungen zu Frauen gewesen sein mögen, bevor er zu predigen begann. Es ist keine bahnbrechend neue Sicht, wenn man vermutet, dass er keine Jungfrau mehr war, wissen Sie.«

Paolo verspürte jäh ein heftiges Verlangen nach Süßem. Ein süßes Brötchen. Ein Trattare. »Sie und Ihre radikalen, jesuitischen Blasphemien! Was nützt solches Gerede?«

Francesco lächelte. »Da ist noch mehr …«

»Was? Was könnte schlimmer sein?«

»Pater Daniel Ellington ist tot. Ein Herzanfall.«

»Er war so jung … schwer zu glauben«, sagte Lareggia.

»Targeno hat seine eigene Meinung zu dem Vorfall. Er hat das Gefühl, als könnte Peter ihn getötet haben.«

»Was!« Lareggia kam taumelnd hoch, wankte durch den Raum, fuchtelte mit den Armen. »Warum?«

»Targeno denkt, Ellington hätte möglicherweise auch mit der Windsor geschlafen.«

»Gütiger Himmel! Was für eine Sciattona ist sie?! Und Ellington – noch ein Jesuit. Oh, Vanni, das ist so entsetzlich! Ich kann nicht glauben, was wir geschaffen haben!«

»Boccaccio sagt, alle Dinge werden aus Liebe getan.«

»Liebe!« Paolo stieß das Wort angewidert hervor. Es fühlte sich auf seiner Zunge wie ein Mehlwurm an. »Was ist Liebe?«

Francesco zuckte die Achseln. »Sie ist das, was Christus predigte, wurde mir gesagt.«

»Höchst amüsant, Vanni. Sehen Sie nur, wie ich lache.«

»Es ist besser als Weinen.« Er hielt inne, seufzte. »Wie konnten wir jemals glauben, dass wir den Jungen beeinflussen könnten?«

Das stimmte, dachte Paolo. Sie waren so naiv gewesen, so arglos. Pater Francesco hatte sich früh seinen Ruf als theologischer Außenseiter erworben, und seine Ideen hatten den jungen Paolo und die junge Victorianna verleitet.

Alles, was sie wollten, war, die Welt zu einem besseren Ort zu machen – eine Welt, in der Christus wirklich wieder in ihrer Mitte weilte. Paolo lächelte ironisch. Solch ein einfacher Gedanke! Die Wiederkunft Christi!

Wie hatten sie so stolz sein können? So kühn und vermessen, Gott zu spielen? Wer hätte vorhersehen können, was bereits geschehen war? Nur Gott wusste, was noch bevorstand.

»Da ist noch etwas«, sagte Francesco.

»Was? Weitere Blasphemie?« Lareggia sackte auf seinem Sessel zusammen.

»Nein, es betrifft Freemason Coopers ›Internationales Gebetstreffen‹.«

Paolo nickte resigniert. Das Treffen, Coopers persönliches Geistesprodukt, berief alle Kirchenführer zusammen, um sich für einen Tag und eine Nacht der Feiern und des internationalen Gebets eine Kanzel und einen Altar zu teilen. Es sollte Weihnachten 1999 im neuen Sports Palladium in Los Angeles abgehalten werden. Eine Viertelmillion anwesende Menschen und eine weltweite Satellitenübertragung mit einem Publikum von über zwei *Milliarden* wurde für das vorausgesagt, was Cooper und die Medien als den »Meilenstein zum zwanzigsten Jahrhundert, den Grundpfeiler des neuen Milleniums« angekündigt hatten.

»Ja, das Treffen – was ist damit?«

»Hat der Papst die Einladung schon angenommen?«

Paolo schüttelte den Kopf. »Er wägt die Alternativen noch ab. Es ist noch viel Zeit. Ich denke, er will abwarten, was die nicht-christlichen Kirchenführer tun. Er muss seinen Ruf als Vermittler wahren.«

»Wie denkt das Kardinalskolleg über die Einladung?« Francesco begann erneut, im Büro auf und ab zu gehen, wenn auch dieses Mal langsamer.

»Die Meinungen sind geteilt. Sie wissen, wie viele der älteren, konservativeren Kardinäle bezüglich der Protestanten empfinden.«

Francesco nickte lächelnd.

»Und es gibt keinen wirklichen Präzedenzfall für eine Teilnahme des Heiligen Vaters an einem ›Gebetstreffen‹«, sagte Paolo, der seine Missbilligung eines solch protestantisch klingenden Begriffes nicht verhehlen konnte.

»Was wird also verfügt?«

Paolo zuckte die Achseln. »Von der politischen Warte aus wird es als gute Sache angesehen. Stellen sie sich vor, wie schlecht es für den Rest der Welt aussehen würde, wenn die christliche Religion mit der höchsten Mitgliederzahl nicht vertreten wäre.«

»Wie denkt er über Peters Teilnahme?«

»Ist es nicht ein wenig früh, sich darüber Gedanken zu machen?«, fragte Lareggia. »Wurde er denn eingeladen?«

»Nein, aber Targeno glaubt, dass Cooper keine andere Wahl haben wird, als ›Pater Peter‹ mit einzubeziehen.« Francesco machte eine Pause und atmete aus. »Targeno glaubt auch, Cooper sei durch Peters Popularität stark bedroht.«

Paolo zuckte die Achseln. »Das kann ich ihm nicht vorwerfen.«

»Was glauben Sie, wie der Papst denkt?«

»Ich bezweifle, dass der Heilige Vater vor diesem letzten Vorfall großes Interesse daran hatte. Seine seltene öffentliche Anerkennung von Peters guten Werken war stets positiv. Anscheinend hatten wir Recht damit, dass wir dem Papst geraten haben, die Heilige Mutter Kirche nicht zu stark mit irgendetwas in Verbindung zu bringen, was Peter Carenza getan hat. Ich habe seit der Nachricht aus Colorado nicht mehr mit ihm gesprochen, aber ich bin mir sicher, dass der Heilige Vater froh darüber ist, dass die Kirche in keiner Weise für die Tragödie verantwortlich gemacht wird ...«

Francesco vollführte eine unbekümmerte Geste. »Egal – Seine Heiligkeit wird teilnehmen.«

»Wie können Sie da so sicher sein?«

Francesco lächelte. »Weil ich nicht glaube, dass der Papst das Risiko eingehen kann, sich von Peter Carenza die Show stehlen zu lassen.«

Paolo war schockiert. »Wie können Sie nur so etwas sagen? Sie würden gemeinsam zum Wohl der Menschen arbeiten!«

»Sicher, aber die Menschen würden es vielleicht nicht so sehen ... wenn der Papst nicht erschiene.« Der Jesuit fuhr sich mit einer langfingrigen Hand durch sein dünner werdendes Haar.

Paolo nickte. Giovanni Francesco hatte schon immer einen ausgeprägten Sinn für Politik und Psychologie gehabt. Seine Analyse war wahrscheinlich wieder einmal vollkommen richtig, aber …

»Ja, Vanni, es sei denn, die Menschen unterstützen Peter nicht mehr so, wie es diese Windsor-Schlampe behauptet.«

»Sie lügt nicht«, sagte der Priester. »Aber ich denke, die wahre Prüfung seiner Fähigkeiten wird noch kommen.«

Paolo schüttelte den Kopf. »Was meinen Sie?«

Francesco zuckte die Achseln. »Es ist nur so ein Gefühl. Etienne hatte weitere prophetische Visionen, wissen Sie, und es kam mir in den Sinn, dass Gott uns vielleicht durch die Nonne zu erreichen versucht. Sie will noch immer den Papst sprechen.«

»Unmöglich!«, sagte Paolo. »Der Heilige Vater darf von unserem Projekt nichts wissen, bis Peter wirklich bereit ist. Es darf keinen Hinweis auf eine Teilung in der Heiligen Mutter Kirche geben, und kein Mensch weiß, wie der Papst reagieren würde!«

Francesco nickte. »Ich weiß, ich weiß.« Der Jesuit trat zum Fenster, mit dem Rücken zu seinem

Kollegen. »Habe ich Ihnen jemals gesagt, Paolo, dass ich nie richtig an das geglaubt habe, was wir getan haben?«

»Was?« Paolo war sprachlos. Wie viele Erschütterungen musste er an einem Tag ertragen? »Wie können Sie das sagen? Kriegers Arbeit war einwandfrei.«

Francesco winkte ab. »Oh, ich habe geglaubt, dass er jemanden geklont hat –, aber ich habe in meinem tiefsten Inneren nie geglaubt, dass es der Nazarener war.«

»Warum haben Sie das alles dann mitgemacht?«

Francesco lächelte. »Weil ich beschlossen hatte, dass es nicht wichtig sei, ob Peter tatsächlich Christus ist oder nicht.«

»Was meinen Sie?«

»Es wäre so lange nicht wichtig, so lange die Welt es glaubte. Solange die Welt in Eintracht zusammenkäme, wie es die Wiederkunft Christi versprach.«

»Und was ist jetzt, Vanni? Glauben Sie jetzt?«

Francesco seufzte. »Ich glaube, in meinem Leben niemals etwas gefürchtet zu haben. Aber meinen Glauben zu prüfen bedeutet inzwischen, in eine dunkle Grube zu blicken. Jedes Mal, wenn ich es versuche, erschrecke ich.«

Dreiundvierzig

St. Louis, Missouri – Bevins
30. Oktober 1999

Freddie lehnte sich auf seinem Bürostuhl zurück und gab die Telefonnummer eines angemieteten Zimmers in East St. Louis ein, die erforderlich war, um zur Privatnummer des Reverend weitergeleitet zu werden. Diese ein wenig kostspielige List verhinderte, dass Coopers Nummer auf einer der Telefonrechnungen der Carenza-Stiftung vermerkt wurde. Wenn Carenza oder diese hochnäsige Windsor herumzuschnüffeln beschlossen, würden sie keine verdammte Verbindung des Reverend zu Bevins finden.

Ziemlich raffiniert, dachte Bevins, während er dem Klingeln von Coopers Telefon lauschte.

»Ja?«, sagte eine volltönende, klangvolle Stimme, der man das Stimmtraining anhörte. »Sprechen Sie.«

»Guten Morgen, Reverend. Hier ist Bevins.«

»Ah, ja! Sehr pünktlich. Das gefällt mir, Freddie. Ich nehme an, Sie sind aus dem Alten Westen zurück?«

»Wir haben letzte Nacht eingecheckt. Das gesamte Gefolge. Alle waren ziemlich erschöpft, mich eingeschlossen, sonst hätte ich Sie noch letzte Nacht angerufen.«

»Unser regulärer Zeitplan ist ganz in Ordnung«, sagte der Reverend. Im Hintergrund war das feine Klingen von Silber auf Porzellan zu hören. »Sie haben gewiss Neuigkeiten?«

»Einige.« Freddie schüttelte den Kopf und zündete sich eine Zigarette an. Die Gespräche mit Cooper waren ein wenig verrückt. Er ließ alles wie ein kleines Spiel oder eine schräge Lektion erscheinen. Immer die albernen Fragen, der hinter allen seinen Worten lauernde Sarkasmus.

Der Reverend kicherte leise. »Ich könnte mir nach dieser ›vielfachen Taufe‹ kaum vorstellen, was noch zu berichten wäre!«

Freddie lachte, aus Verpflichtung, und wartete dann auf sein Stichwort.

»Aber sagen Sie mir, Freddie, stimmen die Berichte?«

»Welche, Reverend?«

»Dass die Menschen ihn immer noch lieben? Dass der Unglücksfall sein Bild bei den Massen nicht beschädigt hat?«

»Reverend, ich will nicht respektlos sein, aber ich denke, Sie haben dieselben Berichte gesehen wie ich …«

»Belehren Sie mich nicht, Freddie!« Die Stimmung des Reverend schlug augenblicklich um. »Sie sitzen inmitten dieser Schlangengrube! Wenn Sie mir nicht mehr erzählen können, als ich durch die Abendnachrichten erfahre – wofür, zum Teufel, bezahle ich Sie dann!?«

»Reverend, hören Sie, ich meinte nur, dass ich nicht an zwei Orten gleichzeitig sein kann. Ich kann Ihnen nur sagen, was ich direkt gesehen habe. Ich habe mit vielen Leuten aus dem Publikum gesprochen. Menschen, die dort draußen an diesem Fluss waren. Niemand hat ihm vorgeworfen, was geschehen ist! Das sind die Fakten, Reverend.«

»Aber warum, verdammt!? Das will ich wissen. Und *dafür* bezahle ich Sie – damit Sie mir Antworten liefern!«

»Reverend, ich weiß, wofür Sie mich bezahlen – und mächtig gut, könnte ich hinzufügen –, aber wir kennen uns schon viele Jahre, und ich habe auch früher schon Aufträge für Sie erledigt. Sie wissen, dass ich kein Besserwisser zu sein versuche.«

Cooper seufzte hörbar und hielt dann inne, um etwas zu trinken. Freddie hoffte, dass er sich daran erinnerte, dass Bevins einer der wenigen Menschen war, die von Anfang an dabei waren, und dass all dieser überhebliche Mist einen alten Fuchs wie Freddie Bevins nicht kratzen würde.

»In Ordnung«, sagte Cooper. »Ich denke, wir verstehen einander gewiss –, aber ich brauche Antworten, Freddie. Nämlich darauf, was vor sich geht – warum hängen sie ihn nicht für das, was er getan hat?«

»Nun, ich habe versucht, mit einigen Leuten zu reden«, sagte Freddie und hielt dann inne, um an seiner Zigarette zu ziehen. »Und sie sagen alle so ziemlich das Gleiche.«

»Und das wäre?«

»Dass nicht nur Pater Peter den Fluss heraufbeschworen hat. Sie sagten alle, sie hätten etwas durch sich hindurchströmen spüren – wie eine Trance oder eine Vereinigung oder Ähnliches. Sie waren sich nicht sicher, was es war, aber sie wussten, dass es eine Macht war, die aus ihnen *allen* kam. Es war nicht nur Pater Peter – das haben sie mir alle gesagt.«

»Unglaublich …«, murmelte Cooper.

»Außerdem sagten sie, der Unglücksfall beweise nur, dass Pater Peter genauso ein Mensch sei wie sie alle. Das gefiel ihnen anscheinend.« Bevins drückte seine Zigarette aus.

»Haben Sie irgendjemanden weiter über diese ›Trance‹-Geschichte befragt? Wie es sich anfühlte? Wie es funktionierte?« Der Reverend trank aus einer Tasse, deren Rand gegen die Sprechmuschel tippte.

»Nun, danach musste ich sie nicht im Besonderen fragen. Sie haben es mir von selbst erzählt.« Freddie hielt inne. Bewusst. Sollte sich der Bastard eine Weile winden. »Sie sagten alle, es sei einfach ein großartiges Gefühl gewesen, Reverend. Als wären sie elektrisiert, als könnten sie alles tun.«

»Sie meinen eine Euphorie? Eine Verzückung?« Der Nachdruck wurde selbst durchs Telefon deutlich.

»He, ich bin mir nicht sicher, was diese Worte bedeuten«, sagte Freddie, der es stets für besser hielt, sich dümmer zu stellen, als man vielleicht tatsächlich war. »Aber sie sagten, es wäre ›wie high sein‹ gewesen, aber gemeinsam, wissen Sie, was ich meine?«

»Ich denke schon.« Cooper seufzte. »Sie sind sich wegen der Sache mit der geteilten Verantwortung sicher? Die Leute glauben das wirklich?«

»O ja, definitiv.«

»Sie hätten nicht mit einer List dazu gebracht worden sein können, das zu sagen?«

»Mit einer List?«

»Sie sagten, sie hätten sich wie hypnotisiert gefühlt, nicht wahr?«

»Nun, so ähnlich habe ich mich ausgedrückt, Reverend. Sehen Sie, als der Fluss beständig anstieg, gerieten einige Leute in Panik. Sie sagten, sie wären nicht ruhig genug gewesen, um sich von Carenza helfen zu lassen.«

»Erstaunlich«, sagte Cooper. »Noch etwas?«

»Nun, Sie haben vermutlich die Berichte über Ellingtons Herzanfall gehört.«

»Sicher. Hat das für Sie eine besondere Bedeutung?«

Bevins räusperte sich. »Ich weiß nicht. Die Ärzte waren ziemlich überrascht. Er war ein junger Mann. Das klingt für mich komisch, aber ich könnte nie etwas daraus konstruieren.«

»Wie kommen Sie mit Marion Windsor voran?«

»Recht gut vermutlich. Sie beachtet mich nicht weiter. Bei Carenza bin ich mir da nicht so sicher.«

»Wirklich? Hat er Verdacht geschöpft?«

»Das glaube ich nicht. Ich glaube, es liegt eher daran, dass er mich nicht mag. Und dieser Straßen-Punk, Billy – er mag mich mit Sicherheit nicht.«

Cooper grinste. »Nun, Freddie, ich glaube, ich liege nicht ganz falsch, wenn ich behaupte, dass Sie nicht der sympathischste Mensch sind, den ich kenne.«

»Ja, vielleicht haben Sie Recht«, antwortete Freddie. Verflucht seist du, Reverend. Verflucht seien du und deine Tausend-Dollar-Anzüge, deine kosmetische Chirurgie und deine schwedische Masseuse.

»Nun gut, Freddie. Gibt es noch etwas?«

»Nur noch zwei Dinge: Haben Sie noch jemand anderen auf diesen Fall angesetzt?«

Cooper atmete geräuschvoll ein. Es kam einem Keuchen so nahe, wie er es sich wahrscheinlich erlauben mochte. »Was? Natürlich nicht. Wovon reden Sie?«

»Ich weiß es nicht. Wahrscheinlich nichts, wirklich. Nur ein Gefühl.«

»Fahren Sie fort …«

»Nun, ich habe diesen Burschen bei der Colorado-Sache gesehen. Groß, ziemlich hager, aber er bewegt sich, als wäre er in Wahrheit flink und kräftig. Er trägt stets eine Sonnenbrille. Dichter Schnurrbart, dunkles Haar. Klingt das bekannt?«

»Nicht ohne weiteres«, sagte Cooper mit gedämpfter Stimme. »Was stört Sie an ihm?«

»Nun, nur dass ich ihn häufig in meiner Nähe gesehen habe. Auch im Doubletree Hotel.«

»Hat er etwas Verdächtiges getan?«

»Nein. Ich hatte nur so ein Gefühl, er wäre einer von uns.«

»›Uns‹?«

»Sie wissen schon, PIs. Undercover-Leute.«

»Oh, verstehe«, sagte der Reverend. »Ja, nun, behalten Sie ihn im Auge. Lassen Sie es mich wissen, wenn Sie ihn wieder sehen.«

»Okay, kein Problem.«

»Sie sagten, *zwei* Dinge – was noch?«

»Es ist auch nur so ein Gefühl, aber auf dem Rückflug hierher hatte ich das seltsame Empfinden, dass mit Carenza etwas nicht stimmte.«

»Was meinen Sie damit, dass etwas nicht ›stimmte‹?«

»Ich weiß es nicht genau. Er verhielt sich einfach seltsam. Ich meine, nach dieser Fluss-Geschichte vollführte niemand Freudentänze, aber unser Eindruck, nun, er schien in seinen eigenen Gedanken gefangen. Hat mit niemandem gesprochen.«

»Vielleicht ist das seine Art, mit der Tragödie umzugehen. Sie interpretieren vielleicht mehr hinein als nötig.«

»Ich weiß es nicht. Sie waren nicht bei diesen Leuten. Da war diese Nähe – man könnte es vermutlich Vertrauen nennen –, und das habe ich auf dem Rückflug nicht gespürt.«

»Wirklich …?«

»Ich meine, wenn man sie alle kennt, sollte man meinen, sie würden sich gegenseitig trösten und unterstützen, aber das haben sie nicht getan.«

»Interessant«, sagte Cooper. »Also sind im reinen Lande Camelot vielleicht nicht alle friedlich.«

»Hm?«

»Schon gut, Freddie. Ich danke Ihnen. Ein sehr guter Bericht.«

»Gut, Reverend.«

»Und übrigens – ich glaube, ich habe Sie noch nicht für die Überprüfung von Carenzas Hintergrund gelobt«

»Kein Problem. Computer erleichtern das heutzutage.«

»Ja, vermutlich. Aber es ist schade, dass Sie keinen Fleck auf seiner weißen Weste finden konnten.«

»Nun, Reverend, er *ist* immerhin Priester, wissen Sie …«

»Das wird behauptet«, sagte der Reverend.

Vierundvierzig

Bessemer, Alabama – Cooper
9. November 1999

Der künstliche Balzruf eines Vogels – ein Seetaucher aus dem Nordosten – schrillte durch seine Schlafzimmer-Suite.

»Was war das, Reverend?«, fragte Lorianne, die innehielt, um zu Atem zu kommen. Sie war eine übermütige, dreiundzwanzigjährige Blondine, die während Coopers Sendungen eines der Live-Telefone bediente. Freemason suchte seine Telefonistinnen stets persönlich aus – sie mussten extrem ansprechend und doch dem Zweck angemessen wirken.

Lorianne sah mit ihren High Heels und dem String, die zu tragen er sie gebeten hatte, alles andere als dem Zweck angemessen aus, aber das bedeutete nicht, dass sie nicht zum Fressen war.

Als er zwischen seine Beine blickte, wo Lorianne mit vorgerecktem Hintern kniete und ihm eine der großartigsten Fellatios verschaffte, an die er sich erinnern konnte, lächelte er.

»Was ist *was*, Lorianne?«

»Dieser Lärm …«

»Das ist meine Sprechanlage, Schätzchen. Hübsch, nicht wahr?«

»Oh, sicher«, sagte sie lächelnd und wandte sich dann wieder ihrer zugewiesenen Aufgabe zu.

Freemason lehnte sich gegen den importierten Marmor-Toilettentisch und beobachtete im gegenüberliegenden Spiegel, was vor sich ging. Der Zederngeruch der Sauna vermischte sich mit Loriannes Parfüm und durchzog die feuchte Luft mit einem unheimlich berauschenden Duft. Er wäre verdammt überrascht, wenn der Himmel besser als das hier wäre.

Der klagende Balzruf des Seetauchers erklang erneut, und Freemason streckte die Hand aus und schaltete die Sprechanlage ein.

»Ja«, sagte er, während er die Flächen und Linien seines Gesichts betrachtete. Sein dichtes Haar umrahmte Züge, die einen tapferen Kampf gegen das Alter führten. Mit Hilfe von ein wenig Chirurgie und den neuesten dermatologischen Präparaten sah er gut aus.

Lorianne steigerte die rhythmische Bewegung ihres Kopfes und er keuchte unfreiwillig.

Die Sprechanlage kreischte unverständlich. Cooper verpasste ihr einen Klaps. »Ich sagte *ja*! Reden Sie!«

»Mason«, sage die Stimme von Preston J. Pierce. »Ich habe Mel Cameron in der Leitung.«

»Wen?«

»Mel Cameron, Sir. Der Kerl von ABC. Sie wissen schon – *NewsNight*.«

Jesus – *dieser* Cameron!

Freemason verspürte jäh eine zusätzliche Erregung, die er jedoch rasch unterdrückte. Obwohl Coopers bevorstehender Auftritt bei *NewsNight* nicht sein erster war, fiel es ihm noch immer schwer, Mel Cameron nicht als Star anzusehen, als berühmte, gottähnliche Persönlichkeit, die nie mit bloßen Sterblichen sprach. Seine Show, die jeden Abend auf der ganzen Welt gesendet wurde, war ohne weiteres eines der meistgesehenen Programme der späten Neunziger. Camerons blondes Haar und das kantige Gesicht waren Milliarden Menschen auf Anhieb vertraut.

Und jetzt war der Gastgeber von *NewsNight* in der Warteschleife, wand sich im Wind elektronischen Vergessens und wartete darauf, mit Freemason Cooper zu sprechen!

Aber, zum Teufel, warum auch nicht?

Manchmal vergaß man einfach, wie berühmt man selbst war, dachte Freemason. Und wenn er so darüber dachte, nun, dann war es vielleicht gar nicht so ungewöhnlich, dass Cameron ihn sprechen wollte.

»Danke, Press«, sagte er und war bemüht, so gelassen wie möglich zu klingen. »Stellen Sie den Jungen durch.«

Pierce brummte zustimmend. Ein Klicken war zu hören, als die Sprechanlage verstummte. Das Telefon klingelte, und Freemason drückte die Lautsprecher-Taste.

»Hallo«, sagte er leise.

»Hallo?«, fragte eine weibliche Stimme, die definitiv nicht Camerons vertrauter Bariton war. Der Lautsprecher der Sprechanlage funktionierte einwandfrei, durch die Akustik im Badezimmer noch verstärkt. »Reverend Cooper?«

»Hier ist der Eine und Einzige! Aber wer sind Sie, Schätzchen? Ich hatte erwartet, die Stimme des alten Cameron zu hören.« Lorianne änderte ihre Position, hielt den Atem an und ließ nun ihre Zunge heftig umherschnellen.

»Verzeihen Sie, Reverend. Mein Name ist Deborah Curtis. Ich rufe nur an, um Ihnen unseren Zeitplan für heute Abend durchzugeben. Mr. Cameron kümmert sich nie um derlei Details. Ich bin sicher, Sie verstehen ...«

»Nun, gewiss«, sagte Mason, obwohl er sich unwillkürlich brüskiert fühlte. Immerhin waren er und Cameron sich nicht fremd.

»Sind Sie bereit, Reverend?«

»Ja. Ja. Was auch immer Sie geplant haben, wird für mich in Ordnung sein«, sagte Mason. »Wir wollten um dreiundzwanzig Uhr dreißig beginnen, nicht wahr?«

»Dann gehen wir auf Sendung, ja, das ist richtig. Mr. Cameron begrüßt die Gäste zunächst allein, und dann werden wir zwischen den verschiedenen Gästen – Sie eingeschlossen – hin und her schalten.«

»Okay, klingt für mich gut, Debbie.« Er blickte auf das heftig wogende, lange, blonde Haar hinab. Lorianne hatte das Tempo noch weiter angezogen.

»Leider kann ich Ihnen keinen genauen Zeitrahmen nennen – Sie werden jederzeit bereit sein müssen, zugeschaltet zu werden, in Ordnung?«

»Ich denke, ich bin *jetzt sofort* bereit«, sagte Freemason. In seinem Körper schlugen Glocken und Pfeifen an. Das Frühwarnsystem in seinen Lenden sandte Signale aus, dass eine Explosion bevorstand.

Camerons Produktionsassistentin kicherte kontrolliert und höchst professionell. »Nun, ich kann Ihren Enthusiasmus gewiss verstehen, aber wir werden alle bis heute Abend warten müssen, Reverend.«

»Verstehe«, sagte Freemason zähneknirschend und bemüht, die Kontrolle zu bewahren. Er sollte der Schlampe sagen, sie solle aufhören, aber es fühlte sich zu verdammt gut an.

»Gut«, sagte Miss Curtis, »dann freut sich Mr. Cameron darauf, heute Abend mit Ihnen sprechen zu können.«

»Aber sicher«, sagte Freemason, schrie die Worte fast heraus. »Heute Abend!«

Er beendete das Gespräch, lehnte sich zurück und ließ los. »Jaaaaaa!«, rief er, während er sich wellenartig verkrampfte.

Lorianne entging keine Zuckung, während sie fortfuhr, wie eine gut geölte Maschine vor und zurück zu schwingen. Verdammt, war diese Schlampe *gut*. Sie fuhr fort, bis er erschlaffte und die Anspannung und Kraft ihn verließen, so wie Spülwasser in den Ausguss sinkt.

Lorianne sah ihn mit strahlendem Lächeln an. »Das bedeutet vermutlich, dass es Ihnen gefallen hat, hm, Reverend …?«

Fünfundvierzig

St. Louis, Missouri – Windsor
9. November 1999

Auch wenn es nur um Auftritte ging, hatte sich Peter seit ihrer Rückkehr zur Zentrale in St. Louis so verhalten, als stünde nichts Missliches zwischen ihnen.

Marion lehnte sich auf ihrem Bürostuhl zurück und sah aus dem Fenster, das auf den Grand Boulevard und die Missouri Botanical Gardens hinausführte. Der Abend nahm die Stadt allmählich ein. Graue Blässe legte sich zwischen die entlaubten Zweige der Bäume und Sträucher, gelegentlich von einem widersprüchlich immergrünen Gewächs unterbrochen. Das Jahr wankte als verschwommener Eindruck höchst belasteter, emotionaler Vorfälle an ihr vorbei. Sie fragte sich, ob sie die Kraft hatte, noch viele weitere zu ertragen.

Ihre Gefühle waren so verworren, dass sie keine Ahnung hatte, was sie empfand. Da war etwas Neues an Peter, etwas bisher nicht zu Identifizierendes. Nachdem alle diese Menschen in Colorado gestorben waren, hatte er sich von allen zurückgezogen. Sie war plötzlich gezwungen gewesen, ohne dazu formell autorisiert zu sein, ihn der Welt gegenüber zu repräsentieren.

Sie fragte sich, ob das Peters Art war, sie dafür zu bestrafen, dass sie mit Dan gesprochen hatte, dass sie bei seinem Tod in Panik geraten war.

Sie lächelte bittersüß. Nun, wenn es so war, hatte sie es gewiss verdient.

Peter sagte nur, dass er Zeit brauche, um seinen Zweck, seine ›Rolle im größeren Plan‹, neu einzuschätzen. Noch Tage, nachdem die Gruppe nach St. Louis zurückgekehrt war, mied er weiterhin jedermann und benutzte Marion und Billy als Prellbock. Und Marion gegenüber verhielt er sich kühl, distanziert, sehr geschäftsmäßig. Sie konnte es ihm eigentlich nicht vorwerfen – sein Ego hatte innerhalb vierundzwanzig Stunden zwei verheerende Angriffe erlitten. Und es sprach für seinen Mut, seine Kraft und seine inneren Reserven, dass er dem internationalen Fernseh-Interview zugestimmt hatte.

Dans Tod, das Heraufbeschwören des Flusswassers und die heftigen Nachwirkungen dessen hatten sie ruckartig in eine Realität zurückgebracht, deren Existenz sie vergessen hatte, so als wäre sie aus einem warmen Raum in einen eisigen Sturmregen geworfen worden. Liebte sie Peter Carenza wirklich? Oder war sie nur verzückt gewesen – wie alle anderen, die ihm begegneten? Hatte er sie dazu gebracht, ihn zu lieben? Diese Fragen beunruhigten sie.

Wo war die glückreiche, entschieden unabhängige, im Aufstieg begriffene Fernsehjournalistin? Ihr Selbstbild schien erschüttert, durch ihre Beziehung zu Peter unterhöhlt. War sie wirklich von ihm abhängig geworden?

Gewiss nicht finanziell. Sie war, sachlich betrachtet, immer noch bei WPIX in New York angestellt, obwohl sie das Gehalt ihres lokalen Senders seit Monaten nicht mehr angerührt hatte. Ihre WPIX-Gehaltsschecks und die Dollar, die sie als freie Journalistin für die nationalen Sender einnahm, wurden direkt ihren Konten in St. Louis zugeführt. Mit dieser Art Einkommen hatte sie sich bewusst von der Gehaltsliste der Carenza-Stiftung gestrichen.

Nein, er kontrollierte sie nicht mit seinem Geld. Aber es gab andere Arten, die Seele eines Menschen zu binden, gleichermaßen starke Bande, die ebenso schwer zu zerbrechen waren.

»Entschuldige«, sagte Billy, der im Eingang erschien. »Hast du eine Minute Zeit?«

Sie drehte den Stuhl langsam vom Fenster um und betrachtete ihn. Sein Haar war auf modernste Art geschnitten, und er trug eines seiner lässigen GQ-Ensembles. Obwohl Billy erst kürzlich einige von Daniels alten Pflichten übernommen hatte, war er Peters Vorschlag allmählich gefolgt, den Look des einsamen Bikers zugunsten etwas für die breite Masse Zugänglicherem aufzugeben. Es war eine gute Idee gewesen, aber Marion war sich bewusst, dass es einige Zeit dauern würde, bis man sich daran gewöhnte, Billy in Kammgarnhosen, Oxford-button-down-Hemden und Pennyloafers zu sehen.

»Natürlich«, sagte sie. »Schließ die Tür.«

Billy nickte und schloss den allgemeinen Lärm eines unter Belagerung von klingelnden Telefonen, brummenden Druckern und surrenden Kopiermaschinen stehenden Büros aus.

»Peter hat sich verändert, seit Daniel gestorben ist«, sagte Billy. Er hatte vielleicht sein Erscheinungsbild geändert, aber er hatte sich seine direkte Art bewahrt, Themen anzugehen. Billy war kein Heuchler.

»Ich weiß …« Marion wollte nicht darüber reden. Sie konnte Billy nicht erzählen, dass sie die Vermutung hegte, Peter sei tatsächlich der Urheber von Daniels Tod. Es war einfach zu verrückt.

»Ich meine, Peter spricht mit mir grundsätzlich über nichts anderes mehr als über Geschäftliches. Ich habe keine Ahnung, was er wirklich denkt.«

»Ich weiß«, sagte Marion. »Aber ich denke, er geht seine Probleme auf sein eigene Art an. Und ich glaube, wenn er die Zeit hatte zu analysieren, was geschehen ist, wird er verstehen und zu uns zurückkommen.« Sie fuhr sich mit einer Hand durchs Haar, lockerte es wie abwesend auf.

Billy schüttelte langsam den Kopf. »Vielleicht hast du Recht. Ich hoffe es. Ich verehre Peter praktisch, aber er ist jetzt auch schon eine Weile mein Freund. Ich möchte ihn nicht verlieren.«

Sie streckte eine Hand aus und berührte seine. »Das wirst du nicht, vertrau mir. Er sollte nach der *NewsNight* Show entspannter sein, und dann werde ich versuchen, ihn dazu zu bringen, mit mir zu reden.«

Insider-Gerüchte darüber, dass ABC einen Bericht über Peter bringen wollte, wurden schließlich zur Tatsache. Marion hatte damit gerechnet, dass Peter nach dem Flussunglück in Colorado zu den ›Aktuellen Themen‹ von *NewsNight* gezählt würde, wie Charles Branford die Programmtaktik von ABC bezeichnete.

»Das stimmt«, sagte Billy und sah auf die Uhr. »Nur noch sechs Stunden. Glaubst du, Cameron wird ihn angreifen?«

»Wahrscheinlich, aber subtil.«

»Wie das?«

»Ich glaube, Cameron teilt die Stimmung der überwiegenden Bevölkerung«, sagte sie. »Er weiß, dass sie Peter mögen. Ich glaube nicht, dass er etwas tun wird, was seine eigene Stellung beim Publikum gefährden könnte.«

Billy nickte. »Ja, würde er einen wirklich harten Angriff starten, dann würde er viele Leute vor den Kopf stoßen, wenn er es zu offensichtlich machte.«

Marion schaute nachdenklich zur Decke. »Weißt du, wenn ich Cameron wäre, würde ich wahrscheinlich meine Gäste den Angriff führen lassen. Ich habe das bei ihm schon früher erlebt, und es funktioniert ausgezeichnet.«

»Wirklich?«

»Der Kerl ist ein Meister subtiler Manipulation«, sagte Marion. »Und er kontrolliert alle Kameras, die Schnitte, alles. Wenn einer seiner Gäste etwas sagen will, was Mel nicht gefällt, kann er einfach zu jemand anderem umschwenken. Es ist ständiges Redigieren. Cameron ist ein Meister darin, die Show in Echtzeit zu gestalten, während sie landesweit, weltweit ausgestrahlt wird.«

»Wow«, sagte Billy, wobei seine Ehrfurcht ein Widerhall von etwas war, was sie auch einst in Daniel Ellingtons Augen gesehen hatte.

Marion wich zurück. Sie konnte es nicht verhindern, dass ihr Tränen in die Augen traten. »Entschuldige, Billy …«

»Du hast an Dan gedacht, oder?«

»Ja. Woher weißt du?«

»Das passiert mir auch. Ganz plötzlich. Ich denke an ihn. Ohne besonderen Grund.«

»Ich kann nicht glauben, dass er tot ist …« Marion wischte sich ungelenk die Tränen fort.

»Laureen sagt, du hättest ihn gemocht«, sagte er mit seiner üblichen Direktheit. »Weißt du, als hättest du dich in ihn verliebt.«

»Hat sie gesagt, hm?«

»Und«, erwiderte er spitzbübisch lächelnd, »hattest du?«

»Billy, ich habe meine Erfahrungen gemacht. Ich war schon früher verliebt, oder zumindest glaubte ich das. Und eines der Dinge, die man lernt, wenn man ein paar Mal verliebt war, ist, dass es sich jedes Mal anders anfühlt.«

»Okay«, sagte er und verschränkte die Arme, versuchte mit Körpersprache, Neutralität auszudrücken.

»Ich versuche dir damit zu sagen, dass ich es nicht weiß. Ich bin mir nicht sicher, was mit mir und Daniel vor sich ging, oder mit mir und Peter.«

Er nickte. »Ja, richtig. ›Triade‹.«

»Was?«

»Ein alter Song von Jefferson Airplane. Grace Slick hat ihn gesungen. *Why can't we go on as three?* Oder so ähnlich. Ich fand den Song immer verrückt, weißt du.«

Sie erhob sich, wischte sich eine Träne aus dem Augenwinkel. »Ja, Billy, du hast Recht damit – es war ein *völlig* verrückter Song.«

Die Videocrews von ABC kamen unmittelbar nach achtzehn Uhr an und nahmen ein gesamtes Stockwerk des Gebäudes ein, wobei sie ihre Bemühungen auf Peter Carenzas Büro, den Konferenzraum und den umgebenden Bereich konzentrierten. Viele Menschen in Jeans, Bananenrepublik-Westen und mit Sennheiser-Kopfhörern hasteten in dem Stockwerk umher wie Mitglieder einer elektronischen Guerilla-Armee. Marion war mit all der Vor-Übertragungs-Verrücktheit vertraut und dieses eine Mal dankbar, nicht dazuzugehören.

Um das geplante Chaos zu meiden und als Feier von Peters Auftritt in *NewsNight* führten sie und Billy das Personal des Verwaltungsbüros zum Abendessen in ein nahe gelegenes Mandarin-Chinarestaurant aus. Peter lehnte die Einladung, sie zu begleiten, ab und behauptete, noch eigene Vorbereitungen in letzter Minute treffen zu müssen.

Vielleicht kaufte ihm das Büropersonal diese Erklärung ab, aber Marion nahm es persönlich.

Die Gruppe bestellte die Spezialität des Hauses, ›Das Festmahl des Kaisers‹, und der lange Tisch mit Mitarbeitern der Stiftung war mehrere Stunden lang damit beschäftigt, die endlose Vielfalt von Schüsseln, Terrinen und Pfannen zu ergründen. Der Höhepunkt des Abends war der Vorschlag des Obers, dass alle noch ein Stück vom Kopf des Barsches probieren sollten – eine Geste, die allen Bankettteilnehmern Glück bringen sollte. Niemand wollte die Knochen des Fischkopfes als Erster zwischen den Zähnen zermahlen. Schließlich meldete sich Billy freiwillig, aber obwohl er behauptete, es schmecke wie Kartoffelchips, machte es ihm niemand nach.

Als sie zur Zentrale zurückkehrten, zogen sich Marion und Billy in Marions Büro zurück, um sich die Spätnachrichten und *NewsNight* anzusehen. Peter hatte darum gebeten, mit der ABC-Crew allein gelassen zu werden – ohne dass Mitarbeiter der Stiftung anwesend waren. Billy schaltete mit der Fernbedienung den Ton der letzten Nachrichten und das Getöse der Werbung zwischen den Sendungen aus. Schließlich erschien das ABC-Logo auf dem Vierzig-Zoll-Bildschirm, der wie ein gerahmtes Bild an der Wand ihres Büros hing.

»Okay«, sagte Billy. »Es ist soweit.«

Marion hatte plötzlich einen Kloß in der Kehle und erkannte, dass sie zum ersten Mal an diesem Abend nervös war. Sie wusste, dass im Stockwerk über ihnen Techniker umherliefen, letzte Überprüfungen durchführten, der Bildregisseur seine Konsolen überprüfte und die Maskenbildnerin vielleicht letzte Hand an Peters klassische Züge legte.

Nachdem die bekannte Titelmelodie verklungen war, zeigte die Kamera das vertraute Gesicht Mel Camerons in Großaufnahme. Er schaute direkt in die Linse, der Blick unbewegt, das Haar perfekt gestylt, als wäre es ein Helm aus einem synthetischen Material.

CAMERON: Guten Abend und willkommen zu *NewsNight*. Ich bin Mel Cameron. Vor zwei Tagen trat Peter Carenza, besser bekannt als »Pa-

ter Peter«, beim Mountain-Rock-99 als Gastredner auf. Das Festival war in Schwierigkeiten, es wurde über sanitäre Probleme sowie Nahrungs- und Wasserknappheit berichtet. Pater Peter wurde bei dem Versuch zu helfen zum Mittelpunkt eines umstrittenen Vorfalls. Als der Arkansas unerklärlicherweise über die Ufer trat und das Tal des Festivals überflutete, wurden Tausende Menschen getötet. Dennoch behaupten Tausende von Augenzeugen, eine ›religiöse Erfahrung‹ gemacht zu haben.
Und darüber wollen wir hier heute Abend sprechen: Die ›religiöse Erfahrung‹ in Amerika. Oder genauer: Das Christentum – organisiert oder nicht? Unsere Gäste sind Doktor Gerard Goodrop, der Präsident und Gründer der Church of God-Given Liberties; Pater F. X. O'Brien, der Präsident der Universität Notre Dame; Dekan Bobby Calhoun von Righteous Television Network; Doktor Jonathan Edwards Smith, Vorsitzender der United Protestant Churches of America; Reverend Freemason Cooper, Präsident der Church of the Holy Satellite Tabernacle, und Pater Peter Carenza, der Wanderprediger, der nur ein einfaches Instrument zu sein behauptet, durch das Gott seine Wunder wirken kann.

Wir dachten, dass es im Lichte von Pater Peters kürzlichen Erfahrungen und Reverend Coopers bevorstehendem Internationalen Gebetstreffen, das am Weihnachtstag in Los Angeles abgehalten werden soll, vielleicht von Interesse wäre, die Stellung des Christentums – besonders wie es in Amerika praktiziert wird – unter den Religionen der Welt zu untersuchen.

Wir sind zur Diskussion des heutigen Abends gleich wieder da. Aber zunächst diese Mitteilungen …

Der große Bildschirm hinter Camerons Kopf war ausgeleuchtet gewesen, während er sprach, anfänglich mit Filmmaterial vom Rockfestival und dann mit mehreren weiteren Schauplätzen, wobei die Hauptpersonen des Abends individuell gezeigt wurden. Marion fand die Besetzung absolut skurril.

»Was für ein Verein …«, sagte Billy und drehte sich zu ihr um.

»Ich weiß. Ich kann mir nicht vorstellen, wie das werden soll. Aber sieh dir Cameron an. Er ist der Schlüssel. Er wird den Ton angeben und seine Prämisse subtil voranbringen.«

»Du studierst das Spiel wirklich, oder?«

»Studieren? Nein, ich denke, ich bin inzwischen schon ein Spieler, Billy. Aber du musst dir die Besten ansehen, wenn du in ihrer Liga mitspielen willst. Dieser Kerl ist aalglatt. Ein anderes Wort fällt mir für ihn nicht ein.«

Die Werbemontage endete, und Cameron füllte erneut den Bildschirm aus. Er saß in unbeugsamer Haltung da – sein tadelloser Anzug wirkte wie an einer Schaufensterpuppe der Fifth Avenue – und eröffnete das Forum.

CAMERON: Während sich die Welt auf die Jahrhundertwende zu bewegt, stehen wir dem Ende des zweiten Jahrtausends seit Christi Geburt gegenüber. Dies bezeichnet einen wichtigen Moment für die Christen der Welt. Um besser verstehen zu können, was innerhalb der verschiedenen Religionen geschieht, die unter den weiten Mantel des Christentums fallen, haben wir heute Abend prominente Sprecher von einigen der führenden christlichen Kirchen in den Vereinigten Staaten und, nicht zu vergessen, der Welt versammelt.

Cameron wandte sich zu dem großen Bildschirm an der Wand um. Er blinkte wie ein Auge und offenbarte das Bild eines schlanken Mannes in einem dunklen Anzug und mit Hornbrille. Er wirkte wie ein High-School-Direktor oder ein Versicherungsvertreter.

CAMERON: Beginnen wir mit Doktor Jonathan Edwards Smith. Doktor Smith, nach mehreren Jahrzehnten nachlassender Teilnahme und Beitritte haben die neunziger Jahre eine große Zunahme der Kirchenmitgliedschaften gebracht. Wie kommt das, warum ist das so?

SMITH: Nun, Mel, es ist sehr befriedigend zu sehen, dass so viele Menschen Gott und ihren Glauben sozusagen wiederentdecken. Ich denke, dies wurde durch mehrere Faktoren begünstigt: Zum einen übernimmt die Baby-Boomer-Generation das Terrain der alten Leute – und es ist eine allgemein bekannte Tatsache, dass die Menschen dazu neigen, ›die Religion zu finden‹, wenn sie älter werden. Und zweitens glaube ich, dass die moderne christliche Kirche gelernt hat, wahrhaft modern zu sein – das heißt, der gegenwärtigen Menschheit lebensfähige Ethik- und Moralstandards zu bieten.

CAMERON: Eine wohl durchdachte Antwort, Doktor. Danke. Wie dem auch sei, vermutlich werden andere unter uns heute Abend andere

Gründe verfechten. Wie sieht es damit aus, Reverend Cooper?

Der Bildschirm blinkte, und Freemason Cooper erschien in seiner ganzen Pracht. Er wirkte genauso modisch wie Cameron, aber entschieden männlicher und stattlicher. Er strahlte Charisma aus wie Plutonium Gammastrahlen. Marion hatte ihn über die Jahre hin und wieder gesehen. Er war so allgegenwärtig wie Rauch oder schlechte Poesie – er war praktisch unvermeidbar. Und während er und seinesgleichen für abfällige Bemerkungen unter den Erleuchteten herhalten mussten, blieb die Tatsache, dass er reich und extrem mächtig war. Er war hinter seinem weltmännischen Lächeln so gefährlich wie eine Schlange im Stiefel.

COOPER: Danke, Mr. Cameron. Ich glaube, wir dürfen die Vorstellung nicht außer Acht lassen, dass die organisierte Religion zu einem Spaß geworden ist. Ich bin gezwungen, meine eigene Kirche und die Fernsehprogrammgestaltung zu nutzen, um das zu veranschaulichen. Erhebungen und Befragungen haben eine einfache Tatsache bewiesen: Wenn die Menschen meinen Satellitenkanal einschalten, werden sie unterhalten. Meine Show lässt sie sich gut fühlen!

Und ist das nicht die grundlegende Funktion von Religion? Dass sich die Menschen gut fühlen sollen?

CAMERON: Eine gute Frage. Wenden wir uns für eine Antwort an South Bend, Indiana und Pater F. X. O'Brian.

Der Wandbildschirm hinter Cameron wurde weniger scharf und zeigte dann das Bild eines ältlichen Mannes in schwarzer Soutane und einem Kragen der Geistlichkeit. Er trug eine Brille mit Drahtgestell, hatte das dünn werdende, weiße Haar seitlich über den Kopf gekämmt und lächelte, als zwänge ihn jemand dazu.

O'BRIAN: Nun, Mel, wie Sie wissen, ist die katholische Kirche, wenn Sie über die organisierte Religion des Christentums sprechen, die älteste aller Kirchen. Alles hat sozusagen mit uns angefangen. Was Reverend Coopers Bemerkungen betrifft, so bin ich mir nicht sicher, ob Religion als ›Spaß‹ angesehen werden sollte, zumindest nicht grundsätzlich.

Die katholische Kirche hat sich stets sehr auf Rituale und das Abhalten der Messe verlassen.

COOPER: Aber die Messe wurde allmählich anachronistisch! Latein war eine tote, fremde Sprache, und Sie haben während des letzten halben Jahrhunderts immense Mitgliederverluste erlitten. Warum sonst hätten Sie nun alle auf Englisch umschwenken sollen?

Der Bildschirm blinkte und zeigte Cameron gegenüber seinem Wandporträt von Freemason Cooper. Während die Teilnehmer sprachen, wechselten die Bilder auf dem Schirm. Wenn die Diskussion heftiger wurde, lief eine Sinfonie von Gesichtern ab.

CAMERON: Ein guter Einwand, Reverend. Was sagen Sie, Pater?

O'BRIAN: Ah, ja … Die Muttersprachen haben die Messe sicherlich zugänglicher gemacht. Aber …

CAMERON: Aber vielleicht ist die Messe nicht mehr mit den heutigen Gemeinden vereinbar. Sehen Sie sich die Beliebtheit der Fernsehgeistlichkeit an, sowohl der großen wie auch der kleinen. Reverend Freemason Cooper leitet die größte Fernsehkirche der Welt. Dekan Bobby Calhoun führt eine lokale Kabelkanalkirche in Chicago. Ist das Ritual noch immer ein lebensfähiges, wenn nicht beliebtes Mittel, um die Herden zu befriedigen? Was haben Sie dazu zu sagen, Dekan Calhoun?

Der Bildschirm generierte das Bild eines dünnen, langhaarigen, schwarzen Mannes, der eine Art weißes, mit Purpur und Gold verziertes Chorgewand trug. Sein Gesicht war runzelig und gefurcht und glänzte fast wie altes Mahagoni. Die natürliche Gestaltung seiner Züge ließ ihn beständig zornig wirken.

CALHOUN: Ich weiß nicht, was Sie mit lebensfähig meinen, Mel. Ich weiß nur, dass meine Leute viel gemeinsam singen und beten und Befriedigung daraus ziehen. Ich denke, das Fernsehen hat es sehr erleichtert, jedermann zu erreichen, der Gottes Wort braucht.

CAMERON: Ja, aber die hoch technisierte Kirche wird kritisiert. Es heißt, das Fernsehen erlaube einer Hand voll Einzelner, extreme Macht zu erlangen – sowohl finanziell als auch politisch. Viel negative Kritik betraf Gerard Goodrop und seine Church of God-Given Liberties. Es wurde viel über Ihre offenkundigen Versuche gesprochen, die Politiker zu einem Gesetz für eine spezielle Markenbezeichnung für christliche Moral zu bewegen, Reverend Goodrop, mit der Behauptung, Sie befürworteten einen Bruch des Prinzips der Trennung von Kirche und Staat. Möchten Sie etwas dazu sagen, Reverend?

GOODROP: Gewiss, Mel. Wenn die Menschen glauben, die Vereinigten Staaten seien kein christliches Land – wie wollen sie dann erklären, dass Weihnachten ein nationaler Feiertag ist!? Und was ist mit den bereits bestehenden Gesetzen, die die Verbreitung sündiger Praktiken wie das Spielen und die Prostitution verhindern? Die Politik und die Religion waren in Amerika immer miteinander verflochten, Mel! Meine Kirche hat nur den Deckel über dem Thema angehoben und es ans Tageslicht gebracht! Ich werde stets mit Politik zu tun haben, weil ich mich weigere, müßig zuzusehen, wie mein Land Junkies, Huren, Gangstern und sonstigen gottlosen Speichelleckern des Satans anheim fällt.

CALHOUN: Amen, Bruder! A-*men*!

CAMERON: Wir sollten noch die Meinung unseres letzten Gasts hören, Pater Peter Carenza, eines jungen katholischen Priesters, der seit über einem Jahr auf spektakulärste Weise Schlagzeilen macht. Falls sie nicht in einer Höhle oder auf einem einsamen Berggipfel gelebt haben, müssen Sie von ›Pater Peter‹ gehört haben, wie seine Gefolgsleute ihn äußerst liebevoll nennen.

Camerons Studiobildschirm offenbarte eine sehr schmeichelhafte Aufnahme von Peter in seinem Büro in St. Louis. Er trug ein saloppes Flanellhemd und eine Samtkordhose. Sein dunkelbraunes Haar war modisch lang und wirkte beinahe zerzaust. Kunstvoll beleuchtete Bücherregale schufen einen einfachen, aber eleganten Hintergrund für die Aufnahme. Er hätte ein junger türkischer Autor aus New York sein können, ein die Charts stürmender Rockstar oder sogar ein forscher, visionärer Strafverteidiger. Er blickte mit einer Kraft und Zuversicht direkt in die Kamera, die selbst für den begriffsstutzigsten Zuschauer offensichtlich sein mussten.

CARENZA: Danke, Mel. Es ist mir ein Vergnügen, zu Ihren besonderen Gästen zu gehören.

CAMERON: Sie haben die religiöse Szene erst kürzlich betreten, Pater, aber unleugbar mit großer Wirkung. Sie haben unzählige Anhänger und nur wenige Kritiker. Es heißt selbst von Ihren Kritikern, sie seien nur so lange kritisch, bis sie Ihnen tatsächlich begegnet sind. Sie scheinen sehr zugänglich, und doch bleibt der wahre Pater Peter Carenza weitgehend geheimnisvoll.

CARENZA: Warum sagen Sie das, Mel?

CAMERON: Nun, Pater, stellen wir uns den Tatsachen. Es ist nur sehr wenig über Sie bekannt. Ich habe hier eine Notiz, die besagt, dass Sie vor dreißig Jahren in Rom geboren, als Kind ausgesetzt und in einem katholischen Waisenhaus aufgezogen wurden. Sie wurden als kleiner Junge auf eine amerikanische Seminarschule geschickt und sind im Wesentlichen in der Kirche aufgewachsen.

CARENZA: Das entspricht der Wahrheit, Mel. Kein Geheimnis, wirklich.

CAMERON: Vielleicht nicht. Und doch begannen Sie, vor nicht einmal einem Jahr das Land zu bereisen, das auszuführen, was viele ›Wunder‹ nennen, und zu Hunderttausenden von Menschen zu sprechen. Trotz Ihrer Verwicklung in die kürzliche Tragödie in Colorado ist niemand zu finden, der Sie in irgendeiner Weise dafür verantwortlich macht. Zudem heißt es, Sie wollten eine neue Religion begründen oder zumindest eine eigene Kirche.

Peter lächelte und beugte sich vor, wurde mit der Kamera und seinem Publikum noch vertrauter. Er tat dies so natürlich, dass nur eine erfahrene Fachfrau wie Marion die Geste bemerken und erkennen würde, wie wirkungsvoll Zuschauer auf diese Weise angezogen wurden.

CARENZA: Ich möchte keine neue Religion begründen. Es gibt gewiss bereits mehr als genug

Religionen auf der Welt – besonders unter den Christen. Sehen Sie sich nur alle diese heute Abend hier repräsentierten Gruppen an. Es scheint …

GOODROP: Einen Moment, Sohn!

Camerons Bildschirm wechselte zu Gerard Goodrop, der sich an einem Tisch vorbeugte. Er lächelte, aber es war nicht als freundliche Einleitung gedacht.

GOODROP: Versuchen Sie, meine Kirche lächerlich zu machen?

Camerons großer Bildschirm blinkte heftig, als sich rasch ein spontaner Dialog entwickelte. Dann brach er, wie durch digitalisierte Hexerei, wie ein Edelstein auf, der in viele Facetten zerteilt wird, und wurde zu einer Collage kleinerer Bildschirme mit den Gesichtern aller Gäste, die augenblicklich zu Cameron schauten. Zunächst störte das vielfache Bild und erinnerte Marion an das ewige Spiel *Hollywood Squares*, aber es war eine wirkungsvolle Technik, um den hitzigen Dialog beharrlich zu verfolgen – genau das, worauf Cameron bei seiner Show stets hoffte.

CARENZA: Lächerlich? Nein, nicht wirklich, aber ich frage mich oft, ob die Juden und Hindus und Buddhisten und andere Nicht-Christen insgeheim über uns alle lachen – über alle, die sich Christen nennen.

GOODROP: Lachen?! Ich sage Ihnen was, Sohn! Am Christentum ist nichts Komisches!

CARENZA: Oh, kommen Sie schon, Doktor Goodrop, nehmen wir uns jemals die Zeit, uns selbst zuzuhören? »Unsere Kirche ist die einzig wahre Kirche«, sagen wir. »Unser Weg ist der einzig wahre!« Wir verbringen die Hälfte unserer Zeit und Energie damit, andere Glaubensrichtungen öffentlich anzuprangern, weil wir insgeheim alle fürchten, unsere Schäfchen könnten in die Herde eines anderen abirren. Wir können nicht *alle* Recht haben, Doktor. All dies unbedeutende Gezänk – es ist einfach lächerlich.

GOODROP: Blasphemie!

CALHOUN: Schweigen Sie, Junge!

O'BRIAN: Nein, warten Sie, ich denke, wir können dem zumindest zuhören, was er uns klarmachen will.

CARENZA: Danke, Pater.

CALHOUN: Ich hätte wissen müssen, dass ihr Katholiken zusammenhaltet! Wo ist der Papst? Warum ist er heute Abend nicht auch hier?

CAMERON: Dekan Calhoun, ich glaube, Sie und Doktor Goodrop zeigen nur zu deutlich, was Pater Peter zunächst klarmachen wollte.

GOODROP: Die Church of God-Given Liberties erkennt nicht einmal die katholische Kirche an! Wie könnte ich also überhaupt beschuldigt werden, damit zu hadern?

Als die Heftigkeit der Diskussion nachließ, erschienen die Sprecher wieder einzeln auf dem Bildschirm. Goodrop schaute in die Kamera und lächelte sein aalglattes Vertreterlächeln.

CARENZA: Das ist genau die Art albernes, entzweiendes Denken, von dem ich spreche. Richtig oder falsch, die katholische Kirche existiert und hat fast eine *Dreiviertelmilliarde* Mitglieder erreicht. Offen gesagt braucht sie Doktor Goodrops Anerkennung nicht, um ihren Platz in der Welt zu behaupten.

SMITH: Gut gesagt, Pater. Aber ich denke, der Sinn der Sendung geht verloren. Wenn wir auf dieser Schiene fortfahren, werden wir unseren jeweiligen Zwecken, wie ich fürchte, mehr schaden als nützen.

CAMERON: Eine interessante Beobachtung. Ich stimme dem zu, Gentlemen.

CARENZA: Ich will hier nicht den Advokat des Teufels spielen, aber …

CALHOUN: Wie können Sie es wagen, den Namen Luzifers hier einzubringen?!

CARENZA: Dekan, es ist nur eine Redewendung. Was ich damit zu sagen versuche ist, dass es für alle Religionen – nicht nur für die christlichen – an der Zeit ist, mit den gegenseitigen Beschuldigungen aufzuhören. Wir haben alle zusammen Anteil hieran. Und wie Jim Morrison sagte: »No one here gets out alive.«

GOODROP: Das ist sehr schlau. Einen Rockstar zu zitieren, der für seine ausschweifenden Exzesse bekannt ist – der an einer Überdosis Drogen starb, höchstwahrscheinlich während er in einer Pariser Badewanne Unzucht trieb.

Peter antwortete lachend.

CARENZA: Ja, man muss bei diesen Pariser Badewannen aufpassen.

CALHOUN: Und Sie nennen sich Christ! Zeigen Sie Demut, Junge!

CARENZA: Dekan, haben Sie mir jemals zugehört?

CALHOUN: Natürlich nicht! Haben sie *mir* jemals zugehört?

CARENZA: Nun, warten Sie … letzten Samstagabend. Sie sangen und beteten mit LaBelle Washington. Dann haben Sie eine Predigt darüber gehalten, dass Geld die Wurzel allen Übels sei. Danach haben Sie eine Stunde lang Produkte verhökert.

CALHOUN: Verhökert? Wovon reden Sie?

CARENZA: Sehen wir einmal, ob ich mich an alles erinnern kann: 19,95 Dollar für eine ›Glücksgebets-Münze‹, 49,95 Dollar für eine CD-Box mit der Gospelmusik Ihres Chors, 199,95 Dollar für eine mit Ihrem Autogramm versehene und in weißes Vinyl eingebundene Bibel. *Vinyl*, Dekan? Ich habe spaßeshalber den Großhändler ausfindig gemacht, der Sie mit diesen Bibeln beliefert. Soll ich unserem Publikum sagen, wie viel jedes dieser ›Bücher, die im weißen, glorreichen Licht Gottes erstrahlen‹, kostet?

CALHOUN: Ich weiß nicht, wovon Sie reden, Sohn. Welcher Großhändler?

CARENZA: Die R. D. Dalhousie Co. in 3909 West 85th Street in Chicago. Der Besitzer, ein Mr. James Dalhousie, sagt, er berechnet Ihnen fünfzehn Dollar für jede der Zweihundert-Dollar-Bibeln. Nun, möchten Sie dem Publikum erzählen, wie viele Tausende ›Glücksgebets-

Münzen‹ Sie für Ihren ›Spezial-Preis‹ von 19,95 Dollar von Ihrem Großhändler kaufen können?

COOPER: Ich denke, das reicht. Sie haben Ihren Standpunkt klargemacht, Pater Carenza.

Freemason Cooper besaß ein angenehm natürliches Timbre. Es war eine gut ausgebildete Stimme – geübt, kontrolliert, ansprechend und sprichwörtlich vor Vernunft und gesundem Menschenverstand triefend.

CARENZA: Und welchen Standpunkt meinen Sie?

Cooper zögerte, aber nur einen Moment.

COOPER: Dass es praktizierende Kirchen gibt, deren … Prioritäten … sagen wir … nebeneinander gestellt wurden.

CARENZA: Das ist eine interessante Bezeichnung dafür.

COOPER: Aber was ist mit Ihnen, Pater? Stimmt es nicht, dass Ihre ›Stiftung‹ jeden Tag Hunderttausende von Dollar als Spenden erhält?

CARENZA: Natürlich stimmt es. Ich habe diese Tatsache mehrfach öffentlich erwähnt. Aber ich habe mein Publikum nie auch nur um einen

Cent gebeten. Tatsächlich sage ich ihnen, dass sie mir *nichts* schicken sollen. Da sie es weiterhin tun, war ich gezwungen, eine Stiftung zu gründen, um dafür zu sorgen, dass das Geld an diejenigen weitergegeben wird, die es brauchen.

GOODROP: Wollen Sie hier sitzen und uns erzählen, Sie versuchten nicht, Ihrer eigenen … Ihrer eigenen Kirche Mitglieder zuzuführen? Warum nennen Sie es ›Stiftung‹, wenn Sie wissen, dass es das nicht ist?

CARENZA: Die Bücher meiner Stiftung stehen der öffentlichen Überprüfung zur Verfügung – jedermann kann kommen und einen Blick hineinwerfen. Aber bitte, Doktor, erzählen Sie mir nicht, was ich ›weiß‹ oder denken soll. Sparen Sie sich das für Ihre Gefolgsleute auf.

GOODROP: Sie haben Mut, junger Mann. Das gestehe ich Ihnen zumindest zu.

CARENZA: Danke.

GOODROP: Und da wir gerade das Thema Gefolgsleute anschneiden, möchte ich Sie zu Ihren befragen.

CARENZA: Ich denke, ›Gefolgsleute‹ ist nicht ganz der richtige Ausdruck. Aber Sie können sie nennen, wie immer Sie wollen.

GOODROP: Was empfinden Sie angesichts der Verantwortung für so viele Tote unter ihnen?

Der Bildschirm hinter Cameron teilte sich wieder in viele Felder und zeigte alle Gäste, die durch Goodrops Frage komplett aus der Reserve gelockt wurden.

O'BRIAN: Diese Bemerkung ist völlig unangebracht!

SMITH: Gentlemen, müssen wir wirklich so fortfahren?

CAMERON: Wenn ich mich hier einschalten darf, Gentlemen, so denke ich, man sollte fairerweise feststellen, dass Doktor Goodrops Frage auch recht häufig in den Medien gestellt wurde. Was auch immer auf der Vernon Ranch geschehen ist, so haben Augenzeugen und Teilnehmer bestätigt, dass Pater Peter in keiner Weise dafür verantwortlich war.

COOPER: Woher sollen wir wissen, ob diese ›Zeugen‹ nicht von Ihrer sogenannten Stiftung bezahlt wurden zu sagen, was auch immer am vorteilhaftesten für Sie ist?

CARENZA: Sie wissen es, weil ich Ihnen ganz einfach sage – sie wurden nicht bezahlt.

COOPER: Und darum soll ich Ihnen glauben?

CARENZA: Offen gesagt, Reverend, ist es unwichtig, ob *Sie* mir glauben oder nicht. Nur das Publikum zählt.

Cooper hatte eine solche Erwiderung eindeutig nicht erwartet. Er hielt inne, um eine entsprechende Antwort zu ersinnen, aber der Moment war verloren, und der Punkt ging an Peter Carenza. Marion lächelte, während sie zusah, wie Peter die Scharlatane vorführte. Es überraschte sie nicht, dass er seine Hausaufgaben gemacht hatte. Es lag in seiner Natur, gründlich und engagiert zu sein.

»Junge, die Fronten wurden bereits abgesteckt, oder?«, fragte Billy. »Ich habe so etwas noch nie erlebt.«

»Nein«, sagte sie. »Es ist wundervoll. *Er* ist wundervoll.«

Mel Cameron, der die momentane Peinlichkeit spürte, schaltete sich erneut ein.

CAMERON: Vielleicht, Pater Peter, haben Sie den einzigen wirklich wichtigen Aspekt jeglicher Diskussion über Religion angesprochen – und das ist der *Glaube*. Gentlemen, alles hängt von dem ab, was die Menschen glauben, oder?

SMITH: Dem stimme ich zu, Mr. Cameron. Wir Kirchenführer können in eigene Angelegenheiten verwickelt werden – weil wir alle nur Menschen sind, die zu Fehlern neigen –, und wir vergessen, dass die Kirchen aus *Menschen* bestehen.

CALHOUN: Vielleicht haben Sie das vergessen, aber ich niemals! Ich *liebe* meine Menschen! Sie kommen für mich immer zuerst.

CARENZA: Nun, zumindest ihre Bankkonten …

GOODROP: Das wird langsam lächerlich, Cameron. Müssen wir uns mit dieser Art von Übergriffen auseinandersetzen?

CAMERON: Gentlemen, ich …

O'BRIAN: Pater Peter verteidigt sich nur, Gerry. Ihm wurde immerhin Bestechung vorgeworfen.

COOPER: Was mich an etwas erinnert, Pater Peter, was ich Sie fragen wollte. Sind sie ein offizieller Repräsentant der katholischen Kirche?

CARENZA: Nein, das bin ich nicht.

COOPER: Wirklich? Haben Sie nicht eine spezielle – wie lautet der Begriff – ›Imprimatur‹ vom Vatikan bekommen, umherzuziehen und Predigten entschieden nicht-konfessioneller Art zu halten?

CARENZA: Nein. Tatsächlich habe ich nie irgendeine Art von Ermächtigung vom Vatikan bekommen.

Freemason Cooper lächelte und schüttelte den Kopf.

COOPER: Finden Sie das nicht ein wenig seltsam?

Nun lächelte Peter.

CARENZA: Das tue ich in der Tat.
O'BRIAN: Haben die Pharisäer nicht versucht, die Gegenwart und den Einfluss Jesu zu ignorieren?

Goodrops Gesicht rötete sich vor Zorn und Entsetzen.

GOODROP: Sie wagen es, diesen Mann mit dem Heiland zu vergleichen? Unserem Heiligen Herrn Jesus?!
O'BRIAN: O kommen Sie schon, Gerry … Ich wäre gewiss nicht der Erste! Die Zeitungen und Zeitschriften waren voll davon! Und wie können Sie die Schönheit und Macht dessen leugnen, was dieser Mann im Namen Gottes getan hat! Wenn es in der Geschichte der Welt jemals eine Zeit gegeben hat, in der die Menschen einen wahren Beweis für einen mitfühlenden Gott brauchten, dann jetzt, Gentlemen. Ich denke, Pater Peter hat dieses Bedürfnis besser erfüllt als wir anderen alle zusammen!
SMITH: Gut gesprochen, Pater O'Brian.

Als Freemason das Wort ergriff, loderte sein Bild auf den sechs Feldern hinter Cameron hell auf.

COOPER: Ja, sprechen wir über Ihre Wunder, Pater Peter.

CARENZA: Es sind nicht meine Wunder, das sagte ich bereits häufiger.

COOPER: Wie das? Sie heben die Arme, und Dinge geschehen, Pater.

CARENZA: Ich bin für die Ereignisse ebenso wenig verantwortlich, wie ein Musikinstrument für die Musik verantwortlich ist, wenn es von einem Virtuosen gespielt wird. Gott macht die Musik, nicht ich.

COOPER: Wie wunderbar metaphorisch, Pater. Haben Sie solche Dinge während Ihrer Ausbildung zum Jesuiten gelernt? Wie dem auch sei – ich bin gezwungen, mich trotz Ihrer Worte zu fragen, ob Sie Ihre Direktive vielleicht selbst nicht glauben.

CARENZA: Was meinen sie? Dass ich vielleicht *doch* für das verantwortlich bin, was geschehen ist?

COOPER: Das haben *Sie* gesagt, Pater. Nicht ich.

CARENZA: Ich entdecke in Ihrer Stimme mehr Angst als Sarkasmus, Reverend.

COOPER: Angst? Warum sollte ich Sie fürchten?

CARENZA: Nicht mich. Hören Sie zu. Ich werde versuchen, Ihnen zu erklären, was ich meine.

Peter beugte sich vor, sah direkt in die Kamera. Sein Bild war so mächtig, so ansprechend, so ehrlich. Er hatte die Situation offensichtlich vollständig unter Kontrolle.

CARENZA: Als ich mir zuerst der … der Macht bewusst wurde, die sich durch mich manifestierte, war ich erschrocken. Das wäre vermutlich jeder gewesen. Erst als ich lernte, die Gabe dieser Macht, dieses ›Talent‹, wie mein verstorbener Freund, Pater Daniel Ellington, es nannte, zu gebrauchen, hörte ich auf, es zu fürchten. Also werfe ich weder Ihnen noch sonst jemandem vor, misstrauisch, ängstlich oder sogar angewidert zu sein. Sehen Sie, ich empfinde meine Situation in gewisser Weise als unausweichlich – ich habe keine Wahl, Reverend. Ich muss diesen Weg weitergehen, den Gott mir bereitet hat.

COOPER: Verstehe … Und sagen Sie mir, Pater, wo führt dieser Weg hin?

CARENZA: Ich bin mir nicht sicher. Aber ich weiß, wohin er nicht führt.

COOPER: Und das wäre, Pater?

CARENZA: Zur Tür der Church of the Holy Satellite Tabernacle.

Freemason Cooper kicherte sehr leise, während er die Bemerkung verdaute. Der Bildschirm hinter Mel Cameron registrierte eine Vielzahl von Reaktionen, die von reiner Verblüffung bis zu Dekan Calhouns glühendem Zorn reichten. Der Einzige, der ruhig blieb, war der extrem kaltblütige Freemason Cooper. In diesem kurzen Moment erkannte Marion ihn als den Archetypus des gefährlichen Mannes. Eine Aura düsterer Macht umgab ihn wie ein schmutziger Glorienschein. Er war ein Mann, der es nicht mochte, vorgeführt zu werden.

Der Reverend lehnte sich auf seinem Stuhl zurück und legte, wie tief in Gedanken, die Fingerspitzen aneinander. Er hatte diese Pose auf seinem Satellitenkanal so häufig eingenommen, das Stand-up-Comedians im ganzen Land allein durch deren Imitation augenblickliches Gelächter hervorriefen.

COOPER: Ihnen gefällt meine Kirche nicht?
CARENZA: Ich finde Ihre Art Religion, offen gesagt, anstößig.

Cooper lächelte.

COOPER: Nun, das überrascht mich. Ich hätte eine solche Gefühlsregung niemals erwartet.

CARENZA: Ich fühle mich genötigt, die Wahrheit zu sagen. Millionen von Menschen gehören Ihrer Kirche an – natürlich erst, nachdem sie Ihnen vielerlei Gebühren haben zukommen lassen. Ich würde sagen, Sie sind eher daran interessiert, Geld zu retten als Seelen, Reverend.

COOPER: Die Geldmittel, die nötig sind, um eine vierundzwanzigstündige Satelliten-Sendung auszustrahlen, sind gewaltig. Das brauche ich Ihnen nicht zu erzählen.

CARENZA: Aber Sie tun es, Reverend.

Peter wandte sich um und nahm eine Fotokopie von seiner nahe gelegenen Schreibtischplatte. Er hielt einen Moment inne und betrachtete das Blatt Papier.

CARENZA: Ihre Betriebsausgaben beliefen sich im vergangenen Jahr auf 456 Millionen Dollar – für alles, angefangen von Satellitenkosten bis hin zu Büroklammern. Ihr Einkommen, soweit ich das aus öffentlichen Berichten für das vergangene Jahr in Erfahrung bringen konnte, belief sich auf über 503 Millionen Dollar. Ist das korrekt, Reverend?

Cooper schien einen Moment verblüfft. Dann lächelte er verhalten.

COOPER: Eh, ich habe keine Ahnung. Dafür beschäftigt meine Kirche Buchhalter. Ihnen würden Sie diese Frage stellen müssen.

Peter lächelte.

CARENZA: Nun, dann muss es korrekt sein. Denn genau das habe ich getan – ich habe die Firma befragt, die Ihre Bücher führt.
COOPER: Sie haben was?! Und sie haben Ihnen diese Information *gegeben*?!
CARENZA: Ja, das haben sie.

Cooper war offensichtlich erzürnt, aber es gelang ihm ausgezeichnet, seinen Zorn zu kontrollieren. Auf seiner Stirn waren mehrere Adern hervorgetreten, und er hatte die linke Hand zur Faust geballt, so dass die Knöchel weiß hervortraten, aber das war auch alles.

COOPER: Verstehe …
CARENZA: Und daher, einmal angenommen, die Kalkulationen sind annähernd richtig, sprechen wir von mehr als 47 Millionen Dollar, die in die

Taschen von jemand anderem wandern. Ich weiß nicht, wie es dem Publikum ergeht, aber die Frage, die mir augenblicklich in den Sinn kommt, lautet: In wessen Taschen? Und: In wie viele?

COOPER: Ich achte wirklich nicht so genau auf die geldlichen Angelegenheiten der Kirche, Pater. Ich müsste die Finanzdirektoren oder den Aufsichtsrat zu diesen Dingen befragen.

CARENZA: Ja, diese Leute hätten gewiss eine *sehr* genaue Vorstellung davon, wo all dieses überschüssige Geld bleibt …

COOPER: Mir gefällt Ihr Tonfall nicht, Pater. Wollen Sie meiner Kirche strafbare Handlungen vorwerfen?

CARENZA: Ich weiß nicht, wie Sie es nennen würden. Aber sagen Sie mir, Reverend – stimmt es nicht, dass die Städte Bessemet und Birmingham, Alabama, praktisch in Ihrem Besitz sind? Dass Sie tatsächlich Mehrheitsbeteiligungen an fast allen Industriebetrieben und Konzessionen in Shelby County besitzen?

COOPER: Es gibt in Shelby viele Gesellschaften mit einer Vielzahl von Aktivitäten …

Peter blickte einen Moment prüfend auf den Computerausdruck auf seinem Schreibtisch und schaute dann wieder in die Kamera.

CARENZA: Ah, richtig … Gesellschaften mit Namen wie Lamb of God Ltd.; Mount Olive, Inc. und The Freecop Corporation … die tatsächlich vollständig in Ihrem Besitz sind. Ist das korrekt, Reverend?

COOPER: Sie haben Ihre Hausaufgaben anscheinend gründlich erledigt, Pater.

CARENZA: Danke.

Das Bild wechselte, und Mel Camerons Gesicht nahm jäh den Bildschirm ein. Er erschien so selbstgefällig und erfreut, wie er es sich nur erlauben mochte. Die Diskussion verlief offensichtlich so lebhaft, wie er gehofft hatte.

CAMERON: Gentlemen, es tut mir Leid, wenn ich die Diskussion unterbreche, aber wir müssen eine Werbepause einlegen.

Der Bildschirm hinter Cameron zuckte von einer Nahaufnahme jedes Gastes zur nächsten. Freemason Coopers Bild spiegelte unterdrückten Stress und Ärger wider.

COOPER: Augenblick! Wie können Sie es wagen, jetzt zu unterbrechen?!

CAMERON: Tut mir Leid, Reverend, aber wir

müssen den angeschlossenen Sendern die Gelegenheit geben, sich zu präsentieren. Wir werden die bewilligte Zeit anscheinend überschreiten, und die übrigen Sender sollten weiterhin an diesem Programm teilhaben.

COOPER: Was ist mit dem Prinzip der Fairness?! Ich fordere gleiche Zeit!

CAMERON: Ihnen wurde die gleiche Zeit zugestanden, Reverend. Und das gilt auch weiterhin für jeden Teilnehmer des heutigen Abends.

Das Bild zerfaserte zu einem computergesteuerten Senderlogo, das wiederum rasch einem neuen Werbeblock wich. Marion nahm Billy die Fernbedienung ab, schaltete den Ton aus und wandte sich ihm dann zu.

»Ich hatte nicht erwartet, dass Peter solch schwere Geschütze auffahren würde. Du?«

Billy schüttelte den Kopf. »Nein.«

»Unglaublich«, sagte sie und schüttelte zögernd den Kopf. »Es ist, als würde er ihnen den Krieg erklären.«

Billy nickte. »Hast du zuletzt Coopers Gesicht gesehen?«

»Er war eindeutig stocksauer!«

Billy räusperte sich. »Das habe ich nicht gemeint. Hast du sein Gesicht nicht gesehen, Marion? Ich glaube, Cooper ist eine Schlange, Mann.«

»Billy!«

»Nein, ich meine es ernst. Jeder, der Coopers Geld hat, kann alles bekommen, was er will. Ich glaube, Peter ist verrückt, dass er es mit einem Kerl wie dem aufnehmen will.«

Marion sah ihn einen Moment an, bevor sie antwortete. »Du meinst es wirklich ernst, oder?«

»Todernst«, sagte Billy. »Merk dir meine Worte. Dieser Kerl Cooper ist niemand, den man vorführt.«

»In Ordnung, ich glaube dir«, sagte Marion. »Du meinst, wir sollten unsere Sicherheitsvorkehrungen vielleicht verstärken – besonders für Peter?«

»Ja«, sagte Billy. »Ich werde morgen früh mit den Jungs darüber reden.«

Marion wandte den Blick wieder dem Bildschirm zu, der von Mel Camerons ungerührtem Gesicht ausgefüllt wurde. Sie schaltete den Ton gerade rechtzeitig wieder ein, um zu hören, wie er die Gäste zurück begrüßte. Dann gab er Reverend Cooper die Gelegenheit, die von Peter erwähnten Fakten zu kommentieren. Aber Cooper mied das Thema durch eine nicht sehr überraschende Taktik. Da der Moment durch die lange

Unterbrechung entschärft war, entschied Cooper, das Bedürfnis nach Religion in der schwierigen Welt von heute zu betonen – indem er die kürzliche Häufung von Katastrophen anführte. Er stellte die auffälligen Verbindungen zwischen dem bevorstehenden Ende des Milleniums und dem jähen, vielfältigen Auftreten von Überschwemmungen, Tornados, Vulkanausbrüchen, dem Horror des südafrikanischen Bürgerkrieges und dem allgemeinen Zusammenbruch von Recht und Gesetz auf der ganzen Welt her.

Calhoun fügte unbelegte Informationen über die Häufigkeit von Geburtsfehlern in Krankenhäusern in Chicago und die Berichte von Farmern in Illinois über gehäufte Missgeburten unter ihren Haustieren an. Marion nahm diese allgemeinen Feststellungen mit Vorsicht auf, aber einige der erwähnten Katastrophen konnten nicht unbeachtet bleiben. Die Welt schien auf dieses einzigartige Ereignis zuzutaumeln, das weitaus mehr als nur die Jahrhundertwende war, und sie hatte manchmal das Gefühl, als stünde die Zivilisation am Rande einer wahren, gewaltigen Umwälzung.

Wenn Zeichen und Omen in der Luft lagen, wie die Prediger sagten, dann konnte Peter die Situation vielleicht lindern. Sie betrachtete das Gesamtbild der Show, die zugegebenermaßen zahmer verlief, als sie erwartet hätte. Peter, der ruhig blieb, hatte anscheinend alles gesagt, was er sagen wollte, und als Cameron spürte, dass die Show an Nachdruck verlor, traf er Vorbereitungen, sie zu beenden.

Marion sah Billy an, der wiederum schweigend zusah, wie Cameron allen Gästen eine gute Nacht wünschte. Peter hatte heute Abend ein großes Publikum erreicht – erfolgreich erreicht. Das Colorado-Desaster verlor seine Bedeutung. Sie konnte fast *spüren*, wie seine Macht zunahm.

Sechsundvierzig

St. Louis, Missouri – Targeno
10. November 1999

Es war bereits nach zehn Uhr am nächsten Morgen, als er in einem Ecklokal in der Olive Street saß. Er hatte seit halb acht mehrere Lokale, Coffeeshops, Zeitungskioske und andere Orte aufgesucht, wo Menschen Halt machten, um über das zu reden, was sie am vorangegangenen Abend in den Nachrichten gesehen hatten. Targeno tat nichts – außer genau zu beobachten und zuzuhören.

Das war eine Taktik, die er schon vor langer Zeit erlernt hatte. Es gab keine bessere Möglichkeit, am Puls des Durchschnittsbürgers zu sein, keine bessere Möglichkeit zu erfahren, was die Masse dachte.

Die Sendung *NewsNight* war in aller Munde. Obwohl Targeno bereits gewusst hatte, wie beliebt das Programm war, überraschte ihn die Anzahl der Zuschauer dieser Show. Während er seinen Kaffee trank, führte er im Geiste die Ergebnisse seiner völlig unwissenschaftlichen, aber historisch korrekten Meinungsforschung auf.

Carenza hatte bei fast allen Punkte gutgemacht. Von indischen und vietnamesischen Ladenbesitzern über Arbeiter von Southern Baptist bis zu agnostischen Investmentbrokern, hatten alle bei dem schalkhaften Priester ein gutes Gefühl. Sie mochten seine Art. Sie mochten seine Ehrlichkeit, und besonders mochten sie es, wie er Freemason Cooper gedemütigt hatte.

Targeno konnte es ihnen nicht vorwerfen. Die Sendung war wirklich faszinierend gewesen. Carenza hatte etwas, was einen beinahe – mangels einer besseren Bezeichnung – *bezauberte*. Man stellte fast, dass man ihn mochte – bedingungslos.

Targeno persönlich fand diesen Stand der Dinge verwirrend. Er wollte Carenza nicht unbedingt mögen oder Sympathie für den Mann oder das, was er präsentierte, hegen. Targeno hatte bisher nur überlebt, indem er nie unachtsam wurde, indem er nie aufhörte, jeden in Frage zu stellen, alles als eine Quelle der Gefahr, des Verrats oder sogar dieser ultimativen Enttäuschung – des Todes – anzusehen.

Diese Unterströmung populistischer Unterstützung für Pater Peter Carenza begann Targeno auf eine Art zu beunruhigen, der er noch nicht Ausdruck verleihen konnte. Er würde Kontakt zu Francesco aufnehmen und über die Möglichkeiten reden müssen.

Targeno glaubte, dass Freemason Cooper in Carenza seinen Meister gefunden hatte, aber auch, dass Carenza sich wohl einen überaus mächtigen Feind geschaffen hatte. Targeno beschloss, egal ob Francesco dem zustimmen würde oder nicht, dass es vielleicht klug wäre, eine Reise nach Bessemet, Alabama zu unternehmen. Man konnte Cooper nicht trauen –, aber Targeno hatte das Gesicht des Mannes gesehen, während er sich unter den unbarmherzigen Lichtern und dem schmerzlichen Stachel von Carenzas Video-Analyse wand. Hinter Coopers Augen hatte eindeutiger, kalter Zorn gebrannt, ein kultivierter, geläuterter Hass. Es war ein kontrolliertes Brennen, durch das sardonische Lächeln des Reverend fast perfekt verdeckt, allen bis auf die erfahrensten Professionellen verborgen. Targeno hatte in die Augen so manches verzweifelten, rachsüchtigen Menschen geblickt, und er kannte diesen Ausdruck.

Der Ausdruck des Todes.

Siebenundvierzig

Bessemer, Alabama – Cooper
1. Dezember 1999

Der Mann hatte Mut, das musste er ihm zugestehen, dachte Freemason. Zumindest bis ich ihn ihm genommen habe …

Er grinste, während er den letzten Schluck Maker's Mark trank. Zum Mittagessen hatte er Spinatsalat mit Sesam und Zitronendressing gehabt, verfeinert mit einer Räucherlachs-Paté. Er mochte das Zeug nicht wirklich, aber er musste seine Diät einhalten. Wenn er sie nicht mit einer kleinen Portion Sour Creme krönen konnte, dann war die ganze Tortur nicht viel wert.

Als er im Kokon seines unter einer Glaskuppel befindlichen Innenpools saß, kehrten seine Gedanken zu der Demütigung zurück, die er durch Carenza erfahren hatte. Unglaublich, dass der

Mann so viel Druck auf die ganze Veranstaltung ausüben konnte. Noch bevor der Tag vorüber war, hatten aufgrund dieses Schlamassels bereits Köpfe zu rollen begonnen. Danach hatte er Wochen damit verbracht, die undichten Stellen bei den Informanten ausfindig zu machen und seine Gesellschaften von all dem unloyalen Gesindel zu reinigen. Einiges davon hatte tatsächlich Spaß gemacht. Er hatte fast vergessen, wie es war, erwachsene Männer sich unter der Lanze ihrer verpfuschten Zukunft winden zu sehen. Besonders genossen hatte er es, sie um Vergebung flehen zu hören, die er so fleißig predigte.

Höllenfeuer, wussten sie denn nicht, dass er ihnen vergab? Er nahm ihnen nur ihre Jobs. Er hätte nichts wesentlich Schlimmeres tun können.

Das Haustelefon klingelte, und er nahm ab. »Ja?«

»In Ordnung, Sohn«, sagte sein Vater. »Ich habe über alles nachgedacht. Warum kommst du nicht runter und hörst dir meine Gedanken zu diesem Thema an.«

»Ich bin gleich unten, Daddy.«

Freemason legte seinen Talar an. Während er forsch durch die opulenten Räume seines Herrenhauses schritt, versuchte er zu erahnen, was sein Vater wohl zu sagen hätte. Schwer zu bestimmen, was der alte Fuchs vorbringen würde. Denn so war er. Niemals vorhersehbar. Das machte ihn zu einem solch interessanten Menschen.

»Es ist offen«, sagte sein Vater mit lauter, klarer Stimme, nachdem Freemason an die Wohnungstür geklopft hatte.

Als er eintrat, sah er seinen Vater in einem edlen, anthrazitfarbenen Anzug aufrecht an seinem Schreibsekretär sitzen. Er hatte als Betonung ein weißes Hemd und eine hellrote Krawatte ausgewählt. Freemason konnte sich nicht erinnern, wann er seinen Pa das letzte Mal so geschniegelt erlebt hatte.

»Hallo, Daddy. Was steht an?«

Der alte Mann kicherte. »Nun, du weißt, dass es nicht um meinen Schwanz geht!«

»Warum hast du dich so herausgeputzt?«

»Ich denke, ich werde heute Abend nach Birmingham fahren. Es ist lange her, seit ich das getan habe. Mir einen Film ansehen oder so.«

»Klingt nach einer guten Idee.« Freemason blieb bei dem alten Mann stehen. Es war besser, sich Zeit zu nehmen, ihn nicht unter Druck zu setzen. Seine Stimmungen waren während der letzten Jahre verdammt sprunghaft gewesen – etwas, was Freemason dem fortgeschrittenen Alter seines Daddys zuschrieb.

Sein Vater deutete auf einen Stuhl neben dem Schreibsekretär. »Setz dich, Mase …«

Er folgte der Aufforderung und verschränkte die Hände im Schoß. »Okay, was denkst du?«

»Schlechte Gedanken, Sohn. Schrecklich schlechte Gedanken.« Sein Vater wischte sich mit dem Handrücken über den Mund.

Es war eine Manieriertheit, die er mit seinem Vater verband, so lange er denken konnte, und sie bedeutet zweierlei. Er war nervös oder aufgebracht, und er brauchte einen starken Drink.

»Sag es mir, Daddy«, forderte Freemason ihn auf.

Sein Vater betrachtete ihn mit kleinen, vogelähnlichen Augen. »Man braucht kein Gehirnchirurg zu sein, um zu erkennen, dass du ihn loswerden musst, Sohn. Wenn du ihn so weitermachen lässt wie im Moment, wird er uns alle ruinieren. Das verstehst du doch, oder?«

»Ja, ich verstehe.« Freemason schluckte schwer. Sein Kopf fühlte sich plötzlich dumpf an, wie beim Beginn einer heftigen Migräne. Seine Hände schienen zittern zu wollen. Es war nicht der Gedanke daran, einen Menschen zu töten, der ihn so bestürzte. Verzweiflung forderte manchmal solche Handlungen, und es hatte einige wenige Zeiten in seinem Leben gegeben, in denen er ausreichend verzweifelt gewesen war. Es war einfach der Gedanke daran, einen Mann Gottes zu töten, der ihn so beunruhigte.

»Du denkst nicht, dass wir etwas anderes tun könnten? Anstatt ihn zu töten?«

Der alte Mann wölbte eine Augenbraue. »Du meinst, welche anderen Wahlmöglichkeiten du hast? Wenn überhaupt?«

Freemason nickte und schluckte erneut schwer.

»Nun, du kannst versuchen, ihn in Misskredit zu bringen. Ein Skandal ist immer gut, aber dieser Bursche macht den Eindruck, als könnte er mit solchen Dingen umgehen. Oder du kannst ihn einfach ignorieren und hoffen, dass er wieder verschwinden wird – das ist jedoch verdammt unwahrscheinlich ...«

Beide Männer schwiegen eine sehr lange Zeit.

Pa hustete und wischte sich wie abwesend über den Mund. »Nein, ich sehe keine andere Möglichkeit ...«

Freemason schüttelte den Kopf. »Ich auch nicht.«

»Bedeutet das also, dass du es tun wirst?« Sein Vater sah ihn weiterhin mit einem harten, stahlblauen Blick an.

»Ja, Daddy, ich werde es tun.«

Sein Vater klatschte in die Hände und rieb sie sich dann, wie um sie zu säubern. »Okay, das ist der Junge, den ich erzogen habe! Gut, du wirst einen Plan brauchen, also hör zu ...«

Achtundvierzig

Vatikanstadt – Francesco
11. Dezember, 1999

Es war schon sehr spät, als das Telefon klingelte. Giovanni wusste, wer ihn anrief, noch bevor er sich dessen vollkommen bewusst war.

»Ja, Targeno«, sagte er, als er den Hörer ans Ohr nahm. Der Drang nach einer Zigarette überkam ihn, und er griff automatisch nach der Schachtel und dem Feuerzeug auf dem Nachttisch.

»Sie werden sehr gut darin, meine Kontaktaufnahmen zu erahnen«, sagte Targeno.

Giovanni entzündete das Feuerzeug und schloss es dann wieder. Der Rauch beruhigte ihn sofort. »Sie haben Neuigkeiten?«

»Ich denke schon. Freddie Bevins hat eine Nachricht von unserem Freund, dem Wahren Reverend Cooper erhalten. Im Wesentlichen hat

Cooper seinen Handlanger zu irgendeinem großen Treffen in den heimischen Bau zurückgerufen. Anberaumt für morgen Abend.«

Giovanni nickte. »Sie wissen, welcher Art dieses Treffen ist?«

»Noch nicht, aber ich werde es herausfinden. Ich habe vor, dabei zu sein. Außerdem liegen wir wahrscheinlich in jedem Fall richtig, wenn wir unseren Lieblings-Wundertäter ganz oben auf die Liste setzen, obwohl wir nicht genau über den Stand der Dinge informiert sind.«

»Ah, Targeno, müssen Sie immer so respektlos sein?«

»Es hilft zu überleben, wie ich schon immer geglaubt habe.«

Giovanni blies einen dünnen Rauchfaden in die Luft. »Vielleicht. Noch etwas, was ich wissen sollte?«

»Wollen Sie nicht wissen, wer an dem Treffen teilnimmt?«

»Ja, sicher«, sagte er matt. »Erzählen Sie es mir.«

»Die Gästeliste weist viele bekannte Namen auf – die Führer der Televangelisten-Kirchen und alle bekannten ›reisenden‹ Geistlichkeiten.«

»Hmm, interessant. Eine solche Gruppe rivalisierender Piranhas, die im gleichen Raum zusammensitzen. Das hätte ich nie gedacht.«

»Es sei denn, sie sehen sich alle einer gemeinsamen Bedrohung gegenüber ...« Targeno lachte leise.

Giovanni drückte seine Zigarette aus und hustete etwas dunklen Schleim herauf. Er fühlte sich in seinem Mund wie ein Stück glitschiges Gummi an. Eines Tages würde er zu Krebs werden und ihn töten.

»Wie wollen Sie uneingeladen an dem Treffen teilnehmen?«, fragte er.

»Ah, das ist Berufsgeheimnis. Machen Sie sich darüber keine Sorgen. Selbst wenn etwas schief geht, habe ich mit Bevins Wanzen noch einen Trumpf in der Hinterhand.«

»Besteht die Möglichkeit, dass er die Wanzen entdeckt hat?«

»Unwahrscheinlich. Er ist recht kompetent – tatsächlich denke ich, dass er mich draußen in Colorado vielleicht durchschaut hat –, aber er hat kein internationales Kaliber.«

»Er hat Sie durchschaut? Meinen Sie das ernst?!«

»Entspannen Sie sich, Pater. Er hat vielleicht bemerkt, dass ich mehr als nur ein teilnehmender Beobachter war, aber nicht mehr. Wahrscheinlich dachte er, ich gehörte zum FBI oder einem anderen Regierungsorgan, wäre nur zur Überwachung da. Egal. Seitdem habe ich mein Erscheinungsbild geändert. Er wird mich nun nicht mehr erkennen.«

»Hoffentlich haben Sie Recht ...«

Targeno lachte erneut. »Dass ich noch lebe, beweist, dass ich üblicherweise Recht habe.«

»Dieses Treffen beunruhigt mich. Es klingt, als wäre es dringend und hastig einberufen worden.«

»Das sehe ich auch so«, sagte Targeno.

»Haben alle reagiert?«

»Alle bis auf einen. Robert Q. Sutherland ist zum Skifahren in der Schweiz.«

»Sie werden mich anrufen, sobald Sie etwas wissen?«

»Natürlich. Wie die Amerikaner sagen würden: Sie schreiben die Schecks.«

»Solche Loyalität«, sagte Giovanni. »Ich weiß nicht, wie ich ohne das leben sollte.«

»Ich muss los«, sagte der Agent. »Es ist vor morgen Abend noch viel zu tun. Sollte ich sonst noch etwas wissen?«

»Nicht wirklich. Etienne bittet ständig darum, den Papst sprechen zu dürfen. Sie behauptet immer noch, sie hätte Informationen nur für Seine Heiligkeit.«

»Wird der Papst sie empfangen?«

Francesco schmunzelte. »Er weiß nicht einmal, dass es sie gibt. Vielleicht können wir etwas arrangieren – vielleicht mit einem Double. Es könnte sie aus ihrer Hysterie befreien.«

»Tun Sie, was sie wollen«, sagte Targeno. »Ich lege auf.«

»Möge Gott mit Ihnen sein«, sagte Giovanni.

Targeno lachte. »Ich glaube nicht, dass Ihm meine Gesellschaft gefallen würde. Gute Nacht, Vanni.«

Die Verbindung brach ab und summte in Giovannis Ohr nach. Er legte den Hörer auf und seufzte hörbar. Es konnten nur einleitende Vorbereitungen für das Internationale Gebetstreffen sein.

Und doch sagte ihm sein Instinkt, dass mehr daran war. Viel mehr.

Als er das Licht ausschaltete und in die gestärkte Leere seines Bettes zurückkehrte, verfluchte Giovanni seine missliche Lage. Es quälte ihn, so wenig Anteil zu haben. Er hasste es, sich wegen Informationen auf Targeno verlassen zu müssen, aber noch weitaus schlimmer war das Wissen, dass er praktisch keine Kontrolle über die Situation hatte.

Freemason Cooper.

Giovanni Francesco würde alles darum geben zu erfahren, was der Mann vorhatte.

Aber der Geist des mächtigen Fernsehpredigers verblasste im Vergleich zu dem größeren Schatten, der alle seine Gedanken überlagerte. Etwas lief mit dem gesamten Plan schief. Trotz Peters Einfluss auf die Welt drehte sich der Planet nicht dem Paradies entgegen. Stattdessen schienen Unglücksfälle und Katastrophen jedem von Peters Triumphen zu folgen. Und jetzt, da Peter eine eigene Katastrophe ausgelöst hatte, konnte Giovanni das Gefühl nicht mehr loswerden, dass sich seine großartige Idee irgendwie als schrecklich falsch erwies.

Vielleicht hatte Victorianna Recht? Vielleicht versuchte Gott, durch Etienne zu ihnen zu sprechen. Vielleicht waren ihre Visionen nach allem doch keine Halluzinationen, sondern eher eine Reihe himmlischer Telegramme, die von der eiligen Hand Gottes gesandt wurden.

Und sie hatten Etienne stets zurückgewiesen.

Der Gedanke berührte eine ängstliche Saite in ihm, die er noch nie zuvor gespürt hatte. Das Entsetzen, das er oft empfunden hatte, wenn er seinen Glauben prüfte, schien angesichts dieser jüngsten Abrechnung winzig und schwach. Was hatten sie in die Welt gebracht? Und was war ihr Preis dafür?

Er fuhr sich mit einer spinnenartigen Hand durchs Haar, während er darüber nachdachte, was es wirklich bedeuten mochte, verdammt zu sein …

Verdammt.

Für alle Zeit. Ein ewiger, zeitloser, beständiger Zustand der Qual? Oder war es etwas noch Schlimmeres? Das Wissen, dass es keine Hoffnung mehr gab. Keinerlei Ordnung oder Licht oder Trost mehr. Das Wissen, dass einen das eigene elende Ende durch die Hand des eigenen Stolzes und Hochmuts traf.

Er hatte vor Jahren einen der atheistischen Philosophen gelesen, der darüber schrieb, wie man in einen Abgrund blickte und spürte, wie dieser den Blick erwiderte. Giovanni hatte nie verstanden, was dieser tote Mann wirklich gemeint hatte.

Bis jetzt.

Neunundvierzig

Bessemer, Alabama – Cooper
12. Dezember 1999

Freemason Coopers Raum, in dem kollektiv strategische Entscheidungen getroffen wurden und der von einem sechzehn Fuß langen, aus einer einzigen Scheibe eines südkalifornischen Rotholzbaums gestalteten Tisch dominiert wurde, strahlte alle Merkmale aus, von denen Freemason wollte, dass die Leute sie an ihm wahrnahmen.

Die museumsartige Ausstattung, die von einer vollständigen mittelalterlichen Rüstung über Waffen aus dem Bürgerkrieg bis hin zu deutschen Utensilien und Waffen aus dem Zweiten Weltkrieg reichte, säumte die Wände in gerahmten Kästen, auf schweren Regalen und in gläsernen, verschlossenen Vitrinen. Originale Ölgemälde von Delacroix, El Greco und Goya drohten mit düsteren Visionen von Lebenskraft und Triumph von den Wänden. Massive Kronleuchter in Edelsteinschliff leuchteten den Raum aus.

Freemason stand vor dem Kopf des Tisches und betrachtete seine versammelten Gäste. Zusätzlich zu Gerry Goodrop und Dekan Calhoun hatten sich noch zehn weitere Satellitengeistliche entschieden, an dem Treffen teilzunehmen. Mehrere von ihnen waren schon vor den weit verbreiteten Fernsehpredigten, ganz zu schweigen von Kabel- und Satellitenübertragungen, aktiv gewesen. Freemason kannte jeden Einzelnen zumindest flüchtig, und obwohl er nicht viele dieser Männer als wahre Freunde bezeichnen konnte, durfte er sie wenigstens als Verbündete betrachten – zumindest im Moment.

Nachdem er die Präliminarien hinter sich gebracht hatte – Vorstellungen, Geschäfts- und Trivialgespräche –, bat Freemason um die Aufmerksamkeit der Versammelten. Alle verstummten und wandten sich still ihrem Gastgeber zu.

»Ich denke, wir können jeglichen Bullshit sein lassen, Gentlemen«, sagte Freemason. »Sie alle kennen den Grund, warum wir hier sind – wir müssen einige Entscheidungen bezüglich dieses Burschen, Pater Peter, treffen.«

Allgemeines, zustimmendes Gemurmel erklang um den Tisch. Wie erwartet, wurden Hände gerungen, und es wurde genickt.

»Ich habe einige Ideen dazu, die ich allgemein weitergeben werde«, sagte Freemason. »Aber ich möchte zunächst alle Kommentare oder Vorschläge entgegennehmen, die Sie vielleicht vorbringen möchten. Irgendjemand?«

Niemand von ihnen ließ erkennen, dass er irgendwelche konkreten Ideen hätte – wie Freemason es sich gedacht hatte. Sie saßen alle einfach nur da und sahen ihn an wie eine Familie von Opossums, die vom Ufer aufblicken. Nun, Jungs, auch wenn es euch die Sprache verschlagen hat, könnt ihr eure kollektiven Ärsche darauf verwetten, dass das bei mir nicht der Fall ist.

Freemason goss sich aus einer italienischen Kristallkaraffe drei Fingerbreit Maker's Mark ein. Er nahm einen Schluck, atmete durch und trug ihnen dann seine Ideen vor.

»Okay, Leute, hört gut zu. Ich weiß, wir sind hier alle Männer Gottes, aber wir sind auch alle Geschäftsleute. Ich sage es ganz offen: Mein Einkommen ist schneller gefallen als Eulenscheiße von einer Kiefer. Und wir alle wissen warum.«

Bobby Lee Masters aus Knoxville hob die Hand und sprach sanft. »Aber Mason, meinen Sie nicht, dass das teilweise auch durch die Niederlage begründet ist, die er Ihnen bei *NewsNight* zugefügt hat?«

Cooper wurde nicht gerne an die gottverdammte Show erinnert, aber Tatsachen waren Tatsachen, und er musste zugeben, dass es eine durchaus berechtigte Frage war.

»Sicher«, sagte Freemason. »Es war zu erwarten, dass es einen Dämpfer bewirken würde, aber nicht den *Absturz*, über den meine Buchhalter jetzt jammern. Kommen Sie schon! Sie müssen die Karten auf den Tisch legen! Ich schäme mich nicht zuzugeben, dass ich Geld verliere. Ich muss wissen, wie es bei Ihnen allen ist.«

Sie sahen einander an, als fürchtete ein jeder, als Erster zu sprechen. Freemason sprach einige von ihnen direkt an.

»Sam? Was ist mit Ihnen? Und Jimmy, kommen Sie schon, ich weiß, dass Sie den Druck gespürt haben ...?«

»Ja, okay – ich sitze fest wie ein Spanferkel in einer Barbecue-Grube«, sagte Samson J. Giddings.

»Ich auch«, sagte Reverend James Lakerby. »Und es ist ein beständiger Abstieg. Ich sehe keine Zeichen der Umkehr.«

Das schien die Schleusen zu öffnen.

»Ich auch«, sagte ein weiterer Gast. »Ich verliere schnell.«

»Dasselbe hier, Mase.«

»Ja, was soll's – ich mache mir vermutlich nur selbst etwas vor.«

»Zählen Sie mich auch dazu, Reverend.«

»Okay, es ist, wie ich vermutet habe. Also lauten die Fragen: Erstens, warum geschieht dies? Und zweitens, was können wir dagegen tun? Irgendjemand?«

Samson J. Giddings beugte sich vor und zog eine der dicken, widerlichen Zigarren hervor, die er nur in Abwesenheit seiner Gemeinde rauchte. Während er das Ende der Zigarre mit einem Taschenmesser sorgfältig kappte, sah er sich am Tisch um. »Nun«, sagte er, »es scheint mir recht offensichtlich – er sieht verdammt viel besser aus als wir. Und ich spreche nicht von seinem hübschen Gesicht.«

»Ja«, sagte John Goodenough, ein stämmiger Mann mit einem schlecht sitzenden Toupé und praktisch ohne Hals. »Er lässt uns alle alt aussehen. Er tut gute Werke und fordert nichts.«

»Gute Werke, Himmel! Sie wirken auf mich wie Wunder!«, sagte Giddings.

»Amen, Bruder«, sagte jemand.

»Die Menschen betrachten uns jetzt in einem anderen Licht«, sagte John Goodenough. »Ich habe versucht, den Mann zu ignorieren. Ich habe ihn nie auch nur erwähnt, und ich denke, das erweckt den Eindruck, als würde ich den Kopf in den Sand stecken.«

»Oder den Arsch in die Luft …«, sagte Samson J. Giddings mit spitzbübischem Grinsen. »… Allerdings sagen einige von uns das schon seit Jahren!«

Ein leises, perlendes Lachen durchzog den Raum.

»Und ich glaube auch nicht, dass es uns etwas nützt, den Jungen schlecht zu reden«, sagte James Lakerby. »Das lässt uns so aussehen, als hätten wir gemerkt, dass die Trauben sauer waren.«

»Schlimmer noch«, sagte Bobby Lee Masters. »Wir stehen wie Narren da! Wie Philister! Die Menschen fragen sich, wie wir einen Mann ignorieren können, der fast genau zum Ende des Milleniums erscheint und vielleicht – und ich sage nur vielleicht – derjenige ist, von dem wir alle gesprochen haben.«

Schließlich äußerte jemand, was sie alle denken mussten. Es war an der Zeit, sich einigen Tatsachen zu stellen, aber niemand war wirklich in der Stimmung dazu.

»Ich weiß nicht, wie es Ihnen geht«, sagte Freemason, »aber ich bin nicht bereit, das zu glauben.«

»Einiges von dem, was er getan hat, erfordert nicht viel ›Glauben‹, Mase«, sagte Giddings.

»Worum geht es also bei alledem?«, fragte ein anderer. »Ich denke doch nicht, dass Sie uns alle zu einer theologischen Diskussion hergebeten haben.«

»Himmel, nein, Freunde. Wir sind hier, um die Frage zu klären, was wir mit diesem Burschen Carenza machen sollen.«

»Wir können nichts tun, Reverend, außer ihm beweisen, dass auch wir eine Kraft für das Gute auf der Welt sein können.«

»Nein«, sagte Freemason tonlos. »Ist es euch Schwachköpfen jemals in den Sinn gekommen, dass er vielleicht *nicht* ist, wovon wir alle glauben, dass er es vielleicht sein könnte?«

»Nein!«, sagte Goodenough. »Mitten unter uns! Unmöglich!«

Ein Chor schockierten Leugnens erklang rund um den Tisch. Freemason hätte das von einer solchen Herde von Verzagten erwarten sollen, aber er war dennoch überrascht. Es hatte keinen Sinn, Spiele mit ihnen zu spielen. Er sollte es besser hinter sich bringen.

»Gentlemen, ich habe Grund zu der Annahme, dass wir erwählt wurden, eine Göttliche Handlung auszuführen …«

Jerry Goodrop erhob sich und sah ihn an. »Cooper, ich glaube, Sie haben den Verstand verloren …«

Diese Bemerkung bewirkte den gleichzeitigen Ausbruch bei allen anderen. Ihre Ängste, Wünsche und ihr Zorn ergossen sich wie ein übel riechender Eintopf. Freemason versuchte, die Debatte durch den Einwand zu beeinflussen, dass sie von Gott auserwählt wären, den Betrüger auszulöschen, aber sie kauften es ihm nicht ab. Er erkannte bald, dass er ihre Billigung nicht bekommen würde, dass er allein dastünde, wenn er den Plan seines Vaters weiterhin verfolgte.

Obwohl alle vor Coopers Anregung zurückscheuten, dass Peter Carenza ›beseitigt‹ werden müsste, war die Gruppe jedoch geteilter Meinung darüber, ob es ihm vorzuwerfen wäre, für eine solche ›Lösung‹ ihrer Probleme überhaupt eingetreten zu sein. Einige schrieben seinen Plan schlicht religiöser Inbrunst zu. Die Gefühle der übrigen reichten von Verwirrung über Furcht bis zu vollkommenem Zorn. Dass er die Grenzen dessen überschritten hatte, was angemessen war, selbst für eine Bande von Dieben wie die gegenwärtige Versammlung, war jedoch offensichtlich.

Er beugte sich ihrem Veto und beendete das Thema so rasch wie möglich.

Als das Treffen endete, führte Freemason die meisten der Männer zum Pool hinab, um sich einem Aufgebot junger christlicher Frauen zuzugesellen, die er eigens für diese Gelegenheit eingeladen hatte. All diese langen Beine und hohen Brüste verschafften ihnen die Gelegenheit, ihre Schwierigkeiten für ein paar Stunden zu vergessen. Einige der erzürnteren Mitglieder der Gruppe hatten Coopers Gastfreundlichkeit jedoch höflich zurückgewiesen und fuhren in ihren Limousinen zu ihren Privatjets davon. Wenn er ihre Gunst verloren hatte – zu schade. Er konnte erheblich mehr verlieren, wenn er nicht Stellung bezog. Und wenn sie zu schwach waren, um ihn zu unterstützen, dann hatte er wirklich keine andere Wahl.

War der Gedanke tatsächlich so gut wie die Tat, dann Scheiß drauf – auch ohne sie war es schon so gut wie erledigt.

Er beobachtete, was vor sich ging, und rief dann mit seinem privaten internen Kommunikationssystem Bevins an. Der Mann war für dieses Treffen von St. Louis eingeflogen.

»Hier ist Fred, Reverend …«

»Mr. Bevins«, sagte Freemason sanft. »Sie kommen heute Abend zu einer Privatunterhaltung hierher. Ich habe einen neuen Auftrag für Sie.«

Fünfzig

St. Louis, Missouri – Windsor
13. Dezember 1999

Kalte Dezemberwinde peitschten von den vereisten Ufern in die bevölkerten Straßen der Stadt hinauf. Marion schaute aus ihrem Bürofenster in den schiefergrauen Himmel und fragte sich, ob es jemals wieder Frühling würde. Die Winter im Mittelwesten waren, ebenso wie die Sommer, unversöhnlich und unbarmherzig, aber das war nicht der Grund für ihre deprimierte Stimmung. Wenn sie ehrlich zu sich war, wusste sie, dass es Peter war, und nicht der Winter, der ihr Herz zu Stein verwandelte.

Sein Auftritt in *NewsNight* lag inzwischen über vier Wochen zurück, und er hatte seitdem kaum mit ihr gesprochen. Er hatte immer mehr Zeit vollkommen allein verbracht – entweder in seinem Büro im Gebäude der Stiftung oder in seiner Penthouse-Wohnung unten am River Park. Peter isolierte sich durch viel zu viele Termine und Auftritte wirkungsvoll von allen – aber besonders, bewusst, von Marion.

Das ist meine Strafe, dachte sie ruhig, während sie sich wieder dem Schreibtisch voller Büroarbeit zuwandte, die sie zu ignorieren versucht hatte. Der Sender äußerte sich zunehmend unzufrieden über ihre Arbeit in der letzten Zeit. Da ihr Kontakt zu »Pater Peter« nun nicht mehr bestand, hatte Marion niemandem mehr viel zu erzählen, was andere Reporter nicht auch herausfinden konnten.

Sie schüttelte zögernd den Kopf. Sie hatte sich als Super-Berichterstatterin erwiesen … Wenn sich die Lage nicht bald besserte, konnte ihr der Senderchef Branford wirklich Schwierigkeiten machen, auch wenn Marion keinen Vertrag mit CBS hatte. Nun, der konnte sie mal am Arsch lecken.

Nein, das würde ihm wahrscheinlich gefallen …

Es klopfte leise an der Tür, und sie war froh über die Unterbrechung.

»Es ist offen …«

»Hallo«, sagte Billy beim Eintreten. »Rate mal, wer uns sprechen will.«

»Tut er das? Wann?«

»Sofort«, sagte Billy.

Marion schob ihren Stuhl vom Schreibtisch zurück, erhob sich und glättete ihren Rock. Die Anforderungen von Billys Position und seine Verantwortung als angehender Vater hatten ihn sehr verändert. Menschen, die ihm nun begegneten, hätten niemals geglaubt, dass er ein Straßen-Punk und Harley-Freak gewesen war. Sie hatte seine Fähigkeiten und Bereitschaft zur Veränderung respektieren gelernt und ließ es nun zu, dass eine Freundschaft zwischen ihnen entstand. Hätte sie Billy in letzter Zeit nicht zum Reden gehabt, wäre sie verrückt geworden.

»In Ordnung«, sagte sie. »Ist er oben?«

»In seinem Büro, ja.« Billy wartete an der Tür. Er wirkte nervös, und sie fühlte sich ebenfalls unbehaglich, aber sie war auch neugierig zu erfahren, was Peter wollte.

»Hast du eine Ahnung, worum es geht?«, fragte sie, während sie durch das Büro zum Fahrstuhl gingen.

Billy schüttelte den Kopf. »Nein. Ich hatte gehofft, du wüsstest es vielleicht.«

Marion grinste. »Vielleicht will er uns feuern …«

Billy lachte. »He, das ist verrückt. Wirklich verrückt. Ich hatte denselben Gedanken!«

Die Fahrstuhltür öffnete sich, und sie stiegen ein. Billy wählte das nächsthöhere Stockwerk.

»Nun«, sagte sie, »zumindest können wir immer in unsere alten Jobs zurückkehren.«

Er sah ihr direkt in die Augen und schüttelte dann den Kopf. »Ich nicht, Marion. Ich glaube, ich hätte jetzt sogar Angst vor meiner Maschine.«

Sie nahm seine Hand und drückte sie leicht. »Ich weiß, was du meinst, Billy. Wir haben uns alle durch ihn verändert.«

Die Türen öffneten sich ruckelnd. Sie betraten einen Flur, und Billy ging zu einer großen Suite mit zwei Zimmern voraus. Peter saß im Hauptraum hinter einem großen, mit Papieren übersäten Schreibtisch. Ein PC stand an einem Ende, mehrere Telefone am anderen. Er trug seine übliche legere Kleidung. Er schaute von seiner Arbeit auf, als hätte er sie nicht erwartet, und nickte dann nur, ohne dass sich der völlig neutrale Ausdruck auf seinem Gesicht veränderte.

»Bitte setzt euch. Ich muss etwas mit euch besprechen.«

Marion nahm auf einem der Stühle vor dem gigantischen Schreibtisch Platz und Billy auf dem anderen.

Peters Stimme hatte einen Unterton, den sie nicht deuten konnte. Sie fürchtete, dass die Distanz zwischen ihnen inzwischen so groß geworden war, dass sie sich nicht mehr in ihn einfühlen konnte.

»Was gibt's?«, fragte Billy und versuchte, unbeteiligt zu klingen, was ihm kläglich misslang.

»Ich habe gerade diese E-Mail bekommen«, sagte Peter und reichte ihnen beiden Kopien eines Schriftstücks.

Marion überflog es rasch und erkannte, dass es eine formelle Einladung zum Internationalen Gebetstreffen in Los Angeles war.

»Ist Freemason Cooper nicht die treibende Kraft dahinter?«, fragte Marion.

»Ja, das ist er«, sagte Peter.

»Wirst du die Einladung annehmen?«

»Darüber wollte ich mit euch sprechen. Haltet ihr es für eine gute Idee?«

»Ich weiß nicht«, sagte Billy. »Als ich das erste Mal davon hörte, klang es nach einem Happening für Betrüger. Wie ein großer Hökermarkt für Cooper und alle seine Fernsehspezis ...«

»Ja, das dachte ich auch. Aber jetzt – vielleicht könnten wir das Ereignis für etwas grundsätzliche Gutes nutzen, was meint ihr?«

»*Willst* du denn hingehen, Peter?« Marion sah ihn angespannt an.

»Ja und nein. Der Papst hat beschlossen zu kommen ...«, sagte er und reichte ihnen Kopien eines weiteren Briefes.

Marion las ihn. Von einem Pater Giovanni

Francesco verfasst, erklärte er die Absicht des Papstes, an dem Gebetstreffen teilzunehmen, und bedrängte Peter, ebenfalls zu kommen. Sie bemerkte unwillkürlich den persönlichen und dennoch seltsam respektvollen Stil des Briefes.

»Es klingt so, als hättest du keine große Wahl«, sagte Billy.

»Nein, nicht wirklich. Aber es gibt immer Möglichkeiten.«

»Das ist vermutlich *der* Pater Francesco?«, fragte Marion und tippte auf ihre Kopie des Briefes.

Peter errötete einen Augenblick. »Oh, ja, das ist er.«

»Also wirst du hingehen?« Billys Stimme klang jetzt stärker.

»Auch wenn ihr etwas anderes glaubt, schätze ich euer Urteil und eure Meinung noch immer«, sagte Peter. »Was meint ihr beiden?«

»Willst du wieder eine Show abziehen?«, fragte Marion.

Er erlaubte sich so etwas wie ein Grinsen. »Was für eine Show? Ich finde, ich habe noch mehr auf Lager, oder?«

»Ich meine wie bei *NewsNight*«, antwortete Marion.

Er schüttelte den Kopf. »Nein, nichts dergleichen. Ob ihr es glaubt oder nicht, ich hatte wirklich nicht geplant, was an jenem Abend geschehen ist. Ich habe meine Hausaufgaben nur gemacht, um auf der sicheren Seite zu sein, und als sie mich anzugreifen begannen, habe ich vermutlich einfach alles laufen lassen.«

»Was hat der Papst mit alledem zu tun?,« fragte sie.

»Ich denke, der Papst hält es für wichtig, dass wir dem Rest der Welt eine Art vereinte Front präsentieren – besonders den Katholiken rund um den Globus. Ich meine, seien wir ehrlich – obwohl ich Priester bin, oder war, haben weder ich noch der Papst jemals etwas gesagt, was die Vermutung nahe legen würde, dass ich die katholische Kirche repräsentiere.«

»Glaubst du, der Papst würde der Welt diesen Eindruck vermitteln wollen?«

»Zu diesem Zeitpunkt, und wenn du meine Popularität bedenkst, könnte er es wollen.

Auf jeden Fall denke ich, dass ich teilnehmen werde. Bindet es in die Tour durch Washington und Oregon mit ein.« Peter verhielt sich, trotz seiner vorherigen Beteuerungen, als wären Marion und Billy nur zwei Handlanger. »Ihr könnt, wenn ihr wollt, Einzelheiten über die Reiseroute herausgeben«, fuhr er fort, »aber ich möchte euch bitten, diese Angelegenheit zurückhaltend zu behandeln.«

»Sicher«, sagte Marion und bemühte sich, in freundlichem, informativem Ton zu sprechen. »Wann wurde irgendetwas, was du getan hast, jemals ›zurückhaltend behandelt‹?«

Anstatt zu lachen oder auch nur ein wenig zu lächeln, zog er es vor, ihre Bemerkung ernst zu nehmen. »Nun, lass mich sehen … Ich glaube, *unsere* Beziehung wurde ziemlich zurückhaltend behandelt, findest du nicht?«

Ihre Gedanken blieben an der Vergangenheitsform haften. *Wurde*? War es wirklich vorbei zwischen ihnen?

Peter sah sie praktisch ausdruckslos an. Seine dunklen Züge waren eine Maske perfekter Gelassenheit, als könnte er ewig auf ihre Antwort warten.

»Ich weiß es nicht«, sagte sie schließlich. »Das ist vermutlich so, oder war es …«

Er nickte.

Billy räusperte sich, während sich Anspannung im Raum breit machte wie ein jäher Luftzug. »He, hört zu, Leute, ist das wirklich nötig?«

Peter sah ihn an und lächelte ein wenig. »Nein, du hast Recht. Es ist vermutlich nicht nötig. Es tut mir Leid, Marion.«

Er wandte seine Aufmerksamkeit wieder den Papieren auf seinem Schreibtisch zu, blätterte sie durch. Billy und Marion waren entlassen. So einfach war das.

Du Bastard!, dachte Marion und sah ihn finster an. Warum behandelst du mich so? Kannst du nicht sehen, was ich durchmache?

Sie erhob sich, während sie ihn weiterhin voller Zorn und Empörung ansah. Peter schaute nicht einmal auf.

»Ich sehe euch später«, sagte er beiläufig und wandte sich dem Computer zu. »Und informiere mich, wie die Geschichte vorangeht, okay, Marion?«

»Sicher, Peter. Ich lasse es dich wissen.«

Sie verließ das Büro so forsch wie möglich, ohne tatsächlich aufzustampfen. Sie wollte, dass er wusste, wie verletzt sie war, aber es schien ihn überhaupt nicht zu kümmern.

Billy folgte ihr schweigend zum Fahrstuhl.

»Du solltest dich von ihm nicht so aus dem Gleichgewicht bringen lassen«, sagte er dann.

Marion spürte eine Träne heiß ihre Wange hinablaufen. Sie war so verletzt – niemand konnte jemals erahnen wie sehr.

»Die Dinge werden sich von allein klären«, sagte Billy gerade.

Nun brach Marion wirklich in Tränen aus, als ihre Selbstbeherrschung versagte. »Es tut mir

Leid, Billy, es tut mir wirklich Leid«, sagte sie zornig, enttäuscht und beschämt.

»Ist schon okay«, erwiderte er. »Ist schon okay.«

»Nein, ist es nicht«, sagte sie. »Billy, er verwandelt sich in etwas Unheimliches. Er verwandelt sich in ein verdammtes Monster.«

Der Mond brannte als hartes, gelbes Licht durch das Glas ihres Schlafzimmerfensters. Marion lag allein im Bett. Sie und Peter hatten sich seit Daniels Tod nicht mehr geliebt. Marions Gefühle für Peter waren so wirr, dass sie nicht einmal annähernd daran denken konnte, mit der Beziehung abzuschließen, um nach einer neuen Ausschau zu halten. Selbst ihre eigenen Hände verschafften ihrer sexuellen Anspannung, die mit jedem Tag in ihr stärker wurde, keine Erleichterung.

Heute Nacht verlieh eine neue Verzweiflung ihren Bestrebungen Dringlichkeit. Sie musste ihren Erinnerungen an Daniel entfliehen, und sei es auch nur für eine kleine Weile. Ihrer Bindung zu Peter. Ihren Sorgen über die Veränderungen, die sie an einem Mann wahrnahm, den sie zu lieben glaubte. Ihrer Schuld und ihren Sehnsüchten. Aber auch wenn vages Vergnügen aus ihrem tiefsten Inneren emporstieg, blieb ihre Vagina trocken und die Berührung ihrer Finger rau und stimulierend zugleich.

Jede Liebkosung, jede Berührung brachte sie dem Höhepunkt ein wenig näher, aber nur langsam. Es war wie eine Woge, die nie bricht, ein Strand, dem nie der Sand ausgeht.

Manchmal machte diese kunstvolle Balance den Sex anregend, als Übung, um das vollkommene Gefühl der Anspannung aufrecht zu erhalten, aber heute Nacht wollte sie darüber hinaus gelangen, die Balance kippen lassen und den Höhepunkt erreichen.

Plötzlich löste sich die Anspannung und löschte ihre Gedanken für einen Moment reiner Freude aus.

Aber selbst dieser Moment war mit einem Makel behaftet. Eine Gegenwart nahm ihren Geist ein. Eine große, gesichtslose Gegenwart, und doch wusste sie, dass es Peter war.

Das Mondlicht verdunkelte sich, als Wolken den Himmel ausschlossen, und Marion glaubte zum ersten Mal, ihn fürchten zu können.

Einundfünfzig

St. Louis, Missouri – Clemmons
14. Dezember 1999

Klares Wintersonnenlicht strömte durch das Fenster des zweiten Schlafzimmers, dasjenige, das sie und Billy als Kinderzimmer für das Baby zurechtgemacht hatten. Laureen saß in einem Schaukelstuhl, die Hände auf ihrem gedehnten Bauch, und betrachtete das neue, rüschenverzierte Kinderbettchen und den ebenfalls rüschenverzierten Wickeltisch. Die Tischplatte war mit buntem Zubehör übersät. Billy hatte das ganze Zeug von seinem ersten Gehaltsscheck als Pater Peters neuer Assistent gekauft.

Laureen lächelte, als sie an Billy dachte. Er war Pater Peter so viel näher gekommen, seit Pater Dan gestorben war – das machte Laureen wirklich stolz auf ihn. Nicht dass sie froh war, dass Pater Dan tot war oder so, aber was sollte es, es war schön zu sehen, dass ihr Billy so gut zurechtkam, feine Anzüge trug und ein richtiger Gentleman wurde.

Ein Gentleman. Der Gedanke, dass man so über *Billy* sprach, ließ sie fast laut auflachen. So vieles war ihnen seit ungefähr einem Jahr widerfahren – und alles war gut gewesen, größtenteils wegen Pater Peter. Was für ein großartiger Mensch er war. Sie und Billy waren gewöhnlich noch lange wach und sprachen darüber, ob er wirklich Christus war oder nicht. Und das war wirklich komisch, denn bevor sie Pater Peter begegneten, kümmerte Religion sie beide nicht im Geringsten. Aber inzwischen waren sie tief in Gottes Werk und Peters Arbeit eingebunden.

Während sie darüber nachdachte, schien es ihr, als sei ihre und Billys Flucht auf dem Motorrad ein dummer, schlechter Traum gewesen. Hatten sie wirklich versucht, diesen Lebensmittelladen auszurauben? Sie lächelte, als sie an jenen Tag dachte … und plötzlich verspürte sie ein äußerst seltsames Gefühl tief in ihrem Bauch.

Sie erhob sich und ging einen Schritt in Richtung Badezimmer. Sie spürte ein sanftes *Plop!*, und dann lief Wasser ihre Beine und Füße hinab. Laureen lächelte erneut, als sie allmählich begriff.

Es war soweit! Es war endlich soweit! Sie wusste nicht, was sie zuerst tun sollte – einige Kleidungsstücke fürs Krankenhaus einpacken, etwas Trockenes anziehen, den Arzt rufen, Billy rufen …

Zwanzig Stunden.

Das hatte eine der Krankenschwestern ihr gesagt. Zwanzig Stunden, seit sie vollkommen geweitet war. Die Kontraktionen fühlten sich an, als kämen sie alle zehn Sekunden.

»Billy, das bringt mich *um*!«, schrie sie.

»Halt durch, Babe«, erwiderte er und drückte ihre Hand. Obwohl er eindeutig besorgt war, bemühte er sich um ein beruhigendes Lächeln. Er sah so stattlich aus, dass er ein Arzt hätte sein können, besonders da er grüne OP-Kleidung trug.

»Hast du … Pater Peter … gerufen?!«, stöhnte sie.

»Schon lange. Er ist unterwegs.«

»Gut.« Laureen hatte vor einiger Zeit beschlossen, dass Pater Peter dabei sein sollte, wenn das Baby käme, aber als sie Billy fragte, hatte er es ihr auszureden versucht. Sie war jedoch beharrlich geblieben und hatte geschmollt, was, wie immer, gewirkt hatte. Schließlich hatte Billy nachgegeben und Peter gerufen. Nun, warum nicht? dachte sie zwischen zwei Wehen. Billy war jetzt seine rechte

Hand. Und er und Laureen wollten das Baby nach Peter benennen, wenn es ein Junge werden sollte.

Schmerz schoss durch sie hindurch. Ihre Haut fühlte sich an, als könnte sie sich keinen Millimeter weiter dehnen. Sie würde aufplatzen wie eine überreife Frucht. Plötzlich bewegte sich ihr Bett. Deckenlichter flackerten über ihr vorbei, während ihre Trage einen langen Gang hinab und in einen hell erleuchteten, blau gekachelten Raum geschoben wurde, der von Menschen in hellgrüner Kleidung nur so wimmelte.

Billy ging neben ihr her, hielt noch immer ihre Hand.

»Okay, Babe, jetzt wird alles gut. Wir werden unser Baby ganz bald haben.«

Die Trage hielt an. Laureen wandte den Blick von Billy fort zur Decke hinauf und sah einen Arzt mit dicken Brillengläsern über sich gebeugt. Mehrere Händepaare berührten sie auf beiden Seiten und hoben sie sanft auf ein anderes Bett, eines mit Beinstützen.

»Okay, Laureen«, murmelte der Doktor durch seine Maske, »bekommen wir dieses Baby, in Ordnung?«

»Ich versuche es!«, schrie sie und dann überfiel ihren Körper, wie auf ein Stichwort, eine weitere

Woge von Kontraktionen. »Oh, Gott, es ist mir egal, was Sie tun –, aber holen Sie es aus mir heraus!«

»Sie werden uns helfen müssen, Schätzchen«, sagte eine Krankenschwester. »Sie müssen erneut pressen.«

»Vergiss nicht zu atmen.« Billys Stimme klang sehr weit weg.

»Es tut so weh! Ich kann nicht mehr pressen, sonst muss ich sterben!«

»Doch, das können Sie«, sagte der Arzt. »Sie wissen, dass Sie es können. Ich weiß, es ist schwer, aber das Baby ist fast da, und Sie müssen einfach noch ein wenig mithelfen.«

»Wo ist Pater Peter!«, hörte Laureen sich schreien, aber es klang fern, nicht wirklich nach ihr.

»Ich bin hier, Laureen«, sagte eine tiefe, vertraute Stimme. Sie spürte augenblicklich, wie sich ein warmes Glühen in ihr ausbreitete. Er war da.

»O Pater!«, sagte sie zwischen keuchenden Atemzügen. »Bitte! Helfen Sie mir! Nehmen Sie diese Schmerzen von mir! Oh, Gott, nehmen Sie sie von mir!«

Etwas Gewaltiges kam durch ihr Becken und höhlte sie aus, als wäre sie ein Apfel, der entkernt würde. Sie konnte spüren, wie sie auseinander gerissen wurde.

»Ich kann es versuchen«, sagte Pater Peter. Sie spürte die Hitze seiner Hand, als er sie auf ihren Bauch legte. Seine Berührung war wie die eines Schwammes. Sie konnte spüren, wie der Schmerz und die Qual aufgesaugt würden wie schmutziges Wasser.

»Noch einmal pressen, Laureen«, sagte der Arzt.

Oh, Gott, sie konnte es nicht glauben. So schnell, wie Pater Peter ihren Schmerz aufsaugte, so schnell überfielen sie neue Qualen! Pressen?! Wie konnte sie pressen, wenn es sich bereits so anfühlte, als presste etwas ihr gesamtes Skelett durch ihr Becken?!

»Ist das der Kopf?«, fragte eine der Schwestern.

»Ja, da kommt er … Das ist er.« Die Stimme des Arztes klang so ruhig. »Noch ein wenig und …«

Es war, als löse sich eine Bowlingkugel mit Dornen.

Sie hörte eine Frau in der Nähe schreien. Sie fragte sich einen Augenblick, wie sie schreien konnte, wenn sie nicht atmete … Dann erkannte sie, dass es nicht ihre Schreie waren … Ihre Sicht war verschwommen, nebelhaft, aber sie konnte rund um sich herum vage Umrisse ausmachen. Der Arzt war mit offenem Mund rückwärts getaumelt und presste nun eine Hand an seine Gesichtsmaske. Die Schwestern schrien noch immer.

Etwas explodierte zwischen ihren Beinen hervor. Sie konnte ein lautes Ploppen hören, als es auf den kalten Fliesen landete. Sie spürte einen großen Schwall heißer Flüssigkeit und das Nachlassen des Drucks, aber der Schmerz wich nicht.

Die Lichter über Laureens Kopf begannen sich zu drehen, und alles wurde grau. Die Menschen machten sich rasch um sie herum zu schaffen und sprachen mit gedämpften, murmelnden Stimmen, die außer sich klangen.

Aber sie hörte kein Baby schreien …

»Billy! Billy! Was ist los?! Wo ist mein Baby!?«

»Halt durch, Babe, alles wird gut!« Billys Stimme drang schwach zu ihr. Er klang angespannt, bestürzt. »O Gott …«

»Pater Peter! Wo ist mein Baby! Ich will mein Baby!«

»Ich bin hier, Laureen«, sagte Pater Peter. Sie spürte seinen festen Griff um ihre Hand.

»Pater, was ist geschehen?« Jemand wischte zwischen ihren Beinen auf, legte Kompressen vor. Es kümmerte sie nicht. Sie wollte nur ihr Baby.

Pater Peter beugte sich vor, so dass sie ihn deutlicher sehen konnte. Er hatte einen sonderbaren Ausdruck auf dem Gesicht – so als würde er vielleicht jäh in Tränen oder Lachen ausbrechen.

»Laureen, das Baby ist … tot.«

Sie hatte aus einem unbestimmten Grund gewusst, was er sagen würde. Die Worte verletzten weniger, als sie eine Bestätigung waren. Die Schmerzen bei der Niederkunft waren plötzlich eine ferne Erinnerung, es war, als wäre es nie geschehen. Das Wissen, dass ihr Baby tot war, wurde zu Schwärze mitten in ihrer Seele, ein krebsartiger Knoten, der sie zerfressen würde.

Jemand hielt ihre Hand, drückte sie. Sie blickte hinüber und sah Billys tränenüberströmtes Gesicht. »Es ist besser so, Hon … Es wäre ohnehin nicht lebensfähig gewesen …«

»War es ein Junge oder ein Mädchen, Billy? Ich muss es wissen … Kann ich mein Baby wenigstens *sehen*?«

»Laureen …« Pater Peters Stimme schwankte, war vor Schmerz verzerrt.

»Dazu würde ich nicht raten«, sagte der Arzt.

»Warum kann ich das Baby nicht sehen? Billy, war es ein Junge oder ein Mädchen?«

Billy weinte und schüttelte den Kopf. »Wir wissen es nicht, Laureen.«

Sie hatte auch zu weinen begonnen. Von Schluchzen geschüttelt, versuchte sie, sich aufzurichten. Hände wollten sie festhalten, während sie sich bemühte zu sehen, was in dem Raum vor sich ging.

»Ich will mein Baby sehen!«, schrie sie immer wieder. Eine Bewegung zog ihren Blick auf sich: Eine grün gewandete Schwester bedeckte etwas auf einer Trage, die sie dann eilig aus dem Raum rollte.

Laureen sah nur einen Augenblick, was auf der Trage lag, aber dieses eine, blitzartig registrierte Bild brannte sich in ihre Erinnerung. Klein und glänzend rot. Ein knolliger, missgestalteter Kopf, der zu groß für seinen Körper war. Die Glieder des Wesens ragten so verdreht hoch wie die Zweige eines kranken Baumes. Die Organe lagen außerhalb des Körpers, als wäre es von innen nach außen gekehrt worden.

Das Laken senkte sich darüber, und es wurde für immer fortgebracht – um in einem Labor in einen Glasbehälter gelegt und konserviert oder vielleicht von Medizinstudenten seziert und bestaunt oder einfach in einen Plastiksack geworfen und zum Krematorium verfrachtet zu werden. Es war unwichtig, dachte sie, während Bewusstlosigkeit sie vereinnahmte.

Selbst wenn es ein Monstrum war, hatten sie sie nicht davon abhalten können, ihr Baby zu sehen …

Zweiundfünfzig

United Airlines Flug 1104 – Bevins
15. Dezember 1999

Der Start in Birmingham war rauer gewesen, als Freddie sich jemals erinnern konnte. Ein seltener Schneesturm war von Nordosten herangerollt und hatte den oberen Teil des Staates verheert. Hohe Winde waren über das Rollfeld getobt und hatten das Flugzeug durchgeschüttelt, während es zum Anfang der Startbahn rollte. Freddie hasste es zu fliegen, selbst wenn die Sonne schien, aber in einer Nacht wie dieser hätte er stets seinen linken Hoden darauf verwettet, dass das Flugzeug abstürzen würde wie ein Schwergewicht, das über eine Hügelkuppe gestoßen wird.

Während die ›ungewöhnliche Turbulenz‹ (die Worte des Piloten) das Flugzeug durchrüttelte, während es sich Lambert Field in St. Louis von

Westen her näherte, beobachtete Freddie durch sein Kabinenfenster, wie der linke Flügel beleuchtet wurde. Der Schneesturm wirbelte in rhythmischen Blitzen roter Signalfeuer umher. Die Wirkung war fast hypnotisch. Etwas Gutes hatte der Sturm jedoch … er hinderte ihn daran, zu intensiv über seinen neuesten Auftrag nachzudenken.

Jesus, er hatte schon einige schmutzige Sachen für Cooper erledigt, aber nie so etwas …

Woran, zum Teufel, hatte er gedacht, als er zustimmte?

An Geld natürlich.

Wenn man genug klingende Münze geboten bekam, um sicherzustellen, den Rest seines Lebens nicht mehr arbeiten zu müssen, dann lehnte man den Job nicht ab – egal was es war.

Egal was.

Die Frage war jedoch, ob er diesen Job durchziehen konnte oder nicht. Nicht dass ihm keine Möglichkeit einfiele, es durchzuführen. Logistische und zeitliche Probleme waren *immer* lösbar. Nein, ihn beunruhigte etwas Grundlegenderes, bohrte in seinen Eingeweiden.

Die große Frage ist hier, Freddie-boy, ob du schlicht und ergreifend den Mumm dazu hast, das durchzuziehen. Du. Allein. Nackt und einsam unter dem prüfenden Blick dessen, was auch immer uns von dort draußen beobachtet. Freddie war sich, trotz all der Buckelei und dem ›Reverend-hier‹ und ›Reverend-da‹, nicht sicher, wie er über Gott und das Jenseits, Gut und Böse und all das dachte.

Er hatte sich nie wirklich von Fragen beunruhigen lassen wollen, die man als ›ethisch‹ oder ›moralisch‹ bezeichnen könnte. Freddie gehörte zu den Menschen, die glaubten, dass sie nichts wirklich schlechter oder besser taten als andere Dummköpfe. Die meisten Leute bereicherten sich ein wenig, wenn sie die Chance dazu bekamen. Sie stahlen, fälschten Zahlen zu ihren Gunsten, logen, wenn sie damit durchkamen, betrogen, wenn es anscheinend nötig war. Die meisten Leute, ja.

Aber die meisten Leute würden sich nie bereit erklären zu …

»Darf ich Ihnen noch einen Drink bringen, Sir?« Die weibliche Stimme drang wie eine Balletttänzerin in seine Gedanken ein – weich und mühelos.

Freddie schaute auf und bemerkte nur flüchtig das aufgesetzte Lächeln der Flugbegleiterin in den Vierzigern. Entweder hatte sie der raue Flug wirklich mitgenommen, oder sie hatte sich einfach völlig damit verausgabt, zu einem Haufen Arschlöchern nett sein zu müssen, die mitflogen.

»Eh, ja, das klingt nach einer guten Idee. Haben Sie Wild Turkey?«

»Nein, Sir, aber ich habe Old Grandad.«

»Das wäre gut«, sagte Freddie. »Geben Sie mir einen doppelten. Pur. Und eine kleine Cola und Eis dazu.«

Die Flugbegleiterin lächelte weiterhin, während sie seine Bestellung am Getränkewagen zusammenstellte. Das Rütteln und Schwanken des Flugzeugs bewirkten, dass ihr einiges daneben ging, und als sie seinen Grandad eingegossen hatte, war es eher ein dreifacher. Was für Freddie ebenso gut war.

Freddie grinste sardonisch. Cooper tat vielleicht wie ein guter, alter Kumpel, aber Freddie ließ sich nichts vormachen. Obwohl seine neueste Idee – nun, sie schien einfach verrückt.

Freddie trank seinen Whisky mit schlürfenden Schlucken und ließ ein wenig Süße der Cola folgen. Die ersten Schlucke lösten bereits einen Teil seiner Anspannung. Er fragte sich, wie es wäre, aus dem Himmel herab zu stürzen und so betrunken zu sein, dass es einen nicht kümmerte, dass man nicht einmal erkannte, dass das Flugzeug abstürzte.

Ja, dachte er ruhig, nahm einen weiteren Schluck und hob eine Hand, um einen weiteren

Drink zu bestellen: Wenn er vielleicht vollkommen hinüber wäre, wenn sie St. Louis erreichten, würde er sich keine Gedanken mehr darüber machen, Pater Peter ins Fadenkreuz der Waffe seiner Wahl zu nehmen.

Dreiundfünfzig

Los Angeles, Kalifornien – Targeno
25. Dezember 1999

Sonnenaufgang.

Der Weihnachtsmorgen war warm und sonnig mit einer ganz leichten, kaum spürbaren Brise. Die Kalifornier nannten dies Sweater-Wetter. Golfer liebten es. Surfer ebenso, so lange sie einen Kälteschutzanzug besaßen. Menschen aus anderen Teilen des Landes konnten sich nie an den hellen Sonnenschein und die warmen Temperaturen an Weihnachten gewöhnen, und auch wenn sie Schneestürme nicht mochten, brauchten viele anscheinend ein wenig graues Wetter oder heftige Winde, um in Weihnachtsstimmung zu kommen.

Aber dieser spezielle Weihnachtsmorgen in Los Angeles war etwas Besonderes. Hunderttausende von Menschen waren nach New Gomorrah gezogen. Pilger vom ganzen Kontinent und aus hundert anderen Ländern versammelten sich im neuesten architektonischen Heiligtum der Stadt, dem Los Angeles Palladium.

Das Palladium – groß genug, um sechs Houstoner Kuppeln für astronomische Navigation aufzunehmen – bot mühelos Platz für mehr als eine Viertel Million Menschen. Suiten, Restaurants, Bars und sogar Nachtklubs schmückten den gigantischen Betontorus wie Edelsteine eine Tiara. Bei Nacht, vom Mulholland Drive aus gesehen, wirkte es wie das Mutterschiff aus Spielbergs *Unheimliche Begegnung der Dritten Art* – bereit zum Abheben. Als Neidobjekt jeder anderen Stadt in Amerika war das Palladium der Olymp städtischer Stadien geworden. Die Bürgermeister der meisten Hauptstädte Amerikas waren eifersüchtig. Sie wussten, dass ihre Wähler den Nutzen besserer Ausbildungsförderung oder der Hilfsprogramme für Alte oder Obdachlose nicht registrierten, aber zweifellos registrierten sie ein Stadion, das so groß wie Rhode Island war, beleuchtet wie ein georgianischer Geburtstagskuchen.

Rockkonzerte, Baseballspiele, der NFL und die Goodwill Games hatten bereits ihre Anbeter zu den Altären des Palladiums gerufen, aber das Internationale Gebetstreffen war das erste wirklich

›religiöse‹ Ereignis, das dort stattfinden sollte. Radio- und Fernseh-Crews aus mehr als 140 Ländern hatten den Ort verkabelt, bis er wie die größte Spaghettischüssel der Welt aussah. Satelliten-Uplinks schossen entlang dem Stadionrand hoch wie Pilze nach einer regenreichen Nacht. Das Gebetstreffen würde simultan von Milliarden von Menschen gesehen werden. Techniker schwärmten umher wie Arbeitsbienen, die den Bienenstock für die Einführungsfeier ihrer Königin herrichteten.

Hätte Francesco seinen Agenten in diesem Moment gesehen, dann hätte der alte Wolf ihn vielleicht nicht erkannt. Lange, blonde Haare ersetzten seine kurzgeschnittenen schwarzen, und er hatte der vollkommenen Tarnung wegen seinen schneidigen Schnurrbart geopfert. Er kletterte im weißen Overall der Technik-Crew der Church of the Holy Satellite Tabernacle auf den oberen Ebenen des Palladiums herum, als gehöre er zu dem Heer von Drohnen, das die letzten Verbindungen für die große Übertragung herstellte. Es gab Dutzende von Crews von zahllosen Sendern, einzelnen Stationen, Syndikaten und Satellitensendern rund um die Welt. Viele verschiedene Sprachen wurden gesprochen. Targeno war überrascht, dass noch niemand einen Stromschlag erlitten hatte. Zu diesem Zeitpunkt regierte das Chaos, und er konnte sich überall frei bewegen.

Später, dachte er, würden die verschiedenen Sicherheitsdienste die Schrauben um einiges enger anziehen und Vorschriften für das Ereignis erlassen. Aber im Moment waren praktisch keine Sicherheitsleute in der Nähe. Targeno blieb einen Moment still in den frühen Morgenschatten der Lichttürme stehen, die wie große, gebogene Hörner über den Rand des gigantischen Doughnuts hinausragten. Wie Fäden endloser Spinnweben verliefen Laufplanken und Leitern kreuz und quer durch die Superkonstruktion. Die Schönheit und der Schrecken eines solchen Gebildes lagen darin, dass durch architektonische Kniffe alles entweder getarnt oder verborgen war. Das Palladium bot vielfältige Verstecke für einen Mörder.

Targeno lächelte, als Sonnenlicht seinen Nacken kitzelte. Solch ein Versteck zu finden, war in der Tat seine erste Priorität. Er plante, mehrere Plätze ausfindig zu machen, damit möglichst alle Eventualitäten abgedeckt wären. Targeno schritt forsch durch die Mengen Overalls tragender Techniker, die die Farben und Logos von unzähligen Ländern und Sendern aufwiesen, hatte ein Klemmbrett bei sich und gab vor, in ein Remoteheadset zu sprechen. Für den durchschnittlichen Beobachter war er wahrscheinlich einfach nur ein weiterer Arbeiter, der bemüht war, eine Aufgabe der Vollendung zuzuführen.

Oben am Rand hatte er klare Sicht auf das weit darunter gelegene Podest. Inmitten des Palladiums, auf eine komplizierte Anordnung von Getrieben und Elektromotoren montiert, war die riesige, kreisrunde Plattform so gestaltet, dass sie pro Stunde eine Umdrehung vollführte. Häufig für Konzerte und andere Aufführungen verwendet, hatte sich die Drehbühne beim Publikum als Hit erwiesen und der Beliebtheit der Arena den Kick gegeben. Das Motto ›Es gibt in diesem Haus keinen schlechten Platz!‹ entsprach der Wahrheit.

Die Bewegung im Uhrzeigersinn würde jeglichem möglichen Mörder ein ständig wechselndes Panorama potentieller Ziele bieten. Und die Drehung erfolgte ausreichend langsam, dass das Zielen nicht ernsthaft beeinträchtigt würde. Targeno schüttelte den Kopf, während er eine Crew beobachtete, die ihre KU-Band-uplink-Schüssel auf eine kleine Plattform ganz am Rande montierte. Buchstäblich Hunderte dieser Montageplattformen umgaben die Arena, ein Zeichen der Voraussicht des Architekten, der erwartet hatte, dass die Ereignisse im Palladium weltweit verfolgt würden. Er hatte die Montageplattformen und die Schüsseln selbst als mögliche Verstecke so ziemlich ausgeschlossen, da sie zu offen und ungeschützt für Infrarot-Kameras waren und die Körperwärme einer einzelnen Person an unerwarteter Stelle vielleicht registrieren würden.

Nein, dachte er, er musste einen Platz finden, der zugänglich und perfekt verdeckt war. Vielleicht eine weniger offensichtliche Stelle …

Der Rand der Arena wäre bei einer sauberen Tötung für niemanden ein Hindernis, wenn er ein Infrarotvisier benutzte. Targeno konnte mit seinen Waffen aus dieser Entfernung glatt eine Fliege von der Nase des Papstes schießen. Und Targeno war kein außergewöhnlich guter Schütze. Es gab viele, die ebenso gut oder besser schießen konnten als er. Aber ein ausgezeichneter Mörder musste nicht nur ein guter Schütze sein. Auch perfekte Zeitplanung war wichtig, das Talent, den richtigen Zeitpunkt zu wählen, wenn niemand hinsah, wenn das Opfer am angreifbarsten war, wenn der Fluchtweg am günstigsten vor einem lag und der Tötungsquotient natürlich am höchsten war.

Targeno war sich dieser kniffligen Gesamtbedingungen beständig bewusst. Je näher man der Drehbühne kommen konnte, desto besser waren die Aussichten, dass auch ein verpfuschter Job gelang. Und daher musste er sorgfältig vorgehen. Er musste langsam durch das Labyrinth der Plätze hinab gelangen und alles im Auge behalten.

Es bedeutete auch, dass er sich Alternativen überlegen musste – wobei die offensichtlichste eine Bombe war. Mit althergebrachten Methoden würde es Wochen in Anspruch nehmen, im Palladium eine Bombe zu finden. Unmöglich. Sinnlos. Aber dank der Mikroelektronik des späten zwanzigsten Jahrhunderts hatte Targeno einige sehr zuverlässige Hilfsmittel zur Verfügung, um die deutlichen elektrochemischen, atmosphärischen Merkmale tragbarer Bomben ausfindig zu machen. Andere Waffen oder Vorrichtungen, wie mit Laser arbeitende Anlagen oder Mikrowellentechnologie, waren schwieriger zu entdecken, aber es gab auch hier Möglichkeiten. Niemand hatte mehr Tricks auf Lager als Targeno. Wenn dort draußen etwas war, würde er es herausfinden.

Er schaute auf seine Uhr. Es war kurz nach sechs Uhr morgens. Die Eröffnungszeremonie des Gebetstreffens würde am Mittag beginnen.

Er lächelte, während er vorgab, sich auf seinem Klemmbrett etwas zu notieren.

Sechs Stunden.

Er hatte schon bei vielen Gelegenheiten weitaus weniger Zeit zur Verfügung gehabt.

Vierundfünfzig

Los Angeles, Kalifornien – Windsor
25. Dezember 1999

Peter war schon am Vortag vorausgeflogen, inkognito und allein. Marion fühlte sich durch seine Reserviertheit nicht mehr persönlich angegriffen, was sie aber nicht daran hinderte, sich Sorgen zu machen, sich Sorgen über ihn zu machen. Als ihr Flugzeug auf dem LAX landete, versuchte sie, die Gedanken an seine bisherigen und noch andauernden Veränderungen zu verdrängen. Er war nicht mehr …

Sie wurde von der Standardansage des Piloten zum Aussteigen und dem jähen Rascheln der Leute um sie herum abgelenkt und vergaß den Gedanken. Billy und Laureen waren bereits in den Gang getreten, um ihr Bordgepäck herunterzunehmen. Sie folgte ihnen aus dem Flugzeug in die belebte Umgebung des Terminals. Hier drängten sich, wie üblich, dichte und vage feindselig gestimmte Menschenmengen.

Da Marion bereits einen Großteil ihres Gepäcks zum Westwood Hotel vorausgeschickt hatte, konnte sie froh sein, dem Theater an der Gepäckausgabe zu entgehen. »Lasst uns nachsehen, ob wir die Limousine finden können, die wir bestellt haben«, sagte sie. »Ich habe bereits jetzt das Gefühl, eine Dusche zu brauchen.«

»Das Schuldgefühl eines unreinen Geistes«, sagte Billy und lächelte ihr zu. »Lobe den Herrn, und deine Seele wird auch ohne Dusche rein sein!«

Billy schien seine Kraft und Entschlossenheit, trotz des Verlusts des Babys, bewahrt zu haben. Wenn sein Vertrauen in Peter erschüttert war, so merkte man es nicht – zumindest noch nicht. Er blieb loyal und äußerst zuverlässig. Laureen litt noch immer. Die Qual, der Schmerz und der Verlust hatten sich in ihr blasses Gesicht gegraben. Marion beobachtete, wie sie sich teilnahmslos durch den bevölkerten Flughafen bewegte und all den Lärm und die bunten Farben um sie herum anscheinend nicht bemerkte.

»Da ist er!«, rief Billy und deutete auf einen großen, eierschalenfarbenen Wagen. Der Fahrer stand neben seinem Fahrzeug und hielt ein Schild mit dem Schriftzug ›Windsor‹ hoch. Der Wagen wurde von weiteren Großraumlimousinen und einer massiven Phalanx von Taxen flankiert. Der Fahrer agierte geübt und respektvoll, während er ihnen half, es sich bequem zu machen, bevor sie sich in den Kampf stürzten, der auf den Straßen von Los Angeles tobte. Marion bemerkte, dass Billy während der Fahrt alles staunend betrachtete.

»Siehst du etwas Vertrautes?«, fragte sie, während sie ihre Sonnenbrille aufsetzte. Der grelle Glanz der südkalifornischen Sonne verlieh dem gesamten Ausblick einen kalkartigen, silbrigen Schimmer. Alles schien, trotz der sichtbaren Lagen Smog, die sich am Horizont türmten wie Schichten einer Torte, ungewöhnlich hell.

»Sozusagen ...«, antwortete er, »aber vergiss nicht – ich war seit meiner Kindheit nicht mehr hier. Das Einzige, woran ich mich erinnere, sind der Hollywood-Schriftzug und die Sterne auf dem Bürgersteig.«

»Wie ein normaler Tourist! Dort drüben kommt Culver City in Sicht«, sagte sie und deutete nach rechts. »In der Richtung liegt auch der berühmte Venice Beach.«

»So viele Autos. Wie ertragen die Menschen das?« Laureen schüttelte den Kopf, beugte sich vor und küsste Billy auf den Hals.

»Geld kann Dinge erträglich machen«, sagte Marion. »Man sieht in dieser Stadt nicht ohne Grund so viele Porsches und Lamborghinis.«

Sie fuhren weiterhin in nördlicher Richtung, an Santa Monica und Century City vorbei, und verließen den Highway bei Wilshire. Ihr Hotel lag südlich des UCLA Hauptcampus, umgeben von riesenhaften Wüstenpalmen und anderen üppigen, Schatten spendenden Bäumen. Als sie eincheckten, unter der Schirmherrschaft ihres Fernsehsenders, spürte Marion, wie ihre Anspannung wich.

»Ja, Madam, Miss Windsor«, sagte der Portier und reichte ihnen Magnetkarten anstatt Schlüssel. »Suite 7-80.«

»Danke«, sagte Marion.

Sie wollte nur duschen und sich ein paar Stunden ausruhen, bevor sie den Rest des Tages und die Nacht im Palladium verbrachte. Sie sagte sich ständig, dass es sie wirklich nicht mehr kümmerte, wer oder was Pater Peter Carenza sein mochte oder sollte. Da sie erkannt hatte, dass sie keinerlei Einfluss und Kontrolle mehr hatte, wollte sie die Kräfte, die um sie herum tätig waren, ohne ihr Zutun wirken lassen.

»Verzeihung«, sagte der Portier an Billy gewandt. »Sind Sie Mr. Clemmons? William Clemmons?«

Billy nickte. »Ja, warum?«

»Ich habe eine Nachricht für Sie, Sir.« Der Mann reichte ihm einen verschlossenen Umschlag mit dem Logo der Stiftung in der linken Ecke.

»Was ist es?«, fragte Marion. Sie wollte näher treten, um über seine Schulter hinweg mitzulesen, zwang sich aber zu warten.

Billy riss den Umschlag auf und überflog die Nachricht. »Sie ist von einem der Sicherheitsleute – Bevins. Er will sich mit mir treffen.«

Marion sagte: »Bevins? Sagt er, was das Problem ist?«

Billy zuckte die Achseln und zeigte ihr die Nachricht: *Muss Sie dringend sprechen, sobald Sie eintreffen. Allein. In der Lobby des Beverly Hills Hotel. Heute Morgen. F. Bevins*.

»Wie weit ist das Hotel entfernt?«

»Nicht allzu weit. Auf der Wilshire nach Osten, dann auf der Beverly nördlich bis zur Sunset.«

Billy wandte sich an Laureen. »Ich muss nachsehen, worum es hier geht, Babe«, sagte er. »Ich bin bald zurück.«

»Okay, Billy. Sei vorsichtig …«

Er nickte und wandte sich dann an Marion. »Kannst du ihr helfen, sich einzurichten? Ich bin so bald wie möglich zurück.«

»Wir kommen schon zurecht.«

»Okay. Bis bald«, sagte er und ging auf die Türen der Lobby zu.

Marion sah ihm nach, bevor sie ihr Handgepäck nahm und auf die Fahrstühle zuhielt. Ein Hotelpage tauchte wie aus dem Nichts auf, um ihr und Laureen zu helfen. Als sich die Fahrstuhltüren schlossen, hatte Marion blitzartig eine Erkenntnis, einen flüchtigen Eindruck, dass etwas nicht stimmte. Bitte, Gott … bitte mach, dass alles gut wird.

Das Gebet wühlte ihren Geist auf wie ein Stein einen stillen Teich. Bitte, Gott, wo auch immer du bist …

Beverly Hills – Clemmons

Freddie Bevins saß in der Lobby und las die *Los Angeles Times*. Er trug ein graues Tweed-Jackett und eine langweilige Krawatte, die ihn so offenkundig als Fremden brandmarkte, dass Billy sich fragte, ob er sich absichtlich so kleidete. Sein gesamter ›Look‹ stand in perfektem Widerspruch zu der ultraschicken Ausstattung des Hotels.

»Mr. Clemmons«, sagte Freddie, erhob sich und schüttelte ihm die Hand. Er ließ die Zeitung auf die Couch sinken, sodass ein großer, weißer

Umschlag sichtbar wurde, den er ruhig in der Hand hielt. »Hatten Sie eine gute Reise?«

Billy zuckte die Achseln. Er hatte nicht das Gefühl, Zeit für Small Talk zu haben. »Das Flugzeug war voll besetzt. Es war wohl okay. Und Sie können mich ›Billy‹ nennen – das tun alle anderen auch.«

Bevins lächelte und schwieg. Er stand nur da und sah ihn an.

»Was ist das Problem, Mr. Bevins?«

Bevins sog tief den Atem ein und atmete dann theatralisch wieder aus, wölbte sogar die Augenbrauen. »Man hat mir gesagt, ich sollte mich damit an Sie wenden, da Sie stets in Pater Carenzas Nähe sind. Gehen wir zur Bar. Ich spendiere Ihnen einen Drink und erkläre Ihnen, was Sie für mich tun müssen.«

»Ich dachte, Sie wohnten mit den übrigen Sicherheitsleuten im Westwood …«

Bevins nickte. »Das stimmt. Hier wohnen nur einige Freunde von mir, so dass ich dachte, ich könnte mehrere Fliegen mit einer Klappe schlagen. Sie wissen ja, wie das ist.«

Bevins grinste, und Billy erwiderte das Grinsen unbehaglich. Bevins schien recht nett zu sein, aber unmittelbar unter der Oberfläche lag etwas Aalglattes.

Der Sicherheitsmann ging zur Bar voraus, über Gehwege durch üppige Gärten und am Pool vorbei, wo fast nackte Frauen posierten und umherstolzierten und in der Sonne badeten, um die Aufmerksamkeit jedes wichtigen Menschen auf sich zu ziehen, der vielleicht eine Bühnen-Prostituierte für seinen nächsten Film suchte.

Bevins lächelte, als er merkte, dass Billy hier und da einen Blick riskierte. »Hübsch, was, Billy?

Wissen Sie, es heißt, in dieser Stadt würden mehr Männer verführt als an jedem anderen Ort auf der Erdoberfläche! Ich würde bestimmt nicht dagegen wetten, hm?« Bevins lachte. Er und Billy setzten sich auf zwei Plüschstühle an der Bar. Sie waren von modernstem Zubehör umgeben. Der Raum war marktschreierisch trendy.

Der Barkeeper erschien. Bevins nahm einen Wild Turkey, Billy ein Corona.

»Also, was ist los, Mr. Bevins?«

»Nennen Sie mich Fred.«

»Fred.« Billy sah ihn nur an und wartete.

Bevins atmete langsam aus. »Ihr Boss hat sich vielleicht einige mächtige Feinde geschaffen, Billy. Sind Sie sich dessen bewusst?«

»Ich habe mir gedacht, dass es so kommen würde. Er war in letzter Zeit sehr … freimütig.«

Bevins kicherte. »Ja, das würde ich auch sagen.«

Der Barkeeper kam mit ihren bestellten Drinks und zog sich dann diskret wieder zurück.

Billy warf den Limonenschnitz in den nächstgelegenen Mülleimer und trank dann von seinem mexikanischen Bier. »Worauf wollen Sie hinaus, Mr. Bevins?«

»Meine Aufgabe ist die Sicherheit, Billy.« Bevins kippte seinen Drink hinunter, öffnete dann gemächlich den Umschlag und nahm ein kleines Viereck aus weißem Plastik hervor.

»Hier …« Er reichte es Billy, der es als eine ID-Card erkannte – eine mit Peter Carenzas Foto darauf.

»Wofür ist das?«

»Es ist eine Palladium-ID«, sagte Bevins. »Der interne Sicherheitsdienst händigt sie jedem aus, der sich auf dem Podest aufhalten wird, sowie auch jedem, der am Boden arbeitet – Medienleute, Techniker, Sie wissen schon, all die Handlanger.«

»Okay«, sagte Billy. »Aber was hat das alles mit mir zu tun?«

Bevins sah ihn mit kumpelhaft verschwörerischer Miene an. »Ich möchte, dass Sie dafür sorgen, dass Pater Peter seine Ausweiskarte heute trägt – *diese* Ausweiskarte.«

»Warum, was ist so besonders an dieser einen?« Billy betrachtete ihn genauer.

Bevins grinste. »Es ist ein solarbetriebener Mikrochip-Scanner und Sender.«

»Wofür?« Billy schluckte schwer. Er hatte keine Ahnung, wie die Antwort lauten könnte, aber er war sich sicher, dass es etwas Verrücktes wäre.

Bevins lächelte. »Es ist wunderbar, Junge. Dieser kleine Schnucki wird uns melden, wenn jemand Zielgeräte mit Ultraschall oder Laser/Maser-Zubehör benutzt …«

Billy nickte. »Sie meinen, wie bei Infrarotvisieren?«

»Genau. Aber auch weiter entwickeltes Zeug.« Bevins fuhr sich mit einer Hand durch sein glatt anliegendes Haar. »Nehmen Sie das – wenn dieses Ding irgendetwas wahrnimmt, sendet es sofort ein Signal an uns Sicherheitsleute.«

Billy trank sein Bier. »Klingt nach einer guten Idee.«

»Das ist es«, erwiderte Bevins. »Aber Sie müssen dafür sorgen, dass Carenza es nicht abnimmt, okay?«

»Warum geben Sie es ihm nicht selbst?«, fragte Billy.

Bevins schmunzelte. »Weil er wie alle anderen ist, die ich zu beschützen versucht habe. Er glaubt, alle lieben ihn und er sei unbesiegbar.«

»Warum sollte er auf mich dann mehr hören?«

»Sie verstehen nicht«, sagte Bevins. »Erklären Sie ihm dieses ganze Sicherheitszeug nicht. Setzen Sie umgekehrte Psychologie ein. Bringen Sie das Thema auch erst auf, wenn es nötig ist – wenn er die Ausweiskarte beispielsweise irgendwann abnehmen will.«

»Oh, ich verstehe.« Billy nahm einen größeren Schluck aus der durchsichtigen Glasflasche.

»Jetzt haben Sie es begriffen«, sagte Bevins. »Sorgen Sie einfach dafür, dass er das verdammte Ding dranlässt, okay?«

»Ja, ich glaube, das schaffe ich.«

Bevins nahm die ID-Card, steckte sie wieder in den Umschlag und reichte Billy das Päckchen. »Danke, Sohn … Sie erleichtern mir die Arbeit erheblich.«

»Kein Problem.«

Bevins glitt vom Stuhl und schlug ihm auf die Schulter. »Jetzt sollte ich besser wieder an die Arbeit gehen. Es gibt noch viel zu tun, bevor die Show anfängt, hm?«

»Okay, Fred. Machen Sie sich keine Sorgen um die Ausweiskarte – ich kümmere mich darum.«

Bevins lächelte. »Ich weiß, dass Sie das tun werden, Sohn. Ich weiß es.«

Fünfundfünfzig

Rom, Italien – Etienne
25. Dezember 1999

Obwohl sie in einem weißen Raum auf einem Bett lag, hatte sie das überwältigende Gefühl, auf einem kleinen Floß zu treiben. Es war, als wiegten sie sanfte Wellen zu einem arktischen Ort, wo ein weißer Himmel auf weiße Gletscher traf. Wo nichts als die reine Weite der Weiße die Welt bedeckte.

Was bedeutete die Weiße?

War es der Zustand ihrer Seele? Von Sünde unbefleckt, in Gedanken oder Taten? Oder war es die Welt selbst, die nun geläutert und neu, unbefleckt und unverdorben war?

Nein. Das war nicht die Welt, die sie stets gekannt hatte. Besonders jetzt nicht.

Ihr Blick konzentrierte sich allmählich, während sie sich zwang, die Augen offen zu halten. Die Weiße löste sich zur prosaischen Ausstattung eines Krankenzimmers auf. Ein grauer Umriss gewann an Substanz, nahm die Form einer menschlichen, dunkelblau gekleideten Gestalt an.

»Guten Morgen, Schwester«, sagte die Gestalt.

Etienne blinzelte. Ein Name drang an die Oberfläche ihrer Gedanken.

»Äbtissin …«, flüsterte sie. »Victorianna.«

»Sehr gut«, sagte ihre Vorgesetzte. »Die Ärzte meinen, es ginge Ihnen heute schon viel besser. Sie hatten einen Rückfall. Erinnern Sie sich, wie Sie hierher zurückgekommen sind? Sie sagten, Sie wollten mich sprechen.«

»Ja. Ich kann … die Welt sehen. Ich verstehe die Dinge nun besser.«

»Was meinen Sie?«, fragte Victorianna.

»Ich muss mit seiner Heiligkeit dem Papst darüber sprechen.«

Victorianna lächelte. Sie war, trotz ihres Alters, eine hübsche Frau. »Ja, das sagten Sie zuvor schon. Aber Sie müssen erkennen, dass er ein sehr beschäftigter Mann ist. Er hält sich derzeit selten im Vatikan auf.«

»Ja, ich weiß. Er wird bald wieder reisen. Ich muss ihn sprechen, bevor er diese Reise unternimmt.«

Victorianna beugte sich über das Bett. Ihr Gesicht war jetzt sehr nahe, ihr Atem süß und frisch.

»Etienne, Sie müssen zuerst mit mir sprechen. Sie waren sehr krank. Wir fürchteten, Sie hätten den Verstand verloren.«

»Vielleicht ist das so. Wahnsinn wäre vielleicht besser als meine Träume.«

»Welche Träume?«

Etienne wandte sich von der Äbtissin ab. »Nein …«

»Etienne, erzählen Sie es mir!«

Etienne schaute zur Weiße der Decke. Sie hatte eine seltsame, aber angenehm beruhigende Wirkung auf sie. Sie konnte mit ihrer Hilfe meist alle Ablenkungen ausblenden.

»Es tut mir Leid«, hörte sie sich sagen, als lausche sie einer anderen Person. »Ich kann es nur dem Heiligen Vater sagen.«

»Es geht um das Kind, nicht wahr?«

Die Weiße verhärtete sich, ließ sie frösteln. Wie konnte Victorianna das wissen?

»Ja«, sagte die Äbtissin. »Ihre Augen verraten Sie. Sie glauben, ich könnte mir nicht denken, um was es bei alledem geht. Wir haben es alle gewusst. Sie können ebenso gut darüber sprechen.«

»Er ist kein Kind mehr«, sagte Etienne tonlos.

»Nein.«

»Er ist ein Mann, aber er ist auch noch mehr als das. Ich glaube, er ist ein Ungeheuer.«

»Ja«, sagte Victorianna. »Und Ihre Visionen haben Ihnen das gezeigt.«

»Es war nicht richtig, was Sie mich haben tun lassen. Es war eine schreckliche Sünde, und nur der Heilige Vater kann mir vergeben.«

»Nein«, sagte die Äbtissin. »Sie irren sich. Sie haben keine Sünde begangen, mein Kind.«

Etienne gestattete es sich, die alte Nonne anzusehen. »Wir begehen alle Sünden, Mutter Oberin. Denken Sie nichts anderes. Die Welt windet sich in Schmerz, in Veränderungen. Ich durchlebe jede Nacht das Sterben! Ich spüre, wie Millionen von Leben ausgelöscht werden wie Sterne am Morgen. Ihr Schmerz ist mein Schmerz. Und es wird noch mehr kommen. Viel mehr.«

Sie wandte sich von der Nonne ab und wollte nicht mehr sagen. Sie würden sie den Papst nicht sehen lassen. Das Wissen war so sicher und endgültig wie eine zugeschlagene und gegen die Nacht verriegelte Tür. Es war, als könnte sie spüren, wie Gott ihr seine Hand entzog, aufgab, schließlich die Seele und das Ohr eines anderen Menschen zu berühren erwählte.

Wenn sie Ihn nur sehen und um Vergebung bitten könnte …

Sechsundfünfzig

Los Angeles – Das Palladium
25. Dezember 1999

Windsor

Marion konnte die Gegenwart der Menge jenseits des Eingangstores spüren, als wäre es der atmende, schwitzende Körper einer großen Bestie, die auf die zusammengedrängte Gruppe von Teilnehmern und Medienleuten wartete, die bald in den riesigen Kessel des Palladiums geworfen würden.

Sie stand mit Billy, Peter und der kleinen Video-Mannschaft zusammen, die ihr bereitwillig bei allem helfen würde, was sie für ihre Übertragungen brauchte. Alle Gäste und die sie unmittelbar Umgebenden waren von Sicherheitsleuten des Palladiums umringt sowie von Undercover-Leuten und uniformierten Cops vom LAPD.

Eine verstärkte Stimme gab jedermann letzte Instruktionen, während der Einlass begann. Marion hörte nicht wirklich zu. Billy hatte ihr die Anordnung ihrer Plätze in den ersten Reihen vor dem Drehpodest bereits erklärt.

Er schien wegen der Menschenmengen im Palladium übertrieben besorgt. Als er die Anzahl der Leute, die das Stadion füllten, mehrfach erwähnte, hatte Marion ihn gefragt, um was er sich wirklich sorgte.

»Ich weiß nicht«, sagte er verlegen. »Ich habe nur so ein Gefühl, dass etwas schief gehen wird. Dass etwas Schlimmes passieren wird.«

Sie nickte, wohl wissend, was er meinte. Peters rascher Aufstieg zur Bekanntheit und die Begeisterung darüber, der Welt einen neuen Grad des Verständnisses vermitteln zu können, waren langsam in den Hintergrund getreten und durch etwas Düstereres, etwas undefinierbar Falsches ersetzt worden. Vielleicht war sie dem ganzen Phänomen zu nahe, um erkennen zu können, was wirklich vor sich ging. Billy vielleicht ebenfalls, aber er hatte etwas in der Richtung geäußert, dass alles besser würde, wenn sie erst die Zerreißprobe des Gebetstreffens und des bevorstehenden Jahrhundertwechsels durchgestanden hätten.

Zerreißprobe.

Das war die richtige Bezeichnung.

Targeno

Die Menge war während der letzten beiden Stunden in den gewaltigen Kessel geströmt. Draußen wand sich der Verkehr und brach in sich zusammen. Menschen strömten durch alle Zugänge zum Palladium, in der Kleidung ihrer jeweiligen Glaubensrichtungen und Tätigkeiten. Das Spektakel beeindruckte selbst jene, die durch den Pomp des Vatikans übersättigt waren. Die Menge kreiste in gewaltigen Wirbeln aus Farbe und Bewegung umher, und die Luft knisterte unter den Sprachen verschiedenster Länder.

Targeno, der den Umhang der Unsichtbarkeit in Form eines Technikeroveralls trug, bewegte sich unbemerkt durch die Menge. Sein eingeschweißter Sicherheitsausweis und die Art, wie er selbstbewusst an den Kontrollpunkten vorbeiging, verschafften ihm ungehinderten Zugang zu jedem Zentimeter der gewaltigen Arena.

Das hatte ihm bisher jedoch nicht viel genützt.

Er hatte an strategischen Punkten überall im Palladium tragbare Scanner installiert, die multifunktional geschaltet waren, um jede Art von Sende- und Empfangsmodi erkennen zu können, aber er konnte den gesamten Bereich keinesfalls vollständig abdecken. Er war einfach zu groß. Er konnte nur auf ein wenig Glück hoffen und auf die intuitiven Fähigkeiten vertrauen, die ihn schon seit über zwanzig Jahren in dem Geschäft am Leben erhielten.

Die Eröffnungszeremonie hatte schließlich begonnen, mit nur fünfzehn Minuten Verzögerung. Zu schade, wirklich – nun hatte er weniger Zeit, seiner Fantasie bezüglich der Operation freien Lauf zu lassen. Bevins wirkte vielleicht wie ein gewöhnlicher Trottel, aber er war sehr kompetent, wenn es um verdeckte Einsätze ging. Targeno hatte genug Schmutz über Frederick G. Bevins ausgegraben, um zu wissen, dass er vorsichtig und sorgfältig vorging – und daher sehr gefährlich war.

Nun stand Targeno auf der Plattform einer der Uplink-Schüssel von Coopers Kirche und setzte eine Sonnenbrille auf, die in Wirklichkeit ein hochauflösendes elektronisches Fernsichtgerät war. Er konnte den Durchgang am Einlass ungehindert sehen, und er konnte deutlich die Miniaturen aller Gäste erkennen, die den riesigen Raum betraten und auf das gewaltige Podest in der Mitte zugingen. Der PA verkündete über den künstlichen Graben hinweg dröhnend die Namen diverser Würdenträger, und die Menge jubelte mechanisch, wie konditionierte Hunde, die auf einen lauten Glockenklang hin Speichel absonderten. Die Liste reichte vom Bürgermeister und seinen Politgenossen bis zur scheinbar endlosen Aufzählung religiöser Weiser und kirchlicher Demagogen.

Nur ein Dummkopf hätte die präzise Ordnung des Eintreffens der Gäste nicht erkannt – eine allmählich zunehmende Rangfolge der Wichtigkeit, oder genauer gesagt, der internationalen Erscheinung. Aber Targeno sah Probleme voraus, während die Prozession das obere Ende des Spektrums erreichte. Er verfolgte ruhig die Reaktionen des Publikums. Der pathetische, zittrige Bischof Tutu wurde mit höflichem Applaus bedacht, aber Gerard Goodrop und einige seiner politischen Freunde, die dem Bischof folgten, wurden mit donnernden Ovationen begrüßt.

Ein Geniestreich wahren Einfallsreichtums wahrte den ranghöchsten Gästen dank einer scharfsinnig brillanten Taktik das Gesicht: ein gemeinsames Auftreten der exponiertesten Gäste.

Und daher war, als ein virtueller Tsunami an Rufen und Schreien die Grundfesten des Palladiums erschütterte, unmöglich zu erkennen, ob das Publikum wegen Freemason Cooper oder Amahl Sulamein oder Bandi Mansammatman oder Pater Peter Carenza oder sogar dem Papst selbst den kollektiven Verstand verlor.

Die Prozessionsmusik der Eröffnungszeremonie stieg zu einem majestätischen Crescendo an, und der Chor der eintausend Stimmen erreichte gerade im richtigen Moment seinen Höhepunkt. Wäre Targeno ein besonders religiöser Mensch gewesen, hätte er geglaubt, ein typischer Tag im Himmel könne so beginnen. Er konnte in der dem Bruch in der Musik folgenden Kluft der Stille spüren, wie die gesamte Arena scheinbar den Atem anhielt. All die Würdenträger, gut sechzig Menschen, nahmen ihre Plätze ein, und die riesige Plattform begann ihre kaum wahrnehmbare Drehung.

Freemason Cooper, der nominelle Gastgeber der Veranstaltung, erhob sich und näherte sich der Mitte des Podiums. Von gigantischen Lautsprechertürmen flankiert, wirkte er wie ein Hohepriester, der zwischen den Säulen eines großartigen, uralten Tempels stand.

Windsor

Der Lärm der Menge ließ den Beton unter Marions Füßen vibrieren. Der grelle Schein der mittäglichen kalifornischen Sonne war im Vergleich zu den Blicken einer halben Million Augen nichts. Obwohl Marions Verstand ihr sagte, dass diese Blicke aufs Podest gerichtet waren, konnte sie deren unheilvolle, brennende Macht doch spüren. Alle sahen genau hin und warteten darauf, dass etwas Untypisches geschähe.

Als sie sich hinsetzte, verklang die Musik, und ein Vakuum erwartungsvoller Stille machte sich jäh in ihrem Kopf breit. Peter war zwischen den Erzbischof der evangelisch-lutherischen Kirche und Pater Peterakis von der türkischen Erzdiözese der griechisch-orthodoxen Kirche platziert worden. Freemason Cooper saß, wie sie bemerkte, am genau entgegengesetzten Ende des Kreises aus Plätzen, die alle einem zentralen Podest mit einem Altar zugewandt waren. Cooper erhob sich, strich seine Designer-Kleidung glatt und schritt zur Mitte des Podests.

Marions Verstand schien auf einen einzigen Gedanken fixiert: Wenn Billy Recht hat und etwas nicht stimmt, was wird dann geschehen?

Und wann?

Targeno

Es könnte ein sehr langer Tag werden.

Da er nicht in der Lage war, einfach nur dazusitzen und dem endlosen Geleier zu lauschen, verließ er seinen ursprünglichen, erhöhten Platz und begab sich auf einen systematischen, wohldurchdachten Rundgang entlang des Stadionrandes. Er hielt an verschiedenen Stellen inne, um seine Abtastgeräte zu überprüfen, entdeckte aber nichts. Ungefähr das hatte er erwartet. Zusätzlich zu den normalen Problemen wie dem Aufspüren elektromagnetischer Störungen, die auf Waffen oder Überwachung hindeuten könnten, hatte er mit einem elektronischen Wirrwarr aus Unmengen an Strom zu kämpfen, der aus dem Hexenkessel des Palladiums erzeugt und gesendet wurde.

Eines war für ihn jedoch von Vorteil – es wimmelte in dem Bereich von Sicherheitsleuten. Polizisten in Zivil und Uniformen, Angehörige von privaten Sicherheitsfirmen und sogar die glücklosen Miet-Cops hatten das Palladium mit einem Stütz- und Schutznetz überzogen, das schwer zu durchdringen und von dem aus noch schwerer zuzuschlagen wäre.

Targenos geübtes Auge sagte ihm, dass überall um ihn herum auch andere beobachteten. Auf seltsame Bewegungen achteten, die auffällige Wölbung in einer Jacke, das unangemessene Gepäckstück oder die Schultertasche. Ganz zu schweigen von den Metalldetektoren an jedem Zugangspunkt.

Und daher schloss Targeno einen einzelnen Mann mit einer Pistole fast aus. Die Möglichkeit einer Bombe war aufgrund der extremen Achtsamkeit der Sicherheitsleute bezüglich Terroristentaktiken ebenfalls abwegig.

Er dachte sich, dass Bevins warten würde, bis Carenza auf dem Podium an der Reihe war. Die logischsten und gefährdetsten Zeitpunkte waren die Eröffnungszeremonie und die Zeit im Rampenlicht der Öffentlichkeit. Carenzas strahlender Moment war nahe.

Was würde es also sein?

Er wettete auf etwas extrem hoch Entwickeltes: Mikrowellen, Ultrasonics, Maser- und Lasertechnologie. All dies waren entschieden gefährliche Methoden.

Er ging zum nächsten Kontrollpunkt. Als er auf die Uplink-Plattform stieg, erkannte er, dass die Sicherheitsleute ihn beobachteten. Er blieb neben einer Uplink-Schüssel stehen und gab vor, seine Diagnostik-Blackbox in den Basiskoppler einzuklinken. Er öffnete seinen Werkzeugkasten und suchte offensichtlich das richtige Werkzeug für seine gegenwärtige Aufgabe. Solange er scheinbar normale Aktivitäten ausführte, würden sie ihn nicht behelligen. Er betrachtete ruhig seine Werkzeuge und nickte, während er schweigend seine Auswahl traf. Diese scheinbar harmlosen Instrumente und Stromleitungswerkzeuge konnten zu extrem genauen und tödlichen Waffen zusammengesteckt werden.

Targeno lächelte beim Gedanken an ein großartiges Agenten-Stichwort: *Tödlichkeit/Sterblichkeit*.

Er fragte sich, wo Regierungen die Kerle fanden, die herumsaßen und sich all diese schmissigen Phrasen ausdachten wie *mit äußerster Befangenheit* oder *versöhnliche Invasion*.

Aber im Moment, dachte er, sollten wir es mit dem KA-Band versuchen …

Windsor

Gott, wurde das langweilig!

Sie musste fast lächeln, als sie den frommen Aspekt ihres letzten Gedankens erkannte. Ihre Video-Crew hatte pflichtbewusst alles aufgezeichnet, und sie hatte sich gerade einige Notizen über das gemacht, was sich als nützlich erweisen könnte, wenn sie die Story redaktionell bearbeitete, aber Freemason Coopers Gebetstreffen war insgesamt schrecklich langweilig.

Marion hatte sich die verschiedenen Teilnehmer genau angesehen, fast genauer, als sie den Gebeten und Ansprachen zugehört hatte. Nach einer Weile begannen alle gleich zu klingen, und es war interessanter, die diversen Mienen zu betrachten. Sie sah eine Mischung aus Langeweile, Erwartung und ein wenig Vergnügen.

Bis sie das Gesicht des Papstes betrachtete.

Die Aufmerksamkeit des alten Mannes schien auf Peter gerichtet. Tatsächlich wich der Blick des Heiligen Vaters, wie Marion bemerkte, niemals von Peters Position auf dem Podest ab. Er schien nicht fasziniert oder voller Bewunderung, aber Marion konnte ihn nicht recht deuten. Der Papst schien gleichzeitig verwirrt, misstrauisch und zuweilen gleichmütig.

Warum war er so völlig von Peter in Anspruch genommen? Eifersucht? Angst? Verwunderung über die wahre Natur dieses Mannes, der Wunder in die moderne Welt brachte? Sie schaute immer wieder zu Peter, um zu sehen, ob er sich der Besessenheit des Papstes bewusst war, aber Peter ließ sich nicht anmerken, ob er es bemerkte, oder ob es ihn kümmerte.

Freemason Cooper trat erneut zum Podium. Es war an der Zeit, den nächsten Redner anzukündigen. Marion musste nicht im Programm nachsehen – sie wusste, dass es Peter Carenza war.

Bevins

In Ordnung, das war es.

Freddie ging langsam von seinem Posten in der Nähe des Eingangs zum Fuß des erhöhten Bereichs der VIP-Plätze. Er hatte in dem Moment, als Cooper Carenza ansagte, den Laser-Bus aktiviert, der die Zielvorrichtung unterstützte und die Waffe schussfertig machte. Das einzige Problem war die gottverdammte Drehbühne. Als die Zielperson das Podium erreichte und dem künstlich lächelnden Reverend die Hand schüttelte, befand er sich etwas weniger als 180 Grad gegenüber der Waffe.

Das bedeutete, der Laser würde sich nicht mit dem Ziel – Carenzas ID-Card mit dem eingebauten Funksignal – verkoppeln, bis die Drehung der Plattform Pater Peter herumgeführt hatte, sodass er der Uplink-Schüssel gegenüberstand. Eine halbe Stunde höchstens, abhängig von den Winkeln. Carenza waren fünfundvierzig Minuten Redezeit bewilligt worden. Auch wenn der Zeitplan eng war, so blieb immer noch genug Luft, um einen exakten Schuss abzugeben.

Bevins erhob sich und gab vor, die Gesichter in der Menge kritisch zu betrachten, seinen Job zu machen. Er fing den Blick von Billy Clemmons mitten im Bereich B auf und nickte. Er war dankbar, dass der Junge mit dieser Ausweiskarte so gewissenhaft war.

Bevins sah auf seine Uhr. Jetzt würde es nicht mehr lange dauern.

Windsor

Seltsamerweise nahmen Peters Worte sie ein, so gelangweilt sie auch vom allgemeinen Tenor der Veranstaltung war. Seine Rede wirkte auf sie, die seinen Botschaften und Wahrnehmungen schon seit Monaten lauschte, inspirierend, energisch und voller Scharfblick.

Auf die übrige Viertelmillion Menschen offensichtlich ebenfalls.

Zum ersten Mal, seit die Zeremonie begonnen hatte, war sich Marion der fast völligen Abwesenheit von Lärm bewusst. Sie wandte sich auf ihrem Platz um und betrachtete möglichst unauffällig die Menge. Die Menschen schwiegen, ihre Aufmerksamkeit auf Peter gerichtet. Sie wollte ihre Reaktion aufzeichnen, war sich aber der Notwendigkeit bewusst, nicht aufzufallen.

»Phil …?«, flüsterte sie in ihr Mikrofon am Revers. »Kannst du mit Gary einige Reaktionen und Klangfetzen aufnehmen?«

»Wovon?«, fragte ihr Kameramann.

»Genau darum geht's«, sagte sie leise. »Ich möchte die Stille einfangen, die völlige Aufmerksamkeit dieses Ortes.«

»Okay, alles klar …«

Sie beobachtete, wie ihre Crew unauffällig in Bewegung geriet und die versunkenen Mienen und die vollkommene Stille der Menge aufzeichnete. Es schien, als wären alle Menschen im Palladium so unbewegt wie Stein geworden. Niemand regte sich, und Marion glaubte, alle simultan atmen hören zu können, als wäre die Menge ein einziges gewaltiges Lebewesen.

Es war unheimlich. Sie konnte spüren, wie eine Gänsehaut ihre Arme und ihren Nacken überzog.

Peters Worte stiegen auf wie ein Schwarm Tauben. Er besänftigte und beunruhigte, war wunderbar und furchtbar zugleich. Seine volle, tiefe Stimme zog sich in konzentrischen, echofreien Kreisen der Weisheit über die Menge hinaus.

Selbst Skeptiker und wahre Feinde seiner Position konnten nicht umhin, von seiner Botschaft emporgetragen zu werden. Sein Thema war die Universalität des Glaubens, die Notwendigkeit eines einzigen, einheitlichen Glaubens an die Macht und die Wirkung Gottes. Er spielte die Unterschiede zwischen der großen Anzahl der repräsentierten Religionen herunter. Er forderte eine Vermischung der Geister, damit das vom Palladium aufsteigende Gebet wahrhaft wie von einer Stimme erklänge. Eine starke Stimme. Eine Stimme, die in Glauben und Kraft und Liebe vereint war.

Marion fühlte sich, trotz ihrer Rolle als Journalistin, weiterhin in die mystische Erfahrung hineingezogen. Sie war von Anfang an bei ihm gewesen und hatte geglaubt, er könne die Erhabenheit und das Versagen von Colorado nicht mehr übertreffen, aber er ließ alle gewesenen Auftritte weit hinter sich.

Eine Viertelmillion Menschen saßen still da, von dem jungen, anziehenden Mann betört. Marion schaute rasch prüfend zum Podest und war überrascht, Freemason Cooper und Gerard Goodrop unbewusst nicken zu sehen. *Alle* spürten die Verzauberung.

Nein, doch nicht alle, dachte sie, als ihr Blick auf den Papst fiel.

Der Ausdruck in den Augen des alten Prälaten erinnerte sie an die düstere Angst eines Kaninchens, das sich seinem Jäger gegenüber sieht. Aber es glänzte auch Widerstand darin, angespanntes Misstrauen und unterdrückter Zorn. Es war keine Eifersucht. Marion erkannte den unergründlichen Blick des Papstes als das, was er war – eine Empfindung wahren Grauens.

Es lag Verständnis in den Augen des alten Mannes, eine messerscharfe Klarheit, durch eine plötzliche und einzige Offenbarung geschärft. Sie hatte keine Ahnung, was der Papst sah. Sie *wollte* es nicht wissen.

Targeno

Sein Gerät meldete sich.

Er hatte sich gesagt, er müsse aufstehen, die Position wechseln, aber er hatte gemerkt, dass er Carenzas Rede zuhörte. Er ließ es fast gegen seinen Willen zu, dass die Worte des Mannes ihn berührten. Zwischen Blicken auf seine Ausrüstung hatte Targeno die Übrigen auf dem Podest genau beobachtet. Alle schienen hingerissen, bis vielleicht auf den Papst. Targeno hob das Fernglas an, um sein Gesicht zu studieren.

Dann registrierte der Scanner eine Übermittlung und brach den Zauber. Das Signal war schwach, aber stetig und rhythmisch. Hoch präzise ausgerichtet, war es ein Signal mit einer Wellenlänge außerhalb des menschlichen Hörbereichs, das regelmäßig mit 112.000 Schwingungen pro Sekunde pulsierte.

Die Signatur war für jeden Experten hochtechnisierter Waffen unverkennbar. Das Signal arbeitete im Hochfrequenzbereich, um ein großes Reflexionsvermögen über weite Entfernungen sicherzustellen, wodurch genaues Zielen möglich war. Targeno justierte sein Gerät, das die Position des Warnsignals automatisch trigonometrisch maß.

Er schluckte mühsam. Das Gerät bestätigte, was er bereits vermutet hatte. Der Signalgeber war an Carenzas Körper angebracht. Das Signal wurde zunehmend stärker – was bedeutete, dass das Podest den Richtstrahl langsam auf eine Linie mit Targenos Position führte.

In Ordnung, dachte er, während er eine neue Reihe von Befehlen für den Scanner eingab, wir haben den Sender gefunden. Finde den Empfänger, und wir haben die Waffe. Er ging die Möglichkeiten in Gedanken durch und versuchte, alles auszuschließen, was nicht in das Muster eines hoch entwickelten Empfängers mit einer Wellenlänge außerhalb des menschlichen Hörbereichs passen würde. Das schloss jeden aus, der sich in der Menge bewegte, oder auch einen einzelnen Mann mit einer Handwaffe. Die beste Tötungsmethode setzte einen stationären Empfänger ein …

Natürlich. Die Uplinks.

Die Konfiguration einer Satellitenschüssel war die perfekte Tarnung für den Soundreceiver und die Parabolfokussierung einer Laser- oder Mikrowellenwaffe.

Die Anordnung war so gekonnt wie ein mathematischer Beweis. Schwer fassbar, aber einfach und wirkungsvoll. Er musste einen auf 112.000 Schwingungen abgestimmten Empfänger finden, und es musste schnell gelingen. Der Bereich des gebogenen Randes des Palladiums, den er abdecken musste, betrug grob geschätzt fünfzig Prozent des gesamten Kreises. In diesem Bereich ragten mindestens zwanzig Uplink-Schüsseln auf, die alle in verschiedenen Winkeln geneigt waren, auf die jeweiligen Satelliten im Orbit ausgerichtet.

Und alle würden so bleiben, bis auf eine.

Das Problem war, dachte er, die eine zu finden, die auf das Ultrasonic-Signal reagierte. Und sie rechtzeitig zu finden.

Targeno verließ seinen Platz und lief den höchstgelegenen Weg zur Uplink-Plattform entlang, die den am weitesten entfernten Grad des gebogenen Randes bezeichnete. Er verlor beim Laufen kostbare Minuten, wohl wissend, dass die Waffenschüssel jeden Moment aktiviert werden konnte.

Versuche, nicht darüber nachzudenken. Erfülle einfach deine Aufgabe.

Obwohl er in guter, athletischer Kondition war, atmete er schwer, als er den Fuß der Schüssel erreichte und seine Apparatur mit dem Diagnostik-Serialport an deren Fuß verkabelte. Ein paar Sekunden elektronischer Analyse vermittelten ihm alles, was er wissen musste – kein Ultrasonic-Empfangschip.

Über den Rand der Plattform abwärts. Hinauf und hinüber zur nächsten. Wieder überprüfen. Wieder die Prozedur durchführen, bis er entweder die Waffe fand oder bis sie Carenza bruzzelte wie ein Steak auf einem Grill.

Bevins

Er sah auf seine Uhr. Und sah noch einmal auf seine Uhr. Das Gehabe machte ihn wahnsinnig. Er tat es inzwischen automatisch, und die Minuten vergingen mit eisiger Langsamkeit. Carenza versuchte, ihn zu hypnotisieren oder Ähnliches, aber das war unwichtig. Es würde nicht funktionieren, weil alles seinen Lauf nahm.

Nicht mehr allzu lange. Die Zeit wurde knapp. Es war unwichtig, was dieser Kerl sagte. Beeile dich einfach und bring diese verdammte Show hinter dich. Ja. Bald war alles vorbei.

Clemmons

Es war schwer, das Gefühl zu beschreiben, das ihn plötzlich überkam. Er konnte nicht anders damit umgehen, als es einfach zu akzeptieren. Die ganze Zeit, seit … seit das Baby gestorben war, schien Billy für alles übermäßig sensibel.

Wie in diesem Moment, als er Peter und dieser widerwärtigen Vorahnung lauschte, die wie ein Dorn seine Gedanken durchbohrte, ihn unaufhörlich stach. Die Vorstellung, dass etwas nicht stimmte. Dass etwas geschehen würde und Peter vielleicht in Gefahr sei.

Er hatte absolut keinen Grund, so zu empfinden oder zu denken, aber was auch immer er tat, um es zu unterdrücken – es kehrte einfach wieder …

Targeno

Er hatte bereits sechs Schüsseln überprüft, und die Zeit wurde knapp. Das Podest drehte Peter Carenza weiterhin auf direkte Linie mit dem Bereich der Arena, in dem er arbeitete. Die Waffe war irgendwo in diesem Bereich, dessen war er sich sicher.

Die Zeit wurde verdammt knapp. Zu versagen, war stets die bitterste Pille des Lebens für ihn gewesen. Die schlucke ich nicht leicht, dachte Targeno, während er sich dem Fuß der siebten Schüssel näherte.

»He, Kumpel, was glaubst du, was du da tust?«

Die barsche Stimme brach in seine Gedanken ein wie ein Hammerschlag. Als er sich umwandte, sah er, dass sich ihm ein breitschultriger, dickbäuchiger schwarzer Mann näherte. Er trug einen Technikeroverall wie Targenos, der ihn als Angestellten der Church of the Holy Satellite Tabernacle auswies. Der Mann war sehr groß. Größer als die meisten professionellen Football-Spieler oder Wrestler.

Wo war er hergekommen? Noch vor Sekunden waren der Rand des Palladiums und die Wartungsstege vollkommen verwaist gewesen. Targeno beobachtete, wie der Mann näherkam.

»He, Kumpel! Ich rede mit dir!«

»Ich muss den Sammler an dieser Schüssel überprüfen«, sagte Targeno und deutete aufwärts. »Die Kerle in der NorthStar-7-Box sagen, sie fangen nur verschwommene Signale auf ...«

»Hm-hm. Tut mir Leid ... aber ich soll jeden von dieser Schüssel fernhalten.«

Das war sie!

Der Gedanke tanzte wild in seinem Kopf umher, während der große Mann mit einer gewaltigen, schinkenartigen Hand nach Targenos Schulter griff.

»Sie verstehen nicht«, sagte Targeno ruhig und mit seinem besten amerikanischen Akzent. »Sie ist defekt. Wenn ich sie nicht repariere, wird sie nicht funktionieren.«

»Dann wird sie eben nicht funktionieren. Das kümmert mich nicht, Mann. Meine Befehle lauten, jeden von dieser Plattform fernzuhalten – auch dich.«

Targeno schaute zu der Schüssel hinauf, seufzte und zuckte ein wenig theatralisch resigniert die Achseln. Sekunden tropften in seinem Kopf dahin. Unter ihnen drehte sich das Podest weiterhin. Carenza stand ihnen praktisch genau gegenüber. Wenn er seine Position veränderte, sich zum Beispiel einen Moment hierher drehte, könnte das genügen. Die Vorrichtung konnte jetzt jeden Moment ausgelöst werden.

»In Ordnung«, sagte er. »Du bist der Boss.«

Er schlenderte scheinbar davon und spürte, wie sich die Nackenmuskeln des Mannes langsam entspannten. »Aber was soll ich hiermit machen?« Targeno wandte sich wieder um und fragte so dumm wie möglich.

»Womit, Mann?«

Der Mann trat einen Schritt näher. Es war nur ein einfacher Schritt vorwärts, aber er verschaffte Targeno die Zeit, die er brauchte. Sein Gegenüber war im Ungleichgewicht, wenn auch nur einen sehr kurzen Moment.

»*Hiermit*!«, rief er, als er dem Mann einen raschen Aufwärtshaken durch die ungeschützte Mitte versetzte. Da er seinen Unterkiefer in leicht geöffneter Haltung traf, prallten die Zähne des Mannes mit solcher Wucht zusammen, dass kleine Stücke Zahnschmelz aus seinem Mund spritzten. Ein rasch folgender, kurzer Kniestoß in seine Hoden ließ den Mann vornüberknicken, sodass Targeno ihm einen betäubenden Schlag in den Nacken verpassen konnte.

Diese Reihe von Schlägen, die er während eines Lebens verinnerlicht hatte, indem er größere, unvorbereitete Gegner erledigt hatte, genügte normalerweise, um einen Mann außer Gefecht zu setzen. Aber der Wächter war so groß, und seine massige Gestalt fing die Wucht der Schläge so gut ab, dass er nicht zu Boden ging und Targeno nicht einmal aus den Augen ließ.

»He, jetzt hast du verspielt, Mann …« Der Schwarze presste die Worte hervor, während er um Atem rang und mit jeder Sekunde Kraft und Zuversicht gewann. Er lächelte sogar durch seine beschädigten Zähne und die blutige Unterlippe hindurch. »Jetzt bin ich dran.«

Mit der Schnelligkeit eines Schwergewichts-Boxers führte der Mann eine kurze rechte Gerade aus, die Targeno wie ein Schlachtkalb gefällt hätte, wenn sie getroffen hätte. Er wich dem Angriff jedoch aus und blockte die zweite Hälfte der Schlagkombination mit senkrechtem Unterarm ab.

Er hatte einfach nicht die Zeit, den Kampf fortzuführen. Er schob den Mann von sich und machte sich zum Todesstoß bereit. Sein Gegner hob den rechten Arm und kam auf Targeno zu.

Targeno nutzte den Moment und wirbelte dem Mann mit einem in Halshöhe angebrachten Rückwärtstritt entgegen. Seine Fußsohle traf genau den Kehlkopf des Mannes, zerschmetterte den Knorpel und brach dem Mann die Kehle. Der Kopf des Mannes kippte trotz seines massigen, gedrungenen Halses vornüber, während seine Augen froschartig hervortraten. Er rang mit einem keuchenden Laut nach Luft, der an aus einem Luftballon entweichendes Gas erinnerte. Er fiel auf die Knie und umklammerte mit dicken Fingern seine Kehle, als wollte er das umgebende Fleisch fortreißen. Seine gewaltige Brust hob und senkte sich ruckartig.

Es war kein schöne Art zu sterben. Aber andererseits gab es auch nur wenige …

Targeno trat über den Mann hinweg und kletterte auf die Satellitenschüssel. Es war keine Zeit, den Ultrasonic-Chip zu suchen. Dies musste die richtige Schüssel sein. Er schraubte mit einem Akkuschrauber die Platte am Fuß der Schüssel ab. Als sie sich löste, fand er alle Bestätigung, die er brauchte – anstatt der Grundplatine mit der Videokarte fand er unter einer Glaskuppel den Verstärker eines Hochfrequenz-Militärlasers. Targeno hatte während seiner langen Karriere viele ähnliche Geräte sabotiert. Er ergriff eine sehr spitze Zange und durchtrennte die Jumper, die den Verstärker mit dem digitalen Temperaturregler verbanden. Würde der Laser nun ausgelöst, würde er entweder zerschmelzen oder explodieren, könnte sein Licht aber in beiden Fällen nicht mehr zu einem tödlichen Strahl bündeln.

Targeno lehnte sich an das Metallgeländer hinter sich und atmete zum scheinbar ersten Mal seit langer Zeit wieder tief ein. Seine Glieder kribbelten durch den jähen Abfall des Adrenalinspiegels. Eine Woge der Benommenheit durchströmte ihn.

Aber es war keine Zeit zum Ausruhen. Er rappelte sich hoch, kletterte zur Wartungsplanke hinunter und zog den Körper des toten Mannes so weit wie möglich unter die Plattform. Wenn nicht jemand nach ihm suchte, würde er erst später entdeckt werden.

Jetzt, dachte Targeno, war es an der Zeit, sich die Veranstaltung genauer anzusehen.

Bevins

Was, zum Teufel, dauerte so lange?

Das Podest drehte sich so qualvoll langsam wie ein Karussell in einem Traum. Je mehr er dessen Bewegung auszumachen versuchte, desto frustrierter und beunruhigter wurde er.

Die gottverdammte Waffe hätte inzwischen ausgelöst werden müssen.

Bevins blickte zu Carenza hinauf und hegte keinerlei Zweifel, dass seine Beute in der richtigen Position für einen Todesschuss war. Er riskierte es sogar, sich nach dem getarnten Laser umzusehen. Ja, es sah gut aus. Dort gab es kein Problem.

Was ging also vor?

Er fragte sich, ob der Mikrosender in Carenzas Ausweiskarte versagt hatte. Nein – welche Chance bestand, dass das geschehen war? Wahrscheinlicher war, dass Clemmons es vermasselt hatte. Hatte er die Ausweiskarten vertauscht? Hatte ein anderer armer Bastard die Todes-Ausweiskarte erwischt?

Die Fragen prasselten durch seinen Geist wie Hagelkörner auf ein Blechdach. Er wünschte jetzt, er hätte Komplizen herangezogen. Jede gute Sicherheitsoperation arbeitete stets mit angemessenen Reservesystemen. Aber hier war Fred Bevins allein das Haupt- und Reservesystem. Da war nur er.

Nun, er würde tun, was getan werden musste. Von dem, was Cooper ihm bezahlte, könnte er sich den Rest seines Lebens zur Ruhe setzen, und keiner dieser religiösen Scharlatane brauchte ihn mehr zu kümmern …

Als er aus dem Augenwinkel eine Bewegung wahrnahm, wandte er sich dem VIP-Bereich zu, wo Billy von seinem Platz aufgesprungen war.

Was, zum Teufel …?

Clemmons

Wenn er Peters leidenschaftlicher Darbietung weiterhin zuhörte, riskierte er es, von der reinen Kraft der Worte und dem beinahe hypnotischen Sprachrhythmus ihrer Darbietung davongetragen zu werden. Ein Teil seines Geistes kämpfte um Wachsamkeit. Das Gefühl, dass etwas geschehen würde … er konnte es einfach nicht abschütteln.

Er schaute zu Marion. Die Sonne, die hoch über dem Rand des Palladiums stand, streute ihr Licht durch den kastanienbraunen Nimbus ihres Haars. Ihre grünen Augen strahlten wie elektrisiert. Ihr milchiger Teint schien zu leuchten. Er hatte sich nie die Mühe gemacht, sich vorzustellen, wie eine Heilige wie Teresa oder sogar Maria selbst vielleicht ausgesehen hatten, aber als er Marion in diesem Moment sah, wusste er es. Sie schien von einer besonderen Energie durchströmt.

War *sie* diejenige, die in Gefahr war, und nicht Peter?

Billy warf verwirrt einen prüfenden Blick über die Menge. Hinter den Sitzreihen sah er Bevins, den Burschen, der so großes Aufhebens darum gemacht hatte, dass Peter seine Sicherheits-Ausweiskarte trug. Bevins hob sich deutlich von der Menge ab. Er hatte einen vollkommen irren Ausdruck auf dem Gesicht, sah immerzu auf seine Uhr, wandte sich dann um und betrachtete etwas oben in der Nähe des Stadionrandes. Dann wieder die Uhr, der Rand, dann Peter und wieder zurück.

Dann schien sich Bevins' Miene zu verändern, als hätte er eine Entscheidung getroffen. Er trat einen Schritt vor. Billy beobachtete, wie der Mann in seine Jacke griff, wo sich unter seinem Arm wie ein wachsender Tumor ein Schulterhalfter wölbte.

Er musste etwas tun …!

Billy hörte seine eigene Stimme, die die feierliche Stille der Menge durchbrach, in die Pausen zwischen Peters Worten einschnitt. Er sprang auf, und der radioaktive Blick von einer halben Million Menschen versengte ihn.

»Peter! Halt! Halt! Geh weg!« Seine Stimme klang weit weg, fern, drohte von der ungeheuren Stille der Menge absorbiert zu werden.

Billy kämpfte sich zum Podest vor, zu dem Mann, dem er schon so lange treu diente. Er fühlte sich, als bewege er sich durch den gallertartigen Nebel eines Traums. Er bewegte sich, aber er bewegte sich nicht.

Bevins reagierte sofort, trat vor, nahm eine dunkle, hässliche Handfeuerwaffe aus ihrem Halfter, hielt sie aber verdeckt. Zorn und Enttäuschung zuckten über sein Gesicht, als er von Peter zu Billy und wieder zurück schaute. Billy sah ihn loslaufen und sich an verwirrten Menschen in der Menge vorbeidrängen.

»Sie werden dich *töten*!«, schrie Billy, während Hände nach ihm griffen. »Um Himmels willen, Peter! Geh!«

Andere VIPs zogen sich bereits zurück, machten den Weg für den plötzlich Wahnsinnigen frei und gingen in Deckung. Der Papst blieb jedoch starr auf seinem Platz sitzen und beobachtete die Ereignisse, als hätte er sie erwartet. Alle möglichen Sicherheitsleute näherten sich dem Podest. Billy wusste, dass ihm nur sehr wenig Zeit blieb – er lief direkt auf Bevins zu.

Cooper

Allmächtiger, was tat dieser Bastard?

Peter Carenza war beim ersten Anzeichen einer Störung in Schweigen verfallen, obwohl er noch immer auf dem Podium stand. Cooper beobachtete benommen, wie Kriminalbeamte in Zivil und uniformierte Cops rund um das Podest auftauchten, während sich einige der Religionsführer zu rühren begannen. Plötzlich entstand ein Strudel aus Bewegung, Farbe und Lärm. Man konnte nur schwer erkennen, was vor sich ging.

Eines war jedoch gewiss: Freemason erkannte, dass sein Plan verdorben war.

Clemmons

»Bevins! Er ist derjenige!«

Billy sprang über das Geländer um die Logenplätze und warf sich auf den stämmigen Mann. Bevins wandte sich schwerfällig zu ihm um und schwang die Waffe herum wie ein Panzer, der seinen Geschützturm dreht.

Ein greller Blitz aus der Mündung wurde augenblicklich von einem heißen Hammerschlag unterhalb von Billys Rippenkasten gefolgt. Er wurde von der Wucht des Schlages seitwärts in die Luft geschleudert und landete am Fuß des Podests. Schockwellen der Erkenntnis und Panik durchliefen die Menge, während Billy sich erhob und am Rande der Aschenbahn entlangtaumelte.

Menschen schwärmten überall um ihn herum, während Hände zu ihm ausgestreckt wurden. Er hörte eine weibliche Stimme seinen Namen rufen. Laureen? Nein, das konnte nicht sein. Marion natürlich. Sie klang außer sich, in Panik. Ihm war schwindelig. Der Schmerz sprang von ihm fort wie ein Tischtennisball über einen gefliesten Boden. Er konnte beinahe die Zeit selbst vor sich ausgestreckt sehen wie einen riesigen Streifen Toffee. Alles verlangsamte sich, bis auf den Sturzbach seiner Gedanken. Der Lärm aus Angst und Zorn brodelte rings um ihn herum – Rufe, Schreie. Entsetzen. Verwirrung. Dann eine Explosion – weit entfernt, aber voller knisternder Energie. Billy hörte das alles wie durch einen langen Tunnel. Der helle Himmel wurde seltsam düster. Kam ein Sturm auf? Er fragte sich müßig, wie das sein konnte. Laureen …

Er sah Peter auf sich zukommen.

»Billy … halt durch«, sagte die Stimme. Eine tiefe, resonante, beruhigende Stimme. Er wollte Peters Hände auf seinem verletzten Bauch spüren. Er wusste irgendwie, dass sie unglaublich kühl sein würden, dass sie direkt *in* ihn *hineingreifen* würden … Er wollte einfach die Augen schließen und sich eine Weile ausruhen. Das wäre das Beste. So leicht …

»Ich helfe dir, Billy«, sagte die vertraute Stimme.

Warum wurde es so dunkel?

Targeno

Er hatte die untere Ebene fast durchquert, drängte sich mühsam durch das Labyrinth von Pressebank und VIP-Bereichen, als der Tumult begann. Billy sprang von seinem Platz auf wie eine Marionette, bei der man die Hälfte der Fäden durchtrennt hatte. Bevins blies ihn um, und alle VIPs gingen in Deckung. Dann ging die Laserschüssel hoch und zersprang in winzige Splitter. Als heiße Metallstücke auf die Menschen der oberen Ebene niederregneten, stürmten sie los.

Die Menge wogte um ihn herum wie Schaumkronen auf einer kabbeligen See. Wenn er nicht sofort auswich, würde er hilflos in den Strom der Masse gerissen werden. Targeno sprang über die Geländer, stürmte die Gänge hinab, wobei er umherirrende Menschen beiseite stieß, und erreichte inmitten des hereinbrechenden Chaos die Aschenbahn.

Er sah Sicherheitsleute ausschwärmen und beobachtete, wie Carenza herabsprang, um seinem gestürzten Freund zu helfen. Bevins wirbelte herum und versetzte einem Uniformierten, der ihn zu entwaffnen versuchte, einen Schlag mit der Kanone. Schreie und Befehle geronnen in der Luft. Es wusste einfach niemand, was vor sich ging.

In diesem Moment des vollständigen Chaos, als noch nichts unter Kontrolle gebracht war, in diesem einzigen Moment – konnte Targeno handeln.

Bevins

Seine Hand und sein Unterarm vibrierten von dem heftigen Zusammenprall mit dem Miet-Cop. Die Panik der Masse stieg an wie ein regengespeister Wasserlauf. Verdammt, dachte er. Ich muss es beenden. Er hatte bereits beschlossen, Clemmons als Sündenbock zu benutzen. Er würde behaupten, er hätte den Jungen für einen heimlichen Mörder gehalten, und als er ihn außer Gefecht setzen wollte, habe ein Irrläufer auch Pater Peter erwischt. Es war ein eilig ersonnener Plan, aber gerade verrückt genug, um zu funktionieren.

Er kletterte auf das Podest, von wo aus er Schussfreiheit hatte, und zielte mitten in den Kreis von Menschen, die um Billy und Carenza zusammengelaufen waren. Billy taumelte noch immer vorwärts, mit ausgestreckten Händen. Bevins hob die Arme, hielt die 9mm-Automatikwaffe mit beiden Händen.

Plötzlich schaute Carenza zu ihm hoch, wie durch einen seltsamen sechsten Sinn gewarnt. Es war etwas an der kalten, äußersten Leere in den Augen des Mannes, was Freddie lähmte und daran hinderte abzudrücken.

Carenza wandte sich von Clemmons ab und sah Bevins herausfordernd an.

Der verrückte Bastard!

Die Salve Kugeln aus der Maschinenpistole durchschlug ihn mit solch chirurgischer Wirksamkeit, dass bei Freddie sofort jegliches Denken aufhörte. Knochenerschütternde Einschläge tanzten seinen Rumpf entlang. Die letzten Sekunden seines Lebens waren hastig skizzierte Flecken von Bewusstheit. Schmerzen von der ersten Kugel, die ihm in einem blutigen Feuerball weichen Gewebes den Schritt zerfetzte. Noch größere Schmerzen, als das nasse Zentrum seiner Eingeweide und der Magen explodierten wie ein gerissener Wasserballon. Dann dumpfes, düsteres Entsetzen, als die beiden letzten Kugeln seinen Rippenkasten zerschmetterten und seinen Hals und Unterkiefer zu feinem, rötlichen Sprühregen zerfetzten. Er wirbelte in die tote, düstere Ruhe der Unendlichkeit hinab.

Carenza

So hatte er es nicht gewollt. Seine Menschenführung sollte nicht durch Panik, durch Chaos erfolgen. Aber er war in eine Realität geschleudert worden, die weit von den nichtigen Belangen menschlicher Gefühle und rationaler Gedanken entfernt war. Wenn er nicht *jetzt* die Kontrolle übernahm, hatte er die Energie und den enormen Willen der Menge nicht mehr in der Gewalt.

Er sah leidenschaftslos zu, wie der bereits leblose Leichnam von Freddie Bevins unter dem Kugelhagel tanzte und erschauderte. Peter wandte sich zu dem Mörder des Mörders um. Lange, blonde Haare und geweitete Augen. Ganz in Weiß gekleidet, die Waffe noch in Schussposition, wirkte er wie ein rächender Erzengel.

Plötzlich zogen alle Waffen und richteten sie aufeinander. Der Mann in Weiß senkte seine Pistole und sah Peter zum ersten Mal in die Augen …

Targeno

Kein Laut war zu hören, als die halbe Million Menschen kollektiv den Atem anhielt. Kein Laut außer dem sanften Geräusch von aus Schulterhalftern gleitendem Stahl.

Er musste jetzt vorsichtig sein, dachte er, während er langsam seine Waffe senkte. Er sollte am besten alle außer Carenza ignorieren. Er war der Mittelpunkt von allem. Er atmete aus und sah Carenza, wie zum ersten Mal, in die Augen.

Äußerste Kälte erfüllte ihn in diesem Moment, durchbohrte ihn, drang auf obszöne Art in seine tiefsten Tiefen ein. Targeno wollte sich übergeben. Sein Geist war vom Geruch des Todes, vom Geschmack von Blut, der Essenz der Angst überflutet. Seine Gedanken zischten beim Erkennen des Abscheus wie Wasser, das auf heiße Kohlen spritzt. Carenzas Augen waren unendlich finster. Sie reflektierten einen Augenblick keinerlei Licht, als wären es zwei perfekte, schwarze Löcher in Carenzas Schädel – Löcher in den obsidianartigen Bereichen der Unendlichkeit, die alles in sich hineinzogen. Eine so mächtige Seelenschwere, dass sogar das Licht der Hoffnung niemals entfliehen konnte.

Das Böse in all seinen unzähligen Gestalten war Targeno nicht fremd. Tatsächlich hatte er es hofiert, darin geschwelgt und seine verführerische Wirkung sogar manchmal *genossen*. Aber als er Peter Carenza ansah, erkannte er, dass er gerade etwas begegnete, was über das bloße Böse hinausging.

Das Bild einer schwarzen Rose, die sich wie eine düstere Galaxie entfaltete, erschien unerklärlicherweise vor seinem inneren Auge, als er in das Gesicht der rohen Bestie starrte, die auf all die neuen Bethlehems zuhielt.

Er wusste jetzt, was den Papst beunruhigt hatte.

Und noch während der Nervenimpuls sein Gehirn verließ, um seinen Arm zu bewegen, ihn anzuheben und seine Waffe abzufeuern, erkannte er, dass er scheitern würde.

Targeno hatte sich lange gefragt, wie es wäre zu sterben. Er hatte viele Jahre lang rein theoretisch darüber nachgegrübelt. Nun spürte er, wie er unter dem üblen Atem der Realität dessen dahinschwand, was letztendlich wahr geworden war.

Windsor

Sie versuchte, wie betäubt, Billys Kopf hochzuhalten. Sobald Peter sich von ihm abwandte, hatten sich Billys Augen verdreht. So viel Blut überall. So viel.

Marion bemühte sich, die Blutung zu stoppen, hielt den Blick aber auf Peter gerichtet. Er stand da und betrachtete ruhig den Fremden in Weiß, der ihm das Leben gerettet hatte. Die Atmosphäre schwelte vor zurückgehaltenen Emotionen. Sie konnte eine gewisse Erwartungshaltung spüren, eine spröde, messerscharfe Vorahnung, die die Menge in ihrem Bann hielt.

Der Fremde sah Peter einen Moment direkt in die Augen, und dann hob der Mann in Weiß langsam seine Waffe an – die Waffe, mit der er Freddie Bevins praktisch zu etwas nicht Wiederzuerkennendem zerfetzt hatte.

Peter hob eine Hand, wie als Warnung oder Abwehr, aber Marion ließ sich nicht täuschen. Ein Licht wie eine Miniatursonne löste sich aus seiner Handfläche, und das Publikum keuchte kollektiv und schrie dann plötzlich los. Eine Flammenzunge blau-weißen Feuers wölbte sich von Peters Hand zu dem Fremden und berührte ihn. Die Zeit schien sich zu verlangsamen. Marion konnte die machtvolle Peitschenschnur den Zwischenraum zwischen den beiden Männern überbrücken sehen. Der Blitz brannte das Bild in ihre Netzhäute. Der Schütze brach in die reinste, weißeste Flamme auf, die sie je gesehen hatte. So hell, so hart und rein, dass sie ihr Innerstes nicht erkennen konnte.

Und dann war sie fort.

Wie auch der Mann in Weiß. An seiner Stelle wankte eine widerliche Kohlesäule. Schmieriger Rauch waberte aufwärts, als sie fiel und in leuchtende anthrazitfarbene Kristalle zerbrach.

Niemand in der gigantischen Arena sprach oder regte sich. Marion wusste, dass sie auf ein Zeichen von Peter warteten. Seine Macht war jetzt vollständig entwickelt. Sie konnte sie in dichten, heißen Wogen von ihm ausströmen spüren. Sie fühlte sich von seiner überwältigenden Aura abgestoßen und doch auch gleichzeitig unwiderstehlich angezogen. Die Menge konnte es auch spüren – auf die gleiche Art.

Sie sah zu Billy hinab und war überrascht, seine Lippen zittern zu sehen.

»Ich brauche Hilfe. Ich konnte dort hinten fast sehen …«, sagte er, bis seine Stimme brach wie ein trockener Zweig.

»Billy, bitte, nicht reden. Alles wird gut werden«, log sie. Sie war sich nicht sicher, was er meinte, aber es schien nicht mehr wichtig. Nichts schien mehr wichtig.

Sein linkes Auge blieb auf sie gerichtet, während sich der rechte Augapfel so verdrehte, dass nur noch das Weiße sichtbar war. Er hustete einen Blutklumpen hervor, und seine Brust verkrampfte sich, erstarrte dann und wurde still.

In der um sie herum tobenden Wirrheit bemerkte niemand, dass das Licht, das Billy gewesen war, nun erloschen war.

Marion empfand nichts. Überhaupt nichts. Diese Taubheit hätte sie beunruhigen sollen, aber sie fühlte sich so ausgelaugt, so völlig erschöpft, dass sie nichts empfinden konnte. Sie saß einfach da, den Kopf ihres toten Freundes im Schoß, ihre Seele vollkommen leer.

Die Stille im Palladium wurde bedrückend, vor Schändlichkeit erstickend. Noch immer verursachte niemand ein Geräusch. Niemand regte sich.

Bis …

Auf dem Podest, wo Sicherheitsleute die überraschten Würdenträger und Weltkirchenführer umringten, erhob sich ein Mann.

In seinen zeremoniellen Gewändern erstrahlend, eine Art reine, leuchtende Weiße ausströmend, sah der Papst Peter finster an und trat vor.

»*Io ti conosco*«, sagte er. *Ich erkenne dich …*

Peter erwiderte den Blick des alten Mannes mit der hohen Mitra und grinste schief. Marion hatte einen solchen Ausdruck noch nie auf seinem Gesicht gesehen, erkannte aber augenblicklich, dass er ihr nicht gefiel.

Der Papst blieb jäh mitten im Schritt stehen. Als er mit der rechten Hand seinen linken Arm ergriff, konnte Marion seinen juwelenbesetzten Ring in der mittäglichen Sonne funkeln sehen. Der alte Mann presste beide mit Leberflecken übersäten Hände auf seine Brust, während sich seine Augen weiteten und sich sein runder, kleiner Mund jäh öffnete. Er brach in den Armen seines herbeieilenden Gefolges zusammen, und Marion erkannte, dass er starb.

Sie hatte schon einen anderen Mann unter dem kalten Blick Peter Carenzas taumeln und stürzen sehen. Beim ersten Mal hatte sie nur nicht begriffen, was wirklich geschah.

Aber dieses Mal, als sich der Heilige Vater in den letzten, tödlichen Krämpfen wand, wusste sie wer, oder *was*, ihm den Todesstoß versetzt hatte.

Das Signal war erfolgt. Das Zeichen war gegeben, und die Menge erwachte zum Leben. Ein lautes Tosen stieg von ihr auf. Die vielen Menschen stimmten sich auf den Übergeist ihres neuen Herrschers ein.

Eine Gestalt ragte über Marion auf.

Als sie zu der dunklen, von hellem Licht gerahmten Silhouette aufsah, erkannte sie, dass Peter eine Hand nach ihr ausstreckte.

»Es ist Zeit zu gehen«, sagte er.

Sie wollte nicht länger bei ihm bleiben, wollte nirgendwo mit ihm hingehen. Aber sie erkannte, dass sie das Recht zu wählen schon vor Monaten verloren hatte.

»Komm«, sagte er.

»Wohin gehen wir?« Sie berührte seine Hand und erschauderte.

Er grinste erneut. Das schiefe Lächeln, das ihr nicht gefiel.

»Nach Rom natürlich.«

Epilog

Vatikanstadt – Lareggia
25. Dezember 1999

Er wandte sich von dem großen Fernsehbildschirm ab und riskierte einen Blick auf seine Kollegen. Francesco und Victorianna starrten, wie aus grobem Stein gehauen, noch immer auf den Bildschirm, als könnten sie nicht begreifen, wessen sie gerade Zeugen geworden waren. In all den Jahren, seit er den schurkischen Priester kannte, hatte Paolo Kardinal Lareggia nie Angst auf Francescos Gesicht gesehen.

Bis jetzt.

»Was haben wir getan?«, fragte Victorianna. Tränen hinterließen Spuren auf ihren Wangen. Ihre dünnen, weißen Finger zitterten.

Francesco erhob sich jäh und entfernte sich steifbeinig von ihnen. Er blieb am Fenster stehen, gab vor, auf der Straße darunter etwas zu beobachten.

»Wen kümmert das im Moment noch!?«

Lareggia wuchtete sich aus seinem Sessel hoch und zwang sich voranzugehen. Er fühlte sich in diesem Moment extrem alt. Besiegt und verbraucht. Nutzlos.

»Vielleicht sollte alles so kommen?«, fragte er unsicher. »Vielleicht waren wir nur die Werkzeuge der Prophezeiung …«

Francesco wirbelte zu ihm herum, das hagere Gesicht gerötet. »Ja, Kardinal, aber die Frage bleibt: Von welcher Prophezeiung sprechen wir?«

Sie würden es bald erfahren.